国家社科基金后期资助项目

新中国兵役制度建设与管理

张 杰 著

国防工业出版社

·北京·

图书在版编目(CIP)数据

新中国兵役制度建设与管理 / 张杰著. -- 北京：
国防工业出版社，2025.7. -- ISBN 978-7-118-13627-2

Ⅰ. E265

中国国家版本馆 CIP 数据核字第 2025AL6869 号

新中国兵役制度建设与管理

张 杰 著

责任编辑 高 蕊

责任校对 王晓军 李娟娟

封面设计 方 妍

出版发行 国防工业出版社

地 址 北京市海淀区紫竹院南路 23 号

印 刷 雅迪云印（天津）科技有限公司

开 本 710mm×1000mm 1/16

印 张 24¼

字 数 434 千字

版 次 2025 年 7 月第 1 版 第 1 次印刷

定 价 98.00 元

（本书如有印装错误，我社负责调换）

国防书店：(010)88540777 书店传真：(010)88540776

发行业务：(010)88540717 发行传真：(010)88540762

国家社科基金后期资助项目
出　版　说　明

后期资助项目是国家社科基金设立的一类重要项目,旨在鼓励广大社科研究者潜心治学,支持基础研究多出优秀成果。它是经过严格评审,从接近完成的科研成果中遴选立项的。为扩大后期资助项目的影响,更好地推动学术发展,促进成果转化,全国哲学社会科学工作办公室按照"统一设计、统一标识、统一版式、形成系列"的总体要求,组织出版国家社科基金后期资助项目成果。

全国哲学社会科学工作办公室

前　言

兵役制度是国家的一项重要军事制度,是国家关于公民参加武装组织,或在武装组织之外接受军事训练、承担军事任务的制度。其建立和发展对于加强武装力量建设、维护国家主权、安全和发展利益,具有极其重要的作用。兵役制度既具有制度本身的刚性,又有因时而变的弹性,始终随着时代的发展而不断完善。

本书全面系统地梳理了新中国成立以来的兵役制度建设和管理工作,采用对比分析、系统分析、矛盾分析、比较分析和历史分析,以及利用继承和创新等方法的同时,运用探全与探微相结合、探实与探用相结合的方式,全面客观地揭示了兵役制度建设与管理发展演变的历史关联性及其历史规律性。沿着新中国历史纵轴对兵役制度建设与管理制度进行了系统的分析,既注重从宏观上探索新中国兵役制度发展演变规律,并对具有代表性的兵役制度变化进行重点研究,又注重从细微处剖析兵役制度的生成与发展,深入挖掘其中折射的经验和教训。特别是本书既在历史事件演变叙述中注意原因分析,还在各章进行系统分析,旨在提高本书哲理性、趣味性和可读性。

新中国成立 70 多年来,中共中央、全国人大、国务院和中央军委根据国际国内形势的发展,持续加强和完善兵役制度,适时对兵役制度进行调整改革,使其较好地适应了国防和军队建设的发展需要。回顾新中国兵役制度建设与管理的历史演变,探讨新时代兵役制度建设和发展,对于适应信息化和智能化战争需要,进一步完善兵役制度,推进国防和军队现代化建设,建设世界一流军队具有重要意义。本书总结的基本经验如下:

1. 顺应社会发展变化

兵役制度作为国防和军队建设的重要组成部分,是一项复杂的系统工程,且受国家和经济社会发展大环境的影响和制约。要充分发挥政府、军队和社会等各方面力量的作用,综合采取法律、行政、经济等手段,统筹解决兵役制度中的矛盾和问题。

2. 岗位需求与个人意愿相结合

国家推进国防和军队现代化建设的同时,也要充分保障服役公民的个人利益,最大限度地满足其个人生活、成长发展和社会尊重等方面的需求。

根据军队需要选定兵员,针对个人特长分配使用,合理安排岗位,充分调动应征公民的积极性。

3. 均衡兵役负担

由于我国役龄青年基数达几千万,不可能人人参军入伍,均衡兵役负担是提高社会公平程度的重要体现,也是兵役制度持续发展的重要基础。要把均衡征兵负担作为兵役制度建设和管理的一个重要内容,避免征兵越多负担越重的局面,提高依法服兵役的质量效益。

4. 坚持战斗力标准

提高部队战斗力是兵役制度建设的根本标准,提高部队战斗力是兵役制度的客观要求和根本目的,部队战斗力需要什么样的兵员,就征集什么样的兵员,兵役制度要服从战斗力的需求。兵员制度的调整发展要以提高军队战斗力水平为目标,以征集高素质兵员为手段,切实解决军队战斗力陡降缓升的问题,达到精确征集、人岗匹配,全面提高军队打赢能力。

5. 提高兵员征集的精确度

新时代青年特别是高素质人才既有自己的专业又有较强的个性,结合应征对象个人意愿,实行兵员精确化征集已是新时代征兵工作制度的大势所趋。新时代兵役工作应着力在精确计划、精确标准、精确定岗上寻求突破,努力实现应征青年个人意愿与从事专业基本一致、能力素质与岗位需要相匹配的目标要求。推进兵员精确化征集,由注重数量征集向注重精准的岗位征集转变,着力把兵员征集计划定细、定准、定实。尽可能满足所征集兵员的意愿,充分调动兵员的积极性。

6. 提高兵员征集的对口度

要尽快实现按需补兵、对口征集,把最适合的人才放到部队最需要的岗位上,缩短技术兵培训周期,节省部队人力物力,是现阶段部队战斗力建设的重要途径、可行措施,同时也有利于参军大学生实现人生价值、更好更快地成长为军队和国家的优秀人才,力求达到部队建设和人才成长的"双赢"局面。

7. 完善预备役制度

按照现役、预备役一体化建设的思路,构建预备役与现役一体化相互配套、相互衔接的政策制度体系,提高预备役人员的福利待遇和训练水平,全面提高预备役人员的战时快速动员能力和遂行任务能力。

8. 建立预备役士兵军衔晋升制度

完善预备役士兵军衔的制度。将预备役部队的预备役军官和士兵军衔与现役部队的军官和士兵军衔相衔接,授予相应的预备役军衔。同时,通过训练成绩和训练时间的考核,建立预备役军官和士兵军衔晋升制度,并与相关待遇挂钩,提高预备役人员参训的主动性和积极性。

9. 完善中国特色退役安置制度

退役安置制度要总体规划、配套实施,进一步强化国家在退役士兵安置中的主体责任,坚持计划安置、自主就业、辅助就业、继续教育、退休、逐月领取退役金和国家供养等多种方式相结合,坚持贡献与待遇一致,形成系统、稳定、科学的全覆盖安置模式,提升安置对象的社会地位,全面解决退役军人的后顾之忧。

为进一步提升新中国兵役制度建设与管理经验对新时代国防和军队建设现代化、建设世界一流军队的理论和实践指导,还需进一步深挖新中国兵役制度建设与管理过程中形成的科学规律、科学理论及其与新时代军队建设具体实践相结合的研究,尤其注重运用这些科学规律和科学理论指导新时代的军队建设与管理,强调科学规律和科学理论的具体实践价值和现实重大意义,突出新中国兵役制度建设与管理历史经验与优良传统的生命力,及其与时俱进、生生不息的时代价值。

作　者

2025 年 6 月

目　　录

第1章 绪 论

兵役制度,是国家政权体制及国防制度的重要组成部分,是公民参加武装力量,承担军事任务的制度。兵役制度建设发展,是加强武装力量建设,维护国家主权、安全和发展利益重要的制度。兵役制度既具有制度本身约束的刚性,又有根据需要弹性的应时而变,随着时代的变化而不断发展完善。1949 年 10 月,新中国成立以来,中共中央、全国人大、国务院和中央军委,根据国际国内国防安全形势的发展,不断完善、加强兵役制度,适时对兵役制度进行调整改革,使之较好地适应国防、军队建设的发展需要。回顾我国兵役制度建设与管理的历史发展演变,探讨研究新时代兵役制度建设和发展,对于在新时代适应信息化和智能化战争需要,进一步完善兵役制度,推进国防和军队现代化建设,建设世界一流军队具有重要意义。

本书所研究的是中华人民共和国(以下称新中国)成立后兵役制度的建设与发展,主要是叙述研究新中国成立 70 余年来,兵役制度的建设发展变化、所发挥的作用等,力求总结其管理经验教训,研究其内在规律,为未来兵役制度的改革与发展提供借鉴。

1.1 新中国兵役制度建设与管理发展历程

新中国成立以来,中共中央、全国人大、国务院和中央军委根据国际国内形势的发展变化,适时对兵役制度进行了调整改革,主要采用了征兵制和募兵制两种基本制度,其发展历程包括新中国成立之初沿用革命战争年代志愿兵役制、实行义务兵役制和义务兵与志愿兵相结合的兵役制度,使之较好地适应了每个历史时期国防和军队建设的发展需要。兵役制度经历了几次较大的调整改革基础上,还经历了若干次局部调整,新中国兵役制度得以逐步发展完善。

1.1.1 志愿兵役制

从 1949 年 10 月 1 日新中国成立,到 1955 年 7 月 30 日,全国人民代表大会第一届第二次会议,通过新中国成立后第一部兵役法颁布实施,在近 6

年时间里延续使用着革命战争年代的志愿兵役制。此时实行的志愿兵役制，不论是制度本身，还是实际制度运行，是纯自愿制，一方面是指兵役制的性质是志愿的，凡加入人民军队者皆出于自愿；另一方面，这种志愿兵役制以不确定服役期、不计报酬为条件，是最彻底的纯志愿兵役制。在长期的革命战争年代，在中国共产党的号召以及领导下，广大青壮年自觉自愿地参军加入人民军队，为中华民族解放和中华人民利益而英勇奋斗，不计任何报酬，不怕艰难困苦和流血牺牲，长期在军队服役，为中国革命胜利做出巨大贡献。彭德怀元帅曾指出，这种纯志愿的志愿兵役制在过去中国各个革命战争时期，为争取革命战争的胜利起到了重要的作用，也是在当时唯一可行的优良兵役制度。

1.1.2 义务兵役制

新中国成立以后，随着我国国内大规模军事斗争任务的结束，中国人民解放军历史使命转变为维护国家主权、领土完整和保卫国家安全，这也成为全体社会公民的共同责任和义务，兵役制度的制定改革和完善也成为历史必然。1955 年 7 月 30 日，全国人民代表大会第一届第二次会议审议通过了首部《中华人民共和国兵役法》（以下简称《兵役法》），第二条规定："中华人民共和国年满 18 岁的男性公民，不分民族、种族、职业、社会出身、宗教信仰和教育程度，都有义务依照本法的规定服兵役。"第一部兵役法的颁布实施，标志着取消新中国成立后延续革命战争年代实行的志愿兵役制，正式颁布实行义务兵役制。义务兵役制的实行，吸引了大批社会青年特别是有文化的青年应征参军入伍，使兵员文化程度得到普遍提高，适应了人民解放军武器装备的发展更新和军事训练管理方法的改进，促进了中国人民解放军正规化、现代化和革命化建设发展。同时，义务兵服现役期限缩短，军队兵员的轮换周期加快，不仅为国家经济建设输送了经过军队培养的大量人才，而且有利于提高储备后备力量的质量和规模，有利于国家实现寓兵于民的国防和军队发展战略，有利于集中国家有限的财力、物力发展社会经济。

这部《兵役法》规定，我国实行的义务兵役制服役有两种方式，服现役和服预备役。《兵役法》第二条规定：中华人民共和国年满 18 周岁的男性公民，不分民族、种族、职业、社会出身、宗教信仰和教育程度，都有义务依照本法的规定服兵役。《兵役法》第十一条规定：军士和兵服预备役的期限到年满 40 周岁为止，期满后退役。《兵役法》第十二条规定：国防部有权对受过医务、兽医和其他专门进行过技术训练的女性公民进行预备役登记，必要时可以组织她们参加集训。在战时，可以征集受过技术训练的女性公民到军队中服役,也可以对条件适合的女性公民加以专门技术训练。也就是《兵役法》规定除免服兵役条款外,18～40周岁男性公民,不服现役就服预备役,根据国防需要,国防部依法可以对18～40周岁女性公民进行预备役登记,战时可以到军队中服役,新中国第一部兵役法是一部真正彻底的义务兵役制法律。

1.1.3　义务兵为主、志愿兵为辅的兵役制度

随着我国国防科研和兵器装备制造水平的不断提高,大量高技术含量高的武器装备部队,大幅度提高了部队现代化的水平。士兵需要学习掌握的先进军事技术武器装备越来越复杂,许多在关键技术岗位服役的士兵因服役期过短而很难胜任本职工作,国防和军队建设的需要与义务兵役制之间的新矛盾日益显现出来。兵役制度已难以完全适应形势任务发展的现实需要。1978年3月7日,全国人大做出了《关于兵役制度问题的决定》,由单一的义务兵役制改为义务兵与志愿兵相结合的兵役制度。1978年11月,中央军委颁发义务兵选改为志愿兵的具体实施办法。规定:义务兵在军队超期服现役满5年后,由本人自愿提出申请,经组织批准可以改为志愿兵,服志愿兵役,服役期限一般为12～20年,年龄一般不超过40周岁。1979年春,开始第一批从义务兵选改志愿兵。1980年8月,中央军委组织修订1955年颁布的第一部兵役法。1981年8月,拟定了兵役法修改草案,并印发军队各大单位和国家有关部门征求意见。1982年4月,完成兵役法修改草案送审稿,1983年3月,全国人大常委会法制工作委员会,印发送审稿,征求各省、自治区、直辖市、人大常委会、国务院有关部门意见。

1984年5月31日,第六届全国人民代表大会第二次会议审议通过新中国第二部《中华人民共和国兵役法》,规定由单一的义务兵役制,实行以义务兵为主体的义务兵与志愿兵相结合、民兵与预备役相结合的兵役制度。新修订的兵役法在结构和内容上都作了重要较大调整,是对1955年制定第一部兵役法的补充完善。其主要内容:第一,义务兵是人民解放军的主体,志愿兵仅占士兵总数的十分之一左右,对士兵结构没有大的影响;第二,志愿兵役制是建立在义务兵役制基础上,志愿兵不是从社会上直接招募,而是在义务兵服役期满选改,志愿兵的主要来源为义务兵。实行义务兵与志愿兵相结合的兵役制度,义务兵是主体,实施这一制度,是由这一时期国防和军队建设实际主观和客观条件决定的。主观上,义务兵役制完整配套的机制和办法已形成,这一制度军队和社会都能适应;新中国尚属首次实行薪金制为基础的志愿兵役制,还需要在继续实践中不断探索完善。客观上,这一时

期人民军队建设发展,总体还处于现代化建设的初级阶段,专业技术兵种,特别是比较复杂的专业技术兵种,在士兵中所占的比重比较小,大幅度增加志愿兵数量规模尚无需求;根据需要实行多年的义务兵超期服役的制度,在一定程度上缓解了义务兵服役期限短,与需要专业技术骨干保留的矛盾。"文化大革命"结束以后,国民经济建设有待进一步恢复,国家在经费投入国防和军队建设上还有限,志愿兵的建设与发展受到一定限制。实践证明,在这一时期,实行以义务兵为主体,义务兵与志愿兵相结合的兵役制度:一是保持了义务兵役制的优点;二是弥补了制度的不足,两种制度相得益彰,较好地适应了当时国家经济建设和国防建设的需要,是符合当时历史实际情况的。

1.1.4　义务兵与志愿兵协调发展的兵役制度

随着改革开放的不断深入和军队形势任务的不断变化发展,在大幅度减少人民军队规模数量的同时,大力加强部队的质量建设。随着部队武器装备现代化水平的快速提升,部队中各种专业技术兵员在士兵中所占比例也大幅度提升。特别是在专业较强的领域,专业技术比较密集的军种部队,专业技术兵所占的比例越来越高。因此,1984 年 5 月 31 日,全国人民代表大会第六届第二次会议,通过修订的《中华人民共和国兵役法》完善了兵役制度。新中国兵役制度开始了第三次重大调整,是在现行兵役制度和服役期限,民兵和预备役等方面的规定,已不能完全适应国防和军队建设的发展需要。1998 年 12 月 29 日,全国人民代表大会常务委员会第九届第六次会议,审议通过了新修改的《中华人民共和国兵役法》。兵役制度的修改主要体现在以下几个方面:一是去除了"义务兵役制为主体"的表述,新修订兵役法规定"中华人民共和国实行义务兵与志愿兵相结合、民兵与预备役相结合的兵役制度";二是对义务兵服役期限进行了缩短,义务兵服现役期限由1984 年版兵役法规定的 3~4 年,一律修改为 2 年,并删除了超期服役的规定;三是修订了志愿兵服现役制度。将志愿兵由一次性选改修订为志愿兵分期服现役制度,调整了志愿兵分期服现役的期限,服役达最高年限者可享受办理退休待遇,并规定"根据军队需要,志愿兵也可以直接从非军事部门具有专业技能的公民中招收";四是调整完善了服预备役的制度,规范了士兵服预备役对象分类,增加了一类士兵预备役的质量和技术含量,明确了民兵、预备役人员参加军事训练参训的时间内容要求。通过调整完善,士兵中志愿兵的比例又有了大幅提升,更多部队中的技术骨干和基层骨干力量被保留下来,提高了部队的整体素质;完善了志愿兵的选改和退役机制制度,使志愿兵役制度的激励和制约机制更加完善,志愿兵制度变得越来越成熟,为鼓舞军队士气、建立专业技术过硬的士官队伍奠定了良好的制度基础,适应了部队现代化建设长远发展。

1998 年组织修订的兵役法,进一步完善了士官制度,是中共中央、国务院和中央军委着眼形势发展需要,结合人民军队实际情况做出的重要决定。1999 年,中国人民解放军依据兵役法对士官制度制定了具体贯彻落实制度。1999 年 6 月国务院和中央军委颁布了新制定的现役士兵服役条例,对现役士兵服现役制度特别是士官现役制度进行了改革。一是改革了士官分期服役制度,共分六期服现役,服满现役 30 年或者年龄满 55 周岁,可以退出现役,享受退休待遇制度;二是完善调整了士兵军衔制度,突出了士官军衔等级的分期服役的设置,设初级、中级和高级,分 3 等 6 级,现时将取得初级、中级和高级技术职称军官,作为晋升初级、中级和高级士官军衔的条件;三是士官队伍的规模和范围扩大,分为专业技术士官、非专业技术士官,并可直接从非军事部门,招收具有专业技能的公民;四是提高了士官退役安置渠道和待遇。1999 年 12 月 1 日起,正式开始实施新修订的士官制度。新的士官制度改革后,为激励士官队伍积极服役建设部队,注入了新的活力,但随着人民军队职能任务的调整拓展,国防和军队改革的深化发展,士官队伍建设又呈现出一些新的矛盾,迫切需要通过深化完善改革兵役制度。2009 年 7 月,再次调整和改革士官制度。一是士官编制比例提高,高技术专业士官编制增加;二是士官结构比例调整,增加中级和高级士官规模数量,初级士官数量减少;三是增加士官军衔衔级,由原来 6 个衔级调整为 7 个衔级,分别是下士、中士、上士、四级军士长、三级军士长、二级军士长、一级军士长;四是完善士官选拔办法,扩大从地方院校毕业生中的大专以上学历直接招收士官的数量;五是士官培训体系进一步完善,资格培训和升级培训是新任或晋升士官基本条件;六是士官管理体系继续健全,有条件的全程退役制度建立;七是进一步调整完善士官工资待遇,中级士官基本工资提高。12 月 1 日,新的士官制度改革方案开始运行。这是适应国防和军队建设发展的新趋势,在新的历史条件下,加快人民军队现代化建设,做出的又一重大决策,推进士官队伍现代化建设有重要意义。

2011 年再次修订兵役法,适当调整征集范围,为提高兵员质量,放宽了普通高等学校毕业生的征集年龄,可以至 24 周岁的规定。为征集高文化素质青年,增加吸引入伍的内容。大学毕业生服现役表现优秀的,可以直接提拔为现役军官。大学生参军后,保留入学资格,保留学籍,退出现役后的大学生,2 年内允许复学就读,再参加国防生选拔,申请担任军官的大学生,优先进行录取。军人基本待遇增加,抚恤优待政策进一步完善。拓宽培养现役军官的渠道。接收普通高等学校的毕业国防生,选拔应届毕业生作为军官的重要来源。义务兵退役后发放退役金,修改了士兵退役安置。对服义务兵、服现役不满 12 年的士官退出现役,国家按照规定发给退役金,实行自主就业安置;对服现役已满 12 年的士官,平时荣获二等功奖励以上的士兵,战时荣获三等功奖励以上的士兵,确定为烈士子女,被评定为 5~8 级因战致残等级的退役士兵,由县级以上地方人民政府安排工作;军官退役安置进一步完善。现役军官退役后,国家采取转业、复员、退休等方式予以安置。落实退役军人就业的优惠政策。规定士兵退出现役后,可以免试进入中等职业学校学习深造;报考国家公务员的,同等条件优先录用;报考普通高等学校,接受成人教育的,享受加分等优惠政策。

1.1.5 志愿兵为主、义务兵为辅、高学历兵员为主体的制度

较长一段时间以来,中国兵员征集的主要对象是农村青年,以及城镇待业青年,城镇户口的征集对象要求学历具有高中以上,农村户口的征集对象要求学历具有初中以上。随着军队现代化建设进程的加快,这一规定逐步不适应军队对高素质兵员需求的矛盾日益突出。进入新时代,国民教育水平不断提高,国家高等教育规模数额进一步扩大。2021 年教育部发布的数据显示,2021 届全国普通高校毕业生总规模 909 万人,2022 年突破 1000 万大关。2021 我国 14 亿人口中约有 1.7 亿大学生,按照这样的速度发展,预计到 2031 年我国有 3 亿多大学生。由于院校毕业生的快速增长,使每年不容易找到较为稳定工作的大专以上毕业生数量加大。这些毕业生有比较牢固的基础知识,专业技术水平较高,征集大学生,不但提高兵员质量,而且对缓解部分人员就业压力发挥了稳定社会的作用。2008 年,国务院、中央军委发布的冬季征兵命令中明确,兵员征集对象主体调整为各级各类院校应届毕业生,优先征集学历高的大学生青年参军,对应征公民体格检查标准中的标准也做了适当调整,有的军种岗位高中以上学历的视力标准有一定放宽。在年龄上,男性大专以上文化程度的,最高也放宽到 26 周岁。调整兵员征集对象主体,迈开了军队向高校要人才、选兵员的新方式,对于加强部队质量建设、提高军队战斗力,具有十分重要的意义和作用。

2021 年 8 月 20 日,全国人民代表大会常务委员会第十三届第三十次会议修订通过《中华人民共和国兵役法》,《兵役法》第三条规定:"中华人民共和国实行以志愿兵役为主体的志愿兵役与义务兵役相结合的兵役制度。"为了更有利于志愿兵的建设与发展,有关"士官"的表述改为"军士",增加军官

和军士逐月领取退役金的安置内容。国家从法律层面规范了国家实行以志
愿兵为主体,为征集高素质兵员奠定了制度基础。

1.2 新中国兵役制度的基本形式

兵役制度是一个国家国防建设的重要制度,主要内容一般包括兵役登
记制度、现役制度、预备役制度、学生军训制度、兵员征募制度、战时兵员动
员制度、优抚安置制度等,新中国兵役制度基本形式综合体现在四个方面。

1.2.1 现役制度

现役制度是按照我国法律规定,经过法定程序,将符合服现役条件的适
龄公民征集到军队服现役的制度。是国家为保障常备军在和平时期兵员更
新、战时扩编紧急征召补充而实施的定期或不定期征集和招募兵员的制度,
其核心是源源不断地向军队提供合格的兵员。这种制度规范了现役制度中
公民服现役的条件和实施征募兵员的方法、步骤,兵员征募适应战争需求、
定期更新补充、确保质量、预先储备等原则要求,征集对象、征集条件、缓征
条件、征集标准、征集程序和征集要求等具体内容。规范了在征集兵员时必
须进行周密计划,进行严格的体格检查,并进行政治考核把关,把优秀的公
民征集到军队,以保证军队兵员的质量。

公民一经征服现役,就必须严格按照军队有关条令执行各自的任务,不
得随意离开军队,只有按照法律规定服满一定年限后,方可退出现役。我国
现役制度分为义务兵、志愿兵和军官三类。除了兵役法,相关的法律法规也
对各类军人服现役制度进行了规范,这些法律法规共同构成了我国的现役
制度,主要内容包括有义务兵、志愿兵、军官服现役的期限、服现役的方式、
服现役的权力和义务、军衔等级与晋升规定、职务任免规定、奖惩制度、休假
规定、退出现役等规定。现役制度是常备军建设的基础制度,是规范现役人
员职责、权力、义务和提高现役军队建设质量的重要措施,是我国的主要兵
役制度。

按照我国兵役法的规定,役龄青年每年都有几千万,我国现役制度虽然
长期以来是以义务兵为基础,实际施行的是选征兵役制度。也就是在自愿
报名的役龄青年中经过体检和政治考核选择征召一小部分公民服义务兵
役。这部分兵员在总役龄青年的占比较小,如 2021 年是 1% 左右。这表明
我国绝大多数的役龄青年没有服义务兵役,我国的志愿兵绝大多数来源于
依据个人志愿和军队需要进行转改的义务兵期满的义务兵员。而直招士官

当前占每年征兵总额比例 4% 左右。从实际情况来看,我国的征兵方式实质上是志愿的,服役方式主要是义务的,只有在报名参军的数额不能满足需求时,才需要进一步对役龄青年进行征兵的宣传和动员。因此,我国现役制度可以说是在志愿基础上义务兵与志愿兵相结合的兵役制度,这是我国现役制度的鲜明特色。

1.2.2　预备役制度

预备役制度是区别于现役的一种兵役制度,是储备后备兵员的重要制度。我国预备役分为士兵预备役和军官预备役。预备役人员必须按照法律法规等规定参加军事训练,执行军事任务,随时准备应征服现役。我国长期以来实行精干的常备军和强大的后备力量相结合的武装力量建设制度,建立完善预备役制度,就能做到平时少养兵,战时多出兵。预备役制度主要规范了预备役制度的构成、预备役人员服役期限、最高服役年龄、组织、分类、职责、权利和义务,预备役人员登记、训练、职衔晋升、奖惩、退役退休等。新中国预备役制度,1955 年第一部兵役法就开始规范,之后又不断完善,主要是预备役登记和分类,明确分批动员和征召对象,定期进行训练和演习,提高预备役人员履行任务的能力。其组织形式主要为预备役部队、民兵、预编到现役部队的预备役人员,预备役制度与民兵制度相结合是我国预备役制度的鲜明特色,2021 年修订兵役法不规范民兵制度,由专项民兵法律进行规范。

1.2.3　学生军训制度

依照《兵役法》的规定,实施的学生军事训练制度,是指普通高等学校和高级中学的学生,进行的军事基础理论,进行的军事技能基本训练的制度。学生军训是适龄青年履行兵役义务的重要形式,也是广大青年接受爱国教育、增强爱国意识、储备国防后备兵员的重要行动,是国防建设和兵役制度的重要组成部分。学生军事训练也关系到国家国防建设的水平,关系到国防后备力量建设质量,学生军训有利于提高全民国防整体水平和全民的国防意识,是培养和储备高素质后备兵员的重要措施,是公民履行预备役兵役义务、接受国防教育的基本形式之一。

学生军训主要包括军事基础理论的学习和军事基本技能的训练。高等学校军事理论教学内容主要包括国防思想、现代军事、国际战略、军事技术、信息化智能化战争等。高中阶段军事理论教学内容主要包括国防思想、军事技术、国际环境、信息化战争智能化战争等。学生军事训练军事技能训练,主要内容包括队列动作、轻武器射击、单兵战术、军事地形学等。训练的组织形式主要是集中训练,也可以分散训练。集中训练是把受训学生组织到相对封闭的环境中进行相对集中、时间较长的训练。分散训练就是以在校开设军事课程的形式,同其他课程穿插进行训练,其时间跨度较大、人员相对分散。学生军事训练是培养现役部队后备军官和初级军事人才的有效措施。2021 年修订兵役法不规范学生军训制度,由国防教育法律规范。

1.2.4　优抚安置制度

优待和抚恤制度,是国家对武装力量成员及其家属进行精神安慰、给予物资帮助的制度。我国制定的相关法律法规和规范性文件,都有规范我国优待和抚恤政策。优抚制度对于提高军人及其家属社会地位,增强军人家属光荣感和军人责任感,鼓舞军人士气,激励军人为国献身精神,同时,提高部队战斗力,加强国防和军队建设等都有十分重要的意义和作用。我国规定,对在武装力量中服役的公民,残废军人,牺牲、病故和服役的军人家属,都给予优待或抚恤,并有较健全的优抚制度予以保障。特别是对伤残失去劳动能力的军人,保障一生基本生活,按实际需求进行抚恤。优抚优待的标准,坚持与经济发展和人民生活水平相适应的原则。经济的发展、人民生活水平的提高、物价上涨等因素都是抚恤制度必须考虑的重要因素。

安置制度,是国家安排退出现役的军人就业、休养的制度。主要包括对服役期满退出现役的士兵,达到最高服役年龄或未达到最高服役年龄经过批准退出现役的军官和伤、病、残军人进行安置的有关规定、措施和办法。安置制度与国家经济建设和国防建设、军队建设密切相关,不仅关系到能否解决现役军人的后顾之忧,使其安心服役,而且对平时兵员的征募和战时兵员动员有着直接影响。我国十分重视对退役军人的安置工作,制定适合本国国情并区分军官、士兵的安置政策和法律法规,设立有负责安置退役军人的机构,对符合政府负责安置的退役军人由政府指令性安置,并制定优先就业规定。政府还负责组织进行免费就业培训,符合退休条件享受国家退休安置,对符合离休条件的军人进行离职休养安置等。

1.3　新中国兵役制度建设与管理的基本特点

新中国兵役制度始终与战争形态的发展变化,与经济社会的发展水平,与军事科技的发展要求,与国家的安全环境相适应,确保兵役制度能有效保障国防和军队建设的需要。

1.3.1 适应战争形态的发展变化

新中国兵役制度,是伴随着战争发展而不断发展的,是伴随着战争形态的发展而不断发展变化的。20世纪以来,先后爆发了两次大规模的机械化战争,核威慑条件下的常规战争,高技术支撑下的局部战争,信息化局部战争,快速发展未来智能化战争等,战争形态发生了前所未有的变化,我国兵役制度随之进行了改革完善。兵役制度:一是为适应大规模机械化战争,实行普遍义务兵役制,加大了后备兵员的储备;二是为适应核威慑的常规战争,实施义务兵与志愿兵结合的兵役制度,适应了战争形态的发展新变化,实行义务兵役制与志愿兵役制并存的格局,大大提高了兵员素质;三是为适应信息化和智能化战争,实行以职业化志愿兵为主的兵役制度。国家在军队建设上选择了"精兵、高质、高效"的发展道路,以征集高素质人才为主,大学生逐步成为征集的主要对象。

1.3.2 适应社会经济的发展变化

任何战争活动和建立的军事制度,都需要一定的社会经济基础,兵役制度密切联系着社会经济发展状况。兵役制度的发展与完善,与社会经济发展的水平起着决定性作用。由于新中国社会生产率的不断提高,劳动者提供的剩余生产物资逐步丰富,我国经济实力不断提高,储备了较雄厚的经济实力,为部队征集和招募大批兵员,建立职业化的部队提供了足够的保障能力。经济的发展,也为花销较大的职业化志愿兵役制奠定了物质基础。因此,我国适时增加了志愿兵制度,并随着社会经济的发展,逐步扩大了志愿兵的比例,并向着平时实行全志愿兵职业化制度方向发展。经济发展不好,虽然有实行职业化志愿兵役制的需求,但受经济因素制约推行难度加大。

1.3.3 适应军事技术革命的发展变化

科学技术的发展进步,为国防和部队建设,提高军队建设质量提供了新的技术和强大的建设动力,也提出了适应部队建设的更高的兵员质量要求。要求部队的每一个战斗成员,要具备与科学技术发展相适应的军事素质和国防技能,这样才能巩固和提高部队的战斗能力。实现这一目标,先进兵役制度为部队提供优质兵员,适应部队的需要至关重要。因此,军事技术快速发展对部队建设带来重大影响和变化。从部队结构上来看,从人力密集向科技密集转变;从兵员结构上来看,将从重视体能素质向重视智能素质转变;在兵员素质方面来看,不仅要求要有较高的文化素质,而且具备掌握高新技术装备的综合素质能力的兵员；在兵员补充方面来看，不仅要求能把兵员快速征集到军队，而且要求能把高质量兵员征集上来。为了适应这一需求，新中国成立以来不断进行兵役制度的调整完善改革创新，由过去的单一的义务兵役制，调整完善为义务兵与志愿兵结合制，部分岗位实施职业化的志愿兵役制，以达到从制度上、设计上能保留专业技术骨干，提高部队职业化水平，适应部队兵员质量建设发展变化的需要。

1.3.4　适应国家安全环境发展变化

兵役制度是为维护国家安全利益而存在和发展的。可以说，国家安全利益需要与之相适应的兵役制度作保障，国家安全环境的发展变化，是推动新中国现代兵役制度发展的重要外部条件。每当国际斗争形势紧张、国家安全受到严重威胁时，我国选择加大兵员的征集规模数量、延长现役军人的服役期限等办法，来确保部队对兵员的需求。而当国际关系缓和，国家处于相对和平稳定时期，我国就实行义务兵与志愿兵结合制，在坚持义务兵役制的基础上，义务兵员的征集量减少，义务兵的服役期限缩短，志愿兵的比例提高，逐步走向志愿兵为主体的兵役制度，在保持并持续提高兵员质量的基础上，做到平时少养兵，战时多出兵。

1.4　新中国兵役制度建设的重要作用

新中国成立 70 多年以来，不断适应我国安全发展要求，兵役制度通过不断调整改革与完善，推动了武装力量的不断壮大发展，满足战争对兵员补充的需要，在国防和部队建设中发挥了重要作用。

1.4.1　全民国防意识和依法服兵役观念的确立

全民国防意识，作为重要国防制度的兵役制度在不同时期适时作出适当修订，不仅保障了部队兵员的补充，而且教育增强了全民的国防观念。兵役法规定依法服兵役是每个公民法定的义务，明确每个公民对于国防的责任。1955 年 7 月，颁布了兵役法，我国正式实行普遍的义务兵役制。我国公民义务服兵役有了法律依据，使每个公民进一步懂得服兵役是应尽的职责，从而更加自觉地履行兵役义务。实行这一制度，可以使更多的人服役，公民的兵役义务负担比较公平合理，每年的征兵期间，均要反复进行宣传教育，有利于提高全民的国防观念，振奋民族精神。兵役制所规范的主要内容就是公民如何履行兵役义务。兵役法历经多次修订，与时俱进，不断完备，扩大了兵役法在中国全民中的广泛影响,促进了征兵工作的开展,依法保障了公民兵役义务的完成,服兵役也加大了公民国防教育的力度,筑牢了公民献身国防、依法服兵役的思想基础、行动基础。

1.4.2　提高兵员质量和部队的战斗力

新中国成立以来,中共中央、全国人大、国务院和中央军委根据需要多次调整兵役政策,提高了对兵员身体、政治思想、文化程度、军事技能等各项素质的要求,使部队兵员质量和战斗力不断提高。改革开放前,受当时的历史环境影响,参军的兵员主要看社会关系和阶级成分。随着我国政治形势的发展转变,从 20 世纪 80 年代开始,参军主要看政治素养和文化素质,制定了比较严格的政治考核标准,保证参军入伍的兵员在政治上的合格。从1980 年开始,我军恢复了从地方大学毕业生中选拔优秀青年到军队服役的优良传统,开始有计划成规模地接收地方大学毕业生参军,使越来越多有高学历、有文化素养的青年应征参军。这些举措,提高了我国兵员的综合素质和军事素养,适应了部队武器装备的更新发展和军事训练水平的不断提高,促进了人民解放军现代化、正规化和革命化建设。我国还改革完成了实行义务兵与志愿兵相结合的兵役制度,从优秀青年中直招军士,大力推进军事素养好的义务兵改为志愿兵,培养保留了大批部队技术骨干,实践证明为提高与保持部队战斗力起到了积极作用。

1.4.3　积蓄强大的国防后备力量

兵役制度可以保障平时兵员的储备、积蓄国家所需的强大国防后备力量,战时迅速动员源源不断兵员补充扩充到军队,补充战争对兵员的大量的消耗,满足战争实际需要。我国历史上多次进行的兵役制度调整改革,基本达到了这一目的。新中国成立之后,我国借鉴历史经验和人民战争兵员动员的优良传统,通过兵役制调整改革,较好地实现了寓兵于民的国防和军队发展战略。由于实行了义务兵役制,公民的服役期限相对比较短,兵员的轮换周期也相对加快,也有利于国家实现寓兵于民的后备力量国防发展战略。1955 年 7 月,我国实行义务兵役制以来,因服役期相对缩短,使得许多退出现役青年回地方后继续参加工作和劳动,他们有较好军事技能,平时从事生产劳动,也依法参加民兵组织,战时能够作为兵员补充部队作战,为国家储备了大量后备兵员,为我国进行人民战争奠定了取之不竭的力量源泉。义务兵役制也为我国实行普遍的民兵制打下坚实兵员基础。我国普通民兵,在 20 世纪六七十年代最多时达 2 亿多人,21 世纪保持几千万人,为我国积蓄了强大的国防后备力量。

1.4.4　满足国防建设的需要

　　兵役制度既要保证兵员数量、质量,满足国防和军队建设的需要,又要保证节约人力和财力资源,以利于国家各项建设,这是一对需要统筹平衡解决的矛盾。兵少不足以卫,兵多不胜其养,历来是国家武装力量建设中无法回避,又必须较好解决的一对矛盾。新中国成立以来,通过兵役制度不断改革,精干现役部队,完善志愿兵役制和预备役制度,储备预备役人员,通过调整改革兵役制度逐步减少军队员额,减轻国家和人民的负担,促进经济建设的协调发展。1950 年军队员额 550 万人①,1951 年军队员额 627 万②,1952 年军队员额 420 万人③,1956 年 11 月—1958 年 12 月,部队总员额降至 240 余万人。在国家财政支出中军费所占的比例大大降低,从 1953 年的 34.2%下降到 1958 年的 12.2%。为了精简军队员额,压缩军费开支,在 1975 年部队"消肿"的基础上,1978—1984 年部队规模又多次进行精简,1985 年我军规模仍是 400 万人,仍是居世界军队规模之首。"人头费"占军费开支较大,国家经济负担过重。为了服从国家经济建设发展大局和对世界较长时间内不会发生大规模战争判断,军委决定先后在 1985 年、1997 年、2003 年、2015 年,分别精简军队 100 万、50 万、20 万、30 万员额。军费中的人头费开支比例逐步减少,将更多的财力用于国家的国民经济的发展,有力地保障这一时期国家经济建设发展的大局。同时,经过精简整编和兵役制度调整改革发展,至 2019 年陆军比例下降到总员额的 50%,海军、空军等军种比例增加,约占总员额 50%,各军兵种的比例趋于基本合理,部队规模数量虽然大大减少,质量却有了大幅度的提高。改革开放以来,国防费占国家财政支出比例虽然总体呈下降趋势,但随着我国 GDP 的增长,军费投入的数量也有一定增加,主要用于保障作战、装备、教育训练、基本建设和军队人员改善生活,中国人民解放军精兵合成程度和质量建设水平得到进一步提高。

---

①　中国人民解放军军史编写组.中国人民解放军军史:第四卷[M].北京:军事科学出版社,2011.

②　同上。

③　同上。

第2章 志愿兵役制的建设与管理

新中国成立之初,各项法律制度还不健全,在兵役法没有出台前,兵役制度沿用革命战争年代的志愿兵役制。此时的志愿兵役制,实际为绝对自愿制度;一方面是指这一制度的性质是自愿兵役制,凡参加人民军队人员皆出于自愿;另一方面,这一制度自愿兵役是以不计报酬,并不确定服役期,自愿兵役制是最彻底的自愿。新中国成立后不久,为了适应国防建设的发展需要,建立国家兵员动员基础,决定由志愿兵役制过渡到义务兵役制。

2.1 志愿兵役制

新中国成立前夕,人民政治协商会议通过的《中国人民政治协商会议共同纲领》,明确规定新中国实行义务兵役制,国家开始着手准备制定兵役法,由志愿兵役制过渡到义务兵役制。但是制定兵役法需要时间研究论证和完成法律程序。因此,从 1949 年 10 月 1 日—1955 年 7 月 30 日,兵役法出台前为过渡期,在这期间,我国暂时使用革命战争年代形成的志愿兵役制。

2.1.1 中央军委主管兵役机构的成立

新中国成立时,人民武装的组织领导体制,在各级军区乃至各省区是比较健全的。东北、华北、西北等解放较早的地区,均在本战略区内实现了人民武装组织领导体制的统一。但是在军委和总部层面,直到 1949 年 11 月底,尚没有一个专事人民武装的总领机关。因此,在中央军委和总部层面建立一个专事人民武装的总领机关,就成为新中国人民武装建设的首要任务。

1949 年 10 月,中央人民政府,按照《中国人民政治协商会议共同纲领》《中华人民共和国中央人民政府组织法》的规定,中央人民政府人民革命军事委员会(简称中央军委或中革军委)成立。该委员会主席是毛泽东,朱德、刘少奇、周恩来、彭德怀、程潜为副主席,委员 22 人。中央军委为国家最高的军事统领机关,统率全国武装力量。中央军委下设总参谋部、总政治部和总后方勤务部。当时的称谓是军委总参谋部、军委总政治部和军委总后勤部。12 月 2 日,中央军委在中南海怀仁堂召开第二次工作会议。此次会议,研究讨论了苏联军事顾问柯托夫中将关于在军委总参谋部之下,仿照苏军的做法设立主管全军动员及人民武装动员的机构——动员计划部的建议。会议决定:暂缓成立"动员计划部",成立中央军委人民武装部。

1950 年 5 月 16—31 日,中央军委在北京召开全军参谋会议。参加此次会议的有各军区、野战军领导及部分军、师参谋长,会议主要讨论全军各种组织机构草案和学习借鉴苏军建军经验的问题。代总参谋长聂荣臻在会议闭幕时的讲话中指出:大家意见一致,在中央军委建立人民武装部,领导全国民兵工作和兵役工作,暂时先不成立兵役机构。6 月 21 日,根据中央军委决定,军委人民武装部正式成立,下设办公室、秘书科、管理科、政工科,组织动员处、调查统计处、教育训练处,建制隶属于中央军委总参谋部。6 月 28 日,中央军委任命张经武为军委人民武装部部长。9 月 19 日,中央军委任命傅秋涛为副部长,并决定将中央复员委员会机构合并到军委人民武装部,增设复员管理处。军委人民武装部的主要任务:制定人民武装工作的实施方针和计划,实施普遍民兵制;实施对人民武装干部的军政教育,提高人民武装工作人员的文化水平,开展军事体育运动;进行兵役和运输工具的调查统计;负责人民武装的组织和军事建设,义务兵役制的准备和实施;拟定《中华人民共和国兵役法(草案)》(以下简称《兵役法》)等人民武装动员法规;制订和实施战争动员计划,承办退伍军人复员转业建设安置工作;掌握和指导各级人民武装部的业务工作,以及民兵开展剿匪、肃特、保卫边防和海防的社会治安工作等。军委人民武装部的成立,为新中国民兵制度的建设和发展提供了组织上的保障。

2.1.2　新中国成立初期沿用革命战争年代的志愿兵役制

新中国成立时,全国解放战争尚未完全结束,人民解放军各野战军按照中央军委的统一部署,继续向新疆、华南、西南和华东沿海岛屿进军。从时间、空间上和国家、人民解放军的主要任务看,当时都不可能立即进行兵役制度改革,必然要沿用战争年代志愿兵役制补充兵员,把解放战争进行到底,解放全中国,至 1950 年 10 月,人民解放军先后解放了湘南、广东、广西、鄂西、陕南、四川、贵州、云南、西康(今西藏昌都地区和四川雅安、甘孜地区)、新疆及海南岛、舟山群岛、万山群岛等。在人民解放军进军西藏,全国大陆解放前后,在新、老解放区潜伏下来的国民党地下组织和武装,通过不断制造暴乱、动乱以及骇人听闻的流血事件,妄图达到颠覆新生的人民政权。从 1949 年开始到 1953 年底,全国各地均出现严重的匪患,特别是察哈尔、绥远、浙江、福建、云南、贵州、广西、广东、四川、甘肃、青海等新解放区更为严重,经常制造破坏活动的武装土匪就有 1000 余股,总人数有 180 多万人,给新生的人民政权和社会秩序造成严重的危害。至 1953 年,各地的匪患基本消除。在这期间,我国人民志愿军,进行抗美援朝战争,志愿兵役制度发挥重要作用。

中国人民解放军从 1927 年 8 月 1 日诞生至新中国成立初期,始终实行志愿兵役制。长期的革命战争中,在中国共产党的号召和领导下,广大青壮年自觉自愿地参军入伍,政治觉悟比较高,为了中国人民革命的胜利,个人的待遇从不计较并长期服役,中国人民的儿女不怕牺牲,为了人民的利益和民族解放而英勇奋斗,不怕流血牺牲和艰难困苦。无论是军官和士兵,从自愿入伍的那天起,就下定了为人民革命胜利奋斗到底的决心,把在人民军队中服兵役看成是革命的职业,心甘情愿在部队中一直服役到他们不能继续服役的时候为止。志愿兵把个人的利益和个人的前途,完全服从于革命事业的集体的利益。这是以中国工人阶级领导的,以人民大众的革命事业需要的革命事业的真实体现,许多先烈在革命战争中付出了他们的生命,为取得民族民主革命的胜利做出巨大贡献,这种忘我的牺牲精神和不朽的功勋永远记载在人民的历史上。中国共产党逐步总结并适合革命战争期间比较有效的志愿兵役制度,这是一种特殊的志愿兵役制,在中国历年革命战争时期,对争取革命战争的胜利,起了积极重要的作用。

在中国革命战争时期,战斗环境艰苦,处在被敌人分割包围的状态下,那时全国范围人民政权还没有建立,如果不采取志愿兵役制方法来建立和巩固的人民革命的部队,要坚持革命胜利,一直到取得全国的革命战争胜利是不可能的。这就充分证明了采用志愿兵制在当时是完全必要的,是正确的,是符合当时国内形势需要和革命战争实际的,也是在当时唯一正确并可行的兵役制度。在长期的革命战争中,中国广大人民群众在中国共产党的领导之下,为了反对帝国主义、封建主义、官僚资本主义的压迫和剥削,踊跃、积极、自愿地加入了中国人民解放军,保证了中国人民解放军兵员补充的源源不断,不断壮大人民武装力量。他们从参军入伍的那天起,就下定了决心和信心,自愿为中国人民的解放事业奋斗到底,从内心把当一个中国人民革命战士,作为一种无上光荣的革命事业。他们不畏艰险,不辞劳苦,不计自己得失,不怕牺牲和流血,英勇战斗。正如毛泽东同志在《论联合政府》中所说的:"这个军队之所以有力量,是因为所有参加这个军队的人,都具有自觉的纪律;他们不是为着少数人的或狭隘集团的私利,而是为着广大人民群众的利益,为着全民族的利益,而结合、而战斗的。紧紧地和中国人民站在一起,全心全意地为中国人民服务,就是这个军队的唯一的宗旨。在这个宗旨下面,这个军队具有一往无前的精神,它要压倒一切敌人,而决不被敌人所屈服。不论在任何艰难困苦的场合,只要还有一个人,这个人就要继续战斗下去。"中国人民军队就是这样一支具有坚强革命意志,宗旨是全心全意为人民服务的,在中国共产党领导下,经过长期的艰苦卓绝的革命斗争,彻底打败了帝国主义、封建主义、官僚资本主义在中国的长期统治,取得了中国人民革命的伟大胜利。

新中国成立后,武装力量建设的方式方法与新中国成立前不同,对兵役制度要求发生了变化。志愿兵役制度,由于没有规定定期的征集和退役制度,不利于积蓄经过训练强大的后备预备兵员。《中华人民共和国宪法》第二十条规定:中国的武装力量属于人民,任务是保卫人民革命,国家建设的成果,保卫国家的主权,保卫领土完整安全。新中国成立之初,中国人民解放军对内职能是巩固人民民主专政,完成解放全中国的统一大业;对外防御帝国主义的侵略,保卫中国的社会主义建设事业成果,保卫国家的主权安全和领土完整。为担负起全国人民所赋予的,宪法所规定的神圣职责任务,中国必须建立起强大的现代化的武装力量。不但要有一支强大的陆军力量,而且要有一支强大的空军力量,一支强大的海军力量。

强大的中国人民武装力量,主要依靠充分的现役兵员和充分的预备役兵员。这就要求实施适合于中国现代国防建设要求的兵役制度,实施定期的征集制和退役制度,也就是说,时代的发展要求实行义务兵役制。实行义务兵役制,中国才能够逐年地积蓄更多预备役兵员,加强后备兵员。只有实行了义务兵役制度,才能有定期征集和定期退役制度,每年都有一批在中国人民解放军部队中服现役期满的人员,经过军队实际锻炼的士兵退役,均在转入第一类预备役,每年都有大批役龄青年具备服现役条件,但因部队员额限制,有大批未被征集服现役的公民需要编入第二类预备役。同时,每年都有服现役期满退出现役的退役军官转入预备役军官,也有在学校里和非军事系统的国家机关以及企业里,培养大量的储备的预备役军官。我们有了大量的训练有素的预备役兵员,也有足够数量的训练有素的预备役军官,有了社会主义国家工业基础的物质作保证,我们就不用怕任何强大敌人的侵略。如果帝国主义向我国发动侵略战争,我们就能够在这种雄厚兵员的基础上迅速地组建扩编足够数量的军队,保卫国家的安全。因此,我们就能够在平时根据需要适当地减少现役军队的数量,节省出一些人力和财力,用于国家的社会主义现代化建设,而为国防和军队现代化建设打下技术和经济基础。

2.1.3 抗美援朝战争为实行义务兵役制进行初步探索

1950 年 6 月 25 日朝鲜战争爆发后,美国在纠集"联合国军"支援南朝鲜军队作战的同时,不仅派遣驻菲律宾的美国海军第 7 舰队侵入台湾海峡,并且直接干涉中国内政,对中国政府的严正警告而不顾,大举兵力越过"三八线",进犯中朝边境界鸭绿江,以及图们江,并派飞机对与朝鲜接壤的中国边境城乡进行轰炸和扫射,明目张胆地侵犯中国的领空和领土主权,严重威胁了中国安全。10 月初,为应对美国的战争威胁,在朝鲜党和政府的请求下,中共中央做出了抗美援朝,保家卫国的决定。改编东北边防军,成立中国人民志愿军,1950 年 10 月 19 日,跨过鸭绿江入朝参战。从此,全国人民在党和政府的领导下,进行了一场持续近 3 年之久的抗美援朝战争。在此过程中,党和国家为了赢得这场战争,进行了新中国成立后首次大规模的兵员动员。虽然是志愿兵役制形式进行动员,但动员的规模和方式方法,都为以后实行义务兵役制进行了初步探索和实践。

1950 年 6 月 25 日,朝鲜战争爆发后,大规模地动员有志青年参加志愿军,其方法主要采取志愿兵役制动员参军入伍。毛泽东主席的长子毛岸英积极响应国家号召,报名随第一批志愿军入朝参战。在全国范围内迅速掀起了参军、参战、支援前线的热潮。呈现出城乡青年纷纷报名参军,父送子,妻送郎,兄弟争相入伍的动人事迹。江苏省奉贤县范爱乡(今属上海市)的蔡妈妈,主动动员 4 个儿子和 1 个女婿一同报名入伍,并亲自将他们送到县城;黑龙江省双城县 3 天就有 520 名青年报名入伍;浙江省要求报名入伍的农民就有 100 万人。到 1951 年 10 月,全国农民有 60 多万人踊跃参加担架队、运输队和民工队支援前线,仅东北就有 15 万之多。[①]

1950 年 10 月 21 日,东北地区开始进行抗美援朝的首次大规模兵员动员,中共中央东北局下发了动员新兵方案,东北全区动员新兵 10 万余人。为完成此次征兵任务,中共中央东北局要求组织省及县的新兵动员委员会,东北地区各省均以干部和民兵为主要动员对象,许多县、市还通过民兵集训的形式进行新兵动员,从而较好地完成了任务。到 1950 年 12 月,东北共动员新兵 16 万余人,超额完成了新兵动员任务。

志愿军在入朝 6 个月左右,因连续对优势之敌实施大规模运动作战,加上天寒地冻非战斗减员,导致志愿军各部队减员严重。1950 年 12 月 3 日,

---

① 当代中国研究所. 中华人民共和国史稿:第一卷[M]. 北京:人民出版社、当代中国出版社,2012.

中央军委发出新兵分期动员和分期补充规定的指示。中央军委要求各军区即依照此项规定进行动员,名额不要超过,期限不要提早,新兵组织根据各地情况尤其是新区情况可自定办法,有的可直接动员当新兵,有的可经过参加地方武装进行训练,有的可附在我正规军内每师设一新兵团吸收训练。

第一期动员新兵从 1950 年 11 月开始,1951 年 3 月底结束,除西北区经中央批准推迟与第二期同时完成外,其他各区大部是提前时间并超额完成动员任务,及时补充了兵员支援志愿军作战。1951 年 6 月 10 日,第五次战役结束后,总参谋部和志愿军司令部规定并实行了补兵报告制度,内容包括过江日期、开进路线、到达日期、途中减员及实到数,何时补入何部等项。同时,志愿军司令部及各兵团、各军根据实际减员情况和对减员的预测,开始全面编写并逐级提交补兵预先提报计划。上述措施,为兵员动员补充提供了依据。第二期新兵动员截至 1951 年 9 月底,各区已完成动员新兵任务。1952 年 9 月—1952 年 12 月,全国进行了抗美援朝战争的第三期新兵动员。1952 年 12 月—1953 年 2 月,全国进行了抗美援朝战争期间的第四次新兵动员。1952 年 12 月 4 日,中共中央、中央军委下达了动员新兵的指示。该指示称:为了政治上及军事上的长远利益,朝鲜战争必须准备继续打下去,国内部队需入朝轮换,得到新的作战锻炼,根据这一要求,志愿军需有充分的后备兵员,国内部队兵员缺额也需要补充。为此,决定动员新兵共 35 万人。12 月 9 日,中共中央、中央军委再次就新兵动员下达指示。该指示称:为充分的准备力量,打击敌人在朝鲜可能发动较大的攻势作战,入朝轮换的部队必须增多,兵员补充也需增大,在中央军委 12 月 4 日关于动员 35 万新兵基础上,决定增加到 50 万人,该指示下达后,第四期新兵动员工作在各地区迅速展开。

从 1950 年 11 月—1953 年 9 月,全国四期新兵动员共动员新兵 270 万余人,志愿兵役制较好地保障了抗美援朝兵员的补充,充分证明了志愿兵役制适应当时的基本国情。正是志愿兵由于长期经过革命战争的锻炼,丰富了革命战争的武装斗争的经验,组成了强大的有丰富战争经验的中国人民志愿军,协助朝鲜人民打击美帝国主义的侵略,中国人民志愿军,以高度的国际主义精神、爱国主义和英勇果敢的行动,配合朝鲜人民,支援朝鲜人民军取得了抗美援朝伟大斗争的胜利。

动员参军的这些新兵,有的结合年度动员征集,没有全部入朝参战,有的补充到了其他没有参加朝鲜战争的部队。通过抗美援朝战争兵员动员,为准备实行义务兵役制进行了初步探索实践,取得了实战动员兵员经验,为实行义务兵役制奠定了基础。

为有力支援抗美援朝战争,加强军队干部队伍建设,军队文化水平不断提高,1950年12月1日,中央人民革命军事委员会,中央政府政务院做出了招收青年学生,青年工人参加各种军事干部学校的学习培训决定。决定指出:从1950年12月10日—1951年1月10日,人民解放军的空军学校、海军学校和特种兵学校,在全国统一招学员。基本条件是年龄在17～25周岁,思想纯洁、身体健康,青年学生具有初中二年级以上文化程度,青年工人具有高小文化水平的可以报名。各省、市、县地方人民政府,根据上级政府指示要求,吸收教育、学生联合会、青年团组织、工会等,成立军事干部学校招生委员会,负责各地的招生工作。同一天,《人民日报》发表了《爱国青年的光荣岗位》的重要社论,12月1日和2日,中国新民主主义青年团中央发表了《告全体青年团员书》,中华全国学生联合会发表了《告全国同学书》,中华全国总工会先后发表了《告全国青年工人书》。指出,美国已武装侵占中国台海省,并将侵略朝鲜的战火烧到中国的东北边境,全国青年积极参加抗美援朝、保家卫国,为加强国防力量,需要培养大批青年掌握现代军事科学技术知识的军事干部,青年团员、青年学生,积极响应中央军委和政务院的号召,踊跃报名参加军事干部学校的学习,为加强国防力量建功立业。1951年6月24日,中央人民政府政务院,再次发出关于各级军事干部学校招生学员的决定。招生的对象为在校的大学生一、二年级的学生,年龄为17周岁以上的高中学生、初中学生和高小毕业生,招收一部分具有相当文化程度、政治上纯洁可靠的社会青年。在政务院的组织和领导下进行,由各级教育行政部门、青年团组织和学生联合会具体组织实施。

通过爱国主义教育的动员,广州市第一批参加军事干部学校的就有1.3万人,武汉市先后有1.5万余位知识青年报名参加军事干部学校,各学校报名人数都达到适龄青年学生的70%以上。广西地区两次报名参加军事干部学校人数2.4万人,为原定招生人数的13倍。上海交通大学142位教授联名发表《告同学书》,鼓励学生积极报名参加军事干部学校。国家两次动员青年学生参加军事干部学校总计全国达58万余人[①],圆满完成了任务。

2.2 志愿兵役制向义务兵役制过渡的准备

1949年9月30日,中国人民政治协商全体会议通过《中国人民政治协商会议共同纲领》(以下简称《共同纲领》),通过了《中华人民共和国中央人

---

① 军事科学院军事历史研究所.抗美援朝战争史:上卷[M].北京:军事科学出版社,2021.

民政府组织法》。《共同纲领》第二十条规定："中华人民共和国建立统一的军队,即人民解放军和人民公安部队,受中央人民政府人民革命军事委员会统率。"第二十三条规定："中华人民共和国实行民兵制度,保卫地方秩序,建立国家动员基础,并准备在适当时机实行义务兵役制。"10 月 1 日,中华人民共和国宣告成立,中国共产党成为国家执政党。中国共产党领导的人民武装和广大人民群众一起,历经 28 年的浴血奋战,已经基本完成了夺取革命战争胜利和建立新中国的历史使命。党和国家在新中国成立之初几年的时间里,借鉴苏联和东欧一些国家的先进经验,通过实行普遍民兵制,逐步由志愿兵役制过渡到义务兵役制。

新中国成立后,各级政权得到普遍建立和日益巩固,使人民解放军的大规模兵员补充得到更为可靠的保障。结合普遍民兵制的全面开展,实行义务兵役制思想基础、组织基础等各项条件基本成熟。政务院和中央军委组织兵役法的起草、役龄人口调查和局部地区试征等多项准备工作,为首部兵役法的最终制定,由志愿兵役制过渡到义务兵役制打下了坚实的基础。

2.2.1　实行普遍民兵制为义务兵役制奠定基础

新中国成立后,国内大规模军事斗争任务随之结束,人民军队的历史使命主要是为维护国家主权、领土完整,保卫国家安全,成为全体中国公民的共同责任义务,兵役制度的改革也成为历史发展的必然行动。在如何实行义务兵役制的问题上,国家采取一个过渡的办法,在面向所有适龄公民实行义务兵役制之前,首先实行具有义务兵役性质的普遍民兵制,然后按照义务兵役制的办法,从民兵中征集适龄人员服现役,以此摸索实行义务兵役制的经验、逐步培养公民义务服兵役的思想意识,营造公民义务服兵役的社会环境,同时满足人民解放军大规模兵员补充的紧迫需求;待条件成熟后,再面向所有适龄公民实行义务兵役制。因此,《共同纲领》第二十三条规定:我国实行民兵制度,保卫地方安全秩序,建立国家兵员动员基础,在适当时机,实行义务兵役制度。

新中国成立伊始,各地的解放进程和军事斗争任务不尽相同,革命战争年代形成的以解放区、游击区"分区而治"的人民武装建设和使用格局仍在延续,全国的人民武装呈现出因地而异、无统一定制的状态,与建立国家民兵制度不协调、不统一。1949—1953 年,中国共产党和中央人民政府依据《共同纲领》的规定,通过实行普遍民兵制,很快结束了人民武装建设分区而治及因地而异的不统一状态,初步建立起全国统一的民兵制度,为人民武装的建设和发展,乃至全面履行国家安全发展赋予人民武装的新使命奠定了基础。在此期间,新、老解放区的人民武装,配合人民解放军歼灭了残存在大陆和沿海岛屿的国民党军队,完成了解放战争战略追击和保卫新生人民政权的艰巨任务。

为统一领导全国民兵工作与兵役工作,完善民兵建设,1950 年 6 月 21日,根据中央军委决定,军委人民武装部正式成立,建制隶属于中央军委总参谋部,并决定将中央复员委员会机构合并到军委人民武装部,增设复员管理处。军委人民武装部的主要任务是:制订人民武装工作的实施方针和计划,实施普遍民兵制;实施对人民武装干部的军政教育,提高人民武装工作人员的文化水平,开展军事体育运动;进行兵役和运输工具的调查统计;负责人民武装的组织和军事建设,义务兵役制的准备和实施;拟定兵役法等人民武装动员法规;制定和实施战争动员计划,承办退伍军人复员转业建设安置工作;掌握和指导各级人民武装部的业务工作,以及民兵开展剿匪、肃特、保卫边防和海防的社会治安工作等。军委人民武装部的成立,为新中国民兵制度的建设与发展,制定兵役法规制度提供了组织上的保障。

1950 年 6 月,中央军委人民武装部成立后,作为贯彻共同纲领的重要内容之一,组织力量对义务兵役制及如何实行义务兵役制的问题进行了研究。通过研究认为:义务兵役制,是公民在一定年龄内,依照国家法律法令的规定,必须承担的军事任务的制度;公民承担的军事任务通常包括定期在军队中服现役和军外服预备役。它的主要特征是实行定期征集、定期退伍,即使现役部队得到充足的兵员补充,又能有计划地积蓄雄厚的训练有素的后备兵员,而且公民的兵役负担也比较合理。

1950 年 10 月,军委人民武装部向总参谋部和中央军委提出了由民兵制过渡到义务兵役制的建议。具体设想是:在民兵制的基础上,有计划地使18～45 周岁的劳动人民,有权利有义务,并在自觉自愿的思想基础上参加民兵组织;其组织形式分为基干民兵和普通民兵:基干民兵,年龄为 18～30周岁,即将来的第一级预备役;普通民兵,年龄为 18～45 周岁,即将来的第二级预备役。军委人民武装部认为,如果将民兵巩固扩大,逐渐将适龄青年组织到民兵中来,进行一定的军事训练担负起国家动员任务,以便将来顺利地过渡为义务兵役制,此报告得到总参谋部和中央军委的原则同意。

民兵作为国家的一项军事制度,必须用法规制度进行规范,制定民兵条例工作全面展开。1950 年 10 月,《民兵组织条例(草案)》在全国人民武装干部会议上进行讨论,军委人民武装部根据与会人员对《民兵组织条例》提出的修改意见,会同有关方面继续开展调查论证和修改工作。此后,随着中共中央、中央军委和总参谋部、总政治部关于民兵工作的一系列文件的出台,军委人民武装部又组织力量,对《民兵组织条例》进行了 10 多次较大幅度的修改,名称也由开始的《民兵组织条例》改为《中华人民共和国人民武装组织条例》,再改为《中华人民共和国民兵组织条例》。1952 年 8 月,该条例呈报中央军委审批时,其名称确定为《中华人民共和国民兵组织暂行条例》(以下简称《民兵组织暂行条例》)。11 月 28 日,政务院第 160 次政务会议研究通过《中华人民共和国民兵组织暂行条例》。1952 年 12 月 11 日,该条例经毛泽东主席批准,由中央军委、政务院颁布施行。

《民兵组织暂行条例》在中央军委《关于加强民兵建设的指示》的基础上,从实行普遍民兵制的需要出发,以国家法规的形式,面向社会的各个层面,对民兵制度做出了具有权威性和普遍适用性的规定。民兵是为不脱离生产的群众武装组织;凡年满 18～40 周岁的男性适龄公民,符合民兵条件的,都有参加民兵的权利和义务;超过 40 周岁的,一般可退出民兵组织;其主要任务是:保卫祖国,担负国家的兵员与战勤动员兵员的任务,并积极学习政治、军事、文化,加强锻炼;协助人民解放军和人民公安部队保卫社会秩序,打击反革命活动,保护仓库、工矿、交通、海防、边防等,巩固人民民主专政;参加和推动农业生产合作,团结互助,以及救灾、治水、造林等。同时,《民兵组织暂行条例》对人民武装领导机构、民兵组织编制、工作制度、奖惩措施等也做出明确规定。

1953 年 2 月 12 日,为保证《民兵组织暂行条例》的贯彻落实,以建设强大的有组织的国防后备力量,准备实行义务兵役制度,军委总政治部发出把学习贯彻《民兵组织暂行条例》作为民兵政治教育的一项重要内容,要求各级军区协同有关部门,在地方党委统一领导下,结合抗美援朝运动、生产建设、人民代表会议与各时期的中心工作,认真组织广大人民群众、青壮年学习《民兵组织暂行条例》,提高他们参加民兵的自觉性。同年 3 月,为深入对《民兵组织暂行条例》有关问题的理解,统一对人民武装工作若干问题的认识,军委人民武装部在其编发的《人民武装工作通讯》中,对什么是普遍民兵制,什么人不能参加民兵,有了民兵组织为什么还要成立民兵基干团,参加民兵基干团要具备什么条件,基干民兵与普通民兵有什么区别等 28 个问题逐一做出解答。

1951 年 2 月 12 日,政务院总理周恩来在全国复员工作总结会议上讲话时指出:共同纲领上规定实行民兵制度,地方上的基干武装是民兵,民兵是人民武装。5 月 16 日,中央军委下发的关于加强民兵建设的指示中提出,现在全国大陆已统一,人民觉悟程度日益提高的情况下,已开始具备普遍实行民兵制度,来加强建立国家动员基础的客观条件。因此,可以逐步地将农村适龄的青壮年比较普遍地组织起来。年满 18～30 周岁男性公民,均有义务参加民兵。普遍民兵制正式在全国农村开始实行。1952 年 12 月 11 日,颁布实施的《民兵组织暂行条例》,为已经实行的普遍民兵制提供了法律依据,促进了普遍民兵制在全国广大农村的贯彻落实。到 1953 年年底,普遍民兵制已经在全国广大农村得以实行,新中国的普遍民兵制度也因此得以确立。

随着普遍民兵制的全面实行,民兵的数量迅速增加。在大部分地区,民兵占人口的比例已大大突破 5%。民兵数量过多,不仅增加了群众的负担,而且受人力、财力、物力的限制,民兵建设的质量也受到很大影响。因此,在实行普遍民兵制的过程中,如何控制民兵数量,成为当时急需解决的问题。1953 年 6 月,总参谋部、总政治部在全国人民武装工作会议上首次提出:民兵数量过于庞大,各地对于民兵组织的发展,必须予以适当的控制,不要再去强调普遍民兵制;在民兵数量尚不够的地区,也应根据当地实际情况,稳步地有重点地向前发展,着重组织未来能征集的青年民兵。会议结束后,副总参谋长张宗逊、总政治部副主任肖华将会议情况向中共中央、中央军委做了专题报告。8 月 27 日,中央军委副主席彭德怀看到全国人民武装工作会议综合报告后做出批示:应以军委人民武装部名义发表,民兵与人口比例拟以 1%～3% 为宜。

如果按照 1953 年全国总人口 1%～3% 的比例发展民兵,全国民兵的总数约为 560 万人或 1680 万人。1953 年 9 月 3 日,军委人民武装部部长傅秋涛在向中央军委建议:新的义务兵役制度马上要建立,民兵制和民兵组织采用稳步地逐渐缩减,为实行义务兵役制度过渡作准备,1953 年宣布民兵与人口的比例数字似乎过早,待义务兵役制度确实建立起来之后,再宣布这个方针似乎更为稳妥。建议几千万民兵暂时不做大的紧缩。傅秋涛的上述建议,得到中央军委的同意。此后,军委人民武装部没有对 5% 的民兵发展比例做出公开的调整,但内部却把 1%～3% 作为新的民兵发展比例,以此控制民兵发展的数量。1953 年 11 月 7 日,傅秋涛在总结 1952—1953 年人民武装工作时指出:民兵组织在全国得到普遍发展,民兵总数达 3340 万人,其中有不脱离生产的乡队、中队干部 234 万人,占全国人口总数 5.5% 以上,高于占全国总人口比例 1%～3% 的要求。许多地区整顿了民兵组织,基本上改变了组织不纯的现象,老解放区已实现和接近实现普遍民兵制度,解放较晚的地区也有民兵组织,这为实现义务兵役制和动员工作奠定了坚实基础。

2.2.2 起草兵役法

在实行义务兵役制之前,首要的任务兵役法的制定。1950 年 10 月,军委人民武装部开始筹划新中国首部兵役法的起草工作。为借鉴吸收苏联实行义务兵制的成功经验,建立一个较为先进的义务兵役制度,军委人民武装部特别聘请苏联军事顾问米列什柯上校和加乌尼洛夫上校参加首部兵役法的起草工作。

1951 年 7 月 20 日,米列什柯上校和加乌尼洛夫上校,拟制完成了《普遍兵役法(草案)》。该草案经中央军委办公厅外文处翻译成中文后,交军委人民武装部。这个兵役法草案主要反映的是苏联经验,同时也体现了一些中国特点,成为制定兵役法的基本依据。1952 年 5 月 24 日,加乌尼洛夫上校因公回国。后经周恩来总理同意,苏联赛尔比洪诺夫将军受聘担任军委人民武装部的军事顾问,指导兵役法的起草工作。10 月,军委人民武装部根据代总参谋长聂荣臻的指示,成立兵役法研究室,人员由中央军委办公厅、总参军训部、军务部、总政干部部、组织部、总后卫生部、军事出版局、海军、空军、公安军、装甲兵等单位的 19 名干部组成。主要任务是在军委人民武装部部长傅秋涛的主持下,进行兵役法的研究和起草工作。兵役法研究室成立后,很快收集整理了中外有关兵役法方面的资料,对人民解放军各军兵种的情况及对兵员补充的要求,以及对苏联等国的兵役法律进行了认真的研究。11 月 4 日,兵役法研究室对《普遍兵役法(草案)》中涉及的重点问题,包括普通义务兵役制法律依据、兵役对象的规定、兵役种类、兵役期限、服兵役者的年龄规定、缓征免征规定、兵役登记、服现役者的征集、预备役训练、军人和预备役的权力义务等,提请苏联顾问解答。11 月 11—21 日,苏联顾问米列什柯上校对兵役法研究室提出的问题,进行了详细的解答。11 月 25 日,根据米列什柯上校的解答,军委人民武装部组织力量对先前翻译的《普遍兵役法(草案)》进行了校正,形成《普遍兵役法(草案)》第二稿。军委人民武装部向中央军委提出成立中央军委兵役法研究委员会的建议,得到中央军委的同意。11 月 26 日,中央军委办公厅发出关于成立中央军委兵役法研究委员会的通知。该委员会由代总参谋长聂荣臻任主任,傅秋涛为秘书长。

1953 年 3 月 23 日,为研究和制定兵役法及其附属的条例,经毛泽东主席批准,中央军委决定成立中央军委兵役法委员会。该委员会主任由聂荣臻担任,傅秋涛为秘书长。委员会办公室设在军委人民武装部,同月,兵役法研究室完成《中华人民共和国兵役法(草案)》的起草,连同兵役法草案说明,上报中央军委兵役法委员会审议,发各总部、军区、军兵种和中共中央、国家机关的有关部门征求意见。1953 年 6 月,总参谋部、总政治部召开了全国人民武装工作会议。中央军委人民武装部将兵役法草案提交与会人员讨论,并请米列什柯上校做了释义性发言。与会代表对兵役法草案进行了认真的讨论。讨论中:有的对兵役法草案规定的一些内容提出调整的意见;有的提出预备役不要分级;有的提出定期征集的时间提前一些为好;有的提出兵役法的条文不够通俗,诸如此类的意见还有很多。

全国人民武装干部会议之后,兵役法研究室根据各方面提出的提出意见,对《兵役法(草案)》进行了一次全面的修改,形成兵役法草案的第三稿。1953 年 12 月,中央军委兵役法委员会将《兵役法(草案)》第三稿报请中央军委,提请全国军事系统中共党的高级干部会议审议。全国军事系统中共党的高级干部会议经审议,原则同意兵役法草案做的各项规定。

1953 年 12 月 7 日,召开了全国军事系统党的高级干部会议,至 1954 年 1 月 26 日。对军委人民武装部提交的《中华人民共和国兵役法(草案)》进行了审议,在原则同意的基础上,提出了具体的修改意见。此次会议之后,军委人民武装部及兵役法研究室对《兵役法(草案)》进行了一次较大的修改,尔后送中央政法委员会及其他有关方面征求意见。3 月 22 日和 4 月 20 日,中央政法委员会两次召开会议,对《兵役法(草案)》进行了研究讨论,并提出了修改建议。根据中央政法委员会及其他有关方面提出的意见,兵役法研究室又对兵役法草案进行了修改完善。4 月 23 日,军委人民武装部就兵役法草案的修改情况向中央军委做了汇报,得到中央军委的原则同意。6 月 7 日—7 月 6 日召开的全国兵役工作会议,又对兵役法草案进行研究讨论。6 月 14 日,国家公开《中华人民共和国宪法(草案)》(以下简称《宪法》)。《宪法(草案)》规定:"保卫祖国是中华人民共和国每一个公民的神圣职责。依照法律服兵役是中华人民共和国公民的光荣义务。"8 月,军委人民武装部将兵役法草案修正稿及其说明,呈报中央军委兵役法委员会。9 月 28 日,中共中央、中央军委发出关于对兵役法草案讨论通知。通知指出:改变志愿兵役制为义务兵役制,是党的一项重大的政治任务,它不仅关系到我国国防建设,而且也关系到国家经济建设和广大人民群众的切身利益,我们必须重视这个问题。中共中央、中央军委要求各级党、政、军机关要组织干部、群众对兵役法草案进行认真讨论,1954 年冬有新兵征集任务的各县,还应在群众中进行《兵役法》的宣传。1954 年 12 月 9 日和 16 日,国防委员会和国务院全体会议先后讨论通过了兵役法草案。12 月 31 日,兵役法草案提交第一届全国人大常务委员会。1955 年 2 月 7 日,第一届全国人民代表大会常务委员会,举行第五次会议听取了国务院副总理兼国防部部长彭德怀、国防委员会副主席聂荣臻的说明,讨论并修正了国务院提出的兵役法草案。会议决议将这一草案由国务院发给各级人民委员会讨论,并征求人民意见,以便再进一步修正,然后提交全国人民代表大会,召开下一次会议时讨论通过。

1955 年 2 月 15 日,国务院公布《中华人民共和国兵役法(修正草案)》《人民日报》刊登兵役法草案的说明,发表题为《我国军事制度的一项重大改革》的社论,再次对实行义务兵役制的必要性及可能性作了深刻论述。2 月 18 日,中央青年团发出了关于讨论和宣传《中华人民共和国兵役法(草案)》的通知,要求青年团的各级团组织,要把协助党和政府,在广大青年与群众中讨论和宣传兵役法草案的工作,当作一项严重的政治任务。通过讨论和宣传兵役法草案,使全体团员和青年受到一次国防教育和爱国主义教育,学习了解义务兵役制的好处,热爱中国人民解放军,明确知晓服兵役是青年学生自己应尽的光荣职责,应准备随时应征服现役或按照要求参加军事训练。到 5 月 18 日,讨论兵役法修正草案在全国各地结束。从 2 月 15 日国务院公布兵役法修正草案,地方各级人民委员会热烈进行讨论,同时,又征求广大人民群众的意见以后,各地党和政府均开会进行了学习讨论,并组织各民主党派,各人民团体的代表进行了座谈讨论。各地通过广播电台、报纸以及派出宣传员和报告员等各种方式,向广大人民群众宣传了兵役法修正草案,并邀请中国人民解放军中的干部和部分战斗英雄作了报告。各地农村、城市和工厂在宣传中,还采用各种方法以黑板报、幻灯、有线广播和话剧等方法形式进行宣传。据统计,截至 4 月 26 日,福建省全省 80% 以上的人民群众都听到或看到了关于《中华人民共和国兵役法(修正草案)》的宣传教育,基本上达到家喻户晓。各地政府和广大人民群众热烈拥护兵役法修正草案,在全国公开讨论兵役法修正草案期间,各地政府和人民群众也提出了若干修正建议,这些意见报送国务院后按照法定程序修改完善。

1955 年 7 月 4 日,国务院全体会议第十四次会议通过兵役法修正草案。国务院副总理并兼任国防部长彭德怀同志在这次会上,就中华人民共和国兵役法修正草案作了说明。兵役法修正草案,是根据全国人民代表大会常务委员会第五次会议,关于中华人民共和国兵役法草案的决议,汇集了各级地方政府和广大人民群众的意见完成修改的。这次会议通过了《中华人民共和国兵役法(修正草案)》,会议决定提交全国人民代表大会在第二次会议进行审议。

1955 年 7 月 16 日,全国人民代表大会第一届第二次全体会议,听取了国防部长彭德怀同志《关于中华人民共和国兵役法(修正草案)的报告》。彭德怀同志在报告中指出:是在新的历史条件下,实行义务兵役制,是增强中国人民解放军现代化和正规化的建设,加强国防后备力量建设的需要,同时,反映了全国广大人民群众热爱祖国和保卫祖国的强烈愿望。在长期的革命战争中,中国共产党领导的各革命根据地,长期采用的是动员人民群众以自愿的办法报名入伍。这种革命战争年代志愿兵役制,在当时战争频繁,尚未得到全国解放的情况下,无疑是正确的制度。广大人民群众为了革命的利益和人民的解放事业,不惜自我牺牲,自觉自愿地奋起参军,从而满足了人民军队的兵员补充,保障了革命战争的胜利。但是,新中国成立后,这种志愿兵役制已不能适应新形势发展需要,也不能适应国防和军队建设的需要,而需要实行义务兵役制度。在和平建设时期,经验证明实行义务兵役制度,具有较多的优越性,可以解决志愿兵役制度不好解决的许多实际问题。义务兵役制度,可以使部队定期轮换兵员不断更新新生力量,保持旺盛常态的战斗力;也可以为国家积蓄大规模地经过训练有素的国防后备兵员,解决平时养兵少,战时用兵多的矛盾,满足战时兵员快速动员的需要;同时可以让更多的适龄青年履行兵役义务,增强青年的国防意识,提高青年保卫祖国的责任心和光荣感;这样可以在平时缩减军队规模,为国家节省人力和物力,促进国民经济的快速发展。由此可见,实行义务兵役制是国防现代化建设的一个重要条件,势在必行。我们国家只有实行义务兵役制度,积蓄规模强大的训练有素的预备役后备兵员,才能随时有力粉碎帝国主义的侵犯。

2.2.3　首次调查役龄青年

　　详细掌握役龄青年数量,为实行义务兵役做准备,1951 年 3 月,军委人民武装部制发《兵役适龄人口统计》表,要求各级人民武装部门进行典型调查。

　　1952 年上半年,军委人民武装部根据 1952 年的工作计划,组织中南、华北、东北军区,分别在河南省遂平县,河北省万全县、徐水县,辽东省丹东县,吉林省延吉专区、蛟河县,热河省喀喇沁左旗,共 7 个县(旗)的 11 个区、246 个乡、496 个自然村进行兵役适龄人口调查。通过调查证明适龄人口基数非常大,通过民兵组织的形式把他们编组起来,从民兵制过渡到义务兵役制是可行的。

　　1953 年 6 月,总参谋部、总政治部在北京召开全国人民武装工作会议,其中一个重要议题,就是如何从民兵制度过渡到义务兵役制的问题。会上,人民解放军总司令朱德在讲话中指出:现在召集你们来开这个会,主要是为了将民兵制与义务兵役制这两个的关系衔接起来。朱德总司令在讲话中提到,服现役的起征年龄最好是 18 周岁,服役年限最好是步兵 2 年,特种兵 3 年,海军、空军 4 年。朱德总司令最后强调,实行义务兵役制,平时就可以减少常备军的数量,常备军减少了,人民负担就轻些。将节省下来的经费:一方面用于建设军队;另一方面用于工业尤其是重工业建设,加速国家的工业化。经过此次会议,从民兵制过渡到义务兵役制的思想及其方法,成为全国人民武装系统的共识和主要的工作任务之一。

1953 年初,中央人民政府委员会作出决定,逐级自下而上普选的办法,选举产生省(市)、县、乡人民代表大会,为召开全国人民代表大会作准备。为满足普选同时也为满足制定国民经济发展第一个五年计划的需要,政务院决定在全国进行第一次人口普查。4 月 3 日,政务院做出《为准备普选进行全国人口调查登记的指示》,明确《全国人口调查登记办法》,明确规定此次人口普查是一次全面的人口登记统计,凡中华人民共和国国民均在普查的范围内,普查的标准为 1953 年 7 月 1 日零时。这两个文件下达后,历时一年半的第一次全国人口普查便在全国范围内展开,参加此次人口普查工作的人员累计达 250 多万人。1954 年 11 月 1 日,中华人民共和国国家统计局发表《关于全国人口调查登记结果的公报》。公报显示,全国在 1953 年 7 月 1 日零时的总人口为 6.01938035 亿人。

中央人民政府决定进行第一次全国人口普查,对于人武系统全面掌握全国役龄人口的情况,进一步确定实行义务兵役制的可行性,乃至研究制定义务兵征集计划,无疑提供了最为有利的条件。1953 年 2 月 6 日,军委人民武装部召开统计工作会议,初步研究了配合全国人口普查,弄清全国男性青壮年人数的问题。4 月 7 日,总参谋部下发《关于配合全国人口普查工作指示》,要求各级军区、军分区,配合此次全国人口调查登记,弄清 18～40 周岁的男性国民、公民的人数。为此,各级军区、军分区和县、区人民武装部,要积极组织干部参加这项工作,动员民兵带头登记。特别是各县人民武装部,应到县人口调查办公室,从《人口调查登记表》中摘抄有关数字,制成男性青壮年统计表,逐级上报。总参谋部要求各省军区在 11 月 15 日前,将统计结果汇总上报大军区和军委人民武装部。

2.2.4　试征义务兵

为了检验兵役法草案各项规定的可行性,试征义务兵开始只是在山东进行,后来除西藏和 3 个直辖市未分配任务外,逐步扩大到全国范围内进行试征。

1954 年底—1955 年初,为了检验兵役法草案各项规定的可行性,取得义务兵征集的直接经验,中央军委人民武装部根据中央军委的指示,在全国大范围内,采取义务兵试征与军队年度新兵补充相结合的方法,进行了一次大规模的义务兵试征工作。

1954 年 2 月,军委人民武装部在制订 1954 年工作计划时,与总参谋部军务部共同研究,提出了一个义务兵试征的计划。6 月 7 日—7 月 6 日总参谋部、总政治部,召开全国兵役工作会议。这是第一次组织召开全国兵役工作会议。副总参谋长张宗逊在会议第一天的讲话中,称这次会议是专门研究兵役法、讨论如何贯彻实行义务兵役制度的会议。会议的重点是学习与讨论兵役法草案和研究如何贯彻兵役法,同时也研究讨论了 1954 年冬义务兵试征工作。会上,朱德总司令做了重要讲话,朱德在讲话中,对实行义务兵役制度的意义以及如何向社会进行兵役法的宣传教育问题做了明确指示。这次会议之后,各地按照会议的要求,普遍采取召开县、区、乡三级干部会议的形式,向广大干部进行了兵役法的宣传。军委人民武装部也在会后草拟了 1954 年兵役试征工作的指示,按照该指示,首次义务兵试征工作计划在 1954 年 11 月—1955 年 1 月进行。7 月,中央军委在审查 1954 年兵役试征工作时,认为试征的数量不能满足部队兵员补充的需要,要求增加试征的数量。9 月 11 日,政务院总理周恩来发布关于征集补充兵员的命令,命令中指出:在兵役法未颁布以前,国家决定按照义务兵役制的兵员征集标准和方法,补充人民解放军退伍兵员的缺额及逐步推行义务兵役制。此次新兵征集的时间为 1954 年 11 月 1 日—1955 年 2 月 28 日,征集的对象为年满 18~22 周岁的男性公民,征集服现役的期限为陆军 3 年、空军 4 年、海军 5 年,服现役时间从 1955 年 3 月 1 日起算。

在政务院总理周恩来下达征兵命令的前后,为保证义务兵试征工作的顺利进行,各有关方面做了大量工作。1954 年 9 月,为了解决各级兵役机关试征经验不足的问题,军委人民武装部组织有关人员,选择征集工作各阶段的主要程序方法,采取问答的形式编写了征集工作资料,供各级兵役机关学习使用。9 月 10 日,军委总参谋部、国家财政部联合下发《关于征集及兵役登记的经费开支规定》,对试征工作所需的经费及经费管理做出规定。9 月 29 日,中央军委人民武装部、国家卫生部、军委卫生部联合发出通知,颁发《征集补充兵员体格检查实施办法》《体格检查标准》《体格检查标准说明》《体格目测标准》《体格检查表》,对义务兵试征体格检查工作做出统一规范。10 月 14 日,中共中央宣传部、军委总政治部下发《关于征集补充兵员的宣传要点》,对义务兵征集中的宣传工作提出了明确要求。10 月 19 日,共青团中央下发关于积极做好征集补充兵员工作的指示,要求各级共青团组织,发动共青团员带头宣传义务兵役制,带头应征入伍。10 月 22 日,军委总政治部、国家公安部下发《关于保卫征集补充兵员工作的指示》,对义务兵征集中的政审工作进行了规范。10 月 26—30 日,军委人民武装部组织召开征兵业务座谈会,河北、山西、山东、江苏、浙江、河南、湖南、广东、广西、四川、辽宁、热河、陕西等 13 个省的兵役局长和各大军区动员处长参加了会议。会议在听取了各省试征工作的准备情况后,对做好试征工作提出了进一步要求。会议还明确了以下事项:第一,在各级兵役委员会没有成立之前,征集工作由各级人民武装委员会统一领导;第二,陆军和特种兵部队按不同的方法将新兵补入部队,陆军是在退役的志愿兵离队后,再补充新征集的义务兵,特种兵部队是待新征集的义务兵补入部队后,再进行志愿兵的复员。海防部队,则按部队遂行的作战任务自行确定;第三,义务兵补充部队的计划及输送,由各级军务部门负责,各级兵役机关协助。新兵集中后,各级兵役机关要在新兵中建立党、团组织,进行思想政治教育,稳定新兵的思想情绪。新兵输送时,兵役机关要随同护送。新兵到达部队后,应办好交接手续,做到新兵人数、年龄、党(团)员数量准确无误。交接时要站队点名,双方共同签名盖章,以示负责。新兵交到部队后,如遇个别开小差的,兵役机关要督促其归队;对部队按规定退回的,兵役机关要作妥善处置。河南省军区在试征工作开始前,先后 4 次召开干部会议,集训县以上干部。各县也用 7~8 天时间召开县、区、乡三级干部会议,进行征兵集训。据 105 个县、市统计,参加三级干部会的人数有 14 万余人。

1954 年 11 月 1 日试征工作全面展开后,各地首先进行了义务兵役制的宣传教育。许多地区都通过报纸、电台对兵役法草案的内容进行了宣讲。一些地区还组织宣传员、宣传队,到工厂、学校和农村社队,宣讲兵役法草案,宣传实行义务兵役制的重大意义,鼓励适龄青年报名应征。

试征工作开展 1 个半月以后,鉴于各部队老兵太多,缺额过大,不能适应部队需要的情况,中共中央、中央军委于 1954 年 12 月 14 日发出《关于增加征集任务的指示》。为此,中共中央、中央军委要求各地扩大征集范围,除重灾区和没有进行土改的少数民族地区及社会情况复杂的边防地区外,其他各县均应适当承担试征任务,原来分配任务较轻的县份,也应适当增加任务,没有分配任务的地区,如有自动报名应征者,也可由兵役机关组织检查接收。为保证试征任务的完成,城市郊区及市区的失学失业青年也可酌情予以征集。征集的年龄原则不变,如某些县份确有困难时,可将年龄上限由 22 周岁扩大到 23 周岁。关于征集时间,中共中央、中央军委要求各地尽可能在 1955 年 2 月底完成,以免影响春耕及部队的训练,但如某些省份确有困难时,可延长到 3 月底以前完成。明确各省、市可自行规定适当数量的预备数,但总的不应超过任务数的 5%,由省、市一次分配到县、区,县、区不得再增加预备数。

到 1955 年 4 月 14 日,全国首次义务兵试征工作全部结束。除西藏和 3 个直辖市未分配任务外,25 个省和 1 个自治区(内蒙古)都承担了试征任务。在 26 个省(区)的 2251 个县、市中,承担试征任务的有 1680 个县、市,适龄男性公民约 1760 万人,报名应征的适龄青年有 1003 万余人,占适龄青年的 56.9%。

1955 年 4 月 17 日,国防部授权新华社发布《一九五四年度征集补充兵员工作结束》公报。公报称:中华人民共和国 1954 年度征集补充兵员的工作,从 1954 年 9 月 11 日,中央人民政府政务院发布征兵命令以来,在中国共产党各级组织领导下,在地方各级政府的正确组织领导下,在全国人民群众的热烈支持下,已圆满完成试征任务。其中:除浙江省定海、象山、杭县、嵊县等四县在 4 月 14 日结束外,其余各地都在 3 月底以前结束。全国各地人民群众在征集补充兵员过程中,表现了高度的爱国热情。各族适龄青年都争先恐后地踊跃报名应征参军。他们都一心向往着能当一个光荣的国防军战士,履行保卫祖国的神圣而光荣的义务。在应征中,各地呈现出许许多多的妻子送丈夫、父母送儿子、兄弟争相当兵的模范事例。各地人民群众这种爱国自觉行动,充分说明了全国各族人民特别是广大青年热情高涨,把个人利益和国家利益结合起来的爱国主义行动,充分说明了广大青年保卫祖国、保卫和平幸福生活的坚强意志和热烈愿望。这次征集补充兵员,得到全国人民群众积极响应的事实,也说明了在我国实行义务兵役制是正确的、适时的。在征集补充兵员过程中,各地都结合兵役法修正草案的宣传和讨论,对广大人民群众进行了义务兵役制的宣传教育普遍深入,贯彻执行的征兵政策正确。全国各族人民群众拥护国家实行义务兵役制热烈。他们认为:义务兵役制既符合国家的整体利益,也是公平合理的,同时也照顾了人民群众的具体利益。这次征集补充兵员的工作,为我国由志愿兵制过渡到实行义务兵役制度奠定了良好的经验基础。各地被批准应征参军的青年,已经陆续走上保卫祖国的光荣岗位。

实行义务兵役制,是中国人民解放军军事制度的重大改革,分别有义务兵役士兵的兵和军士,职业军官,在制度上区别现役军人和预备役军人。志愿兵制度的士兵,在未来几年内将有大量人员陆续分批复员,这些人员转入服预备役。同时也有一部分士兵培养提升成为职业军官,继续在人民军队中长期服役。对于退役复员的志愿兵役制的军人,政府根据在军队中服役的年龄发给不同数目的生产资助金,并由地方政府帮助他们解决就业等问题,使他们各得其所、各安其业。由于这些参加人民军队志愿的士兵有着高度的政治觉悟;由于他们受过长期的军队教育;由于他们有丰富的长期与反革命斗争的经验,他们会体会到革命事业的艰巨更为深刻,他们会十分珍惜同人民群众一起与反革命斗争所取得的人民胜利的果实。因此,他们复员转到各个岗位上,也会较好保持中国人民解放军的光荣传统和优良作风,贡献出他们全部的力量,积极参加社会主义建设,参加社会主义改造的工作。同时,他们也随时准备着,一旦帝国主义发动侵略战争,立即响应祖国的召唤,立即回到军队中服役。培养提升军官继续留在军队中服役的人员成为军队中的骨干,将继续保持和发扬中国人民解放军的光荣传统,使服现役的士兵受到优良的传统的陶冶和教育,转入预备役又将成为预备役军人的骨干,在预备役军人中继续传播中国人民解放军优良的作风和传统,这样中国人民解放军优良传统就会继续更加发扬光大。

2.3　志愿兵的退役安置

新中国成立之初,基本结束中国人民解放战争,除西藏和台湾还待解放仍有作战任务以外,全国经济建设已开始进入的新阶段,人民解放军也将结束战争状态,转入平时正规化建设的新时期。新中国刚刚成立,国家需要大量的人力建设国家,中国人民解放军既必须进行一部分人员复员,去地方参加国家经济建设工作,以助力国家经济的恢复和建设发展,又必须继续加强国防军的平时建设,以捍卫国家的主权和领土安全。为减少国家负担,以利于国家经济的恢复和发展,中共中央决定压缩军队的规模员额,将裁减大量的人员复员转业到地方,参加地方经济建设。

2.3.1　制定复员军人安置政策

退役复员的军人,在革命战争中许多人有过重大贡献,复员后又将在生产一线上继续发扬革命军人的优良作风和传统,将成为国家建设的强大新生力量。妥善地安置好退役复员军人,使他们能各得其所,是中央政府以及各级人民政府一项光荣政治任务。各地人民政府必须切实负责组织动员退役复员军人参加生产,对于出现生产和生活上的困难,应就地给予认真解决。各级干部和人民群众应当尊重退役复员军人的荣誉,热诚关怀他们的组织生活和政治生活。

1950 年 6 月,中央军委和政务院作出了关于中国人民解放军1950年的退役复员的原则,主要内容:一是人民军队和地方各级人民政府对退役复员军人应当妥善安置,使其各得其所。退役复员军人须经过一定时期的集中学习,自愿回乡;二是复员军人是人民的功臣,地方政府和人民团体应当给予其应有的政治待遇和尊重,并根据其具体情况,吸收其尽量参加工作,使其能成为国家建设中的力量骨干;三是服现役 10 年以上的军人无家可归,本人又坚决不愿回家乡者,军及三级军区以上机关,应协同各大行政区人民政府,省、市人民政府或县人民政府,分别组织负责他们实行集体转业或个别生产安家,以求达到逐渐自给的目的。凡军龄不到 10 年且又无家可归或他们籍属新解放区一时难以妥为安置的人员,即使其不适合军队工作,本年内均应暂缓退役复员,以避免各地方人民政府安置负担过重;四是残废的军人已无家可归,或本人坚决不愿回家乡者,应由各大行政区人民政府或省市人民政府,组织残废军人在教养院容纳安置。其中,能参加相应工作者应给以特别照顾,分配能胜任的工作,使其能有机会继续为人民服务;五是住院伤病人员,3 个月以内不能治愈回部队工作的,应一律交各大行政区,或省市地方医院接收治疗。其中需要退役复员人员,复员手续应于转交地方政府前办理妥当。凡复员军人有传染病人员,应先由军队卫生机关集中治疗,病治愈后再送返原籍安置;六是俘虏的官兵,未编入中国人民解放军编制内人员,按照原规定遣返,不属复员范围;七是中国人民解放军干部一律不复员。

1954 年 10 月,国务院批准发布复员退伍军人安置暂行办法。其主要内容:一是复员军人安置以在原籍安置为原则。家原在农村的,以从事农业生产安置为主。地方人民政府应在互利和自愿的原则下,组织发动他们参加农业生产合作互助组织,并教育已经组织起来的人民群众,积极吸收复员军人参加。对于原没有土地而又未分到土地的,应尽可能在本乡公地内调剂;如在本乡范围内无法调剂土地时,由县人民政府在本县他乡酌情调剂安置,或帮助复员军人从事其他生产。家原在城市的,如具有一定的专业技术或工作能力的,人事部、劳动部在介绍分配员工时,应给予就业优先的便利;入伍时原有一定社会职业,当地人民政府应尽可能帮助恢复复员军人原有职业;入伍时原是机关、工矿、企业、团体的职工,原工作单位应予以安置吸收;恢复原来职业或介绍工作确有困难时,应介绍和帮助他们从事其他生产。二是住房。退役复员军人回乡时,已没有房屋居住或原有房屋已经破漏而本人又无力修补的,在城市的复员军人,应由当地人民政府协助他们修补原有房屋或租赁房屋,或在公房调配、出租时给予优先照顾;在农村复员军人,应在公房中给予调剂,或由当地人民政府给予他们适当补助,可以动员人民群众帮工,帮助他们自行修建。三是异地安置。退役复员军人离乡时间已久,原籍无业、无家的,本人不愿意再回原籍的,可由退役复员军人的部队师以上机关,联系部队驻在地的省级转业建设委员会,可在该省区域内选择适当地区安置,让他们能从事农业生产或其他生产活动。复员军人原籍家庭已经迁居外地的,回到原籍后没有亲属可依靠的,可以经过原籍县(市)人民政府与家庭迁居地县(市)人民政府联系,证明情况属实时,可介绍到家庭迁居地县(市)人民政府安置。四是安排工作和就学问题。各事业、企业、工矿部门基本建设工程部门,在向各地招募和招考员工时,应给予复员军人一定名额,并在限制年龄上适当放宽,优先予以录用。对参加机关、事业部门、企业、团体、工矿工作的复员建设军人,在确定工资时,应适当照顾他们的从军时革命资历;企业、工矿单位并应将他们的军龄计算为本单位的工龄。参加上述各项工作的退役复员建设军人退职时,自重新参加工作时起,继续计算退职补助金。参加带有技术性工作的复员建设军人,应服从录用部门关于见习期和试用期相关规定,如原在部队是技术人员或担任技术工作的人员,仍安排同样技术工作的,不应有见习期或试用期。在见习期间,录用部门应负责帮助复员军人熟悉业务,提高技术。如见习期满后,仍不能胜任技术工作的,可酌情延长其见习期或试用期,或另行调整安排工作。复员建设军人报考中等以上的学校时,在同等条件下应当优先录取,并在限制年龄上适当放宽;原由学校入伍,复员军人本人仍要求回到原校学习的,原学校应当准予复学。入学或复学后,家庭生活有困难的,应优先享受学生助学金的待遇。五是有病回乡的复员军人,以就地医治和在家休养为主。一般患有慢性病的人员,应请当地医生治疗或在家休养,由本人负担医疗费用。如因造成长期患病生活困难时,可经乡级人民政府审查,并报县(市)人民政府批准酌予补助。需要到当地医院门诊、卫生院、卫生所的,可免缴付挂号费用,本人负担医疗费用。对于个别复员军人无力负担的酌予减免,需要经区以上人民政府批准。减免的费用,由医疗部门按月报由县(市)卫生部门汇总,向同级民政部门报销费用。必须住院治疗的,由县(市)卫生部门审核批准,介绍收住当地卫生院或医院医治,个别需要转院的治疗的,由县(市)卫生部门审核,报省(市)卫生部门审核批准后,方可介绍住院省(市)医院医治。住院期间的医疗费用,由原籍卫生部门负责,伙食费和往返路费由本人负担。对于个别无力负担的往返路费和伙食费,可经原籍县(市)人民政府核准可以酌予减免,减免费用的伙食费和往返路,由原籍县(市)卫生部门先期垫付后,向同级民政部门报销。对于复员建设军人患有精神病的,病情较轻的,可由家属对患者负责照管,其家庭生活困难的,可经县(市)人民政府核准给以适当补助,补助费由优抚事业费用支出。如严重病情需要治疗,无家属照管或家属无法照管的,由省(市)卫生部门负责收容,收容期间生活、医疗费用,由医疗单位核准向省(市)卫生部门报销。对于患麻风病有传染性的复员建设军人,由省(市)卫生部门设法收容治疗,生活和医疗费用由卫生部门负责。

2.3.2　成立复员委员会

1950 年 2 月,解放战争战略追击接近尾声的情况下,为减少国家经济负担,以利于国家快速经济的恢复和发展,新中国成立后中共中央第一次决定压缩军队的规模员额,将裁减的大量人员复员转业,参加地方经济发展建设。大规模压缩的军队,并妥善安置好身经百战的复员士兵,是一项巨大的政治工程,必须有组织机构作强有力保障。因此,1950 年 7 月中共中央决定,成立中央复员委员会。中央军委与政务院共同组织成立中央复员委员会,领导组织全国的复员工作。1951 年 12 月,撤销中央复员委员会,同时成立中央转业建设委员会,由周恩来任主任,副主任为林彪、聂荣臻、李富春、薄一波。各大行政区人民政府,军政委员会与各大军区共同组织大行政区复员委员会,领导组织全区复员工作。各大行政区公安部、民政部、交通部、财政部、铁路局与各大军区司令、政治、后勤和卫生部,均应有负责人员参加复员委员会,以便配合工作落实。各大行政区复员委员会主任,应由各大行政区人民政府或军政委员会主席担任,副主任应由军区司令员或政委或副司令员担任。中国人民解放军的兵团、军、师、团四级的司令部门、政治部门,后勤部门和卫生机关,应共同组织各级的复员委员会,领导并组织进行本职复员工作,各级复员委员会的主任、副主任,即由各级政委、参谋长分别担任。军、师两级审查和批准复员人员。省或行署、专属两级的政府和军区,应共同组织各级复员委员会工作,并由省主席任主任,专员任各该级复员委员会主任,军区司令或政委任副主任。其任务是领导组织复员工作,迎接由其他部队回本区的复员军人转送回乡,进行妥善安置。县、区、乡(村)三级的政府和人民团体,应共同组织各级的复员委员会,县长、区长、乡(村)长,任各该级复员委员会主任。其任务主要是:迎接和妥善安置复员军人,解决复员军人在生产和安家上的一切困难,如没有房屋土地者,分配房屋土地,没有家具农具者,调配家具农具等,具体办法,责成各省级民政厅按照各地实际情况自定之。各级复员委员会,都须有一定的工作机关,如军队复员委员会,应设审查批准、登记发证、集中训练、组织护送、经费供给等机关;如地方复员委员会应设迎接招待、介绍工作、组织护送。

2.3.3　安置复员退伍军人

在中央决定复员工作后不久,大批志愿军参加抗美援朝战争,1951 年 12 月,即抗美援朝战争进入边打边谈阶段后,中共中央又适时做出了整编部队,加强国防力量的决定,提出部队大批人员进行转业建设国家。

1951 年 12 月 1 日,中共中央在实行增产节约、反对浪费、精兵简政、反对官僚主义、反对贪污的决定中指出,参加国家建设军队大批人员需要转业,或安排在建设部门,或回家乡参加生产,参加民兵组织。从 1951 年 12 月—1952 年 3 月安排他们离开部队转入生产,尽量吸收其加强区乡甚至县级机关工作,尤其是民兵训练的工作。同日,中央军委、政务院在关于人民解放军 1952 年回乡转业建设人员处理办法的决定中指出:解放军在保留一定骨干力量和减少现役人员的原则下,需要抽出大批军队人员参加国家建设,以加强农业工业生产建设等方面工作,并参加组训民兵相关的工作,以利于积蓄一些力量奠定实施义务兵役制度的人力基础。对回乡转业建设的复员人员进行登记,应由各级人民武装部门负责编入民兵组织。同日,总政治部下发《关于部队整编工作的政治指示》,要求转业军人要保持部队光荣传统,到工矿事业和农村中积极参加生产,在各种建设工作中和组训民兵要起积极带头作用,一旦国家紧急需要,再回队服役。1952 年 5 月,军委人民武装部向各级人民武装部发出关于动员回乡转业军人积极参加民兵的指示,要求将 35 周岁以下的转业军人,动员参加民兵组织。

安置志愿退役复员兵工作,从 1950 年 6 月开始,到 1958 年基本结束,共安置了志愿兵复员 482 万余人。广大转业复员军人,发扬了中国人民解放军的光荣传统,积极地投入经济社会各项建设中,成为一支重要的骨干力量,受到了广大人民群众的爱戴和歌颂。

2.3.4　志愿兵复员的优待抚恤

中共中央和中央政府对伤残抚恤工作非常重视关心,第二次国内战争时期颁布的《红军抚恤条例》,就规定了红军半残和全残等级条件,及医疗抚恤相关内容。1945 年 4 月,中共第七次全国代表大会毛泽东同志《论联合政府》的政治报告中指出,曾把优待伤残军人的生活就业问题列入当时党的纲领中。随着人民军队的发展壮大和新中国的成立,伤残抚恤工作也不断完善和发展,逐步实现法制化、制度化。新中国诞生,标志着新中国由民主革命时期,进入和平建设时期,我国的优抚工作的环境发生了变化。一是中国人民解放军担负的任务发生了转变,中国共产党领导下由夺取政权转变为维护政权的武装力量,担负起抵御侵略、加强国防和参加国家经济社会建设事业的任务,优抚工作将支持军队建设、维护社会稳定、巩固国防作为主要任务。二是全国解放统一,建立了全国统一的政权。从此,优抚工作在人民政府的统一领导下,有计划、有组织地工作,已成为各级人民政府的一项经常性工作,优抚工作开始走上正轨。1949 年 9 月 30 日通过的《中国人民政治协商会议共同纲领》中规定:革命军人家属和革命烈士家属,其生活有困难的应受到国家和社会的优待。参加革命战争退伍军人和残废军人,应由各级人民政府给予相应的安置,使其能谋生立业生活。1950 年 7 月 15 日,第一次全国民政会议在北京召开,朱德副主席、中央人民政府秘书长林伯渠、政务院副总理董必武、代总参谋长聂荣臻、民族事务部部长李维汉、政法委员会副主任彭真、农办副主任廖鲁言等到会讲了话。这次会议拟定了《革命工作人员伤亡褒恤暂行条例》《革命残废军人抚恤条例》《革命军人牺牲褒恤暂行条例》和《优待革命军人家属暂行条例》和《民兵民工伤亡抚恤暂行办法》。11 月 25 日,政务院批准了这 5 部优抚条例并在全国施行。这些条例制定实施,统一了革命烈士条件;对革命军人家属的优待办法进行了统一;对革命军人的评残条件以及他们的伤残等级区分进行了统一;对各类优抚证件和优待抚恤标准进行了统一,优抚工作在全国范围内制定统一的优抚法规,使我国优抚工作进入了有法可依的新阶段。

1954 年公布中国第一部《中华人民共和国宪法》中,有规范优待革命军人家属、优抚革命烈士家属、保障残废军人的生活的条款。国家根本大法《中华人民共和国宪法》固定下来优抚工作,统一了全国人民的优抚工作思想。1955 年公布实行《中华人民共和国兵役法》,对退出现役的安置、现役军人优待作了比较详细的规定,特别强调了革命残废军人、现役军人、退出现役军人、现役军人家属、革命烈士家属,应当受到社会的尊重和优待,受到国家和人民的优待,在法律上明确了优抚工作的地位。

为保障好优抚对象的基本生活,调动优抚对象参加社会主义建设的积极性,各级政府和人民群众,从生活到生产都给予了优抚对象以特殊的照顾关心。以北京市为例,新中国成立后的 7 年间,共安排就业的烈军属达到 1.1 万人,改善他们的生活。1953—1956 年的 4 年间,各地组织农村的优抚对象,加入生产合作社和互助组,扶助优抚对象生产的补助费达 14700 万元,为优抚对象购置了大批生产资料。在实施农村合作化之前,各地组织人民群众,为农村优抚对象代耕土地,全国平均每年约为 1200 万亩。农业合作化之后,国家又做出了以优待工分取代代耕土地的规定,全国每年优抚对象享受优待工分总数在 40 亿分以上。

　　这一时期,国家从人民生活水平、国家财政状况实际出发,制定了病故抚恤、伤残抚恤、军人牺牲标准和制度,经国务院批准,先后于 1952 年、1953 年、1955 年对伤亡抚恤金额标准进行了完善调整。

　　国家对伤残、孤老、病残年幼的优抚对象给予了关怀。抗美援朝后,全国创办了革命残废军人学校 67 所,通过职业文化培训,革命残废军人能走上工作岗位的 26 万余人。全国创办了革命残废军人休养院 22 所,为 1 万多名重残军人,提供了专门的休养治疗场所。创办了复员军人慢性病疗养院 80 所,接收了复员军人住入疗养院的 1.1 万余人。创建了烈士子弟学校 22 所,烈士遗孤得到照料 4000 多人,并为这些人创造了良好的学习条件和环境。为教育后人、缅怀先烈,按规定的条件,在全国范围内追认的革命烈士 100 多万名,共修建烈士纪念陵园、碑、塔、亭等 4000 余处,搜集陈列了众多的烈士遗物和重要史料,大力宣扬烈士事迹。每年八一建军节、元旦、春节期间,集中普遍开展拥军优属慰问活动,增进了军民军政团结。

第3章 义务兵役制的建设与管理

实行义务兵役制,是新中国成立之初确定的一项重要的军事制度。经过调查研究和试点,1955年7月30日,全国人民代表大会第一届第二次全体会议,讨论通过了第一部《中华人民共和国兵役法》。此后,随着兵役法各项规定的贯彻实行,与人民解放军和国防后备力量现代化建设相适应的兵役动员制度得以建立,随着国防建设的需要,不断完善义务兵役制,为保障国防建设做出了重要贡献。

3.1 现役征集制度

从1949年《共同纲领》确定实行义务兵役制伊始,新中国就着手实行义务兵役制的各项准备。经过5年多的筹划准备,各级兵役动员机构的建立、兵役法草案的起草完成,以及义务兵役制宣传和试征工作的顺利开展,实行义务兵役制的各项条件已经成熟。

3.1.1 国家颁布首部兵役法

新中国实行义务兵役制,首先颁布兵役法,用法律把国家意志固定下来。1954年颁布了《中华人民共和国宪法》后,在没有国防法的情况下,国家急需颁布兵役法,代行军事基本法的作用。实行义务兵役制是国防建设和经济建设的需要。新中国已经建立了全面巩固的人民政权,不仅使全国人民都有了进行和平生产的条件,和平安定的生活基础,而且使新中国有了每年按照征兵计划实行征兵的基本条件。可以定期征集需要的一定数额的义务兵,减少平时常备军员额规模,就能够更多地抽出财力、物力、人力,加强国家的经济社会建设。保卫祖国的安全与发展,要求我们平时储备有足够的预备兵员,随时都可以快速动员起来。

全国人民代表大会第一届第二次全体会议,于1955年7月30日通过《中华人民共和国兵役法》。由中华人民共和国主席毛泽东颁布实施新中国首部兵役法。这部兵役法共9章58条。第一章总则、第二章征集、第三章军士和兵的预备役、第四章军官的现役和预备役、第五章现役军人和预备役军人的权利和义务、第六章预备役军人的登记和统计、第七章战时征集、第八章高级中学以上学校学生的军训、第九章附则。其中,规定凡年满 18～40 周岁的男性公民都要服现役和预备役;陆军部队的军士和兵的服役期限为 3 年,空军部队为 4 年,海军部队为 5 年;中国人民解放军实行军衔制度等。主要内容包括如下。

第一,关于兵役义务制度。《兵役法》第二条的规定,有义务服兵役的只有男性公民,这就是说,女性公民一般情况下没有服兵役的义务。部队的作战训练任务是艰苦和繁重,每一个军人都需要有强壮的身体和持久的体力,由于生理上的原因女性公民胜任高强度作战训练任务有一定难度。在革命战争时期,虽然女性在参加中国人民解放军中发挥了重要作用,中国妇女在中国革命战争年代中做出了奉献,但是,女性主要是从事医务工作、文化工作、政治工作,以及技术性质的工作,而一般不是编入连队,进行直接参加战斗。因此,在规范兵役义务时,从照顾女性公民的生理特点和军队特点要求,女性公民免除一般兵役义务。至于在战时,各种各类的技术人员在军队中需要大量增加,而有些技术性的工作女性有特长,而且有优势也会发挥得很好。因此,《兵役法》第十一条规定:有权对受过医务、兽医以及其他专业技术训练的妇女,实施预备役登记统计,必要时可以组织女性训练和参加集训。在战时受过上述训练的妇女,可以征集到军队中服现役,也可以对符合条件的妇女加以专门业务和技术训练。所谓其他专门技术主要是指翻译、气象、通信等技术。

第二,关于平时服役期限和征兵年龄。关于服现役的征集年龄,兵役法第十五条规定:在征集年度的每年 6 月 30 以前,年满 18 周岁的男性公民,应当被征集服现役。现役征集年龄规定为年满 18 周岁,是因为达到这个年龄的公民,身体发育已经基本成熟,符合部队士兵身体要求基本条件,法律规定已开始享有公民的选举权利。同时,从年满 18 周岁起开始服兵役,到服现役期满时,还比较年轻,就学或回家就业者还有优势。因此,规定起征年龄为年满 18 周岁是比较适宜的。实际上在兵役登记时,登记的 18 周岁公民到正式参军时起算役龄的时候,已经是 18 岁零 8 个月至 19 岁零 7 个月的年龄了。关于兵和军士的现役期限,《兵役法》第七条规定:陆军、公安军的兵和军士服现役期限 3 年;空军、海岸守备部队、公安军舰艇中的兵和军士服现役期限 4 年;海军舰艇部队的兵和军士服现役期限 5 年。在当时我国公民的文化和技术水平较现在还比较低,如果服现役期限规定比较短,训练的各项要求不仅不能全部达到,而且每年退伍和征集的数量必然加大,同时要把现有的志愿兵复员安排,而岗位以新的义务兵接替,也需要几年时间过渡,才能避免新兵的数量比重过大,影响到军队的战斗力稳定。海、空军兵员岗位的技术复杂,训练周期长,其服现役期限应比陆军长一些是合理的。《兵役法》第十条规定:兵和军士服预备役的期限到年满 40 周岁为止,服役期满后退出预备役。这是根据我国人口情况和公民的健康状况来确定的,由于我国有众多人口,最高服预备役的年限,规定到 40 周岁为止是适当的,不需要再提高年龄;但为了积蓄储备预备兵员,以备战时的实际需要,规定服预备役的年限不宜太低。

第三,关于军种间调动役龄的计算。《兵役法》第八条规定:士兵在军种间进行调动,应按国防部的命令执行,其服役年限按调动后军种的服役年限为准,并将在前一军种已服役的时间连续计算。例如,在陆军已服役 1 年的士兵调到空军,空军士兵的服役期限是 4 年,这样士兵在空军再服役 3 年就期满了。

第四,关于兵役局和兵役委员会的分工。各级兵役委员会的主要职责是:按照国务院的命令和地方各级人民委员会的决定计划、征集兵员的分配数目,组织动员宣传,审查、批准平时免服现役的相关事项,计划对转入服预备役和退役军人的就业、安置等工作。兵役局是办理兵役工作的军事机构,主要职责是负责兵役登记、统计,办理征集的具体事项,管理预备役军人的组织、训练工作等。因此,这两个机构都是需要的。

第五,关于征集的时间、地点。《兵役法》第十八条规定:全国的定期征集工作,在每年征集时间 11 月 1 日到下一年 2 月底按照国防部的命令进行。之所以规定在这个时间内征集,是由于这个时间正是农闲季节,不会因征集新兵影响到农业生产。由于我国地区辽阔气候不一,进入农闲时间前后不一,所以规定了有 4 个月的征集时间,时间要规定得长一些,具体征集时间才便于各地因地制宜地安排。要规定定期征集时间,也是为了便于部队的统一补充和退伍,更便于部队统一地进行教育训练。至于战时国家征集兵员,不受这个规定时间的限制。为了完成定期征集现役兵员,在征集之前必须完成兵役登记。登记的目的,是为了了解应征公民的质量、数量,了解应征兵员的家庭情况,兵役登记是作为征集的依据。《兵役法》第十九条规定:为了便于兵员征集,全国以直辖市、县、自治县、市为征集区,可以按照需要在征集区内设立若干征集站,便于应征兵员就地应征。《兵役法》第二十条规定:应征公民如果需要改变征集区,应当在征集年度内 8 月 1 日之前,办妥登记转移手续。这是因为在 8 月 1 日之后,已接近征集时间,如果应征公民随便意改变征集区,不仅由于应征公民的变动,会使直辖市、县、自治县、市的征集计划影响拟定,也会影响整个征集工作全局;而且会影响直辖市、县、自治县、市兵役局对于新转来的应征公民，也来不及作充分的调查，这样就来不及确定这些应征公民究竟应服现役，还是平时应免服现役。因此，对应征公民更改征集区的时间，明确一个限制条件是必要的。但是，如果应征公民因全家迁居，或因在国家机关调动工作而改变了征集区的，可以不受这个时间的限制。

第六，关于独生子和维持家庭生活的唯一劳动力在平时免服现役。没有具体的明确统一解释关于维持家庭生活的唯一劳动力。我国各地的情况不一样，作出具体规定比较困难。所以，《兵役法》第二十三条中规定，可由直辖市、县、自治县、市兵役委员会审核批准在平时免服现役。至于规定独生子免服现役的，是照顾到中国社会的习惯，从广大人民群众对家庭的关系认识上来考虑的。这样的规定比较适当。这里的独生子是指唯一亲生的儿子，至于入赘的女婿、过继的儿子，就不能算作独生子。免服现役是只限于平时，到了战时将动员全国一切必要的力量争取战争的胜利，平时的规定就不能适用战时。

第七，军士、兵服预备役。军士、兵服预备役，按军事素质可分为两类：服满现役的兵、军士转入第一类预备役；在征集年度内，未被征集服现役的应征公民，在平时免服现役的应征公民，依照《兵役法》第十一条规定，年满18～40周岁的妇女进行了预备役登记的，都应当编入第二类预备役。在这两类登记的预备役中，又各按年龄阶段分为两等：30周岁以下的分为第一等；40周岁以下的分为第二等。第二等就是包括从年满30～40周岁的人员。预备役进行分类分等的目的，主要是为了全面了解掌握所有预备役军人军事素养和年龄划分，以便在平时根据不同的分类、分等以及不同军事素养和不同的年龄，进行不同程度的军事训练，并为战时的储备征集兵员作好准备。预备役军士、兵都必须受规定时间内容的军事训练。因为如果平时没有必要的军事训练，就不能适应战时的征集兵员的需要。具体实施的办法由专项规定另外拟定，在试行可行以后，根据所得的经验国防部再作具体规定。

第八，军官服现役、军官预备役的年龄。《兵役法》第三十四条规定了军官服现役以及服预备役的最高年龄。按规定是服满现役可以转入第一等预备役，服满第一等预备役后，可以转入第二等预备役，服满第二等预备役一般情况是退出预备役。也有一些人员没有服现役但经过考试合格后，取得预备役尉官军衔的人，因此军官预备役的起役年龄不是完全一样的。现役军官担任军官职务开始时的年龄也不是完全一致的，因此只规定了军官服役最高年龄，而不规定军官起始的年龄。军官军衔等级低的服役的最高年龄相对较低,军官军衔等级高的服役的最高年龄就相对较高,除了取得较高级的军衔需要更多的服役年限外,更由于军官较低级等级的所担任的职务,都需要更精壮的身体,年龄不应当规定太大,而军官较高级的等级就需要更丰富的经验和综合军事学术的丰富知识,年龄就必然规定的高一些。海军、公安军舰艇中的军官服役的最高年龄,要比陆军、空军、公安军的军官多服役 5 年,这是由于海军的技术相对复杂,学习的时间需要相对长一些,而且海军的士兵服现役的年限,需要就比陆军和空军服役相对长一些,因此,开始担任军官职务的时候年龄,一般情况的也比陆军和空军年龄大。同时,海军的指挥人员在身体上的主要要求,是适应海上生活后,除了少数高速度的舰艇上的服役的人员外,体力的消耗一般不如空军大,因此年龄要求可以高一些。其中有几项服现役的最高年龄,与第一等预备役的最高服役年龄是一样的,《兵役法》第三十四条规定:陆军、空军、公安军的中将,与海军、公安军舰艇中的上校、大校和中将都是一样的年龄要求。这是因为有些军官由于国家的需要、身体情况等原因没有服满现役就转入服预备役,所以第一等军官预备役的年龄中,有的并没有超出服现役的最高年龄,而到战时征召预备役军官,一般是优先征召综合素质较好的第一等预备役,必要时再征召第二等预备役。因此,第一等军官预备役的年龄就不应规定递增过高,而规定第一等军官预备役的中将到 60 周岁为止。按照一般人的身体生理情况,65 周岁以上继续担任中将以下军官职务是有的是有一定的困难的,因此,第二等军官预备役中将的最高年龄到 65 周岁。但是,对于少数的上将和大将,由于他们多数都有着更丰富的经验,根据他们的身体情况组织上来决定是否继续服役,可以不作年龄限定。

第九,高级中学以上学校学生的军事训练。为了国防建设的需要,每年都须征集一定规模数量的高级中学毕业生,到各种军队院校进行培养。同时,为了增强广大青年学生的国防意识,增强青年学生的体质素质,使征集前青年学生再打下一定的军事技术基础,高级中学和相当于高级中学学校的学生规定进行军事训练是需要的。《兵役法》第五十三条规定:高级中学的学生、相当于高级中学的学生,集前的应当在学校内接受征军事训练。这种训练应当是基础普通的军事训练,训练的内容和时间,由国务院根据情况另行规定。为了在高等学校中培养部分服预备役的军官,以适应国防和军队建设的需要,《兵役法》第五十四条规定:高等学校的学生,应当在学校内组织学生进行军事训练,并且做好准备,按照要求取得预备役尉官军衔,随时准备担任尉官职务。高等学校组织的军事训练,应按培养尉官的标准和部队的需要来进行组织,以便学生在他们从高等学校毕业后,编为预备役技术军官或预备役军官,或分配到部队军事系统担任现役军官职务。高等学校军事训练的科目时间,由国务院根据军队的需要,学校的专业情况来作具体规范。

由于新中国成立时间较短,实行义务兵役制经验较少,中华人民共和国第一部兵役法,主要参照了苏联的先进经验,又根据我国的具体实际情况来拟定的,随着国家建设和发展,人民群众的物质和文化生活的不断提高,根据国防和军队建设发展的需要,兵役制度也将进一步不断调整完善。

3.1.2　各级兵役机构的建立

义务兵役制度主要采取征集制,大量的征集工作需要常态化的机构作保障。新中国成立不久,对征集工作经验较少,主要借鉴了苏联做法,各级成立兵役局负责兵员征集工作。

1953年1月到2月,军委人民武装部根据中央军委的指示和苏联顾问的具体建议,制定了《省以下各级兵役局编制方案(草案)》(以下简称《方案》),即第一方案。此后又起草了第二方案和第三方案。第一方案,所有省(专署、市)、县(市属区)、区(乡)均设立兵役局。第二方案,原有的机构不变,仅在各军区和县人民武装部内,增设必要的科、处。城市兵役机构也通称人民武装部,原有的城市郊区人民武装部,合并于城市人民武装部内,将县人民武装部的编制适当扩大。军委人民武装部认为,这个方案的好处是兵役工作与民兵工作可以结合,避免产生机构重叠,减少人员,保持了人民武装部的传统制度。第三方案,在中央军委、省、市、县、乡四级设立兵役局。乡设半脱离生产的兵役工作人员,省军区兵役局受省军区首长领导,成为一个单独的部门。大军区、军分区和县辖区均不设兵役机构。原有的各级军区及人民武装部在机构上均不做变动,兵役机构主管兵役工作。军委人民武装部认为,这个方案的好处是任务专一,分工明确,减少机构层次,建立起正规的系统。

兵役局的设置方法,县兵役局在原有人民武装部的基础上建立,市兵役局有40余个需新建外,其他在市郊区人民武装部的基础上建立。为加强兵役工作中的政治工作,市、县兵役局设政委、副政委各1人,由县党委书记兼兵役局政委,市党委书记或副书记可指定1人兼政委,另设1名专职副政委。《方案》规定:在实行义务兵役制后的相当时期内,民兵工作仍需保持和加强,归军事系统领导并由各级兵役机关掌管。《方案》还规定了大军区动员处、省军区、县(市)兵役局的工作职责,包括掌管负责部队和机关,学校的动员准备与实施和缓征工作,协助军训部门组织预备役军士和兵的训练,负责和组织征兵工作,掌管负责预备役军士和兵牵引力的统计,掌管负责复员、民兵和兵役机关的工作等。

在省以下兵役机构建设工作全面展开前,军委人民武装部的机构建设工作先期展开。1954年3月10日,中央军委颁发军委人民武装部编制表,规定军委人民武装部隶属于总参谋部,下设办公室、组织计划处、征集处、复员处、缓征处、预备役军士兵统计处、牵引力统计处、兵役机关工作处、民兵工作处、财务科和行政经济管理科,定额133人,其中干部112人。

1954年6月23日,由中央军委下发《省以下各级兵役机构编制方案》。方案主要规定:原拟定全国省以下兵役机关干部定额为5.2万余人,现增加为7.2万人。大军区司令部设动员处,省、市、县设兵役局。各级兵役局建立与编制的原则是:由小到大,力求精简,以人口为基础,与任务相适应。省兵役局设办公室、统计科、动员科、征集科、民兵科、复员科和兵役机关工作科。军分区不设兵役机构。县、市兵役局按特等、甲等、乙等和丙等县,按二等、三等、四等、五等和六等市设动员、统计、征集、民兵、预备役军官5个科。丁等县和七等、八等市的兵役局设兵役、民兵2科或不设科。省兵役局配25~80人,丙等县和六等市以上兵役局配20~50人,丁等县和七等、八等市兵役局定额为15人以下,区平均为1人。省、市、县兵役局设正、副局长各1人,市、县兵役局增设专职副政治委员1人,政治委员由市、县委书记或副书记兼任,各科设科长、助理员,区设武装助理员。中央军委的这一方案下发后,建立各级兵役机构的工作随即在全国各地展开。

1955年9月7日,总参谋部下发《关于建立县、市兵役局的指示》,并要求各县、市应当建立兵役局,海南军区、全国179个县(市)人武部建立了兵役局,没有设人武部的96个县(市),也要逐步进行建立兵役局。10月底,沈阳、旅大、北京、天津、南京、上海、广州、西安、重庆等10个城市先后建立了兵役局。到1955年底,全国完成了县人武部改建为兵役局的工作。此时,全国省以下兵役干部的总数为6.6万余人。1956年5月,全国除少数民族地区的59个县未建立兵役局外,其余所有县、市均建立了兵役局,共有县、市兵役局2193个。

1957年5月,全国共有24个省兵役局,3个直辖市兵役局,2个自治州兵役局,2217个县、市兵役局(含173个市局),兵役干部的编制员额为7.2万人,实有干部接近8万人,超编超员的情况比较严重。各县、市兵役局超员超编的现象则更为严重。由于超员超编较多,人浮于事的现象十分普遍。1957年4月30日,中共中央书记处书记谭震林致信中央军委秘书长黄克诚,反映兵役局干部人浮于事问题。信中写道:我在湖南攸县只有42万人口,县兵役局由 41 位军官组成,征兵复员工作都要依靠地方整个党政系统,体格检查工作主要依靠卫生机关,各级政府办理兵役登记。兵役局工作任务不多,41 位军官是没事可以做,有的游山玩水,不劳动,甚至他们的家属有的也不做家务劳动,衣服请群众洗,这样下去自然会养成一批新贵族阶级。我已要求县委把兵役局减少到 5 个人,并和民政科合署办公,平时协助民政科做一些工作,在征兵和复员时,则做征兵复员工作,估计全国还有较多类似情况,如果采用同一办法,可精简三四万人,能编组为一个现役师。此后不久,总参谋部动员部以县、市兵役局为重点,围绕着县、市兵役局与地方党委、政府的关系进行了调查。调查的结果表明:县、市兵役局成立后,县、市兵役局干部在地方党委的统一领导下,绝大部分干部参加了地方各个时期的中心工作,并结合中心工作完成了兵役工作,但也有少数县、市兵役局做得不好。特别是 1956 年全国实行撤区并乡工作后,区的兵役干部都集中到县、市兵役局,大部分人员按上级的要求,参加了各级兵役干部的训练,坚持机关工作的人员少了,深入基层时间少了,更为严重是一部分干部习惯于坐机关,贪图安逸,放不下架子,不愿意深入农村参加地方中心工作,缺乏参加农业劳动与群众同甘共苦的思想。也有的兵役干部骄傲居功,脱离群众,对地方党委、政府尊重不够,单纯业务观点,缺乏大局思想,对参加地方中心工作有抵触情绪。因此,县、市兵役机关与地方党委、政府的关系,总体上不够理想,问题比较严重。"在福建省 67 个县、市兵役局中,关系正常的有 20 个,一般的有 30 个,湖南省兵役局中,与县、市党委关系正常的占 37%,一般的占 50%。"5 月 17 日,为解决县、市兵役局与地方党委、政府的关系问题,总参谋部、总政治部下发《关于县、市兵役局干部积极参加地方中心工作的指示》,要求县、市兵役机关要全部投入地方中心工作,以便与地方党委、政府步调一致,打成一片。为了便于参加生产劳动,兵役局干部下农村可着便衣。紧接着,总参谋部、总政治部又通报批准了江苏省兵役干部的作风问题,要求各省军区、军分区开展一次整风运动,对问题比较严重的单位和个人进行批评和处理,以引起各级领导和全体兵役干部的警惕。

中央军委根据谭震林的建议并综合各方面的调查反映,最终决定将全国兵役干部的编制员额裁减 1/2,即由 7.2 万减少到 3.6 万。1957 年 10 月召开的全国兵役工作会议,就如何贯彻中央军委关于兵役机构精简整编的决定听取了各单位的意见。安徽省军区的意见是:同意减少 50% 的兵役干部,但质量应加强。建议编制部门和干部部门,对定员定额和保存干部的原则要结合起来,现在省军区和军分区是首长多,做具体工作的干部少。现在强调以兵役工作为中心,但往往照顾部队的一套工作,对兵役工作做得少,实际上没有形成中心工作。北京军区认为省军区与省兵役局应当合并。这样做的好处是：在序列上，大军区、省军区、分区和县市兵役局上下对口，组织一致。解决与地方的关系。过去是省军区、省兵役局都与省委有关系，兵役局向省委提意见力量小些。合并后由省军区与省委打交道、腰杆硬些，好解决问题。同时，也解决分区、县兵役局的多头领导。合并后预备役训练可由军区训练处负责，兵役工作的政治工作可由政治部负责。省军区对兵役工作的领导必然加强，在军区的统一领导下，可以统一使用力量。广州军区、武汉军区和辽宁省军区则主张，省兵役局和省军区不合并，认为现在各省军区还有现役部队，海、边防省份还有担任守卫海、边防的任务，不可能只搞兵役工作，因此，兵役局与军区合并了，无形中削弱了对兵役工作的领导。从军区领导上看，合并后单位太多，不如省兵役局单独存在好。同时现在省兵役局与地方各部门在工作上已建立了关系，合并后，对工作是不利的，为加强兵役工作还是不合并为好。

会议经过充分讨论，最终把各方面的思想统一到中央军委的决定上来。在此基础上，总参谋部动员部明确了精简整编的有关问题，根据工作情况，可以不设的科暂不设。凡能合并的合并，人数少的县可以不设科，力求因事、因地制宜拟定编制并求得在编制上大体上下对口。各县、市兵役局编制人数应根据任务来拟定，原则上既做到不浪费人力，又做到不致妨碍工作。由各省军区根据军委决定的原则，拟定各县、市编制方案，由军区批准，报总参备案。整编时间，应视准备工作而定，不宜操之过急。这次会议结束后，全国兵役机关的精简整编工作全面展开。各大军区按中央军委的部署，将省兵役局与省军区司令部合并，完成了县、市区兵役机构的精简工作。1957年12月14日，江西省军区按新方案整编。甲等县、四级市配18人，乙等县配15人，丙等县配12人，丁等县和七、八级市各配9人，另设庐山兵役局和鹰潭、赣南钨矿办事处。甲、乙等兵役局设动员和民兵两个科，其他不另设科。整编后兵役干部定额由原来的2560人，减到1027人，减少了59.9％。

1958年4月8日，中共中央发出《关于加强地方党委对军队的领导密切地方党委同军队关系的指示》，指出：省级、军区、军分区和县级兵役局三级军事机关，除保持军事系统垂直领导的隶属关系外，在党的系统上，同时成为同级地方党委的军事工作部，受同级地方党委领导。军事机关的政治委员由同级地方党委书记兼任，各军区都要有一位主要负责人参加所在地的省（市）委和自治区党委的领导工作。双重领导制度的建立，使兵役机构在同级党委的领导下，能更好地发挥其作用，对加强兵役机构的自身建设也起到了重要的保证作用。

1958 年 7 月,中央军委召开扩大会议。会议总结 8 年来军队建设的工作,通过了《关于改变组织体制的决议(草案)》,决议认为,我军的组织体制编制存在着机关庞大,组织重叠,部门过多,分工机械的现象。会后不久,中央军委陆续将训练总监部、防化学兵部、通信兵部划归总参谋部,将总干部部、军事检察院、军事法院划归总政治部。将军械部改属总后勤部,撤销总参谋部警备部,撤销各省兵役局,工作职责并入省军区司令部,将县市兵役局改为县市人民武装部,恢复了省军区、军分区、县(市)人民武装部的领导体制。

3.1.3 首次正式征集义务兵

首部兵役法颁布实施不久,国家就按照义务兵役制,于 1955 年冬,正式征集适龄公民服现役。由于 1954 年进行了试征工作,取得较好经验,首次正式征集义务兵比较顺利。由于志愿兵役制形成部队中兵员年龄偏大,退出现役人数较多,征集的兵员数额较大。1955 年 8 月 28 日,中共中央下达《关于一九五五年征兵工作指示》,要求 1955 年的新兵征集,其征集工作的方法应按照兵役法的规定来进行,以便在群众中开始建立正规征兵制度的观念。9 月 24 日,国务院下达《关于一九五五年征兵工作命令》。按照此命令,除福建省和西藏自治区外,1955 年全国开展首次义务兵正式征集工作,在 23 个省(区)和 3 个直辖市进行,征集的对象为年满 18～20 周岁的男性公民,另加 5%的预备数,征集数量过百万人。征集时间为 4 个月,即从 1955 年 11 月 1 日到 1956 年 2 月底。1955 年 11 月 1 日,国防部下达《关于一九五五年征兵工作计划》。12 月 1 日,中共中央下发《关于一九五五年征兵宣传工作的指示》。该指示明确指出:这次征兵任务是我国兵役法颁布后正式开始实行义务兵制,征兵任务的顺利完成对加强国防、保证义务兵役制的顺利实行具有极重要的意义。

征兵工作开始后,各级按照兵役法的规定,首先成立了兵役委员会。各级兵役委员会由本级党委书记或副书记担任主任,政府和军事部门的负责干部为副主任。兵役委员会的主要任务,是按照国务院、中央军委的年度征兵命令,研究确定征集区域、征集范围、征集年龄,解决征集工作的方针政策问题,计划部署征兵工作,规定完成的时间和要求。兵役委员会下设办公室,具体组织实施征兵工作。各级兵役委员会及其办公室成立后,均组织兵役干部进行了业务集训,并对适龄男性公民进行了调查登记,抽调医务人员成立了征兵体检站。北京市各区在市兵役委员会的领导下,从 1955 年 11 月中旬开始,集训了各级兵役干部,并且分别在市区、郊区、工厂等三种不同类型的地区进行了试点。许多厂矿、企业、机关、学校的适龄青年都 100% 进行了登记。石景山区农村的报名人数达到适龄青年的 80% 以上。江苏省徐州、淮阴两个专区,报名应征的青年占适龄青年的 90% 以上,其中徐州专区报名应征的青年,就超过该专区征兵任务数的 8 倍。据山西省 55 个县(市)的统计,18~20 周岁的男性青年,进行兵役登记的占比 98%。

1956 年 1 月 8 日—2 月 6 日,总参谋部队列部部长傅秋涛,对黑龙江的双城、呼兰、哈尔滨,吉林的德惠、永吉、长春、吉林,辽宁的开原、铁岭、沈阳等 16 个市征兵工作进行检查。检查的情况表明,三个省的广大群众积极响应国家号召,应征服现役,拥护实行义务兵役制。参加兵役登记的适龄青年达 70% 以上。有些乡村和城镇街道的青年 100% 进行了登记。有些没有参加体检的青年再三到兵役机关要求参加体检服现役。

1956 年 4 月 25 日,总参谋部队列部在报告中称:1955 年首次正式征集义务兵的工作,在 26 个省、自治区、直辖市的 1978 个县(市)进行,占县(市)总数的 90%。有征兵任务的省(区)未进行征兵的有 226 个县(市),其中除原热河省所属各县因分别划归河北、辽宁、内蒙古三省未给新划分的县任务外,其他多为青海、新疆、四川等省内的少数民族地区。在征集的同时,对 18 周岁、19 周岁、20 周岁的应征公民进行登记。在有征兵任务的 26 个省(区、市)内,3 个年龄男性青年共有 1533 万余人,这次登记 1133 万余人,占适龄青年 74%。其中征集 102.6 万余人。部队反映 1955 年度的新兵质量较好,都具有一定的社会主义思想觉悟,对保卫祖国有极大热情,使部队有新的活力,显示义务兵役制度的优越性。此后,每年一度的征兵工作逐步常态化。

1956 年,国防部在 16 个省、自治区、直辖市,以年满 18 周岁的男性青年为主。1957 年,在 23 个省、自治区、直辖市,仍以 18 周岁的男性青年为主。

从征兵工作情况来看,进行是顺利的,具体做法是稳定的。根据兵役法的规定,在思想教育的基础上,广大青年志愿报名参军,响应号召。在征集工作上,军地双方共同配合,形成合力,确保每年征兵任务的完成,但是由于刚刚实行兵役法,在宣传教育工作上有些地区深入不够,群众的觉悟没有完全达到兵役法的认识程度。有些地区出现了强迫命令、脱离群众的一些不正确的做法,在群众中造成了一定的影响,甚至还出现了自杀、自伤现象。因此,一些党、政机关的干部对义务兵役制产生了质疑,社会上也有反对义务兵役制的声音。有些部队也认为实行义务兵役制后由于服役期短,不利于培养技术兵。在这种情况下,中央领导同志要求对义务兵役制再作研究,如确有问题,则恢复志愿兵役制。据此,总参谋部动员部对义务兵征集情况进行了更为全面的调查研究,最终认为实行征兵工作的成绩是主要的,达到了三满意,即群众满意、地方满意、军队满意。干部和人民群众已经比较熟悉,如果马上改变这个制度似乎有些不妥。一个制度建立起来不易,最好推行几年,如果确实不妥再做改变。中央军委经过慎重研究后做出决定:兵役制度暂不改变,待继续研究考虑后再决定。但征集工作中某些不当的方法和规定,则应即行研究和改进。

3.1.4　紧急战备征兵与服役年限的调整

除正常年度征集新兵,按照兵役法有关规定,战争或战备期间进行紧急征兵。1962 年紧急战备期间,为补充部队兵员,在 6 月份,各省市以 20 天至一个月的时间,完成征兵质量较好,动员也较快。有征兵任务的单位,报名的人数占适龄青年人数的 79%。这次征兵本为例行的夏季征兵,但因紧急战备而成为紧急征兵,并以 6 月 3 日为界前后经历了两个阶段。

1962 年 5 月 14 日,国务院总理周恩来发布 1962 年夏季征兵命令。该命令称:6—8 月,全国在大中城市征兵,征集的对象主要是高、初中学校的应届毕业生和厂矿、企业、事业单位的职工。此后,1962 年夏季征兵工作随即展开。5 月 26 日,为使各军区、省军区在地方党委统一领导和人民武装委员会具体安排下,把征集新兵的工作做得更好,总参谋部、总政治部下达了《1962 年夏季征兵工作指示》。与这一指示同时下发的还有《关于 1962 年征集新兵宣传要点》。5 月 29 日,南京军区下达《1962 年夏季征兵工作指示》。同日,上海警备区向中共上海市委请示建立征兵工作领导机构。5 月 30 日,共青团中央发出《关于做好夏季征兵动员工作的通知》。6 月 1 日,全国总工会发出《关于协助有关部门在青年职工中征兵的通知》。由于台海形势日益紧张,1962 年夏季征兵就由年度正常征兵转变为适应战备需要的紧急征兵。

1962 年 5 月,中央军委决定实施紧急战备,决定夏季征兵的增加数额,将征兵开始时间提前到 6 月初,计划 6 月份完成此次征兵工作。6 月 1 日,在中央军委办公会议上,杨成武副总参谋长传达了国务院周恩来总理的指示,这批新兵可从农村和城市各征 1/2。6 月 3 日,国务院再次发布《关于一九六二年夏季征兵的命令》。该命令指出:为了加强国防武装力量,防止敌人侵略挑衅,决定将夏季征兵增加征兵的数量,以补充军队兵员。夏季征兵主要在民兵组织中进行。原则上城市、农村征兵数量各占 1/2,如果农村能多征一些就更好。各地征兵工作,一律提前到 6 月份进行,7 月 15 日前,将征集新兵补入部队。1962 年 5 月 14 日,国务院下发的征兵命令执行停止。

此命令发布后,即从正常征兵转入紧急战备征兵。

此次紧急征兵,是在紧急战备的背景下进行的征兵,中印边界和东南亚形势紧张,部队调动频繁,传播的谣言较多。部分干部和人民群众怕打仗的心理比较突出,普遍认为往年征集的是和平兵,1962 年征的是紧急战备的打仗兵。干部和人民群众在紧急征兵中思想上还是存在一些障碍。第一,农村正处在夏收和夏种的大忙时间季节,1961 年夏和春两次征兵都没有征农村兵员,1962 年征兵任务通知来得突然,干部和人民群众缺乏足够的思想准备,增加了许多心理顾虑;第二,农村以生产队为核算单位实行是按劳分配、家庭副业、恢复自留地以后,减少了一个生产劳动力,对家庭收入会有较大的影响,怕吃亏的思想比较普遍;第三,城市精简工作下来以后,人员定额定位,征兵与生产,升学亦有矛盾;第四,涉及面广,既征集农村兵员,又征集城市兵员,关系复杂,工作头绪多。上述实际情况的存在,使这次紧急征兵遇到了一些实际困难。但是,由于地方党委对征兵工作的重视,对国务院的征兵命令及时地做了布置,把征兵工作作为紧急战备任务来落实,军区和省军区对这项工作抓得紧,青年团、妇联、工会、卫生、公安和教育部门,大力协作,向人民群众进行征兵充分的宣传动员工作,并抽调大批干部和医务人员,进行政审体检,行动迅速,力量集中,进展较快,因而完成任务的情况较好。

福建省紧急征兵开始后,广大适龄青年掀起了踊跃报名应征的热潮,凡有征兵任务地区的适龄青年 78% 报了名,很多单位的适龄青年全部报名应征,南安县适龄青年报名应征的,有 1379 人写了决心书,其中 13 人写了血书。全省征集只用了 20 天时间,经体检政审合格的有 1 万余人,从中挑选了 5000 多人入伍。福建省龙溪军分区的征兵工作是从 1962 年 6 月 6 日开始的。当日中共龙溪地委召开会议布置征兵工作,到 6 月 22 日该地区的新兵已交接完毕,前后只用了 18 天。

安徽省军区的夏季紧急征兵,是在 9 个市、15 个县的部分地区进行的。从 1962 年 6 月 3 日全面展开,到 7 月 8 日结束,共 36 天。共征集新兵 6400 名和武装警察 2100 名。为此,安徽省各级抽调 1.3 万多名干部参加征兵工作。屯溪市尽管只有 50 名新兵任务,地、市委也是作为一项重要任务去完成,参加征兵工作的各级干部就有 239 人之多,当安庆市完成任务的时候,市委决定集中全力进行征兵工作。[①] 芜湖军分区将任务落实到南陵、当涂两县,预定完成征兵任务的时间是 7 月 15 日。两县征兵从 6 月 8 日正式开

---

① 安徽省军区.1962 年度夏季征兵工作总结报告[R].1962.

始,7月5日新兵已全部离县,共用了28天时间。适龄青年报名应征的占两县征集地区适龄青年总数的75.8%。[①]

全国的夏季紧急征兵工作,从1962年6月3日开始至7月15日基本结束。征集农民占45.10%(50%以上为黑龙江、山西、吉林、山东、广东、江苏、湖北、福建、河南、湖南、青海11省);工人占18.55%,学生占26.69%,机关职员、城市社会青年占9.64%;党团员占30.72%;初中以上文化程度的占54.44%。征集的农民主要是贫雇农、下中农,征集的工人主要是学徒工和一、二级工,学生主要是高中、初中毕业生。有些地区由于群众的思想顾虑比较多,加上时间紧,工作粗糙,对形势宣传不够深透,或者对征兵政策没有很好贯彻,群众的思想问题解决得不够好,致使发生了极少数自伤、自杀事故现象,新兵补入部队后,也有开小差的逃跑事故。

在夏季征兵的过程中,福建、广东、湖南、广西还根据中央军委的指示,实施了应急性的兵员动员,补充本军区的参战部队。福建省军区在民兵中动员了2万余人,并迅速补入本军区参战部队。1962年6月下旬,湖南、广东、广西3省(区)从国营农场等单位动员1.5万名退伍老兵补充到预定参战部队。全军在战备初期,从其他部队和公安部门、国家农场中,动员约10万名老兵补充预定参战部队。

总参谋部为了保证参战部队在作战过程中的兵员补充,计划在华东、中南地区预先动员基干民兵,以做好补充部队的准备,进行预征工作。1962年6月22日,中央军委办公会议讨论并通过了总参谋部关于东南沿海地区作战的兵员动员补充问题的报告。6月25日,中央军委办公厅通知总参谋部动员部:中央军委同意在中南地区、华东动员一批基干民兵,以保证我军参战部队在作战过程中伤亡减员的补充。中央军委同时指示:动员工作要做得细致,不要限时间,也不宣布,没有命令不要集中。6月26日,总参谋部和总政治部在关于民兵战备工作的指示中,为随时准备补充部队伤亡,对动员基干民兵的工作进行了部署,对福州军区、济南军区、南京军区、武汉军区、广州军区明确了预征任务。该通知明确:动员对象原则上是18~25周岁、政治纯洁、身体健康、家庭劳动力较多的青年。符合上述条件的退役军人,如果本人自愿,也可以进行动员一部分。对准备参军的基干民兵,由省军区、军分区、县市人民武装部选择好预征对象,做好政治审查工作,把名字进行登记,以免妨碍生产,不要向本人宣布。什么时候需要集中和公开动员,总参、总政的命令再征集。需要多少兵员,就动员集中多少兵员。抽调

---

① 安徽芜湖军分区.1962年民兵组织建设和征兵动员工作总结报告[R].1962.

省军区、军分区和县市人民武装部的干部,组成团、营领导机构,负责护送和训练到被补充的部队。此时,参战部队大部分已到达指定位置,各地的夏季紧急征兵已接近完成,民兵战备动员已全面展开。因此,各军区、省军区在接到这一指示后,大都以夏季紧急征兵为基础,结合民兵战备动员特别是组织准备,开展了在民兵中进行战时预征的动员工作。

福州军区所属的江西、福建两省军区的预征工作,是从 1962 年 7 月初开始的。7 月 3 日,江西省军区根据各分区的人口、男性适龄人口的比例,同时考虑各地受灾的情况和战备任务的轻重,对预征任务进行了分配。江西军区规定:这一任务的落实,通过组建的武装基干营、团解决,不另作动员编组。7 月 8 日,江西省上饶军分区接到战时预征任务,即时进行了研究部署。各单位亦都结合本地情况,及时召开了会议,拟制了计划,组织进行了体检和政审。预征的方法基本上是三种形式:一是夏季第一次已征集的县市镇(波阳县、上饶市、乐平县、广丰县、鹰潭镇),根据征兵时,已体检、政审合格的青年,未被入伍者,列为预征对象,如果合格数不足,则以公社为单位,结合整顿武装基干民兵连,由人民公社党委研究确定,从民兵中组织了初检、初审合格者为预征对象;二是当时正在征兵的县(玉山、万年、弋阳、婺源、横峰、德兴)结合征兵物色预征对象;三是没有征集任务的县(余干、余江、东乡、贵溪、铅山)结合民兵组织整顿武装基干民兵团、营、连的工作,从中物色对象并进行了初检、初审。基于上述三种方法,全区历时将近 1 个月时间,于 8 月中旬,预征工作基本结束,完成预征任务,超额原分配任务196%[①]。8 月下旬,江西省军区已按时完成了预征民兵的挑选和教育工作。此时,战备最紧张的阶段已经过去。由于发现此前的预征工作存在着任务过于集中,出兵不合理,挑选面小,完成任务没有把握,不能保证质量,只搞战时预征,干部思想易松懈,巩固教育难以坚持经常等情况,江西省军区又组织各军分区对预征民兵进行了调整。到 9 月底,江西省军区战时预征工作全部结束。在此期间,虽然处于紧急战备、两次征兵和农村生产繁忙之际,但该军区仍按照规定的兵员条件,选出了预征对象。对于预征对象的摸底、目测、体检和政审工作,各地都是运用民兵组织,结合民兵活动进行的。九江地区全部以组织战时民兵机动连的名义出现,由各级党组织和民兵干部负责,公开进行摸底、动员、目测、体检和政审。其他地区一般都是在体检阶段,以武装基干民兵健康检查的名义,对全体武装基干民兵普遍进行了体检。只有少数地区是由基层党支部书记以上的有关干部负责,个别物色对

---

① 上饶军分区司令部.战时预征兵员工作总结,1962 年 10 月 10 日。

象,侧面进行教育。个别基层单位的预征兵员工作公开向群众交了底。

中共福建省委、福建省军区党委向各地部署预征任务的时间是 1962 年 7 月 14 日。当日,中共福建省委、福建省军区党委下达了关于预征兵源任务的通知。该通知将全省的预征任务,分配给 8 个市和专区,要求各地按照征兵的目标和政审标准,结合组建民兵武装基干团、营的工作进行,从中物色好对象,进行政治审查,登记造册,由县人民武装部掌握,并报告军区。通知还特别强调,不要告诉预征民兵本人和公开进行宣传动员,何时需要公开动员和集中,应听候上级命令。[①] 但是,由于福建省军区此前已向各军分区下达了预征命令,因此,各地的预征工作早在 7 月初就已经开始了。7 月 3 日,南平军分区就下达了在武装基干营、团中准备动员兵员的工作计划。到 10 月 15 日,福建南平军分区已在南平、古田、建瓯、邵武、顺昌、沙县、建阳等 7 个县(市)的武装基干连中审查摸底了战时补充部队的新兵,这些人员的政治质量好,身体健康,符合征兵条件。[②]

南京军区所属各省军区的预征开始于 7 月下旬。1962 年 7 月 23 日,安徽省军区党委向南京军区上报了关于组织动员基干民兵准备参军问题的意见。安徽省军区规定:各市、县在预征对象确定后,一般可将预征民兵编成连,每连 150～200 人;连排干部在现役人武干部和公社武装干部中选配,班的干部可以在预编的基干民兵中挑选符合条件的退伍军人和基干民兵干部担任,在兵员集中时按预任职务就职,负责训练和护送预征民兵到被补充的部队。营团机构由军区、军分区临时组织。[③] 安徽省军区芜湖军分区,而在实际执行中除郎溪县按分配任务数完成的外,其余县均增加了部分预备数。增的方法,和县、芜湖、含山三县是按 2∶1 和 3∶1 的方法,因而增加的数较大,其余县均是按百分比的办法增加的,增加较多的为泾县,即 50％,较少的为巢县,即 13％,余者均在 20％～40％。[④] 该军分区从 8 月 15 日起到 10 月 25 日止,先后 65 天时间,超额完成了省交给的预征任务。

1962 年 10 月 15 日,中央军委人民武装委员会,向中央军委、毛泽东主席的报告中称:为补充参战部队的伤亡人数,预定在华东和中南地区,从民兵组织中动员兵员的准备工作完成。

军士和兵服役时间调整。随着部队发展变化,特别是有的技术岗位服役期需要延长才能适应部队建设发展的需要,1965 年 1 月 19 日,全国人民

---

① 中共福建省委、福建省军区党委.关于预征兵源任务的通知,1962 年 7 月 14 日。
② 南平军分区.紧急战备以来民兵工作基本总结,1962 年 10 月 15 日。
③ 安徽省委转发安徽军区党委.关于组织动员基干民兵准备参军问题的意见,1962 年 8 月 8 日。
④ 安徽芜湖军分区司令部.预征工作总结,1962 年 10 月 30 日。

代表大会常务委员会第三届第一次会议决定调整军士和兵的服役期。陆军的步兵服现役期 4 年,空军、陆军的特种兵和公安服现役 5 年、海军岸上部队服现役期 6 年①,在 1955 年我国兵役法规定军士和兵服现役的基础上普遍延长 1 年。1967 年,中共中央、国务院、中央军委、"中央文革小组",以行政命令将士兵服现役的时间改为陆军 2 年,空军和海军陆勤部队以及陆军特种技术部队 3 年,海军舰艇部队、船舶分队 4 年。较 1955 年我国兵役法相比服务时间减少 1 年,较 1965 年调整的服役时间减少 2 年。1967 年改变士兵服役年限,属于非正常手段。通常情况下,士兵服役年限,应当由全国人大常委会讨论批准,由于"文化大革命"的干扰和破坏,以行政命令的方式改变服兵役时间是与我国法律相违背。

3.2　新中国首次实行军衔制度

随着义务兵役制度的实施,部队现代化建设与发展,要求军队的训练和行动,需要严格遵照正规化的制度和军队的条例,军官在部队中间的地位作用、相互之间关系也必须规定明确,军队的纪律性、组织性必须进一步提高,军队实行军衔制度,利于加强部队的纪律性、组织性,以便于遂行军事任务,进行正规化建设。

3.2.1　制定军官服役条例

在长期的国内历史革命战争中,中国人民解放军实践中建立了严明的纪律,形成了上级爱护下级,下级服从上级光荣的优良传统。过去,由于部队分散作战,装备落后简单,兵种也不健全,并且是由志愿兵役组成的官兵,官兵长期相处一起,互相认识识别容易,此时我们颁发和授予军衔,也没有全国统一的政权,所以在这一时期我军不适合实行军衔制。新中国成立全国的人民政权建立,义务兵役制已开始实行,中国人民解放军的编制健全,现代化装备也同过去有大的提高,所以部队建设的需要,条件也许可实行军衔制。

国家对军官授予军衔,是国家给予我军军官的荣誉,同时是国家给予各级军官政治责任。军官职权按照条令施行,也是国家和人民对军人的要求。根据《军官服役条例》的规定,军官应当佩戴与军衔相符的肩章符号,以便各级军官之间、官兵之间、各军种兵种之间,有着鲜明的标志识别。这就能够

---

① 《解放军报》,1965 年 1 月 20 日第 1 版。

随时随地按照军事组织和军队秩序,指挥和工作职责分明地进行。只有这样,新条件和新要求之下,军队才能在现代化复杂装备和快速运动和现代化诸兵种协同动作,依据迅速变化着的情况,保卫祖国,胜利地执行军事任务。

1952 年,人民解放军开始着手制定研究实行军衔制,总干部部于 1952 年 11 月 26 日,在报告给毛泽东主席、中央军委的报告中提到:最近会同总政治部、总后勤部、军务部、苏联顾问卡苏林等,对实行军衔制度所相关准备问题进行了研究,并拟制了初步实施计划,现报请军委审视。报告中,对于设置军衔等级,总干部部与苏联顾问的共同建议是设 6 等 20 级。

6 个等级是元帅、将官、校官、尉官、军士、兵。共 6 等。

20 级等级是:元帅设为三级,分别是大元帅、国家元帅和兵种元帅;将官设为四级:分别是上将、准上将、中将和少将;校官设为三级:分别是上校、中校和少校;尉官设为四级:分别是上尉、一级中尉、二级中尉和少尉;军士设为四级:分别是准尉、上士、中士和下士;兵设为二级:分别是上等兵、列兵。共 20 级。

这一军衔设置的等级系列,与当时实行军衔制的苏联基本上一致,只是多设置了准上将一级,苏联的军兵种元帅与大将同级。其他各个等级设置基本上都一一对应。至于中尉分两个级别:二级中尉、一级中尉,也是受到苏联军衔制的影响。当时总干部部和苏联顾问还有一个意见不一致的问题。总干部部认为上校与少将之间拟设有准将这一级,当时主要理由是,人民解放军军和师干部共分 6 个等级,即,准师、副师、正师、准军、副军、正军。这样,会出现有的军长和副师长合并为少将这一个级别,在这一个级别内存在的悬殊较大,如增加准将这一个级别,即可解决这个矛盾问题。但苏联顾问持有异议。苏军没有设准将这个军衔,少将之下就是上校军衔,苏军的副师长通常是上校军衔。如果我军设立了准将军衔,副师这一级别一般可授予准将军衔,在两军交往中会有对苏军不利情况。可见,总干部部主要是从人民解放军的实际情况出发考虑的,而苏联顾问更多考虑的是设置的两军军衔完全对等。由于对这一问题与苏联顾问未能达成一致意见,总干部部呈报中央军委最终裁定。1953 年,起草拟定的《中华人民共和国人民解放军军衔条例(草案)》(以下简称《条例》),比 1952 年 11 月,总干部部与苏联顾问起草拟定的方案多了一个级别,即在上校与少将之间增设大校这一级,这样,我军既符合实际情况,又考虑到了苏联顾问的建议,同时也参考了朝鲜军队的军衔制度。新方案共设 6 等 21 级,将原准上将、上将分别改称上将、大将,将官依次为少将、中将、上将、大将;校官增设大校这一级别,依次为少校、中校、上校、大校;尉官将原二级中尉、一级中尉、上尉,依次改称中尉、上尉、大尉,少尉仍用原名不变。准尉以下等级都没有变。

1955年2月8日,全国人大常委会第一届第六次会议通过《中国人民解放军军官服役条例》《关于〈中国人民解放军军官服役条例〉的说明》由时任总干部部副部长徐立清在会上作说明。《条例》将军官的军衔设立是4等14级,这是根据人民解放军的现实状况和军队建设的实际需要,并参照和借鉴了苏联及各人民民主国家军官军衔等级区分来设置确定的。元帅军衔与苏联有所不同,在苏联设置有大元帅、国家元帅和兵种元帅这三个级别,我们只设立了大元帅和元帅两个级别,因此,我军在规定军种军衔和某些兵种加设大将级这一级军衔。我军在军官军衔中,根据实际情况还增加了大校这一级军衔级别。《条例》确定军衔设置是6等19级,比1953年拟定的《条例》,减少了兵种元帅和准尉两个级别,大元帅和国家元帅设置的衔称均冠以"中华人民共和国",其余的设置不变,形成了中国人民解放军军衔设置制的军衔等级。《条例》确定的军衔等级如下:

元帅(两级):中华人民共和国元帅、中华人民共和国大元帅;

将官(四级):少将、中将、上将、大将;

校官(四级):少校、中校、上校、大校;

尉官(四级):少尉、中尉、上尉、大尉;

军士(三级):下士、中士、上士;

兵　(两级):列兵、上等兵。

军衔等级设置与编制级别多少、军队规模大小、民族传统以及国家政治制度等密切相关。从总体上看,第一,这次军衔制设置属于以苏联为代表的"东方型"军衔体制,既设有大将也有大尉,没设置有准将,这是与美国和英国等西方国家的"西方型"军衔的最主要的区别。采用"东方型"军衔制度,这是当时的国内和国际环境决定的。我国此时是属于以苏联为首的东方型社会主义阵营国家。苏联的政治和军事制度,对社会主义国家有很大影响。这些国家的军衔制度都以苏联为模板,如东欧一些国家,亚洲的越南、蒙古、朝鲜和拉美的古巴等。但是中国人民解放军军衔与苏军又不是完全相同的,主要是多了大校这一级别。苏军的师长多数是少将,少数是上校。考虑到人民解放军师级干部较多,参考借鉴朝鲜人民军的军衔制度,设置了大校军衔这一衔级,主要是考虑解决师级军官军衔等级。第二,军衔等级设置较高,在上将以上还设有大元帅、元帅和大将三级,这是由当时的历史原因和实际条件所决定的。人民解放军许多高级将领,经历过北伐战争,土地革命战争,抗日战争,解放战争,抗美援朝战争,几十年生死戎马生涯和南征北战,为中国人民的解放事业作出了巨大而特殊的贡献,国家应当给予较高的荣誉待遇;特别是一部分战功卓著的开国元勋,授予较高军衔,也是众望所归。同时,参考借鉴苏联等国家和我国历史上好的经验,考虑给全国领导武装力量最高统帅,授予国家最高级别军衔,因此又设置了大元帅这一衔。第三,军衔等级较多,军官军衔设置 4 等 14 级。而美国和英国等国军官军衔一般设置为 3 等 11 级,日本只设置有 3 等 9 级。这是因为当时人民解放军编制级别较多,兵团级、军级、师级、团级都分正、副、准三级,从军委主席到副排军官共有 21 级。

3.2.2　军衔等级制度

军衔等级制度,是参照借鉴当时苏军的军衔制度,设置比较复杂,按专业勤务分为指挥军官、政治军官、技术军官、军需军官、军医军官、兽医军官、军法军官和行政军官等 8 类。指挥军官和政治军官中,又按军兵种区分为若干类军官的军衔等级。《条例》第 2 章第 8 条,对各种军官的军衔进行分类分区。

1. 指挥军官、政治军官

(1) 步兵军官 12 级:大将、上将、中将、少将、大校、上校、中校、少校、大尉、上尉、中尉、少尉。

(2) 骑兵军官 12 级:骑兵大将、骑兵上将、骑兵中将、骑兵少将、大校、上校、中校、少校、大尉、上尉、中尉、少尉。

(3) 炮兵军官 12 级:炮兵大将、炮兵上将、炮兵中将、炮兵少将、大校、上校、中校、少校、大尉、上尉、中尉、少尉。

(4) 装甲兵军官 12 级:装甲兵大将、装甲兵上将、装甲兵中将、装甲兵少将、大校、上校、中校、少校、大尉、上尉、中尉、少尉。

(5) 工程兵军官 12 级:工程兵大将、工程兵上将、工程兵中将、工程兵少将、大校、上校、中校、少校、大尉、上尉、中尉、少尉。

(6) 铁道兵军官 12 级:铁道兵大将、铁道兵上将、铁道兵中将、铁道兵少将、大校、上校、中校、少校、大尉、上尉、中尉、少尉。

(7) 通信兵军官 12 级:通信兵大将、通信兵上将、通信兵中将、通信兵少将、大校、上校、中校、少校、大尉、上尉、中尉、少尉。

(8) 技术勤务兵军官 11 级:技术勤务兵上将、技术勤务兵中将、技术勤务兵少将、大校、上校、中校、少校、大尉、上尉、中尉、少尉。

(9) 公安军军官 12 级:公安军大将、公安军上将、公安军中将、公安军少将、大校、上校、中校、少校、大尉、上尉、中尉、少尉。

(10) 空军军官 12 级:空军大将、空军上将、空军中将、空军少将、大校、上校、中校、少校、大尉、上尉、中尉、少尉。

（11）海军军官12级：海军大将、海军上将、海军中将、海军少将、海军大校、海军上校、海军中校、海军少校、海军大尉、海军上尉、海军中尉、海军少尉。

（12）海岸军官11级：海岸上将、海岸中将、海岸少将、大校、上校、中校、少校、大尉、上尉、中尉、少尉。

（13）防空军按其所包括的兵种，分别授予各该兵种的军衔。

2. 技术军官

技术军官11级：技术上将、技术中将、技术少将、技术大校、技术上校、技术中校、技术少校、技术大尉、技术上尉、技术中尉、技术少尉。

3. 军需军官

军需军官11级：军需上将、军需中将、军需少将、军需大校、军需上校、军需中校、军需少校、军需大尉、军需上尉、军需中尉、军需少尉。

4. 军医军官

军医军官11级：军医上将、军医中将、军医少将、军医大校、军医上校、军医中校、军医少校、军医大尉、军医上尉、军医中尉、军医少尉。

5. 兽医军官

兽医军官11级：兽医上将、兽医中将、兽医少将、兽医大校、兽医上校、兽医中校、兽医少校、兽医大尉、兽医上尉、兽医中尉、兽医少尉。

6. 军法军官

军法军官11级：军法上将、军法中将、军法少将、军法大校、军法上校、军法中校、军法少校、军法大尉、军法上尉、军法中尉、军法少尉。

7. 行政军官

行政军官8级：行政大校、行政上校、行政中校、行政少校、行政大尉、行政上尉、行政中尉、行政少尉。

根据条例规定，海军军官和技术军官、军需军官、军医军官、兽医军官、军法军官和行政军官的军衔名称前，均要冠以军种或专业勤务名称，构成军官的军衔的基本称谓，如海军少尉、技术上尉、军需中校、军法上将。除步兵军官外，其他军兵种军官规定，只是在将官军衔前冠以军兵种名称，如炮兵少将、装甲兵中将、公安军上将、空军大将等；校官以下军官，没有军兵种衔称，直接称谓其军衔，如中校、大尉、中尉等。步兵军官将官、校官和尉官各级军官均无军种衔称，直接称谓其军衔，如上校、少将等。防空军军官，按其包括的兵种，分别授予该兵种的军衔。例如，探照灯兵上尉、雷达兵中校等。从实施情况看，以上这些军衔分类过于机械复杂。如同是并列的军种，防空军军官军衔前就不能冠以军种;而同是海军军官,海军岸防兵、航空兵等兵种则也不能冠以海军。在军衔的称呼上客观上对政工干部有不同的看待,如军事行政干部可以称呼海军上校、海军少将。而政工干部,主管的政治委员称呼上校、少将,而不能用海军二字。这些规定过于复杂繁琐,甚至连干部管理部门都记不住,实际上在实施中也没有完全按规定来称谓军官军衔。

1955 年《条例》第 2 章第 15 条,对现役军官军衔晋级的期限又规定如下。平时军官军衔晋级的期限:少尉晋中尉为 2 年,中尉晋上尉为 2 年,上尉晋大尉为 3 年,大尉晋少校为 3 年,少校晋中校为 3 年,中校晋上校为 3 年,上校晋大校为 4 年。战时,在前线担负战斗任务和担负战斗勤务的军官,军衔晋级的时间期限应给予缩短,具体办法由国防部根据当时战争实际情况规定。大校以上军官军衔的晋级,应以其所担任的职务,及对作战和军事建设的功绩确定。军官在学校学习的时间,应计算在军衔晋级的时间期限以内。

3.2.3　军衔制度的执行

由于新中国首次实行军衔制,基本参照苏联模式,有的不一定完全适应中国的实际情况。在实际授予军官军衔时,情况发生了一些变化。一是中华人民共和国大元帅衔没有授予。大元帅军衔是专为最高统帅设置的军衔。当时,毛泽东同志身为中共中央主席、国家主席和中央军委主席,应当授予大元帅军衔。但由于毛泽东同志本人的意见不授军衔,此衔一直空缺下来。而大家说的比较多的"十大元帅",实际上被按照条例授予的是中华人民共和国元帅,而不是"中华人民共和国大元帅"军衔。二是实际情况授予了大量的准尉衔。这是由于我军此时有几十万名副排级军队干部,经过批准确定暂设准尉衔级,以解决这批副排级干部的衔级问题。实际上准尉衔在这次军衔制实行期间的 10 年里一直存在,军衔条例的规定与实际执行情况有所不同。

军官职务编制的军衔等级,简单地说,哪一级军官应该授什么军衔,这是各国军衔制度的重要内容之一。军衔等级与职务等级,也是近代以来各国军官制度的两大重要等级体系。各国军官职务编制军衔虽然不完全一致,但师以上职务军官对应将官,团和营职务军官对应校官,连和排职务军官对应尉官,大体上都是相同的。特别是几个关键职务军官的军衔基本固定,如连长上尉、团长上校、师长少将等,已成为各国军衔制度的基本惯例。人民解放军在酝酿研究实施军衔制度期间,解放战争刚刚结束不久,抗美援朝战争还正在进行,军队规模数量大,级别层次较多,干部数量较多,且大部分职务又按军衔衡量,亦没有成文规范。因此,制定军官职务编制军衔,就成为实施军衔制度的一项重要工作内容。

1953年,由总干部部起草拟制的《军衔条例(草案)》,提出各级军官基准职务的编制军衔是:一级军区司令员:大将和上将军衔;兵团司令员:上将和中将军衔;军长:中将军衔;师长:少将军衔;师参谋长:大校军衔;团长:上校军衔;团参谋长:中校军衔;营长:少校军衔;营参谋长、独立连连长:大尉军衔;连长:上尉军衔;副连长:中尉军衔;排长:少尉军衔。

1955年5月20日,军队在实行军衔制度之前,国防部颁布军队军官编制军衔表,明确发各级军官基准职务的编制军衔是为一职一衔或者是一职两衔。从军官军衔编制表上看,人民解放军军官职务的军衔编制,与多数国家基本相当,特别是几个关键职务军衔,比如少校营长、上校团长、少将师长、中将军长等。但从实施军衔制度实际授予军衔的情况看,多数军官的军衔低于编制的军衔。这是因为1955年第一次授衔时,评衔条件标准掌握较严。此时苏联顾问的建议,根据苏联的授衔经验,在第一次授衔时,军衔尽量压低一些。1955年4月1日,总干部部在评定军衔工作中,《若干问题的具体补充规定》中规定,评定军衔授予军衔时,一般不要高于编制军衔,但可以低于编制军衔一级或两级,一般以不能低于其编制军衔三级为原则。

1955年授衔以后,即出现了实际授予军衔与编制军衔严重脱节、实际授予军衔低于编制军衔一到两级的普遍现象,如师长、军长的编制军衔分别为少将、中将,而此时68名在职的军长和军政治委员,授予中将只有5人、少将的59人、大校的2人;73名在职的师长和师政治委员,被授予少将军衔的只有3人,70人授予大校。而副师职、正团职、副团职、正营职军官绝大多数分别被授予上校、中校、少校、大尉军衔,也都普遍低于编制军衔。

军衔制实行了几年以后,由于军衔晋升制度执行得不够严格,军官的军衔多数不能正常晋升,实际授予军衔低于编制军衔的普遍现象有增无减。据1959年统计,全军师长和师政委中,少将军衔的只有2.5%,大校军衔的占37%,上校军衔占57%,中校军衔占3.5%,低于编制军衔的占97.5%;团长和团政委中,上校军衔只占0.34%,中校军衔只占27.66%,少校军衔占66%,大尉军衔占6%;营长和教导员中,少校军衔只占1.2%,大尉军衔占86.6%,还有11%的上尉军衔和近2%的中尉军衔;连长和指导员中,中尉军衔只占60%,还有近7%的少尉军衔。

由于当时受苏联军队"一长制"影响,人民解放军制定编制军衔时,主官军衔被过分强调,也存在一些不合理的规定。一是副职编制军衔,同于或低于下一级正职军衔。1955年编制军衔规定:副军长与师长编制军衔一样;

军的副参谋长低于师长军衔;师的副参谋长军衔低于团长军衔等。二是机关军官编制军衔,低于同级部队军官。例如,同是正师级的总部的一个处长,军兵种二级部长和军分区司令员和政治委员的编制军衔低于师长军衔。有的基层技术军官的编制军衔,定得过低过死,如司药、护士长和化验员等,编制少尉军衔,条件再优秀也按照规定不能晋升中尉。这些规定显然不符合中国人民解放军实际情况。由于实际授予军衔普遍偏低,1955 年颁发的军官编制军衔表已无法完全执行,给实际工作带来困难。

1960 年,根据当时的实际授予的军衔情况,国防部重新修订颁发了军官职务编制军衔规定。由于 1955 年编制军衔表中,有部分军官职务一职设一衔不宜继续实行,新的军官编制军衔取消一职一衔的规定,改设为一职多衔。如正军级至正团级多为一职三衔。1960 年修订的军官编制军衔,将多数军官职务军衔编制的下限压低了一至两级,如军长军衔的编制,1955 年是中将,1960 年为中将、也可为少将、大校军衔三级军衔;师长的编制军衔,1955 年是少将,1960 年是少将、大校和上校三级军衔;团长的编制军衔,1955 年是上校,1960 年为上校、中校和少校三级军衔。由于新的军官编制军衔一职多衔,虽然解决了实际授予的军衔与编制军衔脱节的问题,是因为降低了原来编制军衔的下限,实际上是使授予军衔偏低的现象合法化,中国人民解放军实际授予军衔普遍明显偏低的现象仍很严重。1963 年 9 月 28日,全国人民代表大会常务委员会第二届第 102 次会议修正通过,对 1955年 2 月 8 日,全国人民代表大会常务委员会第一届第六次会议通过的中国人民解放军军官服役条例,对军官军衔编制等存在问题进行了修订修正。

3.2.4　军衔制度的取消

中华人民共和国成立之后,中国人民解放军正规化、现代化和革命化建设有了政治上和物质上的坚实基础,经过几年的准备,于 1955 年开始实行军衔制度、薪金制度和义务兵役制度,作为我军建设的重要军事法规,有力地推动了人民解放军正规化建设。军衔制度的实行,增加了军人的自豪和荣誉感,使军人的等级和相互关系正规化,军衔服装提升了军容,极大地鼓舞振奋了全军官兵的士气,在人民军队建军史上留下了精彩的一页。

由于时代的条件局限性,此时我军部分高级将领中,存在着对军衔制度认识的偏见。1958 年,军委扩大会议上,不少将领对军衔制提出了建议或质疑,有的认为军衔制度是资产阶级的东西或教条主义,不符合我军的实际情况,有的甚至建议取消军衔制度。1958 年 8 月,毛泽东主席在北戴河中央政治局扩大会议上说,现在肩上"花"(指军人肩章上军衔标志),发薪水还要分将、校、尉,可有的军官还没有打过仗,结果是脱离了群众,这点和国民党差不多。1959年5月31日,时任国防部长的彭德怀元帅,在访问阿尔巴尼亚与党政负责同志交谈时说:我不喜欢叫我元帅。是跟人家学来的。我也不喜欢肩上这两块牌牌,将来会没有这东西的。这种真实流露出的朴素感情,在当时军队高层领导人中有一定的代表性,反映了人们对军衔制认识上的不足和局限性。而这些高层认识上的偏见,给军衔制的实行与发展埋下了致命的隐患。

1959年,庐山会议之后林彪出任国防部部长。60年代初开始,林彪提倡突出政治,陆续提出并推行了一套极"左"的措施,给军队正规化建设带来消极重大的影响。一些军队条令条例、规章制度被废止,军衔制度也被视为资产阶级的建军思想,从而遭到非议。由于实行军衔制,是20世纪50年代中苏关系蜜月友好时期从苏联学来的,中苏关系恶化后,军衔制又被扣上一顶修正主义制度的帽子。1964年,为了保持我军艰苦朴素的传统,增强军队和地方的友谊和团结,中央军委考虑降低军队干部的薪金,同地方党政干部适当拉平。1964年11月,中央军委办公厅发出征求取消军衔制度的意见的通知,称中央军委办公会议,已讨论同意军衔薪金改革小组提出的取消军衔制度的意见。该意见认为军衔制度存在许多不利军队建设发展的因素,建议取消。其理由主要是:人民军队的军衔制度,是照搬或借鉴苏联和其他国家的。过去没有军衔制度,也一样打胜仗。实践证明,军衔制度不符合我军的实际和优良传统,它是资产阶级法权,等级制度表面化,助长了个人名利思想和等级制度观念。不利于我军的革命化建设,不利于同志之间、上下级之间、军民之间的友谊团结。也增加了各级党委和政治机关繁琐事务。显然,这是片面地理解和强调革命化,而忽视现代化、正规化建设。另外,军衔制度本身还有不完善的地方,苏联军衔制度印记太多。总之,取消军衔制的外因是较多受"左"的思想的影响,内因是军衔制度本身还不够完善,基本上是全部借鉴苏联兵役制度,这样就带来水土不服,实施军衔制度中出现一些问题,也没有及时调整改革完善,给实行军衔制度带来一定困难。1965年5月22日,全国人大常务委员会第三届第九次会议通过关于取消中国人民解放军军衔制度的决定。1965年6月1日,中国人民解放军改换65式军服,从此结束了人民解放军第一次军衔制,55式军衔服装的成为历史,军衔制度正式取消。遗憾的是这次军衔制度仅实施了10年时间,尽管是这样,1955年人民解放军实行军衔制,55式军服系列在新中国军服史上仍然具有里程碑的特殊历史意义,是值得浓墨重彩的描写赞扬。无论是55军服的式样,高级军官服装的用料及制作工艺水平,还是在军衔、军兵种、勤务识别标志上,都达到较高的质量和水准,为人民解放军的正规化建设提供了丰富的经验教训。

3.2.5　军官服役条例修订为干部服役条例

1965 年决定取消军衔制以后,1963 年修订的军官服役条例已不适应军队现实需要,由于"文化大革命"的影响,军队干部服役条例空缺了有 10 多年。1976 年 10 月,粉碎"四人帮"后,为适应部队建设的需要,开始制定干部服役条例,条例的名称由《军官服役条例》,修改为《干部服役条例》。1978 年 8 月 18 日,全国人民代表大会常务委员会第五届第三次会议批准了《中国人民解放军干部服役条例》。但是这部条例,由于受历史条件影响,还存在不完善之处,但对于规范干部制度,推进部队建设发挥了重要作用。《中国人民解放军干部服役条例》的主要内容如下。

第一,明确党管干部原则。中国人民解放军干部,是指被任命为排长以及相当排长以上职务的人员。军队干部是国家工作人员的组成部分。干部的选拔、培养、任免、交流、调动、奖惩、安置等,须经政治机关审议后提出意见,党委讨论决定。军队干部平时主要由下列人员补充:服现役年满 2 年以上的优秀战士;选调战士、招收地方中学毕业生,入陆军、海军和空军军事学校以及专业技术院校学习毕业的学员;按照计划招收地方高等院校和专业技术学校的毕业生,以及从部队选送入地方高等院校和专业技术学校毕业的战士等;个别收到的地方专业技术人员;战时还可由下列人员补充:在完成战斗任务或工作中有优良成绩的优秀战士,征召预备役干部,适合服现役的地方干部,各种训练班(队)受训后可以任命为干部的人员。

从战士中选拔干部,必须坚持提拔干部的标准条件,切实保证干部质量。要贯彻领导和群众相结合的原则,由党支部提名,群众评议,营党委审查,团党委决定。从地方接收高等院校毕业生和个别吸收专业技术人员,要按照条件严格进行审查。加强对干部的培养。努力办好各级各类院校。院校要切实完成训练、选拔、推荐干部的任务,起到"集体干部部"的作用。严格按照入学条件,选调优秀的有培养前途的干部、战士入学深造。要采取各种办法学军事、学政治、学业务技术、学科学文化知识。坚持干部下连代职、蹲点、当兵和交流的制度,军以上干部交流要在全军范围内。领导干部要身教言传,重视在实践中锻炼培养干部,搞好帮带传。按照国家统的一规定,选调干部和战士到地方院校学习。

第二,规范干部的任免。规范了军队干部职务的任免权限:军长、军政治委员及其相当职务以上的军队干部,由中央军委主席任免;副军长和军副政治委员,军司令部参谋长和军政治部主任,师长和师政治委员及其相当职务的干部,由中央军委任免;副师长和师副政治委员,师司令部参谋长和师政治部主任,团长和团政治委员及其相当职务的干部,由军区或相当军区级单位任免(兵团级单位任免团长和团政治委员及其相当职务的干部);副团长和团副政治委员,团司令部参谋长和团政治处主任,营长和政治教导员及其相当职务的干部,由军或相当军级单位任免;副营长和副政治教导,连长和政治指导员,副连长和副政治指导员及其相当职务的干部,由师或相当师级单位任免;排长及其相当职务的干部,由团或相当团级单位任免。干部的配备应按照单位编制执行。干部职务应当逐级提升,德才特别优秀的可以越级提升。干部因工作需要或编制员额缩减,可以调任下级干部职务。

第三,建立健全考核干部制度。要从贯彻党的路线方针政策,执行上级的命令指示,和完成训练作战等任务等方面,对干部严格进行考核。各级党委、首长和政治机关,对于任免范围内的干部和提请上级任免的干部要了如指掌,做到知人善任,有升有降,有奖有惩,赏罚严明。在紧急情况下,上级首长有权暂时免去不履行职责、违抗命令的所属干部的职务,并指定缺职的代理人,但须尽快报告本级党委和上级,并按任免权限核准。机关参谋、秘书、干事、院校教员、助理员、军事科学研究人员,体育、文艺、医务、专业人员等,根据德才条件,分别定为排和正副连,营职、团职、师职的职务;有的教员、研究员可定为军职的职务,职务的确定和提升,均按照任免权限执行。

科学技术干部职务名称主要有:

科研人员:研究实习、助理研究员、副研究员、研究员;

教学人员:助教、讲师、副教授、教授;

工程技术人员:技术员、工程师、副总工程师、总工程师;

卫生技术人员:军医、主治军医、副主任军医、主任军医。

科学技术干部职称的确定和提升,要从政治思想、业务工作能力、学识技术水平等方面进行衡量提升。对于特别优秀、在科学技术上有突出成就、重大发明创造者,可以不受学历和资历的限制,越级提升。

第四,规定干部服现役的最高年龄。作战部队各级军政正职主官服现役的最高年龄规定如下。

陆军和空军:排长 27 周岁;连长 30 岁和政治指导员 32 周岁;营长和政治教导员 34 周岁;团长和政治委员 39 周岁;师长和政治委员 45 周岁;军长和政治委员 55 周岁。

海军:五级艇长 29 周岁;四级舰艇长 32 周岁和政治指导员 34 周岁;三级舰艇长和政治委员 36 周岁;二级舰艇长和政治委员 40 周岁;舰艇支队长

和政治委员 47 周岁;基地司令员和政治委员 57 周岁。

陆地部队和航空兵部队正职干部服现役的最高年龄,按陆军和空军的规定执行。

兵团以上干部服现役的最高年龄按具体情况决定。副职干部不超过同级正职干部服现役的最高年龄。作战部队司务长可比排长延长 3 岁。海边防守备部队和警卫部队的干部可延长 3 岁;县级的人民武装部、军分区和省军区的干部,兵团级单位及以上机关的干部,院校干部,飞行人员,科研专业技术干部可适当延长;有特殊专长的技术干部,可不受服现役最高年龄的限制。干部服现役的期限可根据需要可以延长或缩短。

第五,配备顾问干部的范围。为了充分发挥好老干部的作用,对于因领导班子编制员额的限制,或担任实职有一定困难的干部,可以分配担任顾问职务。顾问为在编干部。中央军委;军委总部、各军区、各军兵种、军事科学院、国防科委和国防工办;海军舰队和军区空军;军委总部的二级部;师级以上院校;省军区及其相当单位(不含陆、空军的军);省军区和相当省军区(不含陆、空军的军)以上单位的司令部、政治部和后勤部;军分区和后勤分部;军委总部、国防科委、军区和军兵种直属独立的师以上单位(不含部队)等。上述单位根据需要可以配备顾问若干名。有 3 名以上顾问的,设顾问组组长。顾问在同级党委、首长领导下进行工作,总结经验,要调查研究,提出建议;搞好传帮带,要深入实际,培养接班人;要努力学习,积极完成党委和首长分配的各项任务。顾问组组长可列席党委常委会。各级顾问配同级或高一级干部担任。兵团以下单位的顾问,要基本上能坚持正常工作,顾问按原职待遇。

第六,军事科学研究干部。为了储备和保留领导骨干,加强军事科学研究,总部、军区、军兵种和院校,在编制序列内配备军事科学研究干部。选调政治思想水平较高,有作战和部队工作经验,能坚持正常工作的师职以上干部和少数团职干部,从事军事、政治和后勤工作的研究。

第七,完善干部的福利。对干部家庭、生活有实际困难的,给予适当补助;干部同配偶不在一地的,每年可给予规定探亲假。做好干部保健工作,定期检查身体,妥善安排干部的疗养和治病。在海岛、高原、边远等特别艰苦地区工作的干部,以及年满 45 周岁以上并服役超过 15 年的干部,实行休假制度。按照规定,符合条件的部分干部家属可以随军。干部工作调动或因部队移防,随军家属可随同前往,当地政府应准予落户。干部配偶同干部在一地工作的,可随干部一起调动,有关单位应给予分配工作。因战、因公致残的干部,应当受到社会的尊敬,享受国家的优待。牺牲和病故干部的家属,享受国家的抚恤、优待。

第八,干部退出现役。根据军队、国家建设的需要,每年有一定数量的干部需要退出现役。退出现役的干部,应纳入国家安置计划,由政府妥善安置。军队干部有下列原因之一者,应退出现役:服满规定的现役最高年龄;军队编制员额缩减;调往非军事部门工作;伤病残废或其他原因不适合继续服现役。

军队干部退出现役主要是转业地方安置工作,由政府根据工作需要和干部的具体综合条件,参照干部原来在军队中所担任的职务,分配适当工作。对专业和技术干部要发挥其专业特长。1954年1月1日以后参军的干部,按地方同等级别干部工资待遇;1953年12月31日以前参军的干部,按军队级别工资标准待遇。退出现役要求复员的干部,经组织批准,可办理复员。男年满55周岁和女年满50周岁以上或因公致残、积劳成疾基本丧失工作能力的干部,可办理退休。退休干部由政府负责安置,其干部住房由接受安置的地区,列入基建计划统一解决,经费由地方负责。因公致残退休的干部,饮食起居需要人扶助的,按照国家规定发给护理费。退出现役干部的配偶同干部在一地工作的,可随同干部一同调动,有关单位应予分配工作。随军家属随干部一同前往新的地区,当地政府应准予落户。年老体弱基本丧失工作能力的干部,并1953年12月31日以前入伍的师职和相当师职以上干部,1942年12月31日以前入伍的团职和相当团职干部,第二次国内革命战争时期入伍的干部,可以离职休养。

离职休养干部的安置原则是:大分散、小集中,安置地点一般在中、小城市,并设置精干的管理机构。军队离休干部按军队供给标准待遇。公勤人员及车辆和配备按编制规定执行。要注意安排他们的学习、听报告和阅读有关文件;要关心他们的身体健康和文化、物质生活。离休干部可暂留军队,以后再办理退出现役手续,逐步移交地方。由于年龄、身体关系,继续担任繁重的工作有困难,在群众中有一定影响和威望的,1953年12月31日以前入伍的师职、相当师职以上干部,1942年12月31日以前入伍的团职、相当团职干部,第二次国内革命战争时期参军的干部,可以按照规定,由总部、军区、军兵种等单位提出意见,同有关地区协商安排适当荣誉职务。

军队干部复员、转业、退休、离休的批准权限:排长及其相当职务的干部,由师级或相当师级单位审批;副营长和副政治教导员及其相当职务的干部,由军级或相当军级单位审批;其余均按任免权限审批。

第九,预备役干部。预备役干部包括下列人员:退出现役后适合编入预备役的干部;适合担任预备役干部职务的退伍战士;适合担任预备役干部职务的基层专职人民武装干部、民兵干部;适合担任预备役干部职务的,具有一定专业知识、军事知识的高等院校学生和在非军事部门工作的人员。预备役干部服预备役的最高年龄是:团职 50 周岁,营职 45 周岁,连职 40 周岁,排职 25 周岁,师职以上按具体情况决定。预备役干部工作,在地方党委统一领导下,由省军区、军分区和县(市)人民武装部负责管理。根据国家安全需要,预备役干部可以被征集服现役。

3.3　预备役制度的初步探索

实行预备役制度,是新中国成立以来第一次,基本是按照苏联模式初步探索,按照 1955 年兵役法的规定,开展了预备役军人的登记和统计、第二类预备役军士和兵的军事训练、军官预备役的登记和训练,以及学生军事训练试点工作,并随着国防建设的需要不断调整完善。

3.3.1　开展军士和兵的预备役登记统计

我国首部兵役法规定,兵役机关应对年满 18 周岁,未被征集服现役的 18～40 周岁男性公民和具有专业技术的年满 18～40 周岁的女性公民以及军士和兵服现役期满转入预备役的进行登记,编入预备役。为落实这一规定,1955 年 11 月,经国防部批准,总参谋部下发《预备役军士和兵的登记暂行办法(草案)》,计划在 1955 年冬季,开始对预备役军士和兵进行登记、统计,到 1957 年底基本完成。

1955 年冬,对预备役军士和兵的登记、统计工作,结合兵役法颁布实施后首次正式征集义务兵工作,在全国各地按计划展开。因此,首次登记、统计的对象,仅限于适龄的男性应征公民。陕西省在对应征适龄青年进行兵役登记的同时,对预备役军士和兵进行了登记、统计。基本的组织方法是,由各级兵役委员会统一领导,各级兵役机关组织实施,农村由乡(镇)人民委员会,城市由公安派出所指定专人负责办理。登记、统计的对象为当年 6 月 30 日前,年满 18～20 周岁的男性公民,经目测合格者,一律进行登记。登记时以乡(镇)、公安派出所为单位,在本人常住户口所在地进行。乡(镇)、公安派出所辖区内的国家机关、人民团体、工矿企业的应征适龄公民,由户口所在地的行政管理部门负责登记,兵役机关协助。为了便于登记,农村在人口集中的地区设立固定登记站,在人口分散的地区设立巡回登记站。各登记单位根据应征适龄公民的政治、身体、家庭劳动力等情况,确定是否应服、缓服、免服或不服兵役,然后分类登记造册,同时给合格应征适龄公民兵役证。

1956年4月1日,为了全面了解我国兵员情况,以便有计划地进行预备役训练和拟制动员计划,国防部对预备役军士和兵的登记、统计工作做出新的规定。国防部在当日下发的《关于预备役军士和兵的登记工作指示》中,明确要求除每年将从部队退伍、复员、转业的军士和兵,以及每年征集应征公民按时登记编入预备役外,还要对18~30周岁的男性公民,以及具有专业技术的女性公民进行登记。国防部还规定了暂不进行登记人员,这些人员包括:在国家机关、人民团体、企业和学校等单位服务的21级或相当于21级以上的干部,以及虽然不是21级,却担任相当于区长以上职务的干部;正在高级中学或相当于高级中学以上学校就读的学生和中国人民解放军复员、转业的副排级以上的干部。此后,预备役军士和兵的登记、统计工作的对象,从适龄应征男性公民,扩大到全部应当服预备役军士和兵的人员。

国防部关于扩大预备役军士和兵的登记、统计范围的指示下达后,各军区据此对1956年度的登记、统计工作进行了部署。1956年5月7日,北京军区依据国防部的指示,下发关于预备役军士和兵登记工作指示,要求辖区各省(市)兵役机构按照国防部规定,在先行试点的基础上,对预备役人员开展全面的登记、统计。在北京军区组织的这次年度登记、统计工作中,河北省望都县总结探索了一套可行的做法。该县首先用7天时间对抽调参加登记工作的141名兵役干部和3名地方干部进行了集训,再将他们派到35个乡、镇,用5天时间集训乡、镇干部和登记员,然后分赴各乡、镇及142个自然村,用10天时间进行宣传摸底。在此基础上,他们用5天时间完成了人员登记,又用5天完成了兵役证的填发工作,最后用3天时间培训兼职的登记管理人员,并对预备役军人进行了“六项守则”教育。登记的结果,全县除身体不合格的561人、外出326人和思想不通的9人未进行登记外,其余全部进行了登记。陕西省1956年度预备役军士和兵的登记工作前后用了3个月的时间。此项工作开始前,陕西省军区在咸阳地区的一些县(市)进行了试点。登记工作中,该省普遍采取了边摸底、边排队、边登记的办法。各区、乡的登记员从户口册中摘抄适龄青年情况,交各基层组织逐个核查,然后将核查情况汇总到乡、镇,由乡、镇审定,确定应登、免登、不登类型。当年,陕西省18~30周岁登记服预备役的公民有104万余人。各地对复员军人的登记工作,大都是派人到各级转业建设委员会,采取随到随登记、随发兵役证书的办法,同时进行服预备役的教育。

1956年9月11日,由于预备役人员经常会变动,为及时掌握人员变动情况,以免出现有表无人的现象,总参谋部下发关于1956年度预备役军士和兵的定期登记工作指示。到 1956 年 9 月底,全国 2294 个县(市)中,有 1345 个完成登记工作。

首次预备役军士和兵的登记、统计工作进展的并非一帆风顺。1956 年度的预备役登记工作开始不久,中共河北省委向中共中央和党的主席毛泽东报告,由于地方工作紧张,要求预备役登记工作推迟一年,毛泽东主席同意推迟一年。1956 年 6 月 10 日,中国共产党中央委员会总书记邓小平将这一情况转告给国防部长彭德怀,讲明如同意,应立即通知全国各地。彭德怀随即指示总参谋部提出具体意见。6 月 15 日,总参谋部动员部部长王平向总参谋部和中央军委提交了关于推迟预备役登记时间问题的报告。报告称:中共河北省委要求推迟预备役登记一年完成预备役登记工作的意见,与国防部 4 月 1 日关于预备役军士和兵的登记工作的指示并不矛盾。国防部的要求是:预备役登记工作牵涉面较广,各地应根据具体情况分期、分批逐步完成,条件较好的地区,1956 年、1957 年两年内完成,条件较差完成任务有困难的地区可以推迟至 1958 年完成,不能进行的地区,还可以暂不开展此项工作。在这个报告送上去之后,河北省提出的问题便就此告一段落,但类似的问题又不断反映上来。许多地方认为预备役登记的范围较大,登记的内容和手续也比较复杂,且迁户口时还要办理转移手续,工作复杂不方便人民群众,有的兵役机关也认为对有专业技术的女性公民进行的登记作用不大。在这种情况下,总参谋部动员部于 1957 年 5 月提出了改进预备役士兵登记工作的方法。一是缩小登记范围。只对当年复员退伍的士兵进行登记,对地方适合军事需要的技术人员,在取得当地政府的同意并在条件许可的情况下,方可进行登记;对当年征集多余的应征公民,在农村宣布为预备役编入民兵组织,在城市不进行登记,对具有专业技术的女性公民不再进行登记。二是简化登记表格。将 4 种表格改为一种,取消乡和公安派出所使用的预备役登记册和情况变更报告表。三是简化手续。农村由乡民兵队部每年进行一次查对,县、市兵役局每年对预备役士兵进行一次统计,预备役士兵迁居按公安部户口迁移规定办理。[①] 6 月 18 日,中央军委下达关于改进兵役工作的指示。12 月 16 日,国防部、公安部联合发出关于作好第一类预备役士兵登记工作的通知,对军士和兵服现役退伍后转入一类预备役登记工作进行了具体规范。此后,预备役军士和兵的登记统计工作的范围被大大缩小,普遍登记变成了第一类预备役登记,许多必要的程序方法也被以种种理由取消。

---

① 傅秋涛. 在兵役工作会议上的报告[R]. 1957.

在新中国成立初期,国家各项制度还不健全,民众对预备役制度认识还不够成熟,尚不完全具备实行现代预备役制度所需的经济和社会发展条件,以及与之相适应的社会环境。因此,未能够完全按照兵役法规定的年龄和要求对 18～40 周岁男性公民、有专业技术的女性公民以及在军队服过役的复员转业军人进行登记、统计,编入预备役。同时也表明,首次实现预备役军士和兵的登记统计,存在着全盘照搬苏联做法的问题。尽管如此,这一时期开展的预备役军士和兵的登记工作,对于提高全民对预备役制度的认识,取得预备役工作的经验,初步掌握全国后备兵员的情况,以及战时兵员动员计划的制定,都起到了很好的作用。

3.3.2 二类预备役军士和兵的训练试点

新中国第一部兵役法规定了预备役军士和兵分为两类,一类预备役军士和兵,因为是服过现役的退伍军人,具有较好的军事素质,所以不需要再组织他们进行军事训练,而二类预备役军士和兵,因为都是未经过军事训练的社会公民,因此需要按规定组织他们进行军事训练。

首批进行的第二类预备役军士和兵的军事训练,始于 1956 年冬各军区开展的试点工作。此前,预备役军士和兵的登记、统计工作,已经在许多地区取得初步成效,全国可参加军事训练的第二类预备役军士和兵约 1000 万人。国防部测算,此后每年还将有 100 万年满 19 岁的适龄青年成为第二类预备役军士和兵,4 年后全国应接受此类训练的人员可达到 1400 万人。1956 年 10 月 9 日,国防部下发关于预备役士兵进行不脱离生产训练的指示,确定了第二类预备役军士和兵的军事训练计划,即 1957—1962 年,采取不脱产的方法进行训练,以沿海地区为重点,组训第二类预备役军士和兵 1000 万人,每名受训者在 6 年内训练 400 小时。国防部还向各军区分配了总额为 50 万的试点任务,要求各军区在人口集中、交通方便、工作基础较好的农村,组织训练试点,训练时间为 70 小时,内容除射击、利用地形地物、单兵战斗动作等军事科目外,还要进行政治训练,以加强国防观念、树立保卫社会主义建设的思想为目的。国防部规定,所有预备役士兵训练需要的各种武器弹药,主要由各地民兵在现有武器弹药中给予解决。训练期间,对受训的士兵和不脱产的组训干部,每人每天补贴一顿午饭 0.15～0.2 元。

1956 年冬至 1957 年春,各军区根据国防部的指示,共在 924 个县进行了第二类预备役军士和兵的训练试点,参加实弹射击的有 18.2 万余人。各地在训练的组织上基本上以乡、社为单位,采取不脱离生产的方法进行,采用分散食宿、分点训练的方法,中午管一顿饭,或半日生产、半日训练,节省了经费,方便了群众,保证了教学质量和时间。辽宁省长海县 13 个乡采用早出晚归的训练方法,一开始干部怕受训人员到不齐,不好掌握时间,经过领导动员和群众讨论,受训青年都能按时到达训练地点,没有出现缺席迟到现象。有的青年准备结婚,也主动推迟了婚期,有的兄弟争相要求参加训练,很多受训人员家属积极支持,提早做饭,保证了参加时间。山东省牟平县马山寨乡,在 37 天内利用生产空隙训练了 78 小时,参加实弹射击只有两人不及格。山西省曲沃县曲村乡参加实弹射击的 593 名,及格率达到94.4%。各地为妥善解决好参训人员的工分问题,有的在训练前后多给受训人员及其家属派些工分高的农活,多分配些农活,有的把受训人员组成突击队提前完成任务,训练中利用课外时间集体包工生产,或组织积肥、运输、兴修水利等,这种办法在河南叫作"前赶、后补、中结合"。由于各级的努力,这期训练取得了很好的成效。

到 1957 年 3 月,第二类预备役军训试点工作结束。6 月 10 日,总参谋部动员部总结了第二类预备役士兵不脱离生产试点训练工作,27 个省、自治区、直辖市、924 个县、3518 个乡中,共训 19～22 周岁的预备役士兵40 万余人。从各地试点成绩来看,一般都能达到训练要求、目的。据 19省、市进行统计,参加实弹射击的 18 万余人。经过此次训练,不仅培养训练了大批干部和对广大人民群众进行了一次较深刻的国防观念教育,为组训第二类预备役士兵创造了良好的条件,更重要的是:第二类预备役士兵学得了一些军事知识,提高了政治觉悟,为服兵役、保卫祖国打下了一定的思想基础。

到 1958 年春,全国已在 1071 个县、市,选择 3624 个乡,对 43.1 万第二类预备役军士和兵分批进行了不脱产训练。全国共培训教员 1.3 万人,动用枪支 2.5 万支,消耗子弹 245 万发。训练经费,1956 年平均每人费用 3.5元,1957 年由于教员数量增加和部分地区采取集中训练、全天管饭的办法,经费开支有所增加。据 22 个省、市统计,平均每人费用 5.32 元,其中开支最高的省份是湖南,每人为 9.84 元,最低的是四川,每人为 2.63 元。部分军区进行了特业兵训练试点,广州军区由部队在驻地附近的 14 个乡,训练炮兵和高射炮兵 1016 人,训练时间 10～15 天,初步学会操练炮和兵器常识。南京军区由部队和军分区训练炮兵和重机枪手 882 人,训练时间 1～2个月。沈阳军区利用简编团机构复训复员军人 12000 余人,训练时间 10 天左右,除进行由单人到班的战术复习训练外,主要是进行政治思想教育。训练取得的主要经验是:结合生产,照顾生产,根据当地情况,因地因时因人制宜地安排训练;贯彻群众路线,训练方法、时间、地点及训练中遇到的问题,都与群众协商解决;以乡(村)为单位,分散食宿,分点训练,早出晚归,或半日生产、半日训练,既节约经费,又便利群众;复训特种兵复员军人时,主要由部队派教练员带器材在驻军附近进行,或集中训练。

第二类预备役军士和兵的军事训练,总体上还处在试点阶段,训练落实的比较扎实,收到效果比较明显,为预备役训练奠定了较好基础。至1958年下半年实行全民皆兵、大办民兵师后,第二类预备役军士和兵的军事训练的模式基本停止,民兵与预备役训练合而为一,基本是采取民兵的方式组织训练。

3.3.3　建立军官预备役制度

为贯彻落实首部兵役法关于建立军官预备役制度规定,8月13日,也就是兵役法颁布10多天后,国防部下发关于退出现役军官编入预备役的工作指示。指出:中国人民解放军的军官一般曾在战争中锻炼和受过一定的军事教育,部分副排级人员和超龄军官及尚符合留队条件的军官还须调配到预备役师继续服役,除少数因体弱年老和伤残外,多数适合服军官预备役。因此,建立军官预备役应首先从退出现役军官入手。少尉以上军官退出现役的,除了已服满预备役最高年龄及伤病残完全不能服役者,应准予退役外,不论担任何种职务,均应编入军官预备役。除此之外,根据1955年2月8日颁布实施的《中国人民解放军军官服役条例》第四十七条的规定,编入预备役的军官还包括:服现役期已满的军士,经预备役军官考试合格,并授予预备役少尉军衔的;高等学校毕业的学生,军事知识考试合格,其专业知识可以担任军官职务,授予预备役军官军衔者;在非军事部门服役,专业性质可以担任军官职务的,授予预备役军官军衔;预备役军士优秀的,被挑选准备授予预备役军官军衔,集训期满考试及格取得少尉军衔者。少尉以上军官离队时由师以上干部部门发给证书,要他们在到达工作岗位或回原籍后一个月内到所属兵役局登记。9月19日,总干部部下发关于填发转入军官预备役证件的说明。9月24日,总政治部、总干部部下发关于退出现役军官转入预备役登记工作方面的几个问题的通知。至此,有关军官预备役登记工作的各项规章制度已经全面出台。

首批预备役军官,产生于1955年冬至1956年春复员的军士和兵中。1955年11月6日,国防部下发关于对今冬明春复员的军士和兵进行预备役军官训练的指示,要求各军区在即将复员的军士和兵中,挑选一部分优秀者进行6个月军官训练,合格后授予预备役军衔,编入军官预备役。具体方法是:步兵师、炮兵师、公安师、铁道师在师教导营设一个队,接收学员150~

180 人进行训练。海军在东海、南海舰队、青岛基地、旅顺基地各组织一个队,预计训练 600 人左右。军委直属单位及特种兵独立部队由所在军区组织。国防部要求此次训练要在 1956 年 6 月底结束。12 月 31 日,国防部又向各军区下达了关于今冬明春复员的通信军士和兵进行预备役军官训练指示,要求各军区通信处在其领导下的通信团内设一个临时训练队,没有通信团的军区在通信处下设一个训练班,从即将复员的通信军士和兵中挑选一部分优秀者,进行 6 个月的军官训练,达到在战时能分别担任有线、无线综合排长的职务。为将上述训练落到实处,军委各有关部门,均适时下达了有关指示和规定。训练总监部下达了关于对今冬明春复员的军士和兵进行陆军预备役军官训练的指示,总政治部下达了关于复员的军士和兵进行预备役军官训练的政治教育要求、内容和时间的规定,总干部部下发了关于挑选预备役军官训练对象应注意的问题的通知。训练过程中,总政治部、总干部部还下发了关于在预备役军官训练的军士和兵中登记预备役政治军官问题,国防部则下达了关于授予预备役军官训练队毕业学员预备役军官军衔问题的规定。

据 1956 年 12 月总干部部动员部关于 1956 年从复员人员中挑选训练预备役军官工作情况综合报告,首批从复员的军士和兵中训练选拔预备役军官的工作进展顺利,达到了预期目的。全军共组建复员的军士和兵进行预备役军官训练机构 293 个,受训人员在军事技术和政治思想觉悟方面均有明显提高,绝大部分能够组织指挥排的进攻和防御,在战时可以担任初级军事指挥和政治军官的职务。但也有单位对条件掌握不严,有照顾资历和迁就现象,将一些政治、身体、文化程度不符合条件,长期作饲养员、炊事员等工作非战斗人员挑选训练,学习中造成困难,不符合预备役军官条件。

在对首批复员人员进行预备役军官训练和选拔的同时,军委总干部部和总政治部干部部,组织开展了预备役军官登记工作。1955 年 12 月 5—15 日,总干部部和总政干部部组织召开了军官动员工作会议。会议认为,军官动员工作,就是根据整个武装力量动员工作任务的要求,编拟军官动员计划,并进行预备役军官的积蓄、训练、登记、管理等工作,是整个武装力量动员计划的一个重要组成部分。现在兵役法及军官服役条例均已公布实施,军事制度也已经开始从志愿兵役制改变为义务兵役制,并从而开始了积蓄预备役兵员的工作,因之也必须逐步而迅速地把军官动员工作建立起来,以适应整个武装力量动员工作的要求。因此,军官动员工作的主要任务,除了拟制军官动员计划外,就是要依据兵役法及《军官服役条例》对预备役军官来源的规定,按照动员需要量从各方面培养、积蓄足够数量的各类专业预备役军官,并组织对他们的训练工作,不断提高他们的质量。然而,整个军官动员工作应首先从预备役军官登记统计工作着手,只有掌握了所有预备役军官个人的基本情况与所有预备役军官的分布状况,及其流动变化等与动员有关的情况,才能进行对预备役军官预任职务、计划训练与动员征集等工作。会议确定,1956年军官动员工作的首要任务,就是进行第一次预备役军官登记和统计工作。登记的对象是两类人员:一类是在非军事部门服务的排以上转业、复员干部,符合预备役军官条件的可授予预备役军官军衔;另一类是在非军事部门服务的一般人员,按其专业性质,可以担任军官职务,符合预备役军官条件的,可授予预备役军官军衔。第一次预备役军官登记总体安排是:在1956年上半年中先做好制订计划、典型试办、训练干部等准备工作;下半年即着手在省辖市及部分专县城市中进行登记,争取在1957年全部完成。北京、天津、上海三个城市的预备役军官登记工作,请北京、南京两军区分别直接帮助,争取于1956年下半年登记3/5,1957年进行完毕。1956年1月31日,总政治部和总干部部联合下发关于《中国人民解放军预备役军官登记和统计办法的暂行规定(草案)》,对预备役军官登记、统计工作做出全面规定。此规定的颁发执行,预备役军官登记统计制度标志着正式实行。

1956年3—5月,总干部部在大连、苏州、保定、昆明四个市进行了预备役军官登记试点,共登记2796名预备役军官。各市列入登记的干部与干部总数的比例,大连3.5%,苏州3.7%,保定5.1%,昆明9.1%;登记数与原确定4类登记对象的比例,大连11.8%,苏州12%,保定10.1%,昆明34%。四个城市的试点工作,由省军区提出方案,由省委发出指示,由市委领导进行,大致分为试点准备、名单审查、鉴定任职、审查登记四个阶段。在准备阶段,各市兵役局会同党委组织部门和政府人事部门,调查了解地方干部中的登记对象,制订登记工作计划,成立预备役军官登记办公室。登记办公室一般由市兵役局和市委组织、宣传部门、市人民委员会人事、卫生等部门的干部组成,下设秘书组和登记审查组。办公室设正副主任,一般由市委组织部部长和兵役局局长分别担任;有登记任务的各机关、团体、企业、事业单位,也根据本单位登记对象任务多少成立登记办公室或登记组,并指定专人进行登记工作。在名单审查阶段,首先由基层党支部或党委对调查掌握的登记对象进行审查,合格者列入预备役军官登记名单,报市登记办公室审查。在鉴定任职阶段,基层登记单位的党支部或党委,对经过市登记办公室审查同意的人员,做出德才鉴定,然后由市登记办公室提出战时任职和军衔等级的意见,交市兵役委员会进行审查。最后再由市登记办公室对市兵役委员会审查通过者,办理登记手续。试点过程中,总政治部和总干部部制定联合下发了关于《中国人民解放军预备役军官登记和统计办法的暂行规定(草案)》,国家卫生部、总干部部、国务院人事部制定下发了对登记预备役军官体格的目测要求。

试点后期,即 1956 年 3 月 24 日,总干部部通知各军区干部部:预备役军官登记问题,中央军委在部署上有若干变更,除大连、苏州、保定、昆明四个城市仍进行试点外,其余各地如开展进行登记的试点单位仍可继续进行登记,已集中干部但尚未进行登记的单位可作摸底和了解情况工作,暂不进行登记,总干部部准备在 4、5 月份召开的各军区干部部动员处长会议另作布置。① 7 月 11 日,总干部部向中央军委上报积蓄预备役军官工作规划的报告。报告称:1956 年试办对 2 万预备役军官的登记,全国将在 1956—1958 年,在退役转业干部和非军事部门的技术人员中登记预备役军官,也可从退伍的军士中挑选,在 7 年中可积蓄预备役军官 70 多万人。② 8 月 17 日,周恩来总理批示:同意 1956 年先行试办对两万预备役军官的登记,看执行结果再审核以后的规划。根据周恩来总理的批示,总干部部对原规划进行了重新安排,主要进行 2 万人的登记试点,对象为预备役技术军官和排长职务的预备役指挥军官,时间延长到 1957 年 4 月底以前。8 月 29 日,总干部部在军官动员工作会议上,对登记试点任务进行了调整分配。由于 1956 年上半年试点的辽宁、吉林、黑龙江、江苏、安徽、浙江、江西等 7 省,其他各省、自治区、直辖市,除西藏、北京、天津、上海市外,计划完成 1.3 万人的登记任务,每个省、自治区、直辖市选择 2~3 个中小城市开展此项工作。

1956 年 11 月下旬,总干部部动员部部长郭炳坤、副部长苏华,赴湖北、广东两省调查了解预备役军官登记试点工作。据他们"从湖北、广东两省 20 个县、市兵役局和 41 军、42 军了解的情况看,部队师以上干部部门和县、市兵役局对这一工作是重视的。军官在离队时,部队首长和干部部门向军官进行服军官预备役的教育工作,并按规定办理服军官预备役手续。各县、市兵役局也研究不少办法,督促在本县、市工作的预备役军官到兵役局进行登记。因此,部队批准转入军官预备役的军官,绝大部分在当地兵役局办理了登记手续。但是,也有部队在批准转入预备役军官的标准上掌握不准,办理手续不全,有的兵役局业务不熟,也有错办的现象,各地及时做了调整与

---

① 　总干部部. 关于预备役军官登记工作问题的通知,1956 年 3 月 24 日。
② 　总参动员部. 关于几个兵役工作问题的请示,1957 年。

加强。但是,经过这次试点工作,进一步体验到在地方登记预备役军官确实是一件很复杂的工作,涉及面很广,主要问题是:军队战时需要的各级军官数量较准确地计算预测有难度,按照战时需求数量登记预备役军官也有难度。大家认为预备役不仅是个义务,而且是个权利,是个荣誉,为了照顾军队转业、复员人员的历史情况和统战政策等,登记的预备役军官中,有一定数量不一定是军队需要的。动员部门和兵役局不懂军队各类技术军官所担任的业务和地方技术人员所担任的专业,对掌握预备役军官条件与衡量这些人员战时可任何种军官职务,可授何种军衔,都存在不小的困难。在评定预备军官军衔时,如何具体参照地方干部级别待遇,才能使预备役军官的军衔评得更加公允合理,也是个很大问题。根据上述问题,如何在地方进行预备役军官登记,还需要很好地研究。这次调查结束后,总干部部即将上述情况和建议向中央军委做了报告。12月4日,因预备役军官登记这个工作中的问题很多,尚待进一步研究考虑,中央军委第21次联席会议做出了预备役军官登记工作暂缓进行的决定。12月14日,总政治部、总干部部发出《关于停止进行预备役军官试办登记》的通知,指示各军区所进行的预备役军官试办登记工作一律停止进行。

预备役军官登记试点工作虽然停止了,但从复员军士和军官中挑选预备役军官的工作却没有停止。1957年1月16日,国防部下发关于在1957年春季复员的军士和准尉中挑选预备役军官的指示。指出:"全军现有志愿兵将在1957年春季全部复员,他们都是1953年以前入伍,经过较长时间的军队生活锻炼和受过正规军事、政治训练,有一部分还有战斗经验。为积蓄一定数量的预备役军官,以适应国防建设的需要,决定在这批复员人员中挑选一部分优秀的军士和准尉,不经过训练即登记编入军官预备役。"据此,各级兵役机关对这部分人进行了预备役军官登记。5月23日,总参谋部动员部向中央军委提交了培养积蓄预备役军官的计划。计划提出了两个方案:第一方案,根据军队整编的实际,把复员军人作为培养积蓄预备役军官的重点,仍实行有步骤的预备役军官登记,先从一两个省开始,取得经验后逐步展开;第二方案是暂不制定全国性规划,由各军区根据作战意图和部队扩编计划,确定培养和储备计划,重点是排级指挥军官和技术军官。5月30日,中央军委经研究否定了总参谋部动员部提出的上述计划,决定预备役军官只登记复员转业干部,普遍性的预备役军官登记仍暂不进行。6月18日,中央军委做出关于改进兵役工作的指示,明确规定:预备役军官,主要是将退出现役而且适合服预备役的军官进行登记。在可能的条件下,对复员、退伍的优秀军士,可组织短期训练,培养为预备役军官。

3.3.4　预备役训练师的组建与撤销

为训练、储备优质的预备役人员,以满足战时现役部队迅速扩编补充的部队需要,1955 年 1 月,中央军委决定仿照第二次世界大战期间各主要参战国的做法,组建预备役训练师。同时决定,由副总参谋长黄克诚主持,尽快研究提出预备役训练师的组建方案。在副总参谋长黄克诚的直接领导下,总参谋部动员部会同有关方面,拟制了预备役训练师的组织建设方案。按照该方案,预备役训练师以现役步兵师编制为基准,按步兵师所需要的各种专业兵的数量,分别编队进行训练。

1955 年 8 月,国防部部长彭德怀下达了组建预备役师的命令,主要是为了防备帝国主义侵略,应对可能突然发生的重大事件,必须为国防军储备足够数量的并经过训练的后备兵员,以保证战时扩编部队和补充兵员的需要。义务兵役制的施行,每年将有一批军士和兵退伍转入预备役,但这个数量还不能满足战时的需要。为此决定组成预备役训练师,按步兵师各专业兵的比例,对符合服兵役而未被征集参军的青年,需要进行正规的军事训练,并决定第一期组训 10 个预备役训练师。其中,成都军区组训 5 个师,武汉军区组训 3 个师,昆明军区组训 1 个师,兰州军区组训 1 个师。10 个师的机构由广州军区、南京军区、志愿军、济南军区、北京军区、昆明军区、沈阳军区负责抽组。中央军委要求,负责抽组预备役训练师机构的各军区和志愿军,必须按编制配齐各级军官、各种专业军士和炊事兵等,人员主要从国防军和公安军部队中抽调。选调军官的条件为:政治可靠、身体健康、能担负训练,每连要配 1 名从正规军校毕业的排连干部。所需军士应选调优秀、年轻的军士或能担任军士职务的兵充任,在完成第一期训练任务后,将他们列入军官培养对象。各预备役训练师首批训练的兵员,结合 1955 年冬季征兵,将适合服现役而未被征集服现役的青年征集编入预备役训练师服预备役,接受为期一年的正规训练。各预备役训练师应于 1955 年 9 月底前完成预备役训练师机构的组建工作,1956 年 2 月15 日前到指定地点接收新兵,4 月 1 日开始训练,训练时间为 18 个月。

中央军委关于组建预备役训练师的命令下达后,各军区、志愿军迅速做出部署,按规定的时间逐次展开预备役训练师的组建工作。9 月底,10 个预备役训练师机构组建工作结束,并按规定到达指定地点。参加组建预备役训练师的军官,绝大多数人是经过长期革命斗争考验,政治素质较好,基本上符合国防部所要求的条件,基本上按编制配齐。从 10 月中旬开始,各预备役训练师与驻地的步兵学校或高级步校,按照规定的训练计划,对担负训练任务的军官和军士进行了为期 3 个月的集训。

总参谋部动员部会同有关部门起草上报了《关于预备役师领导关系的意见》的报告，就预备役训练师的领导关系、职责分工等问题，提出了解决方案。具体意见是：总参谋部负责草拟预备役师组建计划和方案，并监督实施。负责军士以下的补充、调配、复员、退伍和军马的补充，通信器材的调配等；总政治部负责预备役师的政治工作，调配政治军官及其他政治工作人员；总干部部负责草拟《预备役师干部的抽调计划》和干部的调配工作；训练总监部负责预备役师的训练工作；总后勤部负责预备师的车辆调配、营房维修，以及物资供应等；总财务部负责预备师的财务工作；总军械部负责预备师所需各种武器弹药的调配；各军区对预备役师实施训练和管理工作。

1956年2月15日，为预备役训练师征集训练兵员的工作基本结束，2月20日，各预备役训练师开始接收训练兵员。据武汉军区对第7预备役训练师检查的情况，该师接收的训练兵员质量很好，年轻力壮，有相当的文化水平，党团员及农村基层干部占的比重很大。据统计：党员占新兵总数9.4%，团员占62%，具有高小和初中文化程度的占32%，新兵体格有少数不合乎标准。师里制订了对新兵军政教育计划，并编印了政治教材，通过教育进一步端正了新兵入伍的动机与认识，扭转了少数人认为在部队可以吃好的、穿好的、光学习不打仗以及游山逛景的不正确思想，在检查期间新兵普遍表现得积极热情、好学上进，要求早日发枪，开始战斗训练，通过教育，队列生活与日常生活制度已初步建立，最突出的是军人礼节、举止、称呼，很像一个经过训练的战士。

1956年2月29日，正当各预备役训练师抓紧对训练兵员进行整顿和教育，以便在4月份如期开展训练的时候，国防部根据中央军委的决定指示各有关方面：除第一期组建的10个预备役训练师外，不再组建预备役训练师，原定5期发展计划中止执行。4月18日，即第一批组建的10个预备役训练师开训前，国防部发布预备师领导关系、物质待遇的规定。指出：为保证预备役训练师顺利地执行训练预备兵员的任务和制订训练计划，特决定将训练期由1年改为2年，各军区对预备役训练师的领导关系和物质待遇，应与国防军步兵师相同，士兵每月津贴6元，其他待遇与步兵师义务兵一样。

1956年12月6日，国防部根据中央军委的决定下发关于撤销8个预备役师的命令。命令指出：现有的10个预备役师，除成都军区暂时保留2个师（每师保留军士、兵1万人）担任治安任务外，其余的8个师撤销，其机构暂时保留，军士以下人员做复员或调用安排。具体方法是：成都军区撤销的 3 个师，复员志愿兵 1 万人，所余义务兵调补给西藏、成都、济南、广州、沈阳军区、装甲兵和总后勤部；武汉军区撤销的 3 个预备役师，除复员志愿兵 6000 人外，所余义务兵调补给南京、武汉、北京、福州军区和志愿军、防空军、炮兵、总后勤部、总参谋部行政经济管理部、通信兵部、总参谋部测绘局、军事学院、军事工程学院；兰州军区撤销的 1 个预备役师，除复员志愿兵 2000 人外，所余义务兵调补给新疆、兰州、沈阳军区；昆明军区撤销的 1 个预备役师，除将 1500 名义务兵补给昆明军区部队外，其余兵员全部做复员退伍处理。一年以后，国防部部长彭德怀在全国兵役工作会议的讲话中，讲到了预备役训练师成立与撤销的原因。他说："1955 年我们搞了 10 个预备役训练师，那时候，大家一致同意的。现在看起来，钱用得很多，也妨碍群众生产，行不通了，所以 10 个预备役训练师取消了，不搞了，我们得到了经验教训。"

成都军区保留的预备役训练师，1957 年 5 月 13 日，第 9 预备役师改编为兰州军区干部教导团。

被撤销的 8 个预备役师，其机构一直保留到 1957 年 3 月。3 月 19 日，国防部决定预备役训练师人员集体转业，除第 10 预备役训练师撤销外，其他各师的机构作为建设国营农场的机构，参加国家的生产建设。按照此命令，第 1、7 预备役训练师的机构及人员集体转业到佳木斯垦区，第 2、3 预备役训练师的机构及人员集体转业到北大荒，第 4、5、6 预备役训练师的机构及人员集体转业到黑龙江密山垦区，第 8 预备役训练师的机构和人员集体转业到辽宁盘山垦区。至此，首批组建的 10 个预备役训练师撤销完毕。

由于组建预备役训练师之前论证不充分，组建后带来一些综合性的矛盾，缺少法律上支撑，名称是预备役训练师，但实际又是按照现役方式征集入伍，不是完全的预备役，也不是完全的现役部队，因此，有诸多原因没有继续坚持下去，但给我们后来的预备役制度和后备力量建设提供了经验。

3.3.5　学生军训试点

为贯彻落实我国兵役法关于高等学校和高级中学以及相当于高级中学的学校的学生，应当在学校内受征集前的军事训练的规定，在部分高等院校进行学生军训的试点，训练内容除学习一般军事知识和进行军事生活锻炼外，还要学习军兵种的专业知识，5 年制高校的训练规定时间为 400 小时，4 年制高校的训练时间规定为 300 小时，要求利用假期进行一次野营训练。同时提出，高级中学也要进行军训，目的是为高等院校军训打下基础。依据兵役法开展的学生军训试点工作正式启动。按照预定的计划，1955年首先在两所高级院校试办，1956年在24所学校中展开，通过有计划地逐步开展的办法，争取在1957年以前受训学校数达到44%，并在1958年全部开始。

1955年11月，高等院校学生军训试点工作，首先在北京体育学院和北京钢铁学院两所院校展开。12月，高级中学学生军训试点开始在北京1中、26中、65中展开。同月，国防部颁发由总参动员部等单位共同拟制的高等院校军事训练大纲。

1956年3月，总干部部在10个军区中增加21所高级中学参加军训试点。7月28日，经国务院研究决定，扩大试点参训数量。9月14日，国防部、高等教育部向国务院呈报了高等学校及各校1956年秋季实施军事训练的军事训练和专业划分问题的请示，经国务院批准后，在9个军区中增加了北京邮电学院等12所高等学校，在全国（除西藏）增加103所高级中学。

1957年5月23日，在对学生军训试点情况进行总结研究的基础上，总参谋部动员部向中央军委建议，高等学校和高级中学军训应采取从远处着眼、近处着手、稳步前进、提高质量、摸索经验的方针，原则上不再增开新的学校，待进一步取得经验后再考虑是否发展。但情况很快发生了重大改变。6月28日，高等教育部、教育部和国防部根据中央军委的精神，联合发出停止高等学校、高级中学学生军训试点问题的通知。主要是由于各省、市教育部门和军队有关部门的支援帮助，以及学校领导和全体军事教员的积极努力，取得了一定的经验和成绩，但也存在着一些矛盾问题。学生课程负担太重，再加上军训和课程更感紧张，同时，武器器材满足不了学校军训的需要。而高等学校全期军训时间仅150~200小时，在这样短的时间内，培养预备役技术军官是有一定困难的，培养预备役指挥军官更不可能完成，如再增加军训时间，学生负担不了。高级中学全期军训时间为100小时，主要进行了征集前的训练，并为高等学校军训打下基础，在高等学校停止军训后，高级中学的军训亦没有必要。根据以上情况，我们认为在高等学校和高级中学实施军训是早了一些。为了减轻学生负担，使他们集中精力学好专业，以适应国家培养建设人才的需要，故确定学校军训在1957年秋季开学前暂时停止，根据需要再酌情开展。根据通知精神，各军区和有关军种、兵种指派专人协助学校做好停止军训的善后工作。各军区、各省、市教育厅（局）和有关军种、兵种会同各校领导，对试点工作进行了总结，派遣军官返回原单位，预备役军官由各地教育部门会同人事部门安置处理，并按规定对武器器材教材等进行了妥善处理。至此，进行了 3 年多的学生军训试点全部中止。总计在 14 所高等学校中进行试点训练，受训学生 9000 多人。此外，在 127 所高级中学中，进行了征集前的军事训练，受训学生共有 7 万多人。在上述学校，共派遣现役军官 228 名，调配预备役军官 213 名进行军训工作。

学生军训制度是按照新中国第一部兵役法规定进行的，虽然没能在全国全面展开训练，但也取得了学生军训经验教训，为以后的学生军训工作打下基础。

3.4　民兵制度与预备役制度合而为一

首部兵役法颁布实施后，随着预备役制度的建立，传统的以民兵制度为主转到了以预备役制度为主的工作上来。面对这种全新工作和巨大的转变，各级兵役机关未能适时地正确处理民兵制度与预备役制度的相互关系，导致各地普遍出现了忽视、放松民兵制度的现象，个别地区的民兵队伍已经走到了涣散的边缘。走"民兵与预备役合而为一"的道路，较好解决了民兵与预备役制度的关系。

新中国的第一部兵役法基本上是全盘借鉴苏联兵役制度，对我们传统的民兵制度与义务兵役制的关系没有理清楚，通过一段时间的实践证明，预备役制度不能完全代替我们传统的民兵制度，预备役制度与我国传统民兵制度结合，才能较好储备大规模国防后备力量。

3.4.1　义务兵制度与民兵制度的矛盾

义务兵役制和预备役制度实行后，如何处理民兵制与义务兵役制及预备役制度的关系，是否应该保持和加强民兵建设，这是一个重大问题。1953 年 6 月总参谋部总政治部，全国人民武装在北京召开工作会议。这次会议的议题之一，就是如何从民兵制度过渡到义务兵役制。会上，人民解放军总司令朱德在讲话中指出："现在召集你们来开这个会，主要是为了将民兵制与义务兵役制这两个的关系衔接起来。"此时，改人民武装部为兵役机构的方案正在上下酝酿之中，民兵工作已经出现了逐渐收缩的趋势，从上到下也普遍认为兵役法实行后，民兵工作应当处于收缩状态。全国人民武装工作会议结束不久，东北军区即向中央军委反映了他们关于民兵制度问题的意见，提出了是否可以将民兵工作由军事系统移交地方党委政府的问题。1953年9月24日，为回应东北军区提出的问题，总参谋部动员部部长傅秋涛向中央军委副主席彭德怀建议：为便于各级地方党委更好地因地制宜掌握民兵工作，达到逐渐收缩的目的起见，我们认为最好将全国民兵工作统交地方党委直接领导与管理。具体做法是：在组织上把现有区级武装部全部拨归地方党委建制，而县一级武装部则留作为建立兵役机构的基础。这一建议的基本思想是：义务兵役制实行后，民兵工作的范围就会逐渐缩小，到了条件成熟的时候，就没有存在的必要了。但是现在不能这样做，民兵还担负着维护地方治安和保卫生产建设，实行义务兵役制度的初期，民兵在带动人民群众响应号召方面，仍有重大的积极作用。因此，在实行义务兵役制后一定时期内，民兵工作不但不能忽视，而且还需要适当地加强领导。民兵工作是地方人民群众工作的一部分，民兵工作实际上是在各级地方党委的领导下建立与发展起来的群众组织，移交地方领导管理，更有利于民兵工作与地方各种工作的密切配合，根据各地具体情况因地制宜地领导民兵工作，发挥民兵在社会主义建设事业中的积极作用。

　　1954年3月15日，军委人民武装部再次向中央军委提出将民兵工作移交地方党委的建议。此时，《中华人民共和国兵役法》起草工作已经接近尾声，中共中央、中央军委已经做出将志愿兵役制改为义务兵役制，并决定在1954年征兵试行，各级兵役机构的编制方案也即将颁布实行。因此，军委人民武装部还提出了将民兵工作移交各级地方党委的具体设想，即省（市）以上由党委的农村工作部接管，地委、县（市）两级指定党委委员1人兼管民兵工作，并可根据工作需要，增设干事1～2人，掌管民兵日常工作事宜，区人民武装部撤销后，在区委内设1名军事委员，主要任务是管理民兵工作，协助兵役工作。民兵工作移交地方后，各级军区仍要协助地方党委组织与指挥民兵担负剿匪治安、捕捉空降特务以及协助进行民兵武器的管理和军事训练工作，防止由此可能产生的"推出了事"放弃领导的倾向。对于军委人民武装部提出的上述建议，中央军委领导感觉事关重大，要求在未正式决定前，一律不得做任何变动。4月7日，总参谋部在答复中南军区的请示时电告各军区：关于民兵工作移交地方领导的问题，准备于6月份在全国兵役工作会议上讨论，在民兵工作未决定移交之前，区人民武装部暂不撤销，为了建立县兵役局，各军区可酌情从区人民武装部选调一部分干部到县兵役局工作。这一指示，被许多地方理解为取消民兵制度的信号，民兵工作不重要。

　　1954年6月，总参谋部、总政治部在北京召开全国兵役工作会议。

会议在对兵役法草案及贯彻执行兵役法的问题进行研究讨论的同时，对民兵工作的地位、作用及建设问题也进行了研究讨论。6 月 25 日，人民解放军总司令朱德参加会议并讲话。他在讲话中指出：目前民兵是与实行义务兵役制有关联的一个问题。过去我们的军队主要是由民兵来补充兵员，先组织好民兵，建游击队，游击队再升级为正规军，现在再由动员民兵补充部队兵员就不行了，因为动员新兵补上来打不了仗。现代的战争与过去的战争有所不同，说打就打，很迅速，只有实行正规的兵役制度，有很好的经过训练的预备役力量，补充部队以后，才能马上能打仗。过去维持地方社会治安要靠民兵和部队，现在是靠地方与边防的公安部队，这样把正规军腾出来，专门进行军事训练，把帝国主义的作战方法学会，随时准备打仗。中共中央农村部部长邓子恢在讲话中，也表达了与朱德总司令同样的观点，即："不能取消丢开民兵这是一方面，但由于今天情况变化了，任务不同了，因而在工作方法上就必须随之改革，不能照旧的一套来做。如过去民兵要升级为地方武装，要牵制打击敌人，要出夫子、抬担架，现在这些任务没有了。现在民兵只担负消灭空降特务、维持地方治安和保卫生产三大任务。由于任务变了，民兵的数量也就不需要那么多了，我看今天民兵在数量上缩小到占人口的 1％～3％就够了。"

1954 年 8 月 14 日，根据毛泽东主席的指示和全国兵役工作会议研究提出的意见建议，中共中央做出《关于民兵工作的指示》。中共中央指出：当新的兵役制度又未普遍地实行以前，保卫农村社会治安，歼灭空降特务，保卫生产的任务，仍不能不依靠民兵担负，民兵制度过去曾担负着的一些动员兵员的任务，虽然国家通过新的兵役制度来完成，民兵制度在这一方面的地位作用则将会逐步消失，但由于民兵组织在农村人民群众中有着深厚的优良传统影响，民兵组织曾在广大农村培养出大批积极分子，也将成为实行义务兵役制时可利用的力量与组织基础，因此，在实行新的兵役制度中，不但不能取消民兵制度，而且应当适当发扬好民兵工作，以便于充分运用民兵制度强大的力量和制度基础，稳步推进实行义务兵役制，鉴于以上各点，在相当长的时期内，民兵制度必须保留，绝不能削弱。9 月 23 日，总参谋部在给中南军区的批复中明确：县、市人民武装部改组为兵役局后，原县、市人民武装部的名称仍保留，即一个机关两个牌子。城市除郊区人民武装部改组为兵役局后仍保留区人民武装部的名称外，其他区人民武装部的名称一律取消。到此，民兵制度与义务兵役制及预备役制度的相互关系的讨论才告一段落，民兵制度得以在义务兵役制及预备役制度逐步实行的过程中，遏止了逐步下滑和萎缩的局面，得到保持和一定的加强。当时总体的情况是：在有匪情的地区或海防、边防任务重的地区，重点仍是抓好民兵工作，完善民兵组织，积极发挥民兵组织的作用，开展剿匪反特工作，维持社会治安，稳定社会。在治安不十分稳定地区，适当加强民兵工作，兵役工作酌情展开。在治安稳定的地区，重点是做好兵役工作。在工作方法上，重点是做好民兵基干队的工作，将民兵基干队的数量进行了控制，小乡在 20～30 人，大乡在 50～60 人，仍保留普通民兵组织，结合生产开展训练和活动，减轻了群众负担。

然而，在义务兵役制及预备役制度的实行期间，民兵工作要想恢复到兵役法实施前的地位，已经是不可能的了。许多干部乃至不少领导干部，认为民兵工作处于过渡时期，很快就要被义务兵役制及预备役制度完全取代，因而放松了对民兵工作的领导。据昆明军区出版的《建国以来云贵民兵的建设》一书中记载："组织上砍掉了民兵机构。在人员编制上，由全体干部做民兵工作变为只是少数人抓民兵工作，人武部改成了兵役局。有的尽管保持两个牌子，但人民武装部实为名存实亡。两个省兵役局编制 6 科 1 室，共 40 人。其中只有最小的民兵科分管民兵工作。甲、乙、丙三等县均设 5 个科，编制 24～39 人，也只是一个小科 2～3 人抓民兵工作。"因此，在日常处理兵役工作和民兵工作上，兵役工作宣传得多，抓得紧，力量投入得大，而民兵工作则相反，有的地方处于无人过问的状况。河南省伊阳县陶营、二郎、上店村的民兵说："这两年的民兵就像没娘的孩一样，民兵不承认自己是民兵，干部松劲退坡，兵役局不抓，民兵组织成了散沙。"①

按照 1955 年 7 月 30 日颁布实施的兵役法，只在附则的最后一条即第五十八条中规定："在本法施行以后，民兵应当继续执行维护地方治安、保护生产建设的任务。"因此，从 1955—1957 年，即预备役制度全面实行期间，预备役工作成为国防后备力量建设的主渠道，但传统的民兵组织并没有被取消。由于民兵组织与预备役组织两者在建有民兵组织的农村，其成员又是高度重合的。这样一来，民兵工作既与预备役工作联系密切，又在制度上游离于预备役制度之外。民兵工作与预备役工作这种若即若离的状态，使这一时期的民兵建设，在组织、装备和训练等方面均发生了很大的变化。

民兵组织虽然存在，但民兵组织的活动却大为减少。当时，按照总参谋部的规定，除边防、海防地区和治安状况较差的地区外，大部分地区都

要把工作重点转到兵役工作即义务兵征集和预备役制度建设上来。因此，大部分地区的民兵组织因缺少活动而日益涣散，甚至名存实亡。1956 年 2 月 4 日，在民兵工作重新得到重视的情况下，为解决民兵组织日趋涣散的问题，以发挥民兵组织在战备执勤及维护地方秩序中的特殊作用，总参谋部下发关于结合农业生产合作社的组织相应地整理民兵组织的指示，要求各级兵役机关结合农业生产合作社的建立，对民兵"编队"作相应的调整，一般以合作社、生产队、生产小组为单位，按民兵人数多少，分别编为分队、小队或小组。基干民兵不设中队，由乡队部直接领导分队。这一规定的下发及其执行，使民兵组织建设得到全面的恢复和加强。到 1957 年 5 月，全国民兵已达 3811 万余人，其中基干民兵 1089 万人。

3.4.2 民兵与预备役相结合

在预备役制度实行之初，就提出过民兵工作与预备役工作相结合的问题。1954 年 6 月，张宗逊副总参谋长在全国兵役工作会议上就曾提出：兵役工作和民兵工作相结合，在实行义务兵役工作中，应该充分利用民兵组织，发挥好民兵组织在兵役工作中的积极作用。中共中央农村工作部部长邓子恢同志也谈了兵役工作与民兵工作的结合问题。他的主要意见是：在组织机构上，可以一个机关两个招牌。兵役工作干部就是民兵工作干部。总参谋部队列部部长傅秋涛也在这次会上提出了具体结合的四种方法，即必须把民兵工作机构和兵役机构结合起来。必须把民兵教育与响应征召结合起来。必须把民兵维持治安工作与镇压反革命分子造谣破坏兵制的工作结合起来。必须把民兵过去参军参战的光荣传统与依法服兵役、合理负担兵役义务的宣传教育结合起来。通过民兵组织加强对人民的国防教育。显然，这些"结合"只限于工作、活动的结合，并不涉及制度层面的问题，因而也就不能解决民兵制度与预备役制度脱节的问题。

1956 年 7 月 21 日，在民兵建设的地位、作用得以重新确立之后，为彻底解决民兵制度与预备役制度脱节的问题，总参谋部动员部部长王平在给总参谋部关于集训动员干部情况和有关动员工作几个问题报告中提出：农村中已有民兵组织存在，而民兵和预备役都是 18～40 周岁的青壮年，在对象上是一致的，如果另外建设一套组织，既不便组织领导，又给人民群众增添负担麻烦，建议把民兵组织与预备役制度合编一个组织，按原有民兵组织形式进行编组。然而，由于种种原因，王平部长的这一建议没有得到采纳。

1957 年 5 月，由于各方面要求解决民兵困境的意见日益强烈，总参谋部动员部再次向中央军委提出将民兵与预备役工作合而为一的建议。具体方法是：对民兵组织进行一次调整，将民兵分为基干和普通民兵两种，凡年龄在 30 周岁以下的复员退伍军人，18～25 周岁经过训练的青年，编为基干民兵，其他适合服预备役的人员编为普通民兵。民兵组织按照农业生产合作社的大小和民兵人数的多少，分别编制为中队、分队、小队，城市和没有民兵组织的地区，对预备役士兵不进行编组。民兵的任务仍按1953 年规定的三大任务执行。1957 年 5 月 30 日，中央军委经研究确定：把预备役士兵和民兵工作合而为一，以复员军人为基干民兵的骨干。6 月18 日，中央军委批准下发《关于改进兵役工作的指示》，明确指出是为了积蓄预备役兵员并便于平时管理教育和战时动员，解决平时养兵少，战时用兵多的矛盾，应将预备役工作与民兵工作合而为一，民兵即预备役。以复员军人为骨干，组建编组基干民兵，其他适合服预备役的公民则编为普通民兵。复员军人编组基干民兵的年龄，一般在 30 周岁左右，各地根据需要可适当伸缩。青年参加基干民兵组织，应本着自愿原则，其年龄以18～25 周岁为宜。1957 年 10 月 17—31 日，为贯彻中央军委的指示精神，总参谋部、总政治部在北京组织召开了兵役工作会议。中央军委副主席彭德怀、总参谋长粟裕、总政治部副主任甘泗淇出席会议并讲话，副总参谋长张爱萍作了会议总结。此次会议，对兵役法实施后的兵役工作进行了认真全面的总结。会议认为：自 1954 年试行义务兵役以来，全国已经累计征集义务兵 200 万人，新兵的质量是好的，义务兵征集工作也是积极稳妥的，广大群众对义务兵役制是非常拥护的，基本上达到了中共中央提出的既要完成征兵任务，又巩固团结农民群众的要求。同时，部队实行了定期补充制度，增强了战斗力，可以有计划地培养、积蓄有军事素质的预备役兵员，对部队各项正规化建设起到了推动作用。但是，我们在实行义务兵役制度以来，对于民兵工作重视不够，除边防、海防地区民兵比较活跃外，内地民兵有的组织涣散，甚至有些同志错误地认为民兵在和平时期可有可无，放松了对民兵组织的领导。同时，在实行兵役制的过程中，没有将预备役与民兵组织密切结合起来，这是一个很大的漏洞。几年来工作经验证明，我国兵役工作是在民兵基础上的发展和提高，而不是分开为两个制度。通过讨论，与会人员一致拥护中央军委将民兵与预备役合而为一的决定。安徽省军区司令员廖容标在发言中说：预备役和民兵合而为一的组织形式，我以为是切实可行的，它的好处是：符合我国人民的习惯；对预备役军人便于管理；更好地执行民兵三大任务；战时可以迅速动员。广西军区副政治委员方国安在发言中说：这样做很好，合而为一后，预备役有了组织形式，又加强了民兵工作，平时既便利于管理教育，又有利于巩固社会治安工作，更重要的是在基干民兵的基础上，进一步将复员、退伍军人组织为后备兵团，以应对突发事件，解决平时养兵少，战时出兵多的矛盾，因此，预备役和民兵合而为一的工作很重要，建议在一两年内，应把它当作兵役工作主要的环节之一来切实地搞好。会议还确定了兵役工作的基本原则和民兵与预备役合而为一的具体措施与办法。

全国兵役工作会议结束不久，即 1957 年 11 月 12 日，总参谋部动员部根据总参谋部首长的指示和兵役工作会议的精神，以文件通知的形式，对如何开展民兵与预备役合而为一的工作进行了部署，要求各军区动员处、各省、自治区、直辖市兵役局，从 1957 年冬开始，首先组织力量对各种类型的乡的民兵工作情况和厂、矿中复员转业军人的情况进行调研，在此基础上选择部分乡镇进行试点，然后用一年左右的时间，即 1956 年底前完成民兵与预备役合而为一的工作。12 月 6 日，国防部发出关于民兵（预备役士兵）登记统计的规定。该规定明确：第一类和第二类预备役，都按年龄分为一、二等，30 周岁以下为第一等，31～40 周岁以下为第二等。军士和兵服现役期满后，再转入第一类预备役，在征集规定的年龄内未被征集服现役的应征公民均编入第二类预备役。

据总参谋部动员部统计，到 1958 年 7 月底，除西藏、新疆两区和四川、云南、青海、宁夏的 114 个少数民族县外，其他各县均已完成民兵与预备役的合编工作。各地在编组上坚持了便于领导、便于生产的原则，以生产队为基础，居住集中，民兵数量较多时，基干民兵和普通民兵分别编组，居住分散，民兵数量较少时，基干民兵与普通民兵混合编组，一般不采取几个生产队合编的方法。对民兵武器保管进行了检查，建立和改进了民兵的会议制度、登记制度、武器保管擦拭制度等。民兵制度在群众中有深厚的影响，当群众懂得了预备役与民兵合而为一的道理后，表示拥护这一加强国防后备力量建设的措施。群众说：民兵工作搞好了，我们就踏实了。民兵说：有干头了，民兵就是预备役，这样好了，有复员军人做骨干，能更好地学习军事。许多复员军人说：把我们当骨干，这是党对我们的信任，过去有劲没处使，预备役和民兵合而为一，不但有了组织依靠，还能学习军事，并把自己学到的东西教给别人，国家有事，我们就能带上一伙子人上前线打仗。

将复员军人编入民兵组织，是民兵与预备役合而为一的重要内容之一。据总参谋部动员部统计，民兵与预备役合而为一工作开始时，全国各地共接收安置复员军人 500 万，加上转业军人总数达到 600 多万人，其中约有 250 万～280 万人符合参加预备役或民兵组织的条件。[①] 为落实中央军委关于改进兵役工作的指示,将更多的复转军人编入民兵组织,各级党委认真检查了接收安置复员军人的工作,提出了要求。各级兵役机关加大了做好工作的力度。各级民兵组织有针对性地做好思想工作,帮助解决复员转业军人的实际困难,使他们打消思想顾虑,积极参加到民兵组织当中来。

3.4.3 实现全民皆兵

1958 年,按照军委要求预备役和民兵合而为一基本完成,国家已经全面步入和平建设和发展的轨道。然而,美国却在此前后从地中海调动航空母舰及舰船、飞机进入我国台湾海峡,有数千名美军陆战队员登陆台湾,在台湾岛内的美国军事援助顾问团扩大到 4500 人,美军、台湾的军舰和飞机不断侵入中国大陆的领海及领空,使台海的紧张局面再度出现。中共中央为应对美国的战争威胁暨台海军事危机,决定在全国范围内,把能够拿起武器的男女公民都武装起来,以民兵组织的模式实行全民皆兵。这一战略方针的确定和实施,使民兵的组建范围迅速从农村扩大到全国城市和乡村,民兵的总规模在 4 个多月的时间里从几千万猛增到 2.27 亿,有效的增强了国家的防卫能力,形成了全民皆兵、全民防御的战略态势。

1958 年 5 月 27 日—7 月 22 日,中央军委扩大会议在北京召开。这次会议,检查了新中国成立后人民解放军的各项建设,讨论了国防和军队建设重大问题。会议通过了关于后备力量建设问题的决议。决议指出:在国际形势日趋和缓的情况下,继续裁减军队数量,节约军费,以便加速社会主义的建设,是正确的,必须的。但是,以美帝国主义为首的侵略集团仍在制造紧张局势,推行侵略政策,积极准备战争,并继续霸占我国领土台湾,在朝鲜、日本、冲绳、菲律宾等扩充陆、海、空军基地和设立原子、导弹部队。故我们应提高警惕,以防万一。因此,在裁减军队数量的同时,除了提高常备军队质量之外,加强后备力量的建设是非常重要的,这是解决平时养兵少、战时用兵多矛盾的最好措施,也是一项具有战略意义的任务。中国人民在党的领导下,在建设社会主义的总路线的指导下,正以冲天干劲,为超英、赶美而胜利跃进。所以后备力量的建设,也应结合国家经济建设,本着多快好省的方针来加速进行,以增强国防力量。只要我们做好这些工作,虽然现役部队减少了,但人民解放军有了这样强大的

---

① 内务部王子宜副部长在全国兵役工作会议上的讲话.1957 年 11 月。

后备力量就不怕任何敌人在任何时候，发动任何规模的进攻了，我们一定能够粉碎敌人的进攻保卫我们伟大的社会主义祖国。会议通过的中共中央军事委员会扩大会议决议指出：必须积极积蓄和壮大国防后备力量，贯彻执行预备役和民兵合而为一，实现全民皆兵的战略方针。这次会议之后，总参谋部动员部依据中央军委扩大会议的相关决议和中央军委的指示，代中共中央起草了《关于民兵问题的决定》，经中央军委批准提交拟召开的中共中央政治局扩大会议。

1958 年 8 月 17 日—8 月 30 日，在北戴河召开中共中央政治局扩大会议。研究讨论了 1959 年度国民经济计划、人民公社等经济和社会发展重大问题的同时，研究讨论了《关于民兵问题的决定》。《中共中央关于民兵问题的决定》（以下简称《决定》）于 8 月 29 日会议通过。《决定》指出：我国不需要也不应当侵占外国任何主权、领土，但必须保卫好自己国家的领土主权不受侵犯。为保卫我国领土、主权的完整和社会主义建设，保卫远东和世界和平，打败制止帝国主义不断的侵略，并且在击败进犯敌人之后，乘胜追击，把敌人彻底消灭于进攻出发地，解放那里的人民群众，杜绝侵略带来的后患，我国应当需要拥有一支强大的武装力量。这一支武装力量，除了必须建设强大的常备部队和特种技术部队之外，还必须在全国范围内，把能拿武器的男女公民都武装组织起来，以民兵的组织形式，实行全民皆兵。平时担负保卫生产和维护社会治安，战时成为补充兵员组建野战军的人力基础和野战军作战的有力助手。随着人民公社的广泛建立，把工作、生产、学习的组织军事化，把全体人民群众武装起来，工人、农民、商人、学生、军队结为一体，实行全民皆兵，把人民军队的后备力量，建立在全民皆兵的基础上，这对国防建设和生产建设，都具有深远的政治意义和深远战略意义。只要我们把全国 3 亿适龄男女公民组织起来、武装起来，加以正规的训练，实行全民皆兵，我国的武装力量将是无比强大的。我国是 6 亿人民的大国，人人能打仗，个个会放枪，是对和平的有力保障，也是对帝国主义侵略者的最严重的警告，就可能使它不敢侵略强大的中国。即使侵略来了，也必将迅速把侵略者淹没在我全民武装的大海中。

《决定》中指出：全民皆兵，是以人民公社为基本单位，逐步实行全民的武装。1962 年预计全国有 7 亿人口，除了地、富、反、坏、右和残疾人员之外，把年满 16～50 周岁的能拿武器的男女公民，都编在民兵组织之内，预计约有 3 亿人。其中，以复员退伍军人为骨干，把年满 16～30 周岁的男性青壮年编组成基干民兵，预计大约 5000 万人。农村以人民公社为单位，根据生产情况和民兵组织多少，以基干民兵为主体，编组为民兵大队、中队、小队。在城市，以厂矿、企业、学校、机关为单位，或者以人民公社组织的形式，以人民公社为单位，建立民兵组织。这种武装起来的人民，既是民，又是兵。既是生产队、学习队、工作队，又是战斗队。

《决定》颁布实施，与1952年颁布实施的《中华人民共和国民兵组织暂行条例》（以下简称《条例》）相比，在参加民兵的年龄、民兵的组建范围和组织的社会基础等方面，都有了很大的改变。在参加民兵的年龄上，《条例》规定为18～40周岁，《决定》规定为16～50周岁，《决定》比《条例》扩大了12个年龄段。在民兵组建范围上，《条例》在附则中规定：矿山、工厂、公私企业、商店等单位和大、中城市市区内不组建民兵组织。《决定》规定：在城市，以企业、厂矿、机关、学校为单位，或者以人民公社组织的形式以人民公社为单位，组建民兵组织。在民兵组织的社会基础上，从此前几十户、几百户的单一的农业生产合作社，过渡到拥有两千户左右甚至六七千户左右的人民公社。人民公社实行政社合一的体制。它既是一个经济组织，也是一级政权机构；它既要负责全社的农、林、牧、副、渔业生产，也要管理工、农、产、商、学、兵（民兵）等各方面的工作。[①] 而集体规模更大、集体化程度更高、党政领导更为统一的人民公社，无疑为全民皆兵提供了基层的组织基础和组织保证。

中共中央作出全民皆兵的决定后，一个与人民公社运动同步的全民皆兵运动，在全国范围内迅速兴起。从1958年8月末至9月底，在短短一个月的时间里，各地以民兵师、民兵团的形式，"除了地、富、反、坏、右和残疾人员之外，把年满16～50周岁的能拿武器的男女公民，都组织在民兵之内"，使民兵组织的规模数量迅速扩大。在此期间，人民解放军炮击金门的作战正处于最激烈的阶段。美国政府为支持台湾国民党当局，一方面，对中国政府发表恫吓性言论；另一方面，调遣太平洋美国第7舰队主力和地中海的第6舰队一部分兵力，并从日本国、菲律宾国美驻军和美国本土调集部分兵力，向台湾海峡台湾岛南北海面集结。针对美国严重侵略中国领土和干涉中国内政的行径，9月4日，中国政府发布中国领海不容侵犯的声明。9月5日，毛泽东主席在最高国务会议上，号召全民动员起来反对帝国主义的军事威胁。9月6日，周恩来总理就台湾地区局势

---

① 中共中央党史研究室. 中国共产党历史：第二卷（1949—1978）上册［M］. 北京：中共党史出版社，2011.

发表声明。声明指出：中国人民解放自己的领土台湾和澎湖列岛的决心是不可动摇的。美国的任何战争挑衅，都吓不倒英雄中国人民，相反还会激起 6 亿多人民更强大的愤怒，也更增强了的同美国侵略者斗争到底的信心和决心。如果美国政府不顾中国政府的再三警告和世界人民的和平愿望，继续对中国进行干涉、侵略，把战争强加给中国人民的身上，由此而产生的一切严重后果美国政府必须承担。上述声明发表后，北京、上海、天津、沈阳、武汉、广州、成都、西安等城市，各界群众和民兵举行大规模的示威游行。从 7～11 日，仅 5 天时间，全国各地就有 2.12 亿人参加了规模空前的大示威。① 如此势如潮涌的反美、反侵略形势，无疑使正在开展的"全民皆兵运动"，得到了极其有力的推动。到 1958 年 9 月底，全国民兵发展到 1.16 亿人，约占当年全国人口总数 6.6 亿的 17.8％。到 1958 年底，全国共组建 5175 个民兵师，44205 个民兵团，民兵规模发展到 2.2 亿人，参加民兵组织的人数占全国人口总数的 35％，有的地区民兵占到总人口的 40％以上，个别地区有的甚至超过 50％。②

同人民公社化运动同步进行的全民皆兵和大办民兵师运动，也同人民公社运动一样，很快暴露出"大跃进"式的不求实际、虚报浮夸、盲目发展的种种问题。对此，从中央到地方均有所察觉并着手纠正。1958 年 12 月 10 日，中共第八届中央委员会第六次全体会议，通过《关于人民公社若干问题的决议》（以下简称《决议》）。《决议》规定从 1958 年 12 月至 1959 年 4 月，用 5 个月的时间对人民公社进行整顿。同时，决议对"全民皆兵"又作了新的诠释："基干民兵要按照规定的时间进行军事训练，普通民兵也要在劳动间隙进行适当的训练，以便为实行全民皆兵准备条件。""帝国主义如果敢发动对我国的侵略战争，那时我们就将实现全民皆兵，民兵就将配合人民解放军，并且随时补充人民解放军，彻底打败侵略者。"决议实际已经表明，"全民皆兵"作为战略指导既适用平时的战争准备，更适用战时动员。但作为战略举措，"全民皆兵"则只限于战时而不是平时，平时只是"为实现全民皆兵准备条件"。

1959 年上半年，各地根据统一安排，结合整顿人民公社，进行了以"清洁队伍"为名的民兵组织整顿。经过这次整顿，不仅纠正了过多训练影响生产的问题，而且使一些不符合条件的人员退出了民兵组织。包括清洗了占原有民兵总数 1％左右的五类分子。劝退了原有民兵总数 14％左右

---

① 新华社消息．1958 年 9 月 11 日。

② 韩怀智．当代中国民兵［M］．北京：中国社会科学出版社，1988.

的身体残疾、超龄、年龄不足和小脚女人出队。民兵总数由 1958 年底的 2.27 亿人，减少到 1.88 亿人，民兵占全国人口的比例由 35.46%，下降到了 18.56%。民兵师、团的数量也比 1958 年底有了很大的减少，共编有 5011 个师，3.76 万个团。

尽管预备役制度以"全民皆兵"形式在全国展开，但在理解和执行中出现了许多偏差，民兵总量和民兵师、团的数量在 1958 年 8 月—1959 年 5 月，有一个较大的起伏。但全民皆兵和大办民兵师的展开，却使民兵规模得到前所未有数量规模的扩大，并且使民兵组织从广大农村扩展到战略地位更为重要的大中城市。这是全民皆兵和大办民兵师，给新中国民兵组织建设带来的两个具有战略性的发展成果。在当时的条件下，1.88 亿民兵及几千万基干民兵，无疑是非常雄厚的军事人力资源。唯有如此，才能够在很大程度上满足民兵大规模参战支前动员和人民解放军大规模兵员补充的需要，进而在战略上满足人民战争、积极防御和以劣胜优的需要。而城市民兵组织的大量组建，则消除了新中国以往在民兵战略布局上的一个极大缺陷，为现代城市防卫作战增添了一支重要的力量，而且使城市知识密集、技术密集的优势得以通过民兵组织得到更好地发挥，由此开辟了民兵向多军、兵种合成方向发展的新纪元，丰富了民兵与预备役合而为一的举措。但同时我们看到，民兵的年龄，已超出兵役法和民兵工作条例。

3.4.4 完善民兵制度

1958 年 8 月—1959 年冬，在全国各地迅速兴起的全民皆兵和大办民兵师运动，给民兵的装备、组织、战备、训练都带来了前所未有的重大变化。民兵的组织管理，无论在战略指导、组织体制、管理制度、工作方法等方面，都表现出诸多的不适应，实际工作中也出现了偏向追求数量、工作漂浮、民兵活动与社会活动相混淆等比较严重的问题。为适应民兵建设和发展的新形势，研究提出民兵组织管理的新思想、新方法，及时解决全民皆兵和大办民兵师中出现的不良倾向，使民兵建设更好地适应国家安全与发展的需要，中共中央及时批转了关于民兵建设的"九条方针"。

1959 年 11 月 10 日，中央军委常委召开会议，对全民皆兵和大办民兵师以来的民兵建设和发展情况进行了全面研究。中央军委常委一致认为在工作中有以下几个问题需要解决，即对民兵战略地位的认识、民兵工作的重点、省军区和军分区的主要任务、召开全国民兵代表会议，民兵的教育训练方针，民兵干部工作，民兵武器装备建设，民兵事业费，成立民兵工作组等 9 个方面的问题。

关于民兵的战略地位，中央军委认为：近代战争将是导弹与氢武器的战争，它对于国家的政治和经济军事中心、交通枢纽、工矿重点、地区的破坏都是很大的。我们应对这种战争，必须实施全民防御，建设全民防御网；全民防御网，又必须紧密依靠民兵。民兵工作搞好了，就可以精简常备军，腾出钱来发展特种技术武器，培养技术兵，培养干部等；至于战时所需要的大量的步兵，可以从民兵中动员解决，要多少就有多少兵员。

关于民兵工作的重点，中央军委认为：民兵工作应当普遍发展，重点是应放在政治、经济、军事中心、交通枢纽、工矿重点、地区和海边防地区以及沿海岛屿。通过这些重点，推动一般的工作，带动重点工作，把重点与一般紧密结合起来，进一步开展全民皆兵的工作。

针对省军区、军分区的工作重心、编制体制与民兵建设和发展不相适应的问题，中央军委指出：省军区、军分区的主要任务，就是领导、指挥民兵。省军区、军分区司令部、政治部，就是民兵司令部、政治部。因此，省军区、军分区司令部、政治部的组织编制，应按照工作任务加以改变。

关于民兵代表会议，中央军委决定在 1960 年 5 月召开全国民兵代表会议，以"交流民兵工作经验，鼓足民兵生产、工作、学习干劲，加速社会主义建设，提高国防观念"。中央军委认为：这种民兵代表会议，应成为民兵建设的一种经常制度。全国每年召开一次，各省、市、县亦应召开同样的代表会议。

关于民兵组训规模扩大后的民兵教育训练的方针，中央军委指出：民兵教育训练内容主要应贯彻军事、政治并重，在训练方法上，要紧密地结合生产节约、文化学习，广泛地开展群众性的练武活动，凡有驻军的地方，都应由部队派出干部，划定地区帮助训练民兵。部队应把训练民兵当作自己的一项任务。

关于基层民兵工作组织落后与民兵发展形势，特别是民兵干部短缺、业务能力低和人民公社民兵工作机构名称不够统一的问题，中央军委提出：人民公社一般要配备专职干部，工厂、学校、机关也应由党委指定人专管或兼管。人民公社武装的名称，应叫"人民武装部"或"民兵部"。对民兵干部，应采取各种措施加强教育，逐步提高他们的管理教育和作战指挥能力。

关于民兵武器装备，中央军委认为：民兵武器装备还"极不够用，其中尚有不少坏枪不能使用，并缺少子弹"。但是，"根据我国工业发展情况大概经过 10 年左右"，是可以实现毛泽东主席提出"要逐步做到四个人一条枪"的民兵武器发展目标。为此，中央军委提出：各省需要着手建立制造民兵武器、弹药的工厂，并根据需要在军分区的主要县，建立小型的武器、弹药仓库。

关于民兵事业费，中央军委认为："过去由于工作开展不够，用钱不多。为适应今后民兵工作的开展，建议各省、市根据必需和可能，对此项经费作适当增加。民兵和民兵干部在受训和开会期间的工资和工分，应当照发。"

关于民兵工作组，中央军委提出：为加强对民兵工作的领导，从中央军委至各市、县，都应在党的委员会之下，成立由相关各方领导参加的民兵工作组，每年开几次会议，研究、安排和检查民兵工作。

1959年11月23日，中央军委就中央军委常委会研究确定的上述9个方面的问题，向中共中央作了《关于民兵工作问题的请示报告》（以下简称《报告》）。12月14日，中共中央将这个《报告》批转为各省、市、区党委执行。因此，这个报告被称为民兵建设"九条方针"，"九条方针"成为这一时期，全国上下继续开展全民皆兵和大办民兵师以及民兵建设与发展的基本依据。

1960年1月11—19日，为贯彻落实中共中央关于民兵建设的"九条方针"，总参谋部总政治部，在北京召开民兵工作会议。参加会议的有各军区、省军区、军分区以及中央和各省、市有关部门的领导干部共513人。会议开始时，中央军委副主席贺龙讲了话。会议期间，总政治部副主任甘泗淇作了国内外形势和民兵政治工作的报告。先后在会上做了报告的还有总参谋部动员部部长傅秋涛、国家体育委员会副主任荣高棠、李达，团中央书记胡克实，总工会书记栗再温，副总参谋长张爱萍做了会议总结。会议结束时，国务院总理周恩来、副总理陈毅接见了与会人员。

与会人员通过讨论，进一步加深了对中共中央关于民兵建设"九条方针"的理解，充分认清了民兵在现代战争中的战略地位，充分肯定了全民皆兵和大办民兵师对民兵建设发展乃至国家安全的重大意义。在此基础上，会议就如何以"九条方针"为纲，更好地实行全民皆兵，加强民兵的各项建设，完成构建全民防御网和兵员储备两大任务等问题进行了具体的研究。会议认为，要更好地实行全民皆兵，就必须改进民兵工作方法，就必须在地方党委的统一领导下，同各有关部门密切配合，围绕党的中心工作，服从和适应生产、工作和学习的工作方法来进行，不能孤立地强调民兵工作。关于加强民兵工作领导，会议认为现在各级地方都成立了民兵工作组，这对于加强民兵工作的领导和组织各方面的协作起着重大作用。会议客观地指出：自实行全民皆兵和大办民兵师以来，民兵工作有很大发展，但这主要是随着生产大跃进，随着人民公社化运动的发展，在各级地方党和政府领导下发展起来的，军事系统在思想上、工作上则没有完全跟上去。因此，大家一致拥护军委所指示的，省军区、军分区主要任务就是领导和指挥民兵。省军区、军分区的司令部、政治部和后勤部的各个部门，都要围绕着民兵工作展开工作任务，来安排工作。军区虽然是野战军的领导机关，也必须以 1/3 至少 1/4 的人力来作民兵工作。军区党委每年对民兵工作应进行讨论几次，认真抓好民兵干部和民兵技术兵的建设工作，抓实战争动员的准备工作，并对省军区、部队在贯彻执行民兵工作任务方面，进行督促和检查。会议充分认识到，在民兵组织从农村扩大到所有城市之后，重点抓好大、中城市、重要的交通枢纽、工矿企业和海陆边防地区以及沿海岛屿民兵工作，对于整个民兵建设和构建全民防御网，具有重大的战略意义。因此，特别要抓住城市的民兵工作。会议认为，为巩固全民皆兵的成果，完成构建全民防御网和搞好兵员储备，还需要继续扩大民兵组织的规模，并在组织上实现了全民皆兵之后，训练工作也要跟上去。

这次全国民兵工作会议的召开，会议研究确定的任务，对于贯彻落实中共中央关于民兵建设"九条方针"，纠正全民皆兵运动和大办民兵师中出现的偏差，建立与全民皆兵形势相适应的民兵工作体制、机制，巩固发展全民皆兵和大办民兵师的成果，均具有重大意义。

1958—1961 年，由于中共中央"九条方针"得到有力的贯彻执行，民兵工作组织领导上的许多重大问题均得到了较好的解决。但 1952 年颁布实施的《民兵组织暂行条例》不能适应民兵发展的需要，中共中央在北戴河会议上做出的《关于民兵工作的决定》也有不适合实际需要之处。因此，尽快制定出台新的民兵工作法规，就成为此时迫切解决的现实重大问题。

1961 年 4 月 17—28 日，总参谋部动员部召开民兵工作座谈会议。会议对总参和总政起草的《民兵工作条例（草案）》进行了讨论，作了一些修改，认为这个条例符合中央、军委关于民兵工作的指示和决定的精神，也初步总结了几年来工作的经验，建议在内部下达试行，作为县以下人民武装干部和各级民兵干部工作的依据。在试行中进一步修改、补充，使之逐步达到完善。这次会议之后，总参谋部、总政治部将经会议讨论修改的《民兵工作条例（草案）》上报中央军委。12 月 11 日，中共中央、国务院还批准了《民兵工作条例》，国防部的正式颁布施行。

　　《民兵工作条例》（以下简称《条例》）共 7 章 30 条，对民兵的性质和任务、民兵组织、民兵武器、民兵干部、军事训练、政治教育和民兵执勤和领导等方面做出全面的规范。在内容上，《条例》坚持中共中央"九条方针"提出的思想原则，吸取了全民皆兵和大办民兵师初期的教训，全面总结提炼了"九条方针"实行两年来，各级在民兵建设上特别是体制、制度建设上取得的成功做法。关于全民皆兵，《条例》规定：帝国主义如果对我国发动侵略战争，那时我们就将实行全民皆兵。明确表示，全民皆兵在平时仅限于战略方针层面，战时才会变成实际的战略举措。关于民兵组织的性质，《条例》规定：民兵是党领导下的不脱离生产的群众武装组织，是我国后备兵员动员的基础。它是军事组织，也是体育组织，又是教育组织。取消劳动组织的提法，使民兵在组织体制上与生产、工作和学习组织相分开，避免互相代替。关于参加民兵组织的年龄，《条例》规定：凡年满 16～45 周岁的男性公民和 16～35 周岁的女性公民，只要身体没有残疾和严重疾病，都可以参加民兵组织。16～30 周岁的男性公民和 16～25 周岁的女性公民，只要政治纯洁、身体强壮都可以编为基干民兵。此规定对中共中央北戴河会议上做出的决定做出了较大的修正，将男性民兵的年龄减少了 5 个年龄段，女性民兵的年龄减少了 15 个年龄段，从而使民兵组织年轻化，民兵的规模也因此减少了几千万。关于民兵分类，条例在将民兵划分为普通民兵和基干民兵的基础上，规定根据实际需要，在基干民兵中武装一些班、排、连，并加强其领导；平时不集中，不脱离生产，遇有紧急情况，随时调集执行任务。此规定，肯定了一些地方建立武装基干民兵的做法，为建立民兵战斗骨干队伍提供了依据。关于民兵编组，条例提出"三便于""两适应"的编组原则，即，民兵编组，必须和生产、学习、工作的组织相适应。以便于领导、便于活动为原则。在编组范围上，条例规定：在人民公社、矿山、工厂、机关、企业、学校和事业单位，都应当建立民兵组织。从而使全民皆兵和大办民兵师在民兵编组范围上取得的成果得到巩固。在编组方法上，条例肯定了大办民兵师的编组方法，规定民兵组织可按照班、排、连、营、团、师的序列编成。条例还首次规定根据各单位不同的专业性质和战时需要，可分别编组各种民兵技术兵分队。这也是这一时期民兵建设和发展最有代表性的成果之一。在减轻民兵负担方面，条例规定：民兵的教育和训练，应当服从于社会生产，结合中心工作任务，因地制宜，采用多种多样的方法。教育、训练的内容，要贯彻少而精的原则。训练的重点是基干民兵和民兵干部。民兵担负的执勤任务，在和平建设时期应尽量减少。能由部队担任的任务，就尽量不要使用民兵。必须使用民兵担任的，也要适当控制。民兵担负防空哨、海防哨、边防哨以及保护铁路桥梁和重要仓库等勤务，应由县市人民武装部按照上级的指示和实际需要，协同当地驻军和有关部门确定所需人数，报请地委和军分区批准。县、市公安部门，临时需要使用民兵破获案件，当地驻军临时需要使用民兵担负支前勤务或配合作战的，除紧急情况外，都应事先与县市人民武装部协商沟通，报请县市党委批准。民兵担负执行勤务，尽量采用简便易行的办法，一般应由执勤地点附近的民兵轮流担负。担负占用劳动时间的勤务，乡可以给予适当的工分补贴或奖励。《条例》针对一些地方动用民兵处理人民内部矛盾的错误做法，明确规定：民兵武装只能用来对付反革命和维持社会秩序，不能用来处理人民内部矛盾。解决群众纠纷，不准使用民兵，更不准开枪动武。任何干部都不许使用民兵捆绑和扣押或搜查群众，违者应受相应的处分，情节特别严重者，负刑事责任。

《条例》不仅使各级人民武装干部在工作中有了章程，而且很好地校正了民兵工作的建设和发展方向，对此后的民兵建设及立法产生了长远影响。1961 年 12 月 11 日，《条例》正式颁布施行，使得 1962 年的民兵组织整顿工作取得了更为明显的效果。按照《条例》规定，男民兵年龄减少 5个年龄段，女民兵减少 15 个年龄段，到 1962 年 9 月底，民兵整组结束时，全国共有民兵 1.63 亿人。

《条例》的颁布，也在带来新的问题，民兵条例规定与兵役法规定的预备役年龄差别较大，男性差别 7 个年龄段。兵役法对女性没有硬性规定，民兵条例对女性参加民兵有硬性规定，民兵与预备役合而为一出现不一致。从法律上，民兵工作条例应与兵役法相一致，按程序应先修订《兵役法》，然后修改《民兵工作条例》。

3.4.5　结合战备登记退役军人

结合紧急战备登记退役军人，主要是对退役的军官和士兵进行登记。按照兵役法对预备役制度规定，退伍、复员军人需要统计登记，因当时统计工作不够科学有序等原因，统计登记工作实际是处于停顿的状态。1962年因战备原因的需要，1962 年 6 月 24 日，总参谋部、总政治部在下达的民兵战备工作的指示中明确：继续做好复员退伍军人的工作，发挥退役复员军人在民兵中的骨干作用。要动员他们发扬解放军的光荣传统，给民兵传授军事技术、战斗经验，积极带领民兵执行各项担负的任务。为确实掌握退伍复员军人的实际具体情况，对退伍复员军人的数量、年龄、质量、身体情况，以及原在的军种和兵种服役等情况，需要进一步核查清楚，进行进一步登记和统计，以便与及时通知联系，加强对他们的宣传教育，一旦国家需要，即动员参军参战、保家卫国。

根据总参谋部、总政治部清查登记复员退伍军人的指示，东南沿海各省的战备动员中，都加强了退伍复员军人的动员工作，恢复了停顿已久的退伍复员军人登记统计工作。1962年7月3日，江西省军区在部署战备工作时，要求继续作好复员退伍军人的工作，对退伍复员军人的数量、年龄、质量和身体情况，以及原在部队的军种和兵种服役等情况进行登记、清查、统计工作，以便与他们及时联系，加强对他们的教育工作，一旦军队需要，便动员退役军人入伍参战。7月4日，广州军区司令部、政治部发出指示，要求所属各省军区、军分区，要在8月底以前，结合组建武装基干民兵的工作，将30周岁以下的复员退伍军人登记起来，9月至10月再完成31周岁以上的登记工作。1962年7月17日，总参谋部动员部向总参谋部和中央军委的报告中称：为了确实掌握复员退伍军人数质量和年龄、身体等情况，已要求各地认真进行登记统计，与他们密切联系，加强思想政治教育，以必要时动员一部分有战斗经验或受过正规训练的老兵补充部队，增强战斗骨干。

到1962年9月18日，河北、辽宁、江苏、山东、浙江、广东、福建等沿海7个省，共有各类退伍复员军人240万多人。截至10月15日，全国各地也结合战备工作。对退伍复员军人进行了登记统计工作。准备在国家必要时，动员有战斗经验并且受过正规训练有素的老兵补充部队。仅山东、河北等13个省共登记了260余万人。山东省的104个县，都普遍召开了复员退伍军人代表会或各种形式的座谈会，进行宣传教育，有56万名复员退伍军人进行了登记，战时需要时，随时可动员30万人补充到军队。至1962年年底，历年部队退伍复员军人、转业军人830多万人。据24个省市登记统计，1962年的下半年，已登记统计为500多万多人，其中，中共党员约占31.7%，共青团员约占16.8%。据山东、江苏等6个省的初步统计调查，有50%左右的退役军人战时可以动员重返回部队。

军官预备役的登记统计工作同时也在进行。1962年6月22日，中央军委下达在民兵中储备预备役干部的指示。该指示规定：有基干民兵组织的单位，应将每年退出现役军官登记的预备役军官选配为基干民兵干部，以充实民兵骨干队伍，加强民兵质量建设。在国家军队需要时，就可以带领民兵基干民兵参军参战，战时组建部队需要的基层干部，也就由他们当中选拔配备。由于预备役军官不可能全部在基干民兵中储备，因而在做好基干民兵工作的同时，还必须加强军官预备役的登记统计工作，有计划积蓄各级各类预备役军官，以满足战时部队发展对各种军官的大量需要。

福建省军区于 1962 年 8 月份统计，全省列入储备登记的营以下干部有 80％担任了民兵干部，成为民兵中的力量骨干，加强了民兵建设。通过军官预备役登记工作，福建省南平军分区在紧急战备期间，基本上摸清了预备役军官的底子，战备中侧重对上尉正连以上预备役军官做了进一步摸底排队工作。逐个摸清他们各种情况。随后各县（市）又对排以上预备役军官进行了摸底工作，基本上澄清了战时能动员重返前线的底子，为扩建部队提供大批干部做了准备。战时可以应征服现役占 58.7％。其中参加过战斗的占 95.4％。[1] 从这次战备组建武装基干营团选配干部来看，过去储备预备役干部工作是有成绩的。多数地区能做到把所需各级干部选拔配备起来，经过动员教育，宣布职务后，绝大多数情绪很高，斗志昂扬，主动安置好家属，做好待命准备出发，积极要求同兵见面，熟悉情况。建瓯县将选配好的干部集中学习后，分头到带兵的基层单位去帮助工作，他们虽业务不熟，但肯学习，从动员审查编组到训练，都能认真地工作，对完成组建任务起了很大作用。全区参加武装基干连复退军人，其中挑选为排以上干部的占干部总数的 70.6％。该军分区在实践中认为，选拔储备的对象，应以转业复退军人和民兵干部为主，既要考虑到这个人能不能适应战时需要，又要考虑到战时能不能调出来，并将储备的干部选配为各级民兵干部，使其参加民兵组织活动。但是，也有一些单位地区兵组建好了，干部配备跟不上去，影响了组建后开展教育训练等活动，这主要是过去储备工作还不够落实。表现在：县一级领导机关只掌握一个数字，没有名册档案材料，选配时无从着手；人员调动未定期核对，谁在谁不在不了解；了解考核少，各种情况有变化未掌握。所以有些对象用不上。业务部门提出的名单拿到党委研究，不是通不过就是部门不肯调，工作离不开，名单一变再变定不下来。[2]

1962 年 8 月 11 日，南京军区党委下达了贯彻执行中央军委关于在民兵中储备干部的指示，要求所属各单位，应先将退出现役登记的服预备役军官，选配为基干民兵干部，以充实民兵骨干力量，加强民兵建设质量。各省、市，要争取在年底以前，将已转业、复员、退伍的预备役军官，进

---

① 福建南平军分区．战备以来对预备役干部工作的报告，1962 年 8 月 2 日。

② 福建南平军分区政治部．紧急战备以来民兵政治工作初步总结，1962 年 10 月 16 日。

行全面彻底的清查和核对，做好登记工作。同时建立登记核对制度，经常性的联系制度，做好预备役军官来信来访工作。安徽省宿县人武部第一阶段的预备役军官登记工作，是在 8 月 30 日—10 月 10 日。全县登记 1949年 10 月 1 日以后转业、复员的副排级以上干部 339 人，其中适合战时归队的 139 人，占总人数的 41%，不适合战时归队的 200 人，占 59%。他们对所有预备役军官和转业、复员干部，不论是否符合战时归队条件，每人建立一份干部档案，保存材料包括预备役干部登记表、预备役军官卡片、政治历史问题结论材料和历年的预备役干部考核登记表。在部队建立的历史档案材料，转业地方工作的干部，全部交地方组织、人事部门保管使用；复员在家生产劳动的都由政工科保管。①

3.5 规范完善退役军人安置和优抚政策

退役安置是兵役制度一个重要环节，出口不顺，进口也会受阻。安置制度越好，兵役制度就容易发挥更好的作用，就能征集高素质兵员。为提高退役军人的安置质量，国家和军队采取不同政策积极完善退役军人安置和优抚政策。

3.5.1 军官退役安置

新中国第一部兵役法颁布时，国家已进入经济社会建设的新阶段，军队也由战争状态转入现代化正规建军的新时期，于是开始依据国家经济建设的需要，有计划地安排军队干部转业到地方工作，并逐步形成制度。

关于转业复员干部安置。1955 年 8 月，国务院就人民解放军退出现役干部就业的指示指出：按照《中国人民解放军军官服役条例》的规定，每年将正常有一定数量的军队干部退出现役，转到地方工作就业。退出现役的干部，凡身体健康，并能坚持每天八小时工作，政治历史已经比较清楚，不论其文化水平高低，均作转业安排，由各级政府人事部门接收分配他们工作。

同年 9 月，总政治部、总干部部指示：退役的副排级干部，凡身体健康，政治历史已审查比较清楚，文化程度具有高小毕业以上，本人又要求转业的，国务院人事局同意由地方接收分配工作的，可作转业处理。

为了适应国家社会主义建设需要大量干部的要求，1956 年 7 月，国

---

① 安徽宿县人武部. 关于登记预备役干部工作总结，1962 年 10 月 26 日。

务院关于 1956 年中国人民解放军退出现役干部转业工作的通知指出：
1956 年军队转业干部，条件可比 1955 年放宽一些，副排级干部，包括评
为准尉军衔的，只要身体和政治情况合乎转业条件，不论文化程度高低，
也可以作转业处理。

1958 年 1 月，中央军委关于动员十万干部转业复员参加生产建设的
指示规定，动员转业复员，应以以下几种人为对象：不适宜继续留在军事
技术学校学习的青年知识分子；部队在职的知识青年，机关不需要，又不
适于放入部队基层工作的；不适宜培养为干部的工农骨干；连排干部中年
纪大、体质弱、天资差，在部队发展前途不大的。

1962 年开始选调支援商业工作干部。同年 11 月国务院关于选调转业
军官转入商业部门服务问题的通知指出：参加商业工作的转业军官，应该
是政治上比较强的、身体健康的、有一定文化程度的，并自愿做社会主义
商业工作的。选调的对象，除少数营级干部外，主要是可以调出的连排级
干部、副排长和准尉人员，还有在调整军事院校中可以调出的适合作商业
工作的青年学生和士兵学员，军事机关、院校的在编干部，条件适合且又
愿到商业部门工作的，也可以选调。1963 年年底，全军共选调 8.5 万余
人转入商业部门，没有完成预定选调 10 万人的任务，1964 年 6 月国务院
财贸办公室等单位又通知，再选调 3 万名干部到商业部门工作，同时还要
求选调 1.1 万名转业干部到工农业战线工作。

1963 年 12 月，国务院关于 1963 年军队干部转业工作问题的通知规
定，作转业处理的条件是：连级以上干部，少数 1955 年实行义务兵役制
以前入伍的排级干部和高等学校、中等专业学校毕业后入伍的干部，政治
历史没有问题，或虽有一般问题已做出结论，身体健康或仅有一般慢性疾
病能够坚持八小时工作，并且有一定工作能力的。不符合上述条件的或虽
符合上述条件但本人自愿复员的干部，可作复员处理。

1965 年 9 月，国务院制定发布了《中国人民解放军退出现役干部转
业地方工作暂行办法通知》，部队每年退出现役的干部转业到地方安排工
作的条件和人数，由内务部、总政治部根据国家经济社会建设和国防和军
队建设的需要来确定。

根据 1975 年中央军委扩大会议精神，全军超编干部中有 50 多万人需
要转业到地方工作，对这些干部的安置，计划分三批进行。1975 年为第
一批，到 1978 年 2 月共安置了 10.6 万人；1978 年为第二批，安置了
24.3 万人；1979 年为第三批，安置了 18.4 万人。

1969—1975 年"文化大革命"期间，将 40 多万军队干部作了复员处

理。这些干部复员后，虽然绝大多数在地方作了安置，但有的安置不当，有的生活有困难。这批干部一再上访申诉，要求落实干部政策，重新安排工作。总政治部、民政部和国家劳动总局经过调查研究，向中共中央、国务院、中央军委上报关于1969—1975年军队复员干部改办转业请示报告。1980年1月8日，中发〔1980〕3号文件，确定这批干部改为转业安置，纠正了作为复员安置做法。为了更好落实中发3号文件，总政治部、民政部等7个单位，于1980年5月制定了《关于贯彻执行中发〔1980〕3号文件若干具体问题的规定》。除按文件规定本人不愿改办转业、犯有严重错误等，到1980年年底，40.3万名复员干部改为转业安置，占复员干部总数的97%。

1980年中央军委常委扩大会议决定，全军精简下来的干部，除离休、退休安置一部分外，主要转业地方工作。同年3月中共中央《关于妥善安排军队退出现役干部的通知》指出：这批转业干部比前三批素质好、年龄小、文化程度高、身体状况和政治条件都好，这次共转业干部19.9万人。

1982年转业的对象，根据总政治部关于做好1982年干部转业工作的通知精神，主要为：一是军以上机关和各类院校超编干部不适合调整到部队工作的；二是非编单位的现役干部不宜纳入编制的；三是师以下部队超编的营团干部无法调整使用的；四是个别政治、身体条件确实不适于部队工作的。当年共转业干部4.2万人。

1983年10月29日，国务院、中央军委批转《关于做好1983年军队转业干部安置工作的意见的通知》规定，主要是团职以下干部，安排转业的干部应具有初中文化水平，不具备初中文化程度的由军队进行文化培训，退出现役的干部，凡因病残不能坚持正常工作的，不要作转业安置；有问题尚未结论的，不要向地方移交。当年转业干部7.6万余人。

关于国家供养军队干部的安置。20世纪50年代—80年代初，主要是分散安置。20世纪50年代，民政部门开始接收安置军队离休退休干部。1955年，国务院关于部队供养人员移交地方安置的几个问题的批复，内务部根据批复对部队供养人员进行了安置接收。由于此时国家还没有建立退休离休制度，军队也没有实行退休离休安置办法，国家这时实行的是供给制，部队干部退役到地方安置后，其生活和其他费用，按照当时的供给制的标准，由民政部门统一发给。他们此时既不是离休干部，也不是退休干部，统一称为"国家供养的军队干部"。1958年，国家开始建立了退休制度，国务院也制定颁发了《关于现役军官退休处理的暂行规定》，对军队干部实行退休安置办法。按照这个暂行规定，部队干部退休后，由民政部门负责安置接收，民政部门开始陆续安置接收军队退休干部。同时，民政部门按照总政干部部、国务院人事局、内务部关于由国家供养的部队干部，执行国务院《关于现役军官退休处理的暂行规定》中几个问题的通知，对国家供养的部队干部进行了审查和管理。对符合退休条件的，就办理退休手续，改为退休安置；对不符合退休条件的，按转业干部安置处理，由人事部门负责安排适当工作，不能分配工作的，由所在军区办理复员手续，发给生产资助金，民政部门安排他们参加适当的生产劳动。至此，中央和地方有关供养的部队干部的各项规定不再执行，民政部门安置接收国家供养军队干部任务就此结束。

1969 年，国家内务部撤销，部队退休干部的安置接收工作以及优抚工作交由国家财政部负责管理。从总体上看，这个时期的部队退役人员安置管理工作，还没有一个成熟稳定的方法模式，安置人数也不多，相关办法、相关政策具有很大程度上的尝试性及随机性，安置办法较为随意简单，不同批次间的政策存有差异很大。

20 世纪 80 年代开始集中安置。1978 年，中国共产党的十一届三中全会召开，不久后民政部成立，退役安置工作恢复了由专门部门机构负责，安置开始走向正轨。财政部随即把部队退休干部接收安置工作和优抚工作一并移交给国家民政部门，由优抚安置局负责安置。20 世纪 80 年代初，为配合改革开放战略的实施，部队开始进行大规模的精简整编。根据整编精简的总体部署，需要有几十万部队干部退出现役，除大部分作安置转业外，还有相当一部分要作离休和退休安置。

为了把这部分部队退役干部安置好，1980 年，中共中央发出妥善安置部队退出现役干部的通知。在通知中，中共中央把部队离休退休干部的管理安置任务交给了民政部，要求民政部门设立专门的机构负责接收管理，先办理部队退休干部的接收安置工作，同时积极创造条件做好安置接收部队离休干部的准备。民政部在接受这个任务以后，1980 年，受国务院委托召开了全国部队退休干部和退伍军人安置工作会议，标志着这项工作开始全面规范化。这次会议的重要成果之一，是决定组建国务院退伍军人和部队退休干部接收安置领导小组。对这项工作进行了部署和安排，开始大批安置接收部队退休干部。1980 年，国家老干部离职休养制度开始实行，国家也制定颁发了一系列法规和文件。随着国家建立老干部离职休养制度，部队也开始实行了老干部离职休养制度。国务院退伍军人和军队退休干部安置领导小组于 1981 年 2 月宣告成立，万里任组长，程子华、杨静仁、何正文任副组长，国务院、中央军委的 14 个军地有关部门负责人为成员。在民政部设领导小组办公室，办公室主任由陈光副部长兼任，负责日常工作。此后不久，各省、自治区、直辖市；地（市）相继成立了领导小组和办公室。1983年7月，由于大批部队离休干部即将移交地方安置管理，原机构名称中增加了"离休"二字，改称"国务院退伍军人和军队离休退休干部安置领导小组"。10月，又对领导小组成员和办公室负责人做了调整，增加了兼职副主任的职数。安置机构的建立、完善，对于协调各有关部门共同做好接收安置工作发挥了重要作用。

3.5.2　义务兵退役安置

到1957年年底，志愿兵制的自愿参加人民解放军的军士和兵，已经基本复员完毕。此后退出现役的军士和兵，除极少数志愿兵外，逐步都是义务兵。对于退伍的义务兵，应当本着从哪里来回哪里去的原则进行接收安置。退役的义务兵在部队服现役期间，经过军队的培养与锻炼，政治思想觉悟都有所提高，而且基本上都服预备役编入民兵组织，是保卫祖国、社会主义建设的一批重要力量。部队和国家机关对于其在退伍离开部队的时候退伍以后的有关问题均予以妥善处理。

第一，制定退役义务兵安置规定。1958年3月17日，国务院全体会议第73次会议通过处理义务兵退伍的暂行规定，其基本内容如下。

（1）义务兵和军士一般应当依照兵役法的相关规定按时退伍。在服现役期间因故需要中途退伍的，须经师或者相当师级的司令部机关审查批准，并报军或者军区进行备案。退役的义务兵应当持军队发给的兵役证、兵役登记表，到居住地区的县、市兵役机关进行兵役登记办理。义务兵退役的时候，军队应当按照国防部的规定办理相关的手续，发给一切应发物资、途中伙食费、足够到家的路费，以照顾其途中生活，保证他们返家的安全。各级人民委员会，应当负责做好义务兵退役后有关问题的处理工作。各级民政部门在各级人民委员会领导下，联系有关部门负责检查、处理有关义务兵退役后的具体事宜，各级兵役部门应当积极参加。各级兵役部门负责义务兵退役后的管理教育工作。每年义务兵退役期间，由国防部通知各有关省、自治区和直辖市人民委员会，在退役义务兵沿途经过的适当地点，设立临时转运站或接待站。转运站或接待站，除按成本收取伙食费外，其余办公、房租和杂支等费用，由各省、自治区、直辖市地方政府经费中开支。

（2）对于在服现役期间因作战或因公致残的兵和军士，在办理退役的时候，部队的办理单位应当按照规定评定残废等级，并发给革命军人残废证明书，当地人民委员会应当按照国家优待抚恤革命残废军人的规定给予优待。义务兵服现役期满后，因病需要住院治疗或正在住院治疗的，军队应当负责进行治疗，在军人的疾病基本治愈后再进行办理退役手续。退役的义务兵在返回原来居住地区途中患有重病必须治疗的，沿途兵役机关应当收留负责送医院治疗。治疗期间所需费用由兵役先机关垫支，事后逐级向所属军区财务部门实报实销。

（3）入伍时原来是家居农村或是城市郊区的农民，退役后都应当回到原居住地区参加农业生产。当地人民委员会、农业生产合作社应当对退伍军人做好生产上的安排，帮助退伍军人熟悉农业生产技术，给退伍军人从事生产的便利。因城市扩建、工业建设等原因征用了农村耕地，退伍义务兵已不能在入伍原来地从事农业生产的，当地县、市人民委员会，应当按照国家建设征用土地办法的有关规定予以处理。入伍时原是国家机关、企业、人民团体、事业等单位的正式职员或是工人，退役后要求恢复工作的，入伍前原来工作单位应当在两个月内安排退伍军人的工作，在没有安排好工作之前，原工作单位应当负责解决好退伍军人的生活问题，对于因病不能坚持八小时正常的工作的，原来工作单位应当按照对具有同样情况的一般工作人员处理，原则予以妥善处理。退役义务兵的原来工作单位已经撤销的，应当由该单位的上一级领导机关，根据具体情况给予以适当安置。入伍时原是学校，也包括中等技术学校未毕业的学生，退伍后要求继续学习而本人又符合学习条件的，年龄上应当适当放宽，原学校应当在他们退役后的下一个学期开学时准予复学。如果原学校已经撤销、合并或是由于其他原因在原学校复学确有困难的，可以由本人或是原学校申请县、市以上教育部门，可安排他们到相应的学校学习。入伍时家居城市并没有固定职业的，或是原来的职业已不适合国家相关需要的，退伍后劳动部门应当给予就业登记，并在与一般人民群众同等条件下，给予优先安排就业的便利，或是由当地人民委员会帮助他们参加农业生产或是安排其他劳动生产。

（4）对退役义务兵中的专门技术兵，军队应当在他们退役之前，将退役时的技术种类等级材料，送交义务兵居住地区的省、市兵役局并转劳动部门。各地劳动部门应当根据本地需要技术人员的情况给予以优先安置就业。对暂时不能安置就业的有技术人员，应当积极动员退伍军人参加农业生产或是其他劳动生产，等待以后需要技术人员的时候再优先安置录用。劳动部门应根据各省、市技术人员需要的情况进行负责适当的调剂。

（5）退役的义务兵到达原居住地区的时，县、市人民委员会应当组织欢迎他们，并且向其介绍当地情况，勉励其安心工作生产，积极地工作。各级人民委员会、合作社应当关心退役军人的进步，不断地向退伍军人的进行政治思想教育，提高退伍军人的政治觉悟，发挥退伍军人在社会主义建设中的作用。退役义务兵和复员的志愿兵，在参加地方上各种会议、评选模范等方面，享有同等的权利也同样尽同等的义务。退役的义务兵回到原居住地区之后，应当持兵役证到乡人民委员会或是街道办事处办理油、布、粮的供应手续；乡人民委员会或是街道办事处应当负责及时解决。

第二，从哪里来回哪里去的安置原则。从这些内容看，1958 年颁布的《关于处理义务兵退伍的暂行规定》（以下简称《暂行规定》），对以下几个问题做出了规定：一是明确了"从哪里来，回哪里去"的安置基本原则。实践证明，这条原则是符合当时我国国情的。二是规范了解决实际困难与思想教育相结合的安置办法，指出军队在处理义务兵的时候，应当组织集训，进行爱国主义、劳动生产、社会主义教育，进行参加民兵组织、遵守政府法令、团结乡社干部、服预备役，以及联系人民群众、农业发展纲要等教育，使他们树立爱国爱社爱劳动，要有勤俭持家的观念。对于退伍兵家居农村的，当地人民委员会、农业生产合作社，应对退伍兵做好生产上的安排，帮助退伍兵熟悉农业生产技术，给退伍兵从事生产的便利。对于退伍兵家居城镇的，要妥善地解决退伍兵的工作安排。对于退伍兵的生活、生产、疾病治疗等问题都做出了规定明确。三是提出了退伍军人是保卫祖国和社会主义建设的一批重要力量的思想。《暂行规定》认为，退伍义务兵在服役期间经过部队的锻炼和培养，思想政治觉悟一般都有较大提高，而且基本上都服预备役被编入民兵组织，因此他们是保卫和建设社会主义祖国的重要力量。军队、地方国家机关，对于他们的退役安置等有关问题必须给予妥善处理。四是对义务兵的退役、途中运输和安置等项工作作出了原则明确规定，以保证其协调顺利进行。五是在各级人民政府领导下，强调各有关部门密切配合，共同做好退伍军人的安置工作。其中指出，各级人民委员会应当做好义务兵退伍后有关问题负责处理工作，各级民政部门在各级人民委员会领导下，联系有关部门负责检查和处理关于义务兵退役后的教育管理工作。《暂行规定》的发布，不论当时还是现在，对于退伍义务兵安置工作的顺利开展，都有着重要的地位作用。

1966—1976 年，十年"文化大革命"，退役安置工作受到干扰。主管退役安置工作的内务部被撤销，各级安置部门受到了影响和削弱，安置工作处于停顿状态。造成长期滞留数万名伤病残战士在部队，不能作退伍安置。退伍军人特别是回农村的退伍军人，生生活产中存在的困难得不到及时解决，他们进行不断上访。这种现象一直延续到 1980 年前后。在干部复员方面，1975 年国务院、中央军委（国发〔1975〕129 号），曾经发布了军队干部退出现役暂行办法，对干部复员的去向、条件、工资待遇、工作安排做出了明确的规定，虽然因时代局限这一文件存在着种种不尽如人意之处，但它对此后几年干部复员工作安排起到了重要的保证作用。此外，需要指出的是，"文化大革命"期间，在内地和边疆组建的 12 个生产建设兵团和 3 个生产师当时成为退伍义务兵安置的一个重要渠道。这些当时的转业干部和退伍兵，实际上是各个生产建设兵团的骨干力量。他们的原籍多数是在农村，被建设兵团接收后，很多人也把家属从农村接到兵团，后来都成为具有城镇户口的兵团职工。

1980 年召开的全国退伍军人、军队退休干部安置工作会议明确提出城镇退伍安置实行按系统分配任务并包干安置的政策，随着经济社会的发展对劳动力素质的要求越来越高。同时，为稳定军心、鼓励战士安心服役，退伍义务兵安置条例，对以往的安置政策又进行了及时调整，提出把个人专长和服役期间的变表现与退伍安置工作挂起钩来，打破了平均主义和大锅饭安置的做法，起到了鼓励先进和鞭策后进的良好作用。

3.5.3　优待抚恤

优待抚恤工作，主要是对革命军人优待优抚制定一些规章制度，随着社会的发展，优待抚恤工作不断完善。

第一，优待抚恤工作不断完善。为表扬烈军属、残废军人和复员退伍军人，1956 年和 1959 年，内务部先后召开了全国烈军属、残废军人、复员退伍军人社会主义建设积极分子两次大会，参加会议的优抚对象代表共1760 人。黄继光烈士的母亲邓芳芝，刘胡兰烈士的母亲胡文秀，子弟兵母亲戎冠秀等一批先进人物，以自己的实际行动受到了人民的赞誉与尊重。党和国家领导人在北京亲自接见了会议代表，在社会上产生了广泛的反响，提高了广大优抚对象的政治地位。

十年"文化大革命"，受"左"的错误思想的干扰，从中央到地方随着撤销民政部门，优抚工作处于停滞状态。更为严重的是许多优抚政策被批判歪曲，许多优抚对象遭到迫害打击，造成了优抚对象的错案冤假 9.2万件。被损坏一些著名纪念烈士建筑，已经建立的优抚制度遭到破坏，优抚工作出现局面十分混乱。"文化大革命"结束之后，特别是 1978 年党的十一届三中全会召开以来，优抚工作出现了新的转机形势，又有了新的发展。1978 年 5 月，国家成立民政部，优抚工作拨乱反正加速了步伐。民政部成立不久，开始进行了全国优抚对象普查工作。在各级人民政府的领导支持下，全国动员和组织了 200 余万人的普查队伍，经过一年的艰苦努力，查清了优抚对象的底数，并对优抚对象中数万起冤假错案进行了平反昭雪，使各项优抚政策得到了应有的落实，并为新的优抚政策调整制定打下了基础。为使优抚工作适应新的发展形势，更好地保障优抚对象的基本生活，维护优抚对象在社会生活中的合法权益，改革开放以来，优抚工作在政策上进行了一系列重大的改革和调整。

改进完善了优抚对象的定量补助工作，1979 年民政部在普查优抚对象的基础上，逐步将烈军属、复员军人的补助费的 60%～70% 用于定期定量补助，使绝大部分经费转为人头费，这样，不仅较好地解决了优抚对象的困难生活，也防止了滥用事业费优抚的现象。据统计，1980 年，全国享受定量定期补助的优抚对象共 140 万人，比 1978 年增加了 14 万余人，全国用于定期定量的补助经费共达 1.3 亿元。1985 年经国务院批准，由中央财政拨出专款，将烈属、病故军人家属、因公牺牲军人家属和定期定量补助，改为定期抚恤，进一步体现了国家的保障责任。此后，抚恤金标准是随着城乡人民生活水平的提高逐步提高，这一政策上的调整，既是调整标准，又是制度上的根本调整改革，是一个由量变到质变的飞跃过程。从此确立了由国家抚恤革命烈士家属制度。同时，对 6000 名在乡老红军，3000 名红军西路军老战，15 万名红军失散人员，195 万名老复员军人实行了定量定期补助。

进行了对死亡抚恤改革，力求抚恤与经济社会发展相适应，使伤亡抚恤工作，走上制度化、规范化的轨道，将死亡抚恤，由过去的两个档次——因公牺牲、病故，改为三个档次——烈士、因公牺牲、病故。不仅较大幅度地调整了烈士一次性抚恤的标准，而且体现了合理差别。抚恤金由过去的固定标准，改为与工资挂钩，烈士一次性为 40 个月工资抚恤金，因公牺牲军人 20 个月工资抚恤金，病故军人 10 个月工资抚恤金。体现了伤亡抚恤与一般职工平均收入相适应。经过改革，理顺了革命军人和国家机关工作人员的死亡的一次性抚恤关系。

1980 年 6 月，为保证优抚工作健康有序的向前发展，国务院公布实行了《革命烈士褒扬条例》（以下简称《条例》）。具体规定了革命烈士的条件、范围和审批权限，《条例》的政治性、权威性在社会上产生了广大的影响，在激励军人保卫祖国和巩固国家政权，以及广大人民群众为现代化事业勇于献身崇高的革命精神方面，起到了不可替代的积极作用。①

第二，优待抚恤对越参战人员。抚恤慰问牺牲人员的家属。1979 年 3 月底，国家民政部先后发出关于向自卫还击战中牺牲人员的家属做好慰问工作的通知和关于做好在中越边境自卫还击作战中阵亡烈士善后工作的通知，要求各地认真做好烈属的抚恤慰问工作，要隆重召开烈士的追悼会、搜集宣传烈士的事迹、解决好烈士家属生活困难、子女升学、参军、就业以及管理好烈士公墓等工作。各地党政领导和民政部门在收到阵亡烈士通知书后，立即组织慰问团或小组，对烈士家属进行亲切慰问，发抚恤金，送慰问品，挂光荣牌，解决实际困难，并对烈属做好深入细致的思想政治工作。4 月底，广东省收到 1525 名阵亡烈士通知书，有关县（市）成立"慰问烈士家属工作团"，由县（市）委领导带队，各部（委、办、局）和武装部、工会、青年、妇女、贫协、供销、统战等部门领导同志参加，亲自到烈士家中进行慰问。广西宾阳县牺牲支前民兵 8 人，由县委领导亲自带领 16 人组成的慰问小组，在做好思想政治工作的同时，给烈属挂光荣牌，发抚恤金，送慰问品，还落实定期定量补助 1 户，优待工分 2 户，临时补助 1 户，解决烈属的实际困难。在慰问和走访中，一些烈属提出送烈士子女、弟妹参军参战的要求。经总参谋部、总政治部批复，由军区政治部负责审查批准，各县（市）人武部按照符合征兵条件、家长要求、本人自愿、每家批准 1 名的原则，于当年 9 月底前为烈士（包括参战支前民兵、民工）子女、弟妹办理入伍手续。

第三，安置伤病残的退伍战士。1979 年 4 月 4 日，国家民政部发出为在中越边境自卫还击作战中伤残战士做好安装假肢器具工作的通知，要求各省（自治区、直辖市）民政部门所属假肢工厂的广大职工，技术人员以最快的速度、最好的质量，为光荣负伤致残的战士努力生产和精心安装假肢、辅助器，配制残废车。通知发出后，民政部又在广西柳州市召开上海、广东、广西和湖南 4 省（自治区、直辖市）假肢工厂厂长会议，共同研究落实因在参战支前中负伤致残人员安装假肢的各项具体事宜。后又分别在广西、云南、四川、湖北、河南等地召开会议督促落实。截至 7 月底，共安装假腿 260 条，假手 71 只，辅助器 38 件，矫形鞋 56 双，给 100 多人配上假眼，基本完成假肢的安装工作。

1980 年 6 月 16 日，总参谋部军务部、总参谋部动员部、总政治部组织部、总后勤部卫生部在向总参谋部、总政治部、总后勤部呈报关于全军

---

① 董华中．优抚安置［M］．北京：中国社会出版社，2009．

处理伤病残战士情况报告中称：经过部队和地方政府共同努力，全军共安置伤病残战士 6.3 万人，其中伤残军人 1.69 万人，精神病员 1500 多人，慢性病员 4.5 万余人。在安置伤病残战士的工作中，成都军区先后组成 200 多个工作组、共 600 多人，分赴 19 个省（市）、292 个县（市）联系安置事宜，为约 1.7 万人评定伤残等级，给精神病、慢性病复退战士发放医疗补助费，为正在服役战士的特别困难家庭发放救济金。广州、武汉、成都、昆明军区为在对越自卫还击作战中丢失物品的伤残战士补发各种物资 2.1 万余件。地方各级政府把特等、一等伤残军人安置在伤残军人休养院，有的分散安置在原籍。有些地区为二、三等伤残军人和精神病人员解决生活、医疗、住房等方面的困难。

第4章 义务兵役为主、志愿兵役为辅的兵役制度建设与管理

随着新中国兵器制造、国防科技水平的不断提高，含有较高大量技术的武器装备部队，部队的现代化水平不断提高。军事技术需要官兵学习掌握的越来越高端复杂，士兵因许多关键技术岗位的服役期较短而很难有效胜任工作，作战需要和军队建设与义务兵役制之间的矛盾逐步显现出来，单一的义务兵役制不能满足国防建设的需要，难以适应形势发展。以义务兵役制为主体的义务兵与志愿兵相结合和民兵与预备役相结合的制度，适应了这一时期的发展需要。这时国防人民军队建设总体上仍处于初级现代化建设阶段，军队中专业技术兵种所占的比重较小，尚无大幅增加志愿兵数量的需求。在当时经济社会条件下，确定以义务兵为主体，义务兵与志愿兵相结合的兵役制度，一是保持了义务兵役制的优点；二是又弥补了兵役制度的不足，两种制度相结合相得益彰，较好地适应了这一时期国家经济建设和国防建设的需要。

4.1 调整现役制度

1955 年全国人大通过《兵役法》，所确定的现役制度已经不能完全适应新的发展形势。经过军地 20 多年的探索和实践，在兵役工作实行方面积累了不少优良经验，需要加以肯定，十年动乱期间被破坏各项兵役的规章制度，也需要拨乱反正和调整改革予以完善恢复。

4.1.1 义务兵服役期的调整与在义务兵中选改志愿兵

随着解放军现代化水平的提高，有的技术兵种需要志愿兵来担任，志愿兵问题在军队建设中凸显出来。1977 年 8 月 23 日，中央军委副主席邓小平在中央军委座谈会上提出："关于兵役制度，可以首先从步兵服役 2 年还是 3 年这个问题研究起。好多同志反映，2 年太少，都提 3 年。我看可以考虑步兵 3 年，空军 4 年，海军 5 年，看这样合适不合适。我讲兵役

制度还不只这个问题，还有一个问题，就是有相当一部分兵，要长期服役。① 连队司务长，至少可以当到三四十岁，炊事班长也可以当到这样的岁数，当然不一定到 40 周岁。好多部门，如空军的年龄就应该提高，还有一些特种兵、技术兵种，这样是不是有 1/4 的人或 1/5 的人，就不要经常去换。这个数目，我没有把握。我相信这一部分人，有相当数量的，可以把兵役制度改变。总之，兵役制度要解决，这是一个大问题。"

1977 年 8 月 30 日，副总参谋长彭绍辉召集总参谋部动员部、军务部的领导，传达了中央军委副主席邓小平关于研究兵役制有关战士服役年限问题的指示，并作了具体安排。9 月 1 日，副总参谋长彭绍辉又召集总参谋部、总政治部、总后勤部和各军兵种、国防科委有关部门的领导会议，组成了兵役制研究小组。研究小组由彭绍辉主持，成员有海军司令部、空军司令部、炮兵司令部、二炮司令部、装甲兵司令部、工程兵司令部、铁道兵司令部、总参谋部动员部、总参谋部作战部、总参谋部通信部、总参谋部军务部、总政治部群工部、总后勤部财务部、国防科委司令部的领导。兵役制研究小组下设办公室，由总参谋部动员部部长曹宇光、总参谋部军务部副部长王朋、总参谋部动员部副部长米光等负责，从动员部抽出 5 名干部、军务部抽出 2 名干部参加办公室的工作。总参谋部动员部计划在 9 月底拿出一个初步意见，提交总参谋部党委讨论。

1977 年 9 月 2 日，兵役制研究小组减少了组成单位，组成了由总参谋部、总政治部、总后勤部和空、海军司令部领导参加的兵役制研究小组。该小组成立后，就修改兵役制问题，普遍征求了各军区、军兵种的意见，认真地进行了调查研究。各方面的意见都认为："1967 年根据中共中央、国务院、中央军委关于缩短战士服役年限的命令，改为陆军 2 年、空军 3 年、海军 4 年，时间是短了一些，不适应部队建设和作战的需要。战士服役的时间短，轮换快，连的新兵比例大，影响军政素质的提高；特别是各种技术兵掌握专业技术有困难，大部分技术兵刚刚熟悉专业技术，能独立工作，就该退伍了，技术性较强的部队，这个问题就更加突出。"对此，各有关方面在研究过程中，一致认为，义务兵的服役年限，还是恢复1955 年兵役法规定的陆军 3 年、空军 4 年、海军 5 年为好。将部分素质较好的超期服役的义务兵改为志愿兵，实行志愿兵与义务兵相结合的制度，

---

① 中共中央文献研究室第三编研部 . 邓小平军事文集：第三卷 ［M］. 北京：军事科学出版社、中央文献出版社，2004 年 7 月版，第 67 页 .

是部队建设中急需解决的一个重要问题。[①] 在此基础上起草了《关于兵役制问题的决定（草案）》，决定对中国的兵役制度作了一些重大的修改：一是由义务兵役制改为义务兵与志愿兵相结合的兵役制度；二是将义务兵的服役年龄按照规定适当地予以延长。

1978 年 1 月 18 日，国务院就关于兵役制问题的决定致函全国人民代表大会常务委员会。就我国实行义务兵役制以来，对于加强我军建设，为我军积蓄后备力量，加强民兵建设，均发挥了积极的作用。随着我军技术装备变化和不断发展，对战士的军事和政治素质提出了更高的要求。陆军、空军和海军战士服役年限为 2 年、3 年和 4 年，服役时间规定的过短，不利于培养、保留士兵的技术骨干和基层士兵骨干，不适应部队建设和战备需要。同时，每年征兵、退伍数量较大，增加部队地方工作量。为此，特将国防部《关于兵役制问题的决定（草案）》，提交人大常委会，请予通过。

1978 年 3 月 7 日，全国人民代表大会常务委员会召开第五届第一次会议，审议国务院提交的《关于兵役制问题的决定》。会议在听取了粟裕所做的说明后，通过了《关于兵役制问题的决定》。决定指出：《中华人民共和国宪法》中规定，保卫祖国和抵抗侵略，是每一个中国公民的崇高职责，依照法律服兵役是每个中国公民的光荣义务。1955 年我国自实行义务兵役制以来，得到了全国各族人民的积极的拥护。广大适龄青年，为了保卫我们的祖国，踊跃报名应征入伍，光荣履行兵役义务。多年的实践证明，我国实行义务兵役制度，对于加强我军部队建设，加强民兵的建设，为我军积蓄强大的后备力量，都发挥了积极的重要作用。随着我军技术武装装备的不断发展提高，对战士的军事素质、政治素质和技术水平提出了更高的新要求。加速我军革命化、现代化的建设，特决定我国实行义务兵与志愿兵相结合的制度，并对义务兵的服役年限作了适当延长调整，其主要内容如下。

第一，调整服役年限。从 1978 年兵役制度调整起，义务兵的服现役年限分别调整改为 3 年、4 年和 5 年。即，陆军部队的服现役战士 3 年；空军、海军陆勤部队和陆军特种技术部队的服现役战士 4 年；陆军船舶分队和海军舰艇部队的服现役战士 5 年。1977 年之前征集入伍的义务兵，服现役年限仍按原制度规定执行。

---

① 《粟裕在第五届全国人民代表大会常务委员会第一次会议上〈关于兵役制问题的决定〉草案的说明》1978 年 3 月 7 日。

第二，制定鼓励超期服役制度。为使部队保持一定规模数量的基层骨干、技术兵骨干，以增强部队战斗力，服满现役的义务兵，应根据本人自愿和部队需要超期服兵役。超期服役的时间期限为：陆军部队的战士 1～3 年；空军、陆军特种技术部队、海军陆勤部队的战士 1～2 年；海军舰艇部队和陆军船舶分队的战士 1 年。当国家处于紧急战备或者是遇有其他特殊情况时，陆军、空军和海军全体战士超期服役的时间期限，要按照中央军委的命令执行。

第三，选改志愿兵。为了加强和稳定军队的技术骨干力量，部分超期服役的义务兵根据部队的需要可以改为志愿兵，留在部队较长期服役。选改志愿兵的范围，只限于超期服役的士兵技术骨干、各种专业士兵；由义务兵选改为志愿兵，经团以上机关批准，必须根据军队的需要和本人自愿。其条件是：技术熟练，思想进步，身体健康；义务兵选改志愿兵，须在部队服现役满 6 年之后，从第 7 年开始，志愿兵的服役年限，一般要为 15～20 年，年龄一般不超过 40 周岁。如果本人自愿，部队需要，服役年限还可以适当延长；志愿兵退出现役之后，由国家负责安排工作。年满 55 周岁、积劳成疾、因公致残基本丧失劳动能力的，按干部退休办法安排，可办理退休手续。在部队服役期间志愿兵的待遇和退出现役后的安置办法，由国务院和中央军委具体规定。

1978 年 10 月 27 日，总政治部下发关于兵役制的宣传提纲，要求各级政治机关抓好兵役制改革的宣传教育。1978 年 11 月 2 日，中央军委颁布《中国人民解放军部分义务兵改为志愿兵的实施办法》。该办法明确：选留志愿兵的工作从 1979 年春退伍时开始进行，逐年选留。第一年选留的人数，应按实际情况确定，一般控制在该志愿兵总数的 1/4 左右。鉴于军队已实行义务兵与志愿兵相结合的兵役制度，一部分专业技术人员的职务将由志愿兵担任，军以下部队不再编配职工。军以上机关、院校等单位的职工，能用志愿兵代替的，可用志愿兵担任。11 月 19 日，国务院和中央军委颁布实行关于《中国人民解放军志愿兵待遇的规定》，该规定为 1979 年春全军首次改选志愿兵提供了保障。随着军队建设的需要，军队中志愿兵比例越来越高。

4.1.2 修订兵役法

1955 年 7 月颁布的《中华人民共和国兵役法》，对加强我军现代建设和积蓄强大后备力量都起了重要作用。新中国成立之后 30 多年，我们国家的形势已发生了很大变化，军队建设也有了较的大发展。特别是党的十一届三中全会召开之后，国家进入了一个新的发展时期。党的十二大和新修订的宪法明确了我们的根本任务，就是集中力量实施社会主义现代化建设，逐步实现农业、工业、国防和科学技术的现代化，把我国建设成为高度民主、高度文明的社会主义国家。同时，对我人民军队和我国后备力量发展建设也赋予了新的任务，提出了新的要求，这不仅要把人民军队建设成为一支强大的现代化、正规化的革命人民军队，而且要加强民兵进一步建设，健全调整预备役制度，为战时实施快速有效的动员打好基础。1955年版的兵役法已经不能完全适应这一时期新的形势。此外，经过几年的实践，在我们兵役工作方面积累了不少好的经验，需要给予肯定。

1980 年 1 月 14 日，总参谋部在下发 1980 年军事工作要点时，提出研究修改兵役法的任务。之后，总参谋部向国务院、中央军委呈报了《关于修改兵役法问题的请示》。7 月 25 日，获国务院、中央军委批准。8 月 20 日，总参谋部发出《关于修改兵役法问题的通知》，全军随即展开修改兵役法的工作。为加强兵役法修改工作的领导，成立了修改兵役法领导小组和办公室。领导小组组长由副总参谋长杨勇兼任，后由副总参谋长何正文兼任，办公室设在总参谋部动员部。1981 年 8 月，兵役法修改办公室组织完成了兵役法修改草案初稿，印发给各军区、省军区、军兵种和国家机关有关部门，全国政治协商会议部分常委，广泛征求意见基础上，修改出了《兵役法（修改草案）》讨论稿。4 月 22 日—5 月 4 日，兵役法修改办公室在北京召开了兵役法讨论会，由各军区、省政府、省军区、军兵种的领导同志和国家机关、中央军委各总部有关部门有关人员参加的《兵役法（修改草案）》讨论会，对讨论稿进行了讨论后修改出《兵役法（修改草案）》送审稿。

1983 年 3 月，全国人大常委会法制工作委员会，将《兵役法（修改草案）》送审稿，印发各省、自治区、直辖市人大常委会、国务院有关部门征求意见。根据各方面的修改意见，又认真作了完善修改，形成了《兵役法（修改草案）》。10 月 25 日，国务院、中央军委将《兵役法（修改草案）》，提交第六届全国人民代表大会常务委员会进行审议，第六届全国人民代表大会常委会第三次、第四次会议审议认为，《兵役法（修改草案）》已比较成熟，是一部很重要的法律，决定提请全国人民代表大会第六届第二次全体会议审议。1984 年 5 月 20 日杨得志总参谋长，在第六届全国人民代表大会第二次会议上作了关于《兵役法（修改草案）》的说明。5 月 29，全国人大法律委员会副主任委员项淳一同志，向全国人大六届二次会议主席团报告法律委员会，对兵役法草案的审议结果情况。代表们在审议《兵役法（修改草案）》时认为，这个草案总结了多年来兵役工作的经验，对完善我国兵役制度，加强武装力量的建设，保卫社会主义祖国，具有重要现实意义。代表们也对这个草案提出了些修改建议。法律委员会召开了两次工作会议，对草案进行审议，基本上同意这个修改草案，并对提出以下修改建议。

第一，《兵役法（修改草案）》第十六条中规定，应征公民被羁押正在受侦查、审判起诉期间或者被判处徒刑、管制、拘役期间，不得征集。文字表述不够清楚。因此，将这一条应该修改为：应征公民被羁押正在受侦查、起诉、审判的或是被判处徒刑、管制、拘役正在服刑的，不征集。

第二，有的代表提出，在《兵役法（修改草案）》第二十条士兵退出现役的规定中，增加因本人不适合服现役或者因家庭缺乏劳动力有特殊困难的，应当批准退出现役。因此，将这一条修改为：士兵服现役期满后，应退出现役。因军队编制员额需要缩减退出现役的，经军队医院诊断证明本人健康状况不继续适合服现役的，或者因其他特殊情况需要退出现役的，经师级以上机关批准，可以提前退出现役。

第三，有的代表提出，《兵役法（修改草案）》第五十三条，不能安排工作的，按照规定发给残废抚恤金，保障他们的生活，这一规定不确切，因为不论是否安排工作，都要发残废抚恤金，只是对不能安排工作的多发给一些抚恤金。因此，将这一规定修改为：不能安排工作的，按照规定增发残废抚恤金，保障他们的基本生活。

第四，有的代表还提出，《兵役法（修改草案）》第六十一条，对逃避、拒绝兵役义务的，只规定了由基层人民政府责令其履行兵役义务，不够有约束力。建议修改为强制履行兵役义务。因此，将本款中的基层人民政府应当责令其履行兵役义务，所在基层组织和单位要保证执行。修改为：基层人民政府应当强制其履行兵役义务。并删去所在基层组织和单位要保证执行的规定。《兵役法（修改草案）》修改稿已按上述意见作了修改，建议主席团提请大会审议通过。1984 年 5 月 31 日，全国人民代表大会第六届第二次全体会议审议通过了《中华人民共和国兵役法》，国家主席公布第 14 号令。自 10 月 1 日起实行。

新修订的颁布兵役法，是在 1955 年颁布兵役法的基础上进行修订的，在结构和内容上都作了较大的修订变动。1955 年颁布的《兵役法》9 章 58 条。修订后为 12 章 65 条，增加了军事院校可以从青年学生中招收的新学员、预备役人员、民兵的军事训练、现役军人的优待和退出现役的安置及惩处五章；将原有的预备役军人的统计登记、现役军人、预备役军人的权利和义务二章的一些内容，分别写入了相关章节；人民武装警察部队，包括按照《宪法》第一百二十条规定，组织的民族自治地方的人民公安部队，是国家武装力量的组成部分，《兵役法》第六十三条规定专门写了一条：本法适用于中国人民武装警察部队。总结了我国实行义务兵役制几十年的经验，保留了 1955 年《兵役法》的长处，也注意了吸取外国好的经验做法，普遍认为草案比较符合我国和我军的实际情况。

颁布新的兵役法，也是健全我国社会主义法制，完善我国的兵役制度，加强武装力量建设，保卫社会主义祖国，都具有重要的意义。其主要修订的内容有几个方面。

第一，完善兵役制度问题。实行义务兵役制为主体的义务兵与志愿兵相结合和民兵与预备役相结合的兵役制度。这是总结我们多年来的兵役工作经验基础上提出来的，是我国兵役制度的这一时期一个重要特点。从多年的实践实际情况来看，义务兵役制有其很多优点，它不仅可以保持年轻力壮兵员补充部队，朝气蓬勃的兵员增强部队战斗力，而且可以积蓄强大的后备兵员并且训练有素。义务兵役制仍然是我国重要的基本兵役制度。随着我军不断提高装备武器现代化的程度，还需要有一部分专业技术骨干较长时间在部队服现役，以便有利于熟练地掌握部队各种技术装备。1978年全国人大常委会决定的将部分义务兵选改为志愿兵，并根据本人自愿和部队需要，开始实行了义务兵和志愿兵相结合的兵役制度。经过数年实践证明，适应当时形势，这也是必要可行的，它既保持了传统义务兵役制的优点，又弥补了它的一些不足，是在实行义务兵役制为主的基础上，保留部队技术骨干、保持战斗力的一个好办法。实行预备役制度与民兵制度相结合，其一个重要目的是为了进一步加强我国的国防后备力量建设。

我国武装力量是法律规定民兵的组成部分之一，战时是担负配合部队作战、就地进行游击战等职能任务，又是动员兵员的雄厚基础力量，是我国预备役制度的基本组织形式，利用民兵组织把预备役人员组织管理起来进行训练。因此，这样规定把民兵制度与预备役制度相结合起来，既坚持了中国传统的民兵传统的制度，又完善优化了我国的预备役制度，有利于加强我国国防后备力量建设。

第二，公民的兵役义务问题。《宪法》规定："保卫祖国、抵抗侵略是中华人民共和国每一个公民的神圣职责。""依照法律服兵役和参加民兵组织是中华人民共和国公民的光荣义务。"这里一方面明确了保卫祖国人人都有责任；另一方面也明确了公民怎样履行兵役义务。因此，需要由国家层面的兵役法作出明确具体规定。根据宪法这一基本精神，规定我国众多的男女公民，都要有依法服兵役的光荣义务，这体现了保卫国家男女公民都有同等的义务权利。同时也考虑到我国人口基数庞大、兵员数量雄厚这一个实际情况，也为了照顾女性的生理等特点，对我国男女公民在服兵役上提出了不同的规定要求，这也是完全合理必要的。公民在服士兵预备役的年龄上，1955年的兵役法规定的是18～40周岁，这次修订为18～35周岁。虽然减少了5个年龄段，但仍可满足平时军队兵员征集和战时兵员动员数量多的需要。为了留有充分余地，还明确了战时遇有特殊紧急情况，国务院、中央军委可以有权决定征召服现役年龄扩大到36～45周岁的男性公民。我国公民履行兵役义务，是建立在广大人民群众高度的政治觉悟以及自愿自觉基础上的。人民是国家的真正主人，民族的存亡、国家的安危同每一个公民的利益是联系在一起的。我国人民群众历来把服兵役和保卫祖国当作自己的神圣职责、光荣义务，一旦国家有需要，就会自觉挺身而出，为保卫自己的国家而英勇战斗。这正是我国民族凝聚力的优势所在，这一种力量是巨大无穷而不可战胜的铜墙铁壁。

第三，军衔制度问题。1955年，全国人民代表大会常务委员会第一届第六次会议决定了在中国人民解放军实施军衔制度，在1965年又取消实行10年军衔制度。随着部队现代化的建设与发展，20世纪80年代需要恢复人民解放军实行军衔制度，这是在这一历史时期，加强我军现代化和正规化建设的重大举措。授予军人军衔，是为了明确军人在部队中的责任，也是赋予军人的一种荣誉。军衔制度的实行，有利于诸军兵种协同履行职能任务，同时也便于进行国际交流；有利于提高军人的责任心和荣誉，发挥军人在作战和工作中的积极作用；有利于加强军队的纪律性和组织性，从而促进军队的正规化建设，提高部队的战斗能力。至于军衔的等级的设置，本法未作规定，将由《中国人民解放军军官服役条例》《士兵服役条例》分别做出规定。

第四，平时征兵、战时兵员动员问题。平时的定期征兵，我国此时已进行了30年，形成了一套比较完善的制度。对兵员征集的规定，只是对缓征的相关规定作了修订。规定正在全日制学校就学的学生可以进行缓征，是为了学生集中精力学习，以利于为国家军队培养人才；在维持其家庭生活的唯一劳动力的可以缓征，是为了照顾应征对象的家庭的实际困难。这里指唯一劳动力不是指独生子，有些独生子，他们的父母或家庭其他成员有劳动能力，能够维持家庭基本生活，就不属于缓征的对象。做好战时兵员动员工作，是国家赢得反侵略战争取得胜利的一项基础性重要工程。现代战争，在兵员动员上，不仅动员兵员数量多、质量好，而且要求动员的速度快。此次修订后的兵役法，总结了过去的经验，明确了战时兵员动员在平时要做好的准备工作，提出了战时实施快速动员的要求、原则，明确了各级领导和各个单位的任务和职责。这对于保证战时做好兵员动员工作具有重要作用。

第五，士兵服现役期限问题。新中国义务兵服现役的期限，到此时有过三次变动。1955 年颁布首部兵役法到这部兵役法，从 30 年来执行的情况实践来看，后期反映出了服役时间较长，给服役义务兵本人和家庭都带来了一些现实问题；服役时间过短，不利于保持部队的战斗能力。这次修订兵役法，对于服现役的义务兵期限，作了修订调整。规定了在陆军服役 3 年，在海军和空军服役 4 年，部队需要保留的基层骨干、技术兵，采取超期服役、选改志愿兵的方法解决。对超期服役的时间、志愿兵的服役期限，也作了具体规定。这样，军队士兵既可以得到经常轮换，保持士兵的年轻力壮，又可以保留基层骨干、技术兵兵员，有利于增强部队的战斗能力。

第六，预备役人员、学生的军事训练问题。加强完善预备役人员的军事训练，目的主要是为了积蓄高素质的训练有素的国防后备兵员。规定基干民兵未服过现役的，在 18～20 周岁期间应当参加 30～40 天的军事训练；服过现役或者基干民兵受过军事训练的，应当按照规定时间参加复训；在服预备役期间预备役军官，应规定进行 3～6 个月的军事训练。这对于提高其的军事素质，适应备战打仗的要求是必要的。为了保障战时的需要，非常时期规定预备役人员应当按照中央军委的决定，参加应急训练。预备役人员进行军事训练是应尽的兵役义务。并在参训期间给予一定的经济补贴。并规定，农村可采取平衡负担的办法解决；工矿企事业预备役人员由原单位照发奖金、工资。这个办法已在全国实行了数年，实践证明是可行的。从保卫祖国人人有责的规定来讲，大家都平均负担一点，也是应尽的光荣的义务是合理的。对高等院校和高级中学的学生实施军训，是加强国防后备力量建设的重要措施。学生通过军训，还可以加强组织纪律性，扩大丰富军事知识领域，促进德、体、智的全面发展。规定高等院校学生的军训分为两种形式。一是普遍对学生进行基本军训，主要是学习一般基础的军事技术，增强国防意识观念；二是培养预备役军官的军事训练，就是在普遍基础训练的基础上，挑选适合担任预备役军官职务条件的学生，再进行有针对性的短期集训，经过考核合格的，服军官预备役，作为战时军官补充的重要补充来源。

第七，惩处问题。新设立了惩处一章，对违反兵役法行为的，规定了处罚的条款。新修订的兵役法颁布以后，我们仍然要坚持以说服教育为主，主要依靠加强思想政治工作，加大力度对依照法律服兵役是公民应尽的光荣义务的宣传，提倡为保卫国家而献身的革命精神，使公民自觉自愿地履行兵役义务。但是，对个别少数人违反兵役法而又情节比较严重的人，应当给予一定的惩处，以维护兵役法的刚性、严肃性。颁布新修订的兵役法，是我国军事制度改革的一项重大措施，是现代化国防和军队建设的大事。

此次新修订的兵役法颁布以后，得到全国各族人民、全军官兵的拥护，在兵役法保障下，推进我军现代化、正规化的革命军队建设，建设强大的后备力量，保卫社会主义祖国，保卫四化建设都将发挥重要作用。

修订兵役法注重处理好三个方面的关系。

第一，既体现了国防和军队建设的需要，又考虑了国家经济情况发展的可能。修订兵役法主要是为了加强我国的国防力量建设。我国的国防力量是服务于维护世界和平，保卫祖国安全的。我国从来主张不侵略别人，也决不允许他人侵略我国。现在世界上帝国主义和霸权主义还存在着。超级大国为了争夺世界霸权到处扩张和侵略。从第二次世界大战之后，小的战争基本上一直没有断过。世界大战的危险依然现实存在。我们世界还是很不安宁，我国安全还受到严重威胁。因此，必须加强国防建设，大力提高自卫能力，做好反侵略战争的各项准备，这是顺利进行社会主义现代化建设的前提保障，是关系到国家安全安危的大事。当然，国防建设是建立在以经济建设为基础的。国防建设也要必须根据国家经济建设的实际情况，把需要与实际可能、实际与发展结合起来。这是修订兵役法首先必须坚持的一条重要原则。例如，部分义务兵选改为志愿兵，高等院校、高级中学学生的进行军训，预备役人员的军事训练，现役军人的优待、退出现役的安置等，都是本着这一基本原则拟定的，既考虑了国防建设的实际需要，又考虑了国家经济情况的实际可能。

第二，妥善处理部队建设同国防后备力量建设的关系，这是修订兵役法所体现的另一重要原则。将来反侵略战争，将是一场规模较大的现代化战争，要想赢得战争的胜利，没有建设一支现代化、正规化的革命军队，是不可能打赢的。人民军队实行军衔制度，以及军官和士兵的兵员补充，士兵服现役的年限规定，部队需要保留技术骨干的办法等规定，就是为了适应部队现代化和正规化建设的需要，从兵役制度的各个方面为部队建现代化建设创造条件。但是，军队的数量是有限的，要满足战时组建和扩建部队的需要，最根本的办法是，需要加强国防后备力量建设，完善和建立战时快速动员机制。把民兵建设、预备役建设结合起来，建立完善军官、士兵预备役制度，能做到平时少养兵，战时多出兵。这是重大战略措施，对国防建设、经济建设，都具有重要意义和作用。一旦有战争爆发，我们就可以以现役部队为骨干，以预备役、民兵为基础，以最快的速度组建、扩建新的部队，动员全国人民群众，开展现代条件下的人民战争，把来犯之敌淹没在人民战争的汪洋大海之中。

第三，在规范服兵役是公民应尽义务的同时，又规定了现役军人应当享有的优待和退出现役的安置等问题。

1984 年 6 月 4 日，中央宣传部、解放军总政治部联合发出通知，要求在全国军民认真进行新修订的兵役法的宣传教育工作。6 月 5 日，总参谋部、总政治部发出关于贯彻执行新兵役法的通知，要求全军各单位，组织干部认真学习，坚决按兵役法规定执行。

4.1.3　实施新的军衔制度

依据 1984 年 5 月 31 日，由第六届全国人民代表大会第二次会议通过《中华人民共和国兵役法》，《兵役法》第九条规定，解放军实行军衔制度。1988 年 7 月 1 日，首部《中国人民解放军军官军衔条例》，经全国人大常委会第七届第二次会议通过，由中华人民共和国主席令形式公布施行。

1955 年新中国第一部兵役法确定实行军衔制后，到 1965 年取消军衔制，至 1988 年人民军队 23 年无军衔等级标志。1979 年对越自卫反击战中，各路军队汇聚，多支部队拥挤开进在一条狭窄的公路上，在军服上，竟显示不出将帅士卒，我堵你，你挤我，谁也让不了谁，人马车辆在公路阻塞长达 10 多个小时。1980 年 3 月 12 日，中央军委主席邓小平指出，需要实行军衔制。我军曾实行 10 年军衔制的历史。1965 年被当作违背人民军队本质的东西取消了。1955 年，我军的军衔设 4 等 14 级，基本上是沿用苏军军衔模板。从 1965 年我军军衔制取消的 20 多年间，世界的战略格局也发生了重大的变化，各国的国防、军队以及军事制度都有相应的调整。1985 年 6 月，中央军委召开了会议，提出在国防建设、军队建设的指导思想上来一个战略性的重大转变，从立足于"早打、大打、打核战争"的临战状态，真正转进和平时期建设的轨道。人民解放军的军衔制度在国家和军队全面调整改革的大背景下，着眼于和平时期建设的特点进行调整改革。中央军委果断提出实行新的军衔制度。1955 年，我军军衔制度历经 10 年而后夭折取消，除了指导思想发生根本性偏差之外，制度设计的本身也遇到一些难题。如进出渠道不够畅通，尤其是没有设置退的制度。例如，少将以上军官的军衔，在 10 年服役中基本没有晋升，校级以下军官的军衔最多也只调动了两次，就再也不好动了，如此等等，并造成了一些历史遗留下的问题。因此，如果简单恢复 1955 年实行的军衔制，是行不通的，势必会再次出现夭折。

为了进一步完善建立健全军官军衔制度，适应军官队伍建设的实际需要，以军队建设为依据，从我国我军的实际出发，着眼于军队的长远建设发展，适应现代化军队指挥和管理机制的需要，进一步调整完善军官军衔制度，让军衔更好地体现军官的岗位责任，进一步理顺调整指挥关系，激发广大军官的责任感、荣誉感，积极调动军官的积极性，促进调动军官队伍的全面建设。中央军委组织起草论证新的军衔制度，召开了上千次新军衔座谈会，参加座谈的各级干部多达 4 万多人次。在起草《军官军衔条例》（以下简称《条例》）期间，对全军各职别、各等级干部进行了数质量进行统计，在此基础上进行了评定模拟，对《条例（草案）》，先后进行修改 20 余稿。中央军委扩大会议、军委常务会议专门进行了多次研究讨论。新的军衔制度并结合我军和平时期建设的各种特点，在军衔的等级设置、基准军衔、职务等级编制军衔确定、军衔的批准授予权限等方面，进行了全面的改革调整。

军衔是国家给予军人的一种特殊荣誉，具有保障军人荣誉、地位、权利的作用。它以军官的职务、军官的贡献、军官的素质才能等综合因素作为评定、晋升军衔的基本标准。同时，也使我军干部制度显示出更加公开的透明度。新的军衔制度的颁布实施，是我军军官管理走向法制化的重要标志。它将理好的理顺军官的进出关系，编配的关系和新老交替关系。优秀的军官将依据《条例》规定程序晋升，违法、违纪者将依据《条例》规定程序降级乃至剥夺军衔，将从根本上改变我军军官制度出现的无法可依和有法不依的无序状态，有效有序地调整军官队伍的结构比例，对激励军队的内在活力，提高军官军政素质，汰庸选优，具有持续稳定部队的作用。新的军衔制度，既要使军队始终充满生机和活力，又要保持军官队伍的相对稳定；既要为优秀人才脱颖而出创造条件，又要限定军官军衔的晋升时间年限；既要明确和鼓励年轻有为的后来军官，又要顾到一些历史贡献大的老同志；既要相应照顾到机关干部，又要体现照顾作战部队主官的特点，等等。

1988 年，颁布的军衔条例，是第一次单独颁布我军的军衔条例，1955—1965 年我军实施军衔制时没有单独的军衔条例，军衔的内容写入了《中国人民解放军军官服役条例》一章中。这次全国人大通过的军官军衔条例，是从我国实际需要出发，完善加强军官队伍建设，适应部队现代化、正规化、革命化建设的需要。吸取和借鉴了1955—1965年我军实行军衔制度的经验教训，又借鉴外国先进经验，着眼于军队指挥和管理的需要，增强官兵团结，调动广大官兵的积极性，激发广大官兵的荣誉感，是我军军官军衔制度的主要法规，也是我军军衔管理工作的依据。主要内容如下。

第一，现役军官军衔等级的设置。根据我国部队的实际和处于和平发展时期的状况，此次军官军衔等级设置，比1955年军衔制度比较有较大简化，共设将官、校官和尉官3等11级，最高军官军衔为一级上将。将官分为四级：分别是少将、中将、上将和一级上将。校官分为四级：分别是少校、中校、上校和大校。尉官分为3级：分别是少尉、中尉和上尉。上将分为两个级别，主要是考虑军委主要领导需要授衔时与其他高级军官应有所区别。校官分为四级，主要是考虑我军正师职军官数量多，如大部分授予少将军衔，将官总数显得太多。大部分授予上校军衔，又显得低了些。因此，设置了大校军衔。这样既可以控制将军数量，又可能使师职军官的军衔与团职军官军衔有所区别。

第二，现役军官职务等级编制军衔。从我国我军的实际情况出发，条例对军委委员、总参谋长、总政治部主任的职务编制军衔做了明确规定；大军区正职到副师职军官每职设三衔；正团职以下军衔每职两衔。专业技术军官的编制军衔，按高级、中级、初级专业技术职务分别做了原则规定。此时，我军军官队伍处在一个新老交替的关键时期，同一级别军官的德才、资历、贡献和所担负的责任差别也较大，军衔既要设立个基准衔，又要有个空间幅度。这样既有利于年轻军官的成长进步，又利于军官的稳定成长进步。军官编制职务等级军衔，每职级设三衔或两衔，有的将会出现职务高的军官军衔，低于职务低的军官军衔的现象。对此，条例做出规定：军衔高的军官，在职务上隶属于军衔低的军官时，职务高的应当为上级。

第三，现役军官首次授衔的批准权限。世界上各国第一次授予军衔的批准权限都比较高，一般由国家元首、政府首脑或者国防部长授予。我军1955年实行军衔制度时，第一次授予军官军衔，元帅是由国家主席，将官是由国务院总理，校官、尉官是由国防部长命令授予。鉴于此时国家和军队领导体制已不同于1955年，《条例》已规定，对于军官首次授予军衔，上校、大校、少将、中将、上将要由中央军事会主席批授予；少校、中校要由总部、大军区、军兵种或其他相当于大军区级单位的正职首长批准授予；少尉、中尉、上尉要由集团军或者其他有军官职务任免权的军级单位的正职首长批准授予。一级上将的授予权限是由全国人民代表大会常务委员会进行规定。为了统一标准和保证质量，《条例》规定授予军官军衔，要以所任职务、工作实绩、德才表现、在军队服役的经历、对革命事业贡献为依据，并按照等级职务编制授予现役军官军衔。

第四，现役军官军衔晋级的时间期限、批准权限。《条例》规定了平时现役军官军衔晋级时间期限，少尉晋升中尉为 3 年时间，中尉晋升上尉、上尉晋升少校、少校晋升中校、中校晋升上校、上校晋升大校各为 4 年时间。这样规定军衔晋级的期限，是与军官服役的最高年龄、职务的晋升和军官职务等级编制军衔基本相协调，是符合军官生长发展基本规律的。为了控制将官数量，也使高级军官具有较高的素质，《条例》规定大校以上军官军衔晋升为选升，以军官所在职务、对国防建设的贡献、德才表现为依据。对军官军衔晋升的批准权限，《条例》规定，原则上与军官职务的任免权限基本一致。这样可以把对军官的考核使用与军衔晋级相结合起来，更有利于对军官队伍的顺利管理。此外，《条例》对军官军衔的降级、剥夺、取消都做了具体规定。

为解决历史遗留问题，与过去军衔相衔接，保持军衔的严肃性、连续性，1988 年 7 月 1 日，全国人民代表大会常务委员会第七届第二次会议通过，关于确认 1955—1965 年，授予的军官军衔的决定。对在 1955—1965 年被授予军官军衔的军人，其军衔予以确认；犯叛国罪的或者是其他反革命罪的，犯其他刑事罪被依法判处 3 年以上有期徒刑的、无期徒刑、死刑的，被开除军籍的，以及按照中央军委规定不予确认的除外。

1988 年 7 月 1 日，全国人民代表大会常务委员会第七届第二次会议通过的《条例》施行以来，对于完善军队军官工作制度，调动广大军官的积极性，促进部队的现代化、正规化和革命化建设，增强部队的凝聚力，发挥了重要作用。随着军队、国家改革建设的进一步发展，我军已完成了高级军官队伍新老交替，军官队伍顺利发展，《条例》中有的规定的已与军官队伍的实际不完全适应。

1994 年 5 月 12 日，全国人民代表大会常务委员会第八届第七次会议通过，修改《中国人民解放军军官军衔条例》的决定。当日，中华人民共和国主席令第 26 号公布。条例的主要内容如下。

第一，关于军官军衔等级的设置。军官军衔由 3 等 11 级，修订为 3 等 10 级，不再设一级上将军官军衔。这样修改主要考虑，从 1988 年恢复军官授衔以来，设立有一级上将军衔，但一直未授。根据我军现代军官队伍的实际以及处于和平时期的情况，军衔等级的设置不宜太多太高。

第二，军委主席和副主席的职务等级编制军衔。中央军事委员会主席和副主席的职务编制军衔，是由全国人民代表大会常务委员会另行规定。这次修订为中华人民共和国中央军事委员会领导全国武装力量。中央军事委员会实行主席负责制。中央军事委员会主席不授予军衔。规定军委主席不授予军衔，符合我党我军的传统和国际上通行的做法。由于军委主席规定不授予军衔，军委主席的地位、职能必须在《条例》中加以规范的明确，《条例》依据《中华人民共和国宪法》第九十三条中关于"中华人民共和国中央军事委员会领导全国武装力量。中央军事委员会实行主席负责制"的规定。

为了使《条例》更加健全和完善，军委副主席的职务等级编制军衔应当予以规范明确。因此，规定明确："中央军事委员会副主席的职务等级编制军衔为上将"。

第三，军委委员的职务等级编制军衔。条例原规定中央军事委员会委员的职务编制军衔为上将至中将，基准军衔是上将。从恢复授衔和这几年选升将官的情况看，军委委员均是上将军衔。根据军委委员的岗位责任，编设中将军衔明显偏低。此外，军委委员、正大军区职军官的新老交替已经基本上理顺。因此，将中央军事委员会委员的职务等级编制军衔修订为上将。

第四，关于军事、政治和后勤军官的职务等级编制军衔。《条例》原规定总参谋长和总政治部主任职务，设置两个等级军衔，正大军区职至副师职级军官，每一级职务设置三个等级军衔，正团级以下军官每一级职务设置两个等级军衔，还规定了每个职务等级的军衔。由于此时我军师级以上军官中，同一职级的军官在资历方面存在着比较大的差别，每一级职务设置三个等级军衔，能较好地调整新老军官之间的关系；团级以下军官中，同一职级的军官资历差别不是很大，每一级职务设置了两个等级军衔。实施这几年后，军官队伍的情况发生了比较大变化，同一职级的军官在资历方面的差距有明显缩小。为此，修订后的条例，对军事、政治、后勤军官的职务等级编制军衔作了适当调整，总参谋长和总政治部主任的职务等级编制军衔是上将；正大军区职级至副师职级军官，由过去每一级职务设置三个等级军衔，修订为两个等级军衔，正团职以下军官的职务等级编制军衔不变，取消了原来最低的一等军衔；鉴于正大军区职级以下各职级军官的职务等级编制军衔，均为每一级职务设置两个等级军衔，因此取消了基准军衔的规定。根据军官的岗位责任，每一级职务设置的两个等级军衔，前一个为主要军衔，后一个为辅助军衔。

正大军区职级军官的职务等级编制军衔为上将和中将，上将为主要军衔，中将为辅助军衔。这样修订主要考虑，这些军官都是负责领导指挥管理一个军种、兵种或一个战区的工作，岗位责任重大。这样编设军衔，有利于加强对部队的指挥、领导和管理。

第五，专业技术军官的职务等级编制军衔。专业技术军官的职务等级编制军衔原条例规定为：高级专业技术职务为中将至少校；中级专业技术职务为上校至上尉；初级专业技术职务为少校至少尉。为了充分调动专业技术军官的积极性，保留、吸引人才，将中级专业技术职务军官的职务等级编制军衔，由上校至上尉，修订为大校至上尉；初级专业技术职务军官的职务等级编制军衔，由少校至少尉修订为中校至少尉。

第六，少尉晋升中尉军衔的期限。少尉晋升中尉军衔的期限原《条例》都规定为 3 年。实际上，被授予少尉军衔的军官情况不是不同的，有的是大学专科以上毕业生，有的是中专毕业生。这样，同期入伍的少尉军官晋升中尉军衔的时间期限，中专毕业生早于大学专科以上毕业生，显得不够合理。因此，将这一条修订为，少尉晋升中尉军衔的期限是：大学专科以上毕业的为 2 年，其他为 3 年。

第七，军官晋升军衔的批准权限。鉴于新修订的《条例》明确了军委副主席和军委委员的职务等级编制军衔为上将，条例已规定授予上将军衔由军委主席批准。因此，相应规定军委副主席和军委委员晋升为上将的，由中央军事委员会主席批准。调整了中级和初级专业技术职务军官的职务等级编制军衔，因此，对《条例》第五章第二十二条专业技术军官晋升军衔的批准权限，也相应作了修订调整，规定：专业技术军官晋升为中将、少将和大校的，由中央军事委员会主席批准；晋升为上校的，由各总部、大军区、军兵种或其他相当于大军区级单位的正职首长批准；晋升为中校、少校的，由集团军或其他有军官职务任免权的军级单位的正职首长批准。

4.1.4　修订军官服役条例

1988 年 9 月 5 日，全国人民代表大会常务委员会第七届第三次会议通过了《中国人民解放军军官服役条例》的修订。1955 年颁布了第一部《中国人民解放军军官服役条例》，1963 年，修订后的重新颁布。1965 年，取消实行的 10 年军衔制度，此时的军官服役条例即行废止。粉碎"四人帮"后，1978 年又颁布了《中国人民解放军干部服役条例》。这部条例的许多条款现在已经不适应军队建设的新情况、新特点。为建设一支强大的现代化、正规化革命军队，有必要制定新的现役军官服役条例，使现役军官服役逐步走上法制化的轨道。根据中华人民共和国兵役法的有关规定，参照前三部条例，吸收近几年干部制度改革的新经验，重新起草《中国人民解放军现役军官服役条例》，先后召开有军队各级各类干部参加的座谈会，条例曾提交军委扩大会议讨论，并征求了全军军以上单位和国务院有关部门的意见，进行了反复修改。条例对现役军官的基本条件、培训、职务任免、调换、考核、待遇、退役、奖惩等作了明确规定，与原《条例》相比，在现役军官基本条件、任职最低年限、培训体制、能上能下、奖惩、最高年龄等方面，增加充实了一些新的内容。过去的条例把军官军衔制度、预备役军官制度和现役军官服役制度合写在一起，为使三项制度更为完备，这次考虑分别单独立法。

这次起草条例，是从结合我国我军的实际情况出发的，适应国家全面改革、经济建设的需要，适应国防和军队建设指导思想的战略性转变，建立健全完善的军官现役服役制度，加强军官队伍的革命化、年轻化、专业化和知识化建设。制定了各项规章制度，既要考虑到战时，又兼顾到平时；既要注意军队建设的需要，又要注重于长远的发展；既要保持我国我军特色，又要借鉴外国的有益做法。使之有利于保持相对稳定的军官队伍，新老交替实现正常化，有利于广泛发现人才，合理对人才的使用，使广大军官积极性、创造性得到充分调动。

第一，军官经院校培训提拔。1963 年、1978 年两部《条例》规定，基层军官平时的主要来源从士兵中直接选拔；中、高级军官从下级军官中考核直接选拔。1980 年，中央军委改革了培训干部、选拔的办法，实行了经过院校培训提拔军官的制度。经过实践，这样可以提高军官综合素质，以适应国防和军队现代化建设以及战争对军官的要求；同时军官控制数量，对军官队伍的计划发展管理作了规定。

第二，任免军官职务的权限。部队是执行政治任务的武装集团，为加强党和国家对军队的领导、统一指挥，集中需要进一步强调。《条例》规定的任免军官职务的权限，这是总结新中国成立以来军队干部任免工作的经验，根据军队的特点而提出来的规定，是符合军队的实际情况的。这一规定，有利于部队建设和指挥作战；有利于调整和交流军官，在较大范围内对进行，确保军官质量。鉴于有些总部、大军区、军兵种和直辖独立师，为审批层次减少，及时对正营职军官职务的任免，《条例》还规定正营职军官职务独立师师长、政治委员可以任免。

第三，平时军官任职的最低年限。根据军官成长的规律、各级岗位职务的要求，《条例》规定了平时任职军官的最低时间年限。未任满本职最低年限师级以下职务军官，一般不能够晋升，本人也不能提出要求退出现役。这样规定，军官有利于积累经验增长才干，军官有利于工作的连续性、保持队伍的相对稳定。军级以上军官职务，由于晋升机会比较少，一般都比较长时间任现职，任职的最低年限没有具体规定。任满本职最低年限的军官，并不是一定要晋升职务。军官职务平时的晋升，不但要看其德才条件，是否任满本职最低年限，是否符合拟任职务的条件要求，还要看职位编制是否有空位，是否符合领导班子结构年龄的要求。任职最低年限只是晋升其中的一个条件。

第四，平时军官任职的最高年龄和服现役的最高年龄。过去几次修订的条例，只规定了平时军官服现役的最高年龄，对平时军官任职的最高年龄没有作出要求，这部条例对此都作了规定，这也是总结近几年军官队伍需要年轻化的要求提出来的。任职的最高年龄，是指担任军官某个职务，所不能超过的规定年龄，到了这个限定年龄，职务也不能晋升，按规定就应调整到任职年龄较高的其他部门服役，或者退出现役。服现役的军官最高年龄，就是必须退出现役的年龄，军官到了这个规定年龄，如果职务不能晋升，就需要退出现役。为了保持作战部队军级、师级军官年轻化，《条例》规定他们的任职最高年龄比服现役的最高年龄分别是小 5 岁。当他们达到、接近任职最高年龄，可以交流到省军区系统或者是其他部门工作，达到、接近服现役的最高年龄，可以离休或退休安排。

第五，军官享有的待遇。军官担负着守卫国家领土、训练、作战、国防科研、领空、领海，以及救灾抢险等艰险任务，要随时准备为了人民利益、国家利益做出牺牲。为了鼓励、吸引公民从军服役，《条例》中规定除了军官必须履行的规定的义务外，还应从我国的实际国情出发，本着对现役军人优待的原则，规定他们应享有的主要待遇。这样，对于现役军官的荣誉感、责任感的增强，安定军心具有重要的作用。从大局上看，这些规定符合国家、人民的最高利益。《条例》重申了规定现役军官家属具备随军条件可以随军。因此，《条例》还规定：军官家属随军、工作调动、随调子女的就业，按照国务院、中央军委制定的军人抚恤优待有关规定办理。

条例对病故、牺牲军官的家属管理作了原则的规定。由于军队所担负的任务艰苦而繁重，流动性比较大，各种突发事件随时准备应付，由军队管理病故、牺牲军官的随军家属十分不便，因此，由政府接收安置这些遗属还是比较好的。移交的步骤具体办法，另行研究规定。

1988 年制定的《中国人民解放军现役军官服役条例》，极大促进了军官队伍建设，但随着形势和任务发展变化，某些内容也出现了与军队建设和发展不相适应，为了加强军官队伍的革命化、专业化、年轻化、知识化建设，决定修改《中国人民解放军现役军官服役条例》。国务院、中央军委提交《中国人民解放军现役军官服役条例修正案（草案）》的议案，1994 年 5 月 12 日，全国人民代表大会常务委员会第八届第七次会议审议通过。1994 年 5 月 12 日，中华人民共和国主席令第 25 号公布施行。修订的主要内容如下。

第一，选拔使用干部方面。军官的使用、选拔，德才兼备、坚持任人唯贤、适时交流、注重实绩的原则，实行民主进行监督。经军队院校培训不能满足需要提拔军官时，平时经过军队总部指定的其他训练机构培训合格后，可以挑选优秀士兵，提拔为军官，也可以招收专业技术人员、军队以外的高等学校毕业生入伍，并任命为军官；战时军官可以从优秀士兵、征召的预备役军官、非军事部门的人员中直接任命军官。总参谋长、总政治部主任至正师职级军官职务，由中央军委主席任免。高级专业技术军官职务、副师职、正旅职、正团职、副旅职军官职务，由总参谋长、总政治部主任、总后勤部部长和政治委员，大军区及军兵种司令员和政治委员，或者相当大军区级单位的正职首长任免，副大军区级单位的正团职、副旅职、军官职务由副大军区级单位的正职首长任免。军官职务的任免工作，按照中央军委规定的程序办理。

第二，军官平时任职的最高年龄。作战部队的军事、政治、后勤军官，平时任职的最高年龄是，担任排级职务的是为 30 周岁；担任连级职务的是为 35 周岁；担任营级职务的是为 40 周岁；担任团级职务的是为 45 周岁；担任师级职务的是为 50 周岁；担任军级职务的是为 55 周岁；担任大军区级职务的副职是为 63 周岁，正职是为 65 周岁。在舰艇上服役的团级、营级职务军官，任职的最高年龄为 45 周岁和 50 周岁。作战部队的军级和师级职务军官，少数因工作需要的，可按照任免权限经过批准，任职的最高年龄适当可以延长，但是正军职、正师级军官延长的年龄最多不得超过 5 岁，副军职级军官延长的年龄最多不得超过 3 岁。

省军区、卫戍区、警备区系统，后勤基地和分部，院校、科技单位的团级职以下职务军官，任职的最高年龄依照军事、政治、后勤军官平时任职的最高年龄相应规定执行；师级职务军官，任职的最高年龄是为 55 周岁，副军职级和正军职级军官，任职的最高年龄分别是为 58 周岁和 60 周岁。各总部机关、大军区级机关的营职级以下职务的军官，任职的最高年龄依照军事、政治、后勤军官平时任职的最高年龄相应规定执行；师级职务军官，任职的最高年龄是为 55 周岁；副军职级和正军职级的军官，任职的最高年龄分别是为 58 周岁和 60 周岁。总部机关的团级职务军官，任职的最高年龄是为 45 周岁，因工作需要的，可以延长 5 岁；大军区级机关的团职级军官职务，任职的最高年龄是为 45 周岁，少数因工作需要的，可以延长 3 岁。专业技术军官平时任职级的最高年龄：担任初级专业技术职务的军官是为 40 周岁；担任中职级专业技术职务的军官是为 48 周岁；担任高职级专业技术职务的军官是为 60 周岁。

第三，军官享受的待遇。军官实行职务和军衔等级工资制度，实行定期增资制度，并按照国家和军队的相关规定，享受补贴和津贴。具体办法是由中央军委规定。军官按照规定离职培训、治病疗养、休假以及免职待分配期间工资照发。平时军官达到服现役最高年龄的，应当退出现役。平时军官服现役的最高年龄：担任作战部队师职级职务的是为 55 周岁；担任作战部队军职级职务的副职是为 58 周岁，正职是为 60 周岁；担任其他职务的服现役的最高，年龄与任职的最高年龄相同。服满现役 30 年以上或者是服现役、参加工作满 30 年以上，或者年龄满 50 周岁以上的军官，担任师职级以上职务的，本人需要提出申请，经组织批准的可以退出现役作退休安置；担任团职级职务，不宜作转业或者其他安置的，可以由组织批准退出现役后，作退休安置。军官退出现役后由政府组织安置管理。具体办法由国务院、中央军委作出规定。军官离职休养、军职级以上职务军官退休后，按照国务院、中央军委的有关规定来安置管理。

4.1.5　制定士兵服役条例

1984 年 5 月 31 日，全国人民代表大会第六届第二次会议通过，于 10 月 1 日开始施行的《中华人民共和国兵役法》第九条规定了，中国人民解放军实行军衔制度。国务院、中央军委为了完善加强士兵服役制度，提高士兵队伍综合素质，加强军队的革命化、正规化、现代化建设，依据《兵役法》的相关规定，于 1988 年 9 月 23 日，制定颁发了首部《中国人民解放军现役士兵服役条例》，由国务院、中央军委第 14 号令发布施行，对士兵军衔制度进行了规范，主要内容如下。

（1）关于我军士兵的军衔等级问题。《条例》规定设 3 等 7 级，兵的军衔设列兵、上等兵；军士的军衔设下士、中士、上士；士官的军衔设专业军士、军士长。士兵军衔按兵役性质设 2 等 7 级，义务兵役制士兵的军衔设列兵、上等兵、下士、中士、上士；志愿兵役制士兵的军衔设专业军士、军士长。海军、空军士兵在军衔前分别冠以"海军""空军"二字。同 1955 年的士兵军衔制相比，增加了士官 1 等，增加了专业军士、军士长 2 级。这主要是由于我国两个时期的兵役制有所不同。1955 年实行义务兵役制。1978 年开始则改为义务兵役制和志愿兵役制相结合的制度。增加专业军士、军士长 2 级军衔，是属于志愿兵役制士兵军衔，这是与此时修订兵役法的要求相适应的。

（2）关于士兵军衔授予和晋升。《条例》规定：以所任职务编制军衔、服现役年限、德才表现为依据，对士兵授予军衔，应与编制军衔一致。列兵是为服现役第 1 年的兵，军衔应在入伍宣誓时同时授予。义务兵的军衔晋升期限，《条例》规定：服现役第 2 年的列兵，晋升上等兵军衔；服现役第 3 年的上等兵，服现役第 2 年的副班长，晋升下士军衔；服现役第 4 年的副班长，服现役第 3 年的班长，服现役第 5 年的下士，晋升中士军衔；服现役第 5 年的副班长，服现役第 4 年的班长，晋升上士军衔；自愿继续服现役、服现役已满 5 年以上，经批准担任专业技术工作职务的士兵，晋升专业军士；经过军事院校培训、被任命担任基层行政工作，或者专业技术领导管理职务的士兵，晋升军士长。士兵军衔晋升应当按规定期限。士兵由于职务晋升，其军衔低于新任职务编制军衔的，可提前晋升至新任职务编制军衔的最低军衔。

（3）士兵军衔授予、晋升的批准权限。《条例》规定：专业军士、军士长，由团或者相当于团的单位主官批准；下士、中士、上士，由营或者相当于营的单位主官批准；列兵、上等兵，由连或者相当于连的单位的主官批准。兵的军衔授予与晋升，由连或者相当于连的单位的主官队前口头公布；军士、士官军衔的授予和晋升，由连或者相当于连的单位的主官提名，并填写士兵军衔报告表上报审批，由批准单位的主官以命令形式公布。士兵在训练机构学习期间军衔的晋升，学制 6 个月以上的，晋升军衔由训练单位办理；学制不满 6 个月或者送地方学习的，晋升军衔由原单位办理。士兵住院治疗期间军衔的晋升，由原单位负责办理；士兵因病、非因公致伤致残住院或者病休的时间，连续计算超过半年的，暂缓晋升，暂缓晋升期限不得少于半年。军衔高的士兵对军衔低的士兵，军衔高的为上级。当军衔高的士兵在职务上隶属于军衔低的士兵时，职务高的为上级。士兵应当按规定佩戴与其军衔相符的符号、肩章。士兵首次军衔评定、编制军衔和授予工作，由中国人民解放军总参谋部另行规定。

（4）关于奖惩问题。《条例》规定：对士兵获得科学技术进步三等奖以上奖励的、士兵荣获二等功以上的，其级别军或者衔，可以提前晋升。降级仅志愿兵适用，降职仅班长适用，降衔仅军士和上等兵适用。撤职仅副班长适用、班长或者相当于班长职务的士兵适用；士兵受到降级或者降衔处分后，其级别、军衔的晋升期限，按照处分后的级别、军衔重新计算；士兵受降级或者降衔处分后，对改正所犯错误的，并在工作中或者作战有显著成绩的，其级别或者军衔晋升的期限可以缩短；士兵被开除军籍、除名、劳动教养或者是判处徒刑的，应当根据具体情况的规定，剥夺或者取消其军衔。此后，总参谋部、总政治部根据《现役士兵服役条例》，联合下发了《关于评定授予士兵军衔工作的指示》，总参谋部制定了《士兵编制军衔》规定，对评定和授予士兵军衔的原则、范围、标准和方法步骤都做了具体规定。据此，全军按照这一规定完成了士兵授衔工作。

1988 年 8 月 13 日经中央军委常务会议和 1988 年 9 月 9 日国务院第二十一次常务会议通过《中国人民解放军现役士兵服役条例》。1988 年 9 月 23 日，国务院、中央军委颁布，自公布之日起施行。该条例共分 7 章 54 条。条例是人民解放军第一部比较系统的有关士兵服现役的法规。具体规定了现役士兵服役制度。这一制度对士兵的管理、军衔、奖惩、待遇及退役等作了明确规定。士兵的军衔自 1988 年 10 月 1 日起在全军佩戴。

1993 年 4 月 26 日，为加强部队士官队伍建设，便于军队的管理和指挥，加强士官的荣誉感和责任心，决定士官增设军衔等级。国务院、中央军委关于修订中国人民解放军现役士兵服役条例的决定，国务院、中央军委会令第 113 号公布。主要作如下修改和补充。

(1) 完善士官等级。士官：1 级军士长、2 级军士长、3 级军士长、4 级军士长；1 级专业军士、2 级专业军士、3 级专业军士、4 级专业军士。

(2) 志愿兵役制士兵等级。第十六条第 (一) 项修改为志愿兵役制士兵：4 级军士长、3 级军士长、2 级军士长、1 级军士长；4 级专业军士、3 级专业军士、2 级专业军士、1 级专业军士。

(3) 士兵军衔的授予与晋升。兵：服现役第 1 年的，授予军衔列兵；服现役第 2 年的列兵，晋升军衔上等兵。军士：服现役第 3 年的上等兵、服现役第 2 年的副班长晋升下士军衔；服现役第 5 年的下士、服现役第 4 年的副班长、服现役第 3 年的班长，晋升中士军衔；服现役第 5 年的副班长、服现役第 4 年的班长，晋升上士军衔。士官：经过士官训练机构或者军事院校培训，被任命担任专业技术或者基层行政领导管理职务的士兵，授予 1 级军士长军衔；1 级军士长晋升 2 级军士长、2 级军士长晋升 3 级军士长的期限是各为 4 年；3 级军士长晋升 4 级军士长的期限是为 5 年；

服现役满 5 年的并自愿继续服现役，经批准担任专业技术职务的士兵，授予 1 级专业军士军衔；1 级专业军士晋升 2 级专业军士、2 级专业军士晋升 3 级专业军士的期限是各为 4 年；3 级专业军士晋升 4 级专业军士的期限是 5 年。编制职务相当于班长的，按照班长的军衔规定晋升。

（4）规范批准权限。4 级军士长、4 级专业军士，是由军级或者相当于军级的单位的主官批准；3 级军士长、2 级军士长、1 级军士长和 3 级专业军士、2 级专业军士、1 级专业军士，是由师级或者相当于师级的单位的主官批准。

（5）规范处分类别。行政处分分为：警告、严重警告、记过、记大过、降职、降衔、降级、撤职或者取消志愿兵资格，除名、开除军籍以及中央军事委员会规定的其他行政处分。降职不适用于副班长；降衔不适用于 1 级专业军士、1 级军士长、列兵；降级不适用于薪金级别最低 1 级的士官。降级、降职、降衔，一般情况下只降 1 级。

待遇。志愿兵享受薪金制和供给制相结合的生活待遇。薪金由级别薪金、军衔薪金和补贴构成。

4.1.6　制定文职干部暂行条例

为适应部队建设的需要，1988 年 4 月 27 日，中央军事委员会主席邓小平签发批准了《中国人民解放军文职干部暂行条例》。7 月 31 日，中央军事委员会在京召开文职干部会议，文职干部制度在我军正式实行，我军历史上第一次出现了一支 10 多万人的文职干部队伍。《中国人民解放军文职干部暂行条例》规定，文职干部不授予军衔，不着制式军装，佩戴统一的胸章符号，胸章背面有“中国人民解放军文职干部胸章符号”字样。胸章由总后勤部设计并统一制发。其主要内容如下。

第一，规定文职干部属性。中国人民解放军中的文职干部，是军队定额编制内不授予军衔的军队干部，由现役军官改任的文职干部保留军籍。文职干部实行聘任和任命相结合的制度，按编制员额、编制职务等级配备文职干部。文职干部的聘任办法由相关单位另行规定。根据工作需要，文职干部也可改任现役军官，可以在军内交流使用。

第二，编制文职干部范围的原则。师以下作战部队、试验训练部队以及保障部队，原则上不能编制文职干部。科学研究、医疗卫生、工程技术，出版、教学、新闻、体育、文化艺术等单位的部分专业技术干部职务，以及为院校、医院、机关等单位内部服务的部分行政事务和生活保障干部职务，可以编制军队文职干部。

第三，文职干部的来源。文职干部的来源：现役军官；军队院校毕业学员；地方中等专业学校、高等学校毕业生；地方专业技术干部。采取有计划地安排文职干部进修深造，多种形式组织文职干部在职学习。

第四，规范文职干部的职务和职务等级。从事专业技术工作的文职干部的专业技术职务设为高级、中级、初级三级。专业技术职务的名称和档次，按国家的统一规定执行。从事非专业技术工作的文职干部的职务名称按编制执行。其职务等级分为：办事员、2级科员、1级科员、副科级、正科级、副处级、正处级、副局级、正局级。

第五，规范文职干部的任免、晋升和奖惩。文职干部职务的任免权限：正局级军队干部职务由中央军委主席任免；高级专业技术职务、副局级、正处级军队文职干部职务，是由总参谋部、总政治部、总后勤部、大军区、军兵种或者是相当大军区级单位正职首长任免；中级专业技术职务、副处级、正科级军队文职干部职务由有任免权的军级单位正职首长任免，中级专业技术职务也可由大军区级以上单位授权的师级单位正职首长任免；初级专业技术职务、副科级以下军队文职干部职务由有任免权的师、旅级单位正职首长任免。专业技术干部专业技术职务的晋升、非专业技术干部职务等级的晋升，按国家和军队颁布的相关条例和规定执行。文职干部的奖惩，参照《中国人民解放军纪律条令》、军队的其他有关条例和规定执行；符合国家有关奖励条例、规定的，报请国家给予奖励。触犯刑律和构成犯罪的，由军事法院依法审理。

第六，军队文职干部的待遇。由现役军官改任的文职干部，工资与现役军官相同。文职干部的工资等级、标准，由总政治部、总后勤部具体制定。文职干部的政治待遇、粮油定量、医疗、住房、休假、探亲，按照现役军官的相关规定执行。文职干部家属随军条件及家属随军后的安置、医疗和随迁，文职干部家属符合随队条件的，而未随军应享受的优待，按照现役军官的相关规定执行。军队文职干部因公致残的优待，牺牲和病故的抚恤以及遗属的安置管理，执行国家、军队对现役军官的相关规定。

第七，文职干部的最低服务年限和转业。文职干部的服务最低年限，从任军队干部职务之日算：担任非专业技术职务、初级专业技术职务是15年；担任中级专业技术职务是20年；担任高级专业技术职务是30年；未达到服务最低年限的，除组织安排以外，本人一般不得要求离开部队。对要求提前离开部队的，经组织教育仍继续坚持的，视情节给予必要的纪律处分，直至撤销其职务。根据国防建设需要，军队可以安排下列军队文职干部转业到地方安排工作：单位编制员额的限制，不能调整继续使用的；已满服务最低年限的，需要转业到地方工作的；其他原因需要转业到地方工作的。军队文职干部的转业，纳入当年现役军官转业计划安排，由地方政府接收并安排工作。安置办法、补助费标准、转业后的工资待遇，按国家、军队现役军官转业的相关规定执行。

第八，军队文职干部的退休年龄：担任专业技术高级职务的是60周岁，其中因工作需要、少数专业技术水平高、身体条件许可，按照任免权限经过批准，可适当延长其退休年龄。担任中级专业技术职务的女性是55周岁、男性是60周岁。担任初级专业技术职务的，一般女性是55周岁、男性是60周岁。有的退休年龄可根据工作性质、身体条件等，提前1~5岁退休。担任中、初级专业技术职务的文艺、体育干部的女性是50周岁、男性是55周岁。担任非专业技术职务正副处级的、正副局级的女性是55周岁、男性是60周岁；科级以下的，女性50周岁、男性55周岁。文职干部退休、转业的审批权限，按照任免权限执行。文职干部退休的安置管理、待遇办法，按现役军官的相关规定执行。

1992年4月1日中央军事委员会决定，从1992年5月1日起，全军文职干部配发与现役军官相同的制式军装，与现役军官的肩章、领花不同，佩戴是文职干部肩章和领花。

4.1.7　对越自卫还击作战紧急征兵

从1974年开始，越南当局不断在中越边境制造挑衅事件，每年少则百余起，多则千余起。1978年9月—1979年2月，越南当局在我国边境地区侵占中国领土多达160多处，严重地威胁和破坏中国边境地区的安宁和建设发展。对于越南当局武装挑衅和入侵行径不断升级，我国政府一直是比较忍让克制态度，多次与越南当局交涉，要以中越两国人民的利益为重，并一再提出通过和平谈判的方式，解决中越两国边界领土争端的问题。同时，广西、云南边防军民严格执行边防政策，坚持说理斗争，即使在越南军警人员打死打伤中方边防军民的情况下，仍未予以还击。但是，越南当局不断加剧在广西、云南边境地区实施各种军事挑衅活动。[①] 1979年2月17日—3月5日，广西、云南边防部队奉命对越实施自卫还击作战。

为了保证参战部队的减员及时得到补充，国务院、中央军委决定在民

---

① 军事科学院军事历史研究所. 中国人民解放军的八十年 [M]. 北京：军事科学出版社，2007.

兵和已回乡的退伍兵中紧急动员。1979年2月21日、22日，分别批准广州、昆明军区从广东、广西、湖南、云南、贵州5省（区）动员征集兵员补充参战部队。国务院、中央军委要求：为使兵员补充上后就能打仗，征集的对象主要是武装基干民兵和基干民兵，并酌情动员一部分退伍战士。征集武装基干民兵和基干民兵的年龄为年满20~23周岁，动员的退伍战士，年龄可放宽到25周岁。征集动员兵员的条件，按照新兵的政治、身体条件执行，但要简化手续。国家财政部、商业部和总参谋部、总后勤部于2月22日就征集动员兵员的经费开支和粮油供应问题下发通知，具体规定征集动员的兵员集中后至送到军区指定地点之前每人的伙食费、运输费、住宿费、医药费和粮油供应的标准。

国务院、中央军委兵员动员指示下达后，广州、昆明军区前指要求在10天内按规定的任务数量和标准完成，并办好兵员入伍手续，送交部队。广东、广西、湖南、云南、贵州5省（区）的地方各级党委、政府和军事机关在24小时内将任务布置到基层。广东、湖南、广西三省（区）迅速抽调干部和体检医务人员，都是当天通知，当天集中，当天开展工作。云南省接到昆明军区征集兵员的指示后，首先将征集的主要精神电话通知各地区，接着于2月24日召开省、地两级党、政、军领导干部会议，统一认识和做法。会议确定3月3日前完成体检、定兵、发放被服、办理入伍手续的任务，3月4日起运，分别按指定地点送到部队。贵州省接到征集动员任务后，地方各级党委连夜传达布置，从地区到县、社都是第一书记亲自抓，公安、卫生、工会、青年、妇女等有关部门主动协助征集工作，各军分区、县（市）人武部全力以赴。

各省（区）的地方各级党委发扬全党动员的光荣传统，把深入细致的思想发动放在临战紧急征兵的首要位置。地方各级党委和政府都指定1名领导同志主管临战紧急征兵工作，积极发动武装、组织、宣传、青年、妇女、公安、卫生、财政、粮食、商业等有关部门，通力协作，并抽调大批干部组成工作队深入社队基层帮助工作。据统计，广东、广西、湖南省（区）共派出1800个工作组，深入基层检查指导征集工作。针对战时紧急征兵思想发动较平时征兵要广泛得多、具体得多、深刻得多等特点，各地区在基层普遍召开支部大会、干部会、基干民兵会、社员会、妇女会、复退军人和军烈属会，从党内到党外，从干部到群众，层层发动；充分利用有线广播、宣传栏、黑板报、标语、幻灯等工具，广泛地进行宣传教育。在思想发动中，既注意普遍的宣传教育，又有重点地发动武装基干民兵，对符合条件的对象做深入细致的思想工作；既注重做好应征对象的思想发动工作，又注意把预征对象的家属、亲友的思想工作做深、做透，做到本人自愿，家庭支持；公开宣传国家对动员民兵和退伍战士入伍的待遇规定，消除他们的后顾之忧。湖南省"宣传发动就公开正面动员到广西边防前线参军参战，宣传材料以中共中央〔1979〕11 号文件和 2 月 19 日《解放军报》社论《保卫我国边疆和平安定》为基本教材，反复讲清越南侵略者不断武装侵犯中国边境的滔天罪行，激起广大民兵群众的仇恨心；反复讲清自卫还击作战的目的意义，坚定参军参战的决心和信心；反复讲清民兵的性质、任务，民兵工作要落实'召之即来、来之能战、战之能胜'的要求；讲清老兵归队、重返前线的重要性；号召民兵和退伍老战士积极报名应征"。该省 6 个地区所属县（市）、公社都召开武装基干民兵连动员大会；复员退伍军人、适龄青年家属座谈会，由公社党委书记进行动员，并采取多种形式，运用各种宣传工具，利用标语、墙报和广播等宣传手段，召开广播大会，播放典型发言，大造声势。各地经过反复宣传发动，许多适龄武装基干民兵纷纷表示：民兵是人民解放军的有力助手和后备力量，任务是平时保卫生产，战时就是要参军参战，今天要响应国务院、中央军委的战斗号召，积极报名参军参战。由于思想动员工作广泛深入，各地区形成踊跃参军参战的热潮，有的地区报名人数超过任务数的 10 多倍。

根据国务院、中央军委的指示，广州、昆明军区在紧急征兵中不仅以武装基干民兵为主要征集对象，而且要求动员部分退伍战士，特别是退伍的专业技术兵重返部队。由于退伍战士年龄较大，多数已结婚生子，家庭负担较重，思想顾虑较多，加之有些地区安置和优抚政策不够落实，有的退伍战士生产、生活上的一些实际困难未得到很好解决，致使动员退伍战士重新入伍比动员武装基干民兵入伍的工作，要难做一些。动员一个退伍战士，往往需要做本人、妻子和父母等多方面工作。有的地区由于没有很好地掌握复退军人的基本情况，对动员退伍战士重新入伍感到心中无数。各地在动员退伍战士入伍的工作中，专门召开复退军人座谈会，教育他们以国家安危为重，积极响应中国共产党的号召，带头参军，重返前线，做自卫还击的战斗骨干。对于积极要求重返前线的退伍战士，大力表扬，扩大影响，大造舆论。同时，各级领导深入到重点对象家里，逐户进行思想发动工作，讲明党和国家对退伍战士重返部队的各项待遇政策，把任务落实到人。由于思想工作充分、政策到位，大多数地方的退伍战士求战情绪高涨。

这次紧急征兵打破平时征兵的常规程序，实行边体检、边政审、边定兵，在保证兵员质量前提下简化手续。广东、湖南、贵州省把征集兵员的动员任务分配给邻近广西、云南的地区，减少兵员输送的中转环节，提高动员时效。为保证兵员补入部队后能迅速投入战斗，征集对象主要是农村中的武装基干民兵和经过训练的基干民兵。在紧急征兵过程中，实行"三组一体"的流水作业，体检组、政审组、定兵组都集中到体检站，做到体检1人、政审1人。把以往从宣传动员、目测摸底、初审、体检、复审、定兵、审批分段逐级进行程序简化为边动员、边体检、边政审、边定兵审批。对征集动员对象的政审，改变平时县、社、队层层把关的做法，主要由基层党组织负责。政审时，县社组织力量，深入社队，以武装基干民兵和退伍老兵原政审表为基础，依据兵员政治条件规定，核实原表有无错漏，本人、家庭主要成员及主要社会关系有无变化，并由支部把关做出现实表现结论性意见。体检工作主要以公社为单位分别组织实施，改变过去由县统一组织的做法。对前一年冬季征兵中"双合格"（即政审、体检合格）人员，一般不再进行复检。对其他适龄青年的体检，有的县组织医务人员，分成若干体检站，划片包干；有的县以医疗力量较足、技术较高、设备较全的卫生院为体检站，分片包干；有的县以公社（湖南以区）卫生院为体检站，由县临时调配体检力量和体检器材，各公社同时展开。由县征集动员办公室组织力量深入到各体检站，上下结合，及时做出结论。审批定兵由县派人到公社，与社、队干部共同商定，及时办理入伍手续。适龄退伍老兵身体健康、现实表现较好的，由公社办理登记、县办理批准入伍手续。在工作安排上，边发动、边政审、边体检、边登记，一环扣一环，多数地区仅用4天时间即完成新兵的体检、政审、定兵工作。云南省对准备动员的部分适龄青年已在战前进行体检和集中训练；贵州省也在战前就将征集动员对象落实到人头。这些做法使战时兵员征集工作打破常规，简化手续，缩短时间。

此次紧急征兵，部队正在执行作战任务，不能派人到地方接兵，主要采取由各级人武部门和地方共同组织力量，把兵员直接送到各补训团或参战部队的做法。送兵工作一般以县为单位组成新兵连或营，以地区为单位组成新兵团，并配备各级干部和医务、生活保障人员。新兵营、连架子由地方干部和武装干部组成，每连一般5人，即正副连长、指导员和司务长，有的配有文书，负责兵员集训和送兵工作。为保证兵员自征自送质量，云南省的9个地区坚持做到"三不送"，即思想不坚定的不送，政治、身体条件不合格的不送，家属思想不通的不送。

根据需要，1979年征调临时入伍人员与兵员预征。对越自卫还击作战是一场有限地幅内的出境作战，迫切需要补充一批懂得越语和熟悉越南境内相关地形等情况的人员。因此，1978 年 12 月 23 日，广州军区前指为解决越语翻译和向导缺乏的困难，向中央军委发电请示，拟从越南归侨中选调部分男性青年临时入伍。1979 年 1 月 3 日，中央军委批复广州军区前指并昆明军区：同意 1978 年 12 月 23 日广州军区前指关于征调越语翻译的请示，从广西壮族自治区所属农、林场归侨中，按思想表现好、身体健康、直系亲属在国内、年龄为 35 周岁以下的条件，选调一批男性青年，担负参战部队连以上单位的越语翻译和向导等任务。其待遇工资不变，由国防费开支，到部队后，服装、伙食、津贴等按战士标准供应。要求选调工作于 1979 年 1 月完成。1 月初，广州军区、昆明军区根据中央军委复文精神，在广西、云南边防一线县（市）和华侨农场，按照规定的年龄、身体、政治条件和既会普通话又懂越语的要求，选调一批归侨临时入伍，按规定时间送到部队。这些临时入伍的人员，大部分补充驻广西、云南两省（区）的陆军参战部队。同时，广西军区还动员少量退伍、转业、复员的干部、战士临时入伍，补入军区侦察大队。

1979 年 1 月 5 日，昆明军区下达预征兵员指示，第一步在云南、贵州省动员一部分预备兵员，按照征兵政审、身体条件落实到人，并进行 15 天的应急训练，于 1979 年 2 月 20 日前完成集结待命准备。

云南省军区受领预征兵员任务后，结合本区实际迅速确定预征方案。主要内容是：按分配的预征任务，向处于二线的 9 个地区分配任务；动员任务在农村落实，城市厂矿企事业不进行动员；动员对象为家庭劳动力比较充裕，出身贫农、下中农和其他劳动人民家庭出身的青年和退伍军人、上山下乡知识青年；其年龄，普通兵为 18～22 周岁，技术兵可放宽到 25 周岁；并明确政审、体检以及如何进行编组、训练等问题。1979 年 1 月 7—8 日，云南省军区召开紧急战备会议，重点部署预征兵员的任务。1 月 9 日，云南省军区向省委呈送了动员民兵参军参战意见的报告，并按照省军区的建议，以省革命委员会或省支前委员会名义将动员民兵参军参战意见下发到有关地区执行。担负动员民兵参军参战任务的二线 9 个地区，以武装基干民兵为主要动员对象，以县为单位按征集任务数增加 10%～15% 的预备数；以县为单位按名额多少编成营、连、排、班，连以上干部由组织部门从适合部队工作的地方干部和武装干部选调，班、排长从动员入伍的退伍战士中选配；编组后以县或公社为单位进行临战训练，政治教育以对越自卫还击作战的重大意义和爱国主义、革命英雄主义为主，军事训练以射击、投弹和单兵战术为主，训练时间 10～15 天；训练结束后回原单位待命。据云南省保山地区对参加集训的数百名预定兵员的思想摸底和调查情况看，思想坚定的占89％，怕打仗的占5％，家里不同意的占6％。1月17日，云南省革命委员会向担负动员任务的9个地区下达关于动员民兵参军参战的通知，要求各地区于春节前做好思想发动、政审和初检工作，把任务落实到人；春节后将确定的预征兵员编组起来，以县或公社为单位进行临战训练，于2月20日前完成各项准备工作。

贵州省军区受领预征兵员任务后，主要分配给靠近云南的部分地区。1979年1月14日，贵州省凯里州召开战备支前兵员动员会议，部署兵员预征工作。中共贵州省委、省政府、省军区赋予该州预征兵员的任务，其中含8％的技术兵。经州委和军分区党委研究决定，将任务赋予麻江、丹寨、凯里、雷山、黄平、施秉、镇远、岑巩等8个县。1月20日前，把连以上干部选配好，把营、连架子搭起来，先代理职务，尔后与动员部门一起完成兵员预征任务；1月底前把会议精神传达、贯彻、布置到各个民兵连、排和广大人民群众。2月初开始宣传动员教育，2月20日前在宣传动员、报名的基础上，完成目测、初检身体、政治审查等任务，做好内定方案和班、排、连的编组工作，一旦接到命令立即进行体检，在10天内办好临时入伍手续，待令运往指定地点。同时，做好第二、三批动员准备。

广州军区兵员预征主要通过核实掌握武装基干民兵情况和对退伍、转业军人统计调查工作进行。1979年1月，广州军区司令部动员部根据军区首长的指示，按照占总人口1％、基干民兵10％的原则，拟制了广西兵员动员计划。根据该计划，当年1—2月初，广东、广西、湖南省（区）对广大民兵和退伍战士进行战备教育，对武装基干民兵的组织和训练情况进行调查摸底，结合个人档案核实情况。同时，对45周岁以下的复退、转业军人情况进行分类登记，在此基础上做好战时动员准备。

在完成临时入伍人员和兵员预征工作的基础上，1979年2月12日，国务院、中央军委做出了关于动员参军参战人员生活待遇的暂行规定，暂行规定明确，临时动员参军的复员、退伍战士、转业干部和其他专业技术人员的政治、生活和福利待遇：伙食费，一律免费按所在部队战士标准供给；服装，担任干部职务的按干部的标准服装发给，担任战士职务的按战士的标准服装发给。其他福利、政治待遇同现役军人。规定了临时动员入伍的退伍战士、复员、转业干部的原工资、工分等待遇：原为国家职工的，其工资标准仍由原单位按月发给其家属，其家属享受的福利劳保待遇不变，并享受对革命军人家属的优待。原是人民公社社员的，按强劳力由生产队代记劳动工分，报酬并按分值计。由地方借调的少数专业技术人员，除不发帽徽领章、军龄不计算外，其在部队、原在地方的待遇不变，担任何种职务就可以享受何种待遇。上述在部队工作期间的各类人员，因战、因公负伤、牺牲、残废、病故的抚恤等待遇，都按照现役军人相关规定执行。另外，对于他们完成任务后，返回原工作岗位时的相关待遇，另行再作规定。支前民工、民兵和其他人员的供应方法和标准，按照 1971 年 4 月 19 日，财政部、总后勤部关于战时支前经费物资的供应结算规定执行。根据国务院、中央军委的规定和总后勤部对有关问题的答复，广州军区前指司令部、政治部、后勤部于 1979 年 2 月 13 日发出关于动员入伍参战人员生活待遇的暂行规定的通知，结合本军区实际，另外明确：广西军区侦察大队由地方动员入伍的转业、复员干部、退伍战士，凡经政治部门批准，确定为现役干部，并定为军队干部级别的，其工资按军队干部工资标准发给，并及时通知其原在地方的单位停发原工资、工分；其伙食费、服装也按军队有关规定执行。凡是没有确定为军队现役干部并定为军队干部级别的转业、复员干部和退伍战士，以及从越南归侨中征集入伍的侦察大队战士，其原工资、工分和到部队后的生活待遇按国务院、中央军委于 1979 年 2 月 12 日下发的有关规定执行。这些规定，既规范了动员入伍参战支前人员的生活待遇，又调动了各类人员参战支前的积极性。

4.2　完善预备役制度

依据 1984 年修订的《兵役法》和 1995 年制定的《预备役军官法》，适应国防和军队建设的需要，适应国家社会经济发展的需要，不断完善我国预备役制度，逐步形成具有中国特色的预备役制度。

4.2.1　制定预备役军官法

我国此时实行是精干的常备军和强大的后备力量相结合制度，是建设现代化国防和军队的必由之路。完善建设预备役军官制度，是国防后备力量建设任务的重点。预备役军官制度，是现代兵役制度的重要组成部分。现行的《中华人民共和国兵役法》规定：规定了兵役分为现役和预备役，在中国人民解放军服现役的称现役军人，编入民兵组织或者是经过预备役登记服预备役的称预备役人员。军官服现役和服预备役的最高年龄是由中国人民解放军军官服役条例规定。1988 年，国务院、中央军事委员会，在提请全国人大常委会审议《中华人民共和国现役军官服役条例》时，确定了预备役军官制度要单独立法。因此，制定《预备役军官法》，是完善加强我国兵役制度和部队干部制度的一项重要举措。经过几年来开展预备役军官登记、组建预备役部队工作的实践来看，我国军官预备役队伍已初具规模。多年来，各级军事机关、地方各级党委和政府一直比较重视预备役军官工作，做了大量有效的工作，许多地区从实际情况出发，制定了关于预备役军官管理工作一些具体规定政策，对完善加强预备役军官队伍建设起到了积极有效的作用。但是，随着各项改革的不断完善深化，军官预备役工作也出现了新情况新问题，预备役军官法制制度迫切需要进一步完善。为了完善加强国防后备力量建设，理顺有关各方面的关系，使预备役军官服役制度纳入健全的法制化轨道，制定预备役军官法有重要意义。

1988年，确定军官预备役制度需要单独立法之后，总政治部会同总参谋部和中共中央、国家机关有关部门，开始起草《预备役军官法》的各项准备工作。1991年，在北京和辽宁等7省、市进行了转业干部转服预备役登记试点工作，并从1992年起在全国展开此项工作；1993年中央组织部，国家财政部、人事部、民政部，总参谋部和总政治部联合制定下发了，预备役部队干部管理工作若干问题的规定。上述工作的进一步开展，为完善预备役军官制度探讨摸索积累了经验，这项工作制度为立法创造了必要的前提条件。1993年8月，经过多方深入调查研究，拟制了草案的征求意见稿，并印发部队各大单位、省军区、预备役部队广泛征求意见和建议；1993年12月，根据各单位提出的意见建议进行修改后，再次印发部队各大单位、分送中央机关、国家机关有关部门征求意见后，对意见和建议又认真作了进一步修改。1994年6月，总政治部将《预备役军官法（草案）》送审稿报国务院、中央军事委员会审议。国务院法制局、中央军委法制局又在广泛征求中央党政机关、各省、自治区、直辖市、军队各大单位意见建议的基础上，经国务院、中央军事委员会同意后，送全国人大审议通过。该草案全面贯彻了新时期军事战略方针，从我国我军的实际出发，总结汲取军官预备役工作的历史优良经验，借鉴外国预备役军官制度的有益经验做法，对与我国现役军官制度相衔接，具有中国特色的军官预备役制度等进行了明确规范。通过制定法规制度，促进建设一支分布合理、储量适当、动员快速、素质良好的预备役军官队伍，以适应现代战争的需要。《预备役军官法（草案）》分为总则、登记和征召、预备役军官的来源和选拔、军衔、职务等级和职务、培训、待遇、奖励、退役和处罚以及附则，共十章五十六条。主要内容如下。

第一，关于预备役军官职务等级。现役军官的职务等级，是预备役军官的职务等级设置的依据，现役不同的是预备役军事、政治、后勤军官的职务等级最高为正师职，没有设置军职以上职务等级。这是因为，根据《中国人民解放军服役条例》的规定。军职以上现役军官退出现役时，一般都已达到退休、离休年龄，年龄上的要求不宜再服预备役；根据我国我军的实际情况，战时组建、扩建部队所需要的军职以上军官，能够从现役军官中先拨调整解决。预备役军官职务等级的任免批准权限，退出现役转服预备役军官的，其职务等级的确定依照现役军官相应职务的任免权限办理；其他被确定服预备役军官的，其职务等级的确定，除正师职级、正团职级、正营职级军官职务等级的批准权限，比现役军官职务任免权限低一级外，其余职务等级的批准任免权限与现役军官职务任免权限相一致。这样规定，可以简化程序、手续，减少审批的层次。

第二，关于预备役军官军衔等级的设定。《中华人民共和国兵役法》《中国人民解放军军官军衔条例》中都已明确规范，预备役军官实行军衔制度。为了使预备役军官军衔与现役军官军衔相衔接，规定预备役军官军衔设置了三等 8 级，最高军衔设置为预备役少将。这样规定，是因为预备役军官的军事、政治、后勤军官编制最高职务等级为正师职级，而现役正师职军官编制的最高军衔为少将。高级专业技术职务的编制军衔，现役军官最高是为中将，预备役军官最高是为预备役少将。这样的规定主要考虑是，评授专业技术中将军衔的军官均已享受正军职以上军官的政治和生活待遇，预备役军官退出现役后，不属于本法规定的服军官预备役范围。其他的预备役军官职务编制军衔，与同职级现役军官相同。

第三，服军官预备役的最高年龄。军官预备役团职以上军官和初级专业技术职务的预备役军官服预备役的最高年龄，均比同职级服现役军官平时服现役的最高年龄大 10 岁；中级专业技术职务军官，预备役军官比现役军官大 7 岁；预备役师职军官、高级专业技术职务预备役军官与现役军官相同。这与我军历史上，与外军关于预备役军官最高年龄的规定，基本上是一致的。实施中，退出现役转服军官预备役和在预备役部队任职的预备役军官，服预备役的最高年龄也是这样掌握的。实践证明，这样规定比较适当，能够保证储备预备役军官的质量、数量，保证战时兵员动员补充的需要。

第四，预备役军官的待遇。规定预备役军官应尽义务的同时，也明确了预备役军官应当享有的待遇，旨在充分调动预备役军官履行兵役义务的责任感和积极性。按照兵役法、军人抚恤优待条例、民兵工作条例等有关规定和做法，预备役军官在参加军事训练期间，可以照发工资、享受补贴、享受伤残优抚等规定。

第五，预备役军官的管理。军官预备役的管理工作，涉及军队、地方的各个部门。因此，在该法总则中明确了对预备役军官的管理权限作和分工，规定了各级军事机关、各级地方政府、预备役军官所在单位应负的责任。这样规定，有利于军地双方分工协作，密切的配合，共同把预备役军官管理工作管理落到实处。

《预备役军官法（草案）》于 1995 年 5 月 10 日，由全国人民代表大会常务委员会第八届第十三次会议通过，成为新中国第一部《中华人民共和国预备役军官法》，结束了预备役军官队伍建设上，多是依据中共中央、国务院、中央军委及其各部委局下发的有关文件和会议要求，进行建设预备役部队，但也因缺乏法律的效力，致使有些工作落实有难度，不同程度地影响了预备役军官队伍建设。首部《中华人民共和国预备役军官法》的颁布施行，对于贯彻党管武装的根本原则，完善加强兵役制度和军队干部制度，完善健全军官预备役制度，保持预备役军官储备数量规模，提高预备役军官队伍质量素质，建设强大国防后备力量建设，增强全民国防意识，有着重要地位作用。

4.2.2　恢复退伍军人预备役登记统计工作

为加强储备后备力量建设，恢复预备役制度，1978 年 11 月 3 日，总参谋部下发《关于恢复复员转业退伍战士登记统计工作的通知》（以下简称《通知》），要求各级军区从 1979 年 1 月开始，到 8 月底完成对 1955 年实行义务兵役制以来，历年复员、转业、退伍的战士普遍进行一次重新登记统计。登记统计的对象，区分为 30 周岁以下、31～40 周岁和 40 周岁以上三个层次。其中 40 周岁以下的技术兵员包括汽车司机和工程机械驾驶员、军械和工程机械修理工、卫生兵、通信兵、雷达兵和气象人员、反坦克导弹操纵手、高炮兵、坦克兵、海军和空军专业兵员等共 35 种。无专业技术的复员、转业、退伍战士回地方后学习一种以上专业技术的，也统计在专业技术兵内。这次登记统计，是因"文化大革命"十年动乱被中断后第一次进行，其目的是既要比较准确地掌握全国历年退伍军人的数质量和分布情况，又要为施行退伍军人预备役登记统计工作摸索经验。根据过去登记、统计的项目和各军兵种的意见，总参谋部动员部拟制复员转业退伍战士登记卡片和复员转业退伍战士统计表式样随《通知》下发各地试行。指出这项工作如何做到既适应战时兵员动员工作的需要，比较准确地掌握退伍战士的数质量和分布情况，又简便易行，以及对登记统计的项目、工作方法等问题，要求各地在工作中认真研究，提出意见并及时上报总部，以便修改后再正式颁发实行。1979 年 2 月 18 日，总参谋部根据对越自卫还击作战的需要，再次提出：抓紧完成复员退伍战士的登记统计工作，重点搞好退伍技术兵的登记、统计，一旦需要就动员他们迅速返回部队。3 月 27 日，中央军委副主席徐向前在中央军委人民武装委员会第一次全体会议上再次强调：军人服满现役，要退出现役转为预备役。①

从 1979 年年初开始，各级人武部门按照中央军委的要求、总参谋部的统一部署，恢复复员退伍转业战士登记统计工作。1979 年 8 月，改革开放以后首次复员转业退伍战士预备役登记工作基本结束。8 月 28 日—9 月 10 日，为总结此次登记统计工作的经验，进一步搞好此项工作，总参谋部在北京召开兵员工作座谈会。参加会议的有各军区、军兵种、总后勤部、国防科学技术委员会以及各省军区司令部的领导和军务、动员业务部门的负责人，共 190 人。会议把交流对越自卫还击作战中兵员动员工作经验、讨论修改退伍战士登记、统计的暂行规定、总结部署退伍战士登记统计工作作为重要议题。8 月 28 日，总参谋长助理刘华清在全军兵员工作座谈会开始时的讲话中说：复员退伍军人的登记统计工作，在 1955 年、1963 年和 1972 年都分别搞过，但由于种种原因，没有坚持下来，没有形成制度。从这次对越自卫还击作战的经验来看，复退军人在参军参战和支前工作中，确实是一支骨干力量，发挥了很大作用。但由于没有登记、统计，平时不掌握情况，以致动员时，心中无数，手忙脚乱。我们一定要接受这一教训。要切实贯彻徐向前副主席关于复员退伍的干部、战士一定要登记起来，战时要动员出来，搞好登记、统计工作，作为国家的一项制度，把它建立起来。9 月 10 日，副总参谋长张才千在全军兵员工作座谈会结束讲话时指出：我国自实行义务兵役制以来，除特殊情况外，每年都有几十万、上百万的老战士退伍。这些退伍战士，经过部队的培养锻炼，有一定的政治觉悟，掌握了一定的军事技术，是战时兵员动员的骨干力量。因此，必须平时做好登记、统计工作，切实掌握他们的情况，特别是退伍技术兵的数量、质量和分布情况，这是一项重要的战备措施。他还指出，通过在全国范围内对实行义务兵役制以来的退伍战士进行一次普遍登记，基本上摸清了退伍战士的数（质）量和分布情况。这次登记，仅仅是个开端，要把这项工作作为一项制度坚持下来，并使它逐步完善。这次会议之后，总参谋部动员部研究制订了 1980 年度复员退伍军人的预备役登记统计工作计划。1980 年年底，总参谋部在部署 1980 年度军事工作时明

---

① 　徐向前．徐向前军事文选［M］．北京：解放军出版社，1993．

确提出：继续搞好退伍军人的登记统计工作，积极进行战时兵员动员的准备工作。

1980年，各级按照全国兵员工作座谈会的要求和部署，在1979年全面普查的基础上，以专业技术兵为重点搞好补登和审核统计，并通过改进方法、总结经验，为这项工作形成制度进一步打下了基础。按照"三大类""十个专业"（无线：报务员、报话员、技工、拉力员；有线：话机员、架设员、技工；运动简易通信：司号员、摩托驾驶员、信标员）进行分类登记。4月7日，中央军委秘书长耿飚在全军后勤部部长座谈会上的讲话中指出："要把后备役搞好，复员了的一定要把表填好，家在哪里，多大年纪，原来是什么兵种，把这些填得清清楚楚。一式好几份，部队留一份，交给他那个县人武部一份，知道张三、李四是在哪个村里。你们看豫剧《花木兰》，花木兰的父亲朝廷里面就有他的兵役名字，后备役搞得很好。一打仗，一个通知下来，哪一天集中，自己带弓马，带着保留的军服就来了。这个办法难道我们现在就办不到吗？应该好好办。把这个搞好了，万一要打仗，我们一个号召，召之能来。老兵还是比召新兵临时训练好。要把老兵后备役制度搞好，把民兵搞好，就能保持我们的战斗力。"4月17日，总参谋长杨得志在听取关于精简整编的情况汇报时强调：建立退伍、复员、转业军人登记，恢复预备役制度，平时还要集中进行一定的军事训练，与就近部队挂上钩，这样战时就比较好动员了。

经过1979年、1980年的试行和探索，规范复员退伍军人预备役登记统计工作制度的条件基本成熟。1980年8月25日，国务院、中央军事委员会，颁布了《退伍军人预备役登记统计暂行规定》（以下简称《暂行规定》），自1980年12月1日开始执行。《暂行规定》主要规定退伍军人预备役登记统计的目的、法律依据、范围对象、每年核对和统计的时间、部队与兵役机关及地方有关单位职责区分等10个方面的问题。9月1日，总参谋部印发退伍军人专业名称和专业号码一览表和退伍军人预备役登记卡片、退伍军人预备役统计表式样，明确登记的专业名称由原来的35种增加为239种。11月10—15日，总参谋部动员部以会代训的形式，对各军区、省军区、军兵种有关业务部门承办退伍军人预备役登记统计工作的参谋进行培训。会议统一了大家对做好退伍军人预备役登记统计工作的思想认识、标准和做法。会后，各军区、省军区、军兵种普遍召开会议、下发文件，对1981年度贯彻执行退伍军人预备役登记统计暂行规定的工作进行部署。到11月底，各省军区一般都用2～4天时间培训登记统计人员。考虑到当年是按国务院和中央军委规定展开退伍军人预备役登记工作的第一年，总参谋部于 12 月 23 日又下发认真总结退伍军人预备役登记统计工作经验的通知，要求各部队和省军区、军分区、县（市）人武部，在当年退伍工作和预备役登记工作结束后，要对退伍战士服预备役进行教育，办理预备役登记手续等情况，认真进行总结，逐级上报。

各军区、省军区在退伍军人进行预备役登记统计工作时，注重检查指导，保证登记统计工作的质量。1980 年 11 月 21 日，广州军区司令部发出《关于部队对退伍军人进行预备役登记工作几个问题的通知》（以下简称《通知》），对所属部队团以上单位在退伍军人预备役登记中的任务、工作重点和具体方法等提出明确要求。1981 年 1 月上旬，北京卫戍区采取分片汇报的方法，对全市 19 个区（县）退伍军人预备役登记工作进行全面检查，发现在登记统计工作中漏办、错办、漏项、错项、偏宽、偏严等问题，及时指导有关区（县）人武部采取补救措施，予以纠正。南京军区退伍军人预备役登记统计工作从 1980 年 12 月初开始，到 1981 年 6 月结束。该军区召开兵员工作会议后，部队军、师、团各级都召开退伍军人服预备役登记统计业务工作会议，学习有关政策规定，统一标准，明确做法。陆军第 60 军共抽调 580 名干部，其中师以上领导 22 人，团级干部 135 人。组成 202 个工作组，到基层检查退伍工作时，及时指导退伍军人服预备役的工作。基层各单位在思想教育的基础上，一般采取自愿报名，群众评议，连队党支部研究，报营审查，经团批准后，召开军人大会宣布，并组织专人，按照全军统一的要求，填写退伍军人登记表和退伍军人证明书，对因身体原因不宜服预备役的，由团以上后勤医疗单位证明，免服预备役。由于预备役登记工作落实比较好，全区部队在当年退伍战士中，确定服预备役的人数，占退伍战士总数 93.18％。南京军区所属的上海警备区和各省军区都相继召开登记统计业务会，以会代训，为每个县（市、区）人武部培训 1～2 名骨干。各地区的退伍军人预备役登记工作，则在地方党委的统一领导下，与退伍军人接收安置同时进行。各级人武部门指派专人参加退伍军人接收安置办公室，在协助搞好安置工作的同时，具体承办登记工作。对零星退伍返回的随到随办，做到建卡盖章、转接关系、领取票证手续一次清；成批退伍返回的，先填写花名册，加盖专用章，再利用间隙时间查对档案，登记建卡；对人到档案未到的，先留下退伍证，待档案到后再补办有关手续。据 1 市 3 省统计，共接收退伍军人 22.7 万多人，进行预备役登记的 20.7 万多人，占接收总数 91.19％。

各军分区、人武部在地方党委的统一领导下，认真贯彻上级有关退伍军人预备役登记工作的指示精神，注重改进工作方法，保证登记统计工作的落实。1981 年 7 月 23—30 日，总参谋部在北京组织召开退伍军人预备役登记工作会议。会上，总参谋部动员部副部长米光介绍 1980 年冬到 1981 年上半年退伍军人预备役登记工作的基本情况并对以后工作进行了部署，16 个单位介绍典型经验，副总参谋长何正文到会讲话，总参谋部动员部部长曹宇光在会议结束时做总结发言。这次会议，进一步促进了退伍军人预备役登记统计工作的开展。

4.2.3　坚持民兵与预备役制度相结合

1981 年 3 月，中发〔1981〕11 号文件重新提出：把民兵和预备役制度结合起来。民兵组织，既是我国武装力量的重要组织部分，又是预备役制度的基本组织形式。按照兵役法规定应服兵役的人员，除应征服现役者外，均应编入民兵组织服预备役。普通民兵为二类预备役，基干民兵为一类预备役。战争初期的兵员动员任务，应逐步落实在基干民兵组织之中。9 月 23 日，总参谋部、总政治部在印发关于调整民兵组织若干具体问题的说明的通知中，对民兵制度与预备役制度如何结合的问题，做出三点说明：即从年龄上结合，男民兵的年龄规定为 18～35 周岁。修改兵役法时，预备役的年龄也准备规定为 18～35 周岁。从民兵组织上结合，按照兵役法规定应服兵役的人员，除应征服现役者外，均编入民兵组织服预备役。服现役期满的退伍士兵，经县级人武部登记服预备役的，也要编入民兵组织。这样，就可以通过民兵组织把大部分的预备役人员统一管理起来。从工作上结合，凡建立民兵组织的单位，每年进行民兵整组时，通过入队出队，调整民兵组织，进行民兵统计登记，这样也就完成了预备役一般兵员的登记工作。在 1981 年调整民兵组织中，按照出生年月、军事训练程度、军事专业、普通专业等内容，进行基干民兵的统计登记工作。

1984 年 5 月颁布的《中华人民共和国兵役法》，把民兵制度与预备役制度相结合作为兵役制度，用法律的形式确定了下来。党和国家从此更加强调民兵与预备役制度相结合。正如总参谋长杨得志于 1984 年 5 月 22 日在全国人大第六届二次会议上，所做的中华人民共和国兵役法修改说明时指出的那样：民兵是我国武装力量的重要组成部分，又是我国兵员动员的基础，是预备役制度的基本组织形式，把民兵制度与预备役制度结合起来，有利于我国防备力量建设。中发〔1985〕22 号文件指出：民兵制度是我国的一项优良传统军事制度。民兵既是我国武装力量的重要组成部分，又是预备役制度的基本组织形式。按照兵役法的规定，坚持民兵制度、巩固民兵组织、民兵制度与预备役制度的结合。通过民兵组织把绝大部分预备役人员统一管理起来。还指出：确立了民兵与预备役相结合的制度，对建设具有中国特色的后备力量体制建设与发展有重要意义。1987年 10 月 13 日，总参谋部在批准印发的 1990 年前后备力量建设计划中指出：加强民兵的建设，完善民兵与预备役相结合的制度；建立一支具有快速动员能力的现代预备役部队，做好战时兵员应急动员的准备工作；加强后备力量建设的理论探讨研究，完善动员法规，建设具有中国特色的快速动员体制和雄厚的后备力量。1989 年年底，总参谋部动员部部长陈超在参加江西省第五届民兵代表会议上讲话时指出：实行民兵制度与预备役制度相结合的制度，是国防后备力量建设的根本制度，是建设具有中国特色的国防后备力量体系的集中体现。

在实际工作中，不仅规范和强调把民兵制度与预备役制度结合起来，抓好民兵制度与预备役制度相结合的具体工作是重点。1990 年 11 月，中央组织部，国家人事部，总参谋部和总政治部联合发出了通知，确定从1991 年起，逐步开展转业军官进行预备役登记统计工作，1988 年 9 月 1日以后，被授予中国人民解放军军官军衔的转业干部、武警部队的转业警官，进行预备役登记。要求从 1992 年起，在全国开展转业干部预备役登记工作。1990 年 12 月 13—15 日，总参谋部动员部、总政治部干部部召开转业军官预备役登记统计试点工作会议，重点研究部署了转业军官预备役登记统计工作。预备役军官登记统计，在我国颁布第一部兵役法时实行一段时间，后因时机不成熟停止下来，现在恢复这项制度，对于国防建设和后备力量建设是一件大事。要求兵役机关要搞好转业军官服预备役的教育，增强其服预备役的观念；各有关部门要互相协调，密切配合，尤其是需要部队按照规定，认真办理将要退出现役的军人服预备役的各种手续，保证兵役机关按照专业名称和专业编号进行预备役登记统计；每年要对已登记服预备役的转业军官的变化情况进行核对，以准确掌握登记统计的数质量和分布情况。为摸索转业军官预备役登记的经验，1991 年上半年总参谋部在北京市和陕西、辽宁、山东、四川、江苏、广东省进行转业军官预备役登记统计试点工作，并总结出一些经验。1992 年 1 月 25 日，中共中央组织部、国家人事部、国家公安部、国家财政部、总参谋部和总政治部联合下发关于在全国开展转业干部预备役登记工作的通知。《通知》对转业干部进行预备役登记、退出预备役的条件、范围、方法、注销、消除预备役登记，登记后的管理，登记工作的组织领导、经费等都明确提出。各地按照《通知》的要求，我国全面开展了转业军官进行预备役登记统计的工作。

根据 1984 年总参谋部关于建立预备役专业技术兵储备区的工作部署和中发〔1985〕22 号文件提出，结合每年的兵员征兵工作，逐步建立起预备役专业技术兵储备基地，把平时兵员征集与战时动员准备结合起来的要求，各级兵役机关在部队的配合下，结合每年的征兵、退伍、补兵、安置工作，在部分地区先后建立起预备役专业技术兵储备区。但由于认识不统一，有些环节不够协调，致使出现储备区的数量过多，布局不够合理等问题。1991 年 2 月 11 日，总参谋部动员部下发关于调整预备役专业技术兵储备区有关问题的通知，对储备区的数量、种类、位置、规模等都提出要求。1991 年 8 月 11 日，总参谋部动员部研究制定调整全国预备役专业技术兵储备区的方案。随后各地根据中央军委和总参谋部的要求，对全国已有的预备役专业技术兵储备区进行调整。调整中，本着减少数量、突出重点、合理布局、便于落实的原则，该撤销的撤销，该合并的合并。截至 1992 年 9 月，全国的储备区在原来的基础上减少 42%，做到储备区以地（市）为单位建立，一般 1 个地（市）建 1～2 个，每个储备区的储备量，基本能够满足组建兵种专业部队 1 个团所需的主要技术兵。为有利于实施快速、对口的动员补充，重点建有高炮、地炮、工程、装甲、通信、航空、舰艇、战略导弹等专业技术兵储备区，并把这些储备区调整到经济、交通、人口素质等条件较好的地区。为搞好专业技术兵储备区的落实，总参谋部还明确了动员部门和军务部门的职责。动员部门的职责是：提出建立储备区的规划和方案，抓好储备区所储备兵员的管理，承办有关具体事宜；征兵期间，在为接兵部队划分接兵地区时，要把专业部队分配到相应的储备区里去接兵；技术兵退伍回到原征集地的储备区后，要及时登记起来服预备役，并对每个储备区所储备的本专业技术兵进行统计，随年度退伍军人预备役统计表一并上报。军务部门的职责是：每年在拟制新兵分拨计划时，应尽量把专业部队分配到建有相应储备区的省份去接兵；各部队派出的接兵先遣组，要在征兵开始前半个月到达有关的省（自治区、直辖市），将本单位接兵的团（含）以上专业部队及其所接新兵的数量通报给该省（自治区、直辖市）征兵办公室；各部队从储备区接收的新兵，尽量分配到与该储备区相应的专业部（分）队服役；士兵退伍时要认真办理服预备役手续，准确填写其专业名称和专业号码，并教育他们回原籍后及时到当地人武部进行预备役登记。原则上，同一个专业部队补充的新兵在本省同类储备区中逐年转换征集，1 个专业部队（团）3 年内不要从同一储备区补充新兵。这样，既防止形成"窝子兵"，又能把专业技术兵在一地区相对集中地储备起来，为战时专业技术兵的快速动员打下良好基础。

不断扩大地方与军事专业对口技术人员进行预备役登记试点的范围，增大地方与军事专业对口技术人员储备的数量。1991 年，我军后备力量建设"八五"计划指出：要在部分省、市对地方与军队专业对口技术人员进行预备役登记试点。为进一步摸索对地方与军队专业对口技术人员进行预备役登记的经验，保证总部制定全国统一的对口登记办法，完善全国的预备役制度打好基础，在 1991 年天津市试点的基础上，1992 年总参谋部动员部又在浙江、四川省进行地方与军队专业对口技术人员预备役登记的试点。1992 年 2 月 29 日，总参谋部动员部召集南京、成都军区和浙江、四川省军区业务部门人员到天津，布置对地方与军队专业对口技术人员进行预备役登记试点工作。他们听取天津警备区对专业对口技术人员进行预备役登记试点的情况和经验介绍，并到塘沽、静海、和平 3 个区（县）进行现场参观。总参谋部动员部对天津警备区预备役登记试点所取得的成绩，给予了充分肯定。通过这次试点，初步摸清了地方与军队专业对口的技术种类、行业和分布情况，掌握了登记的范围、对象、条件，摸索总结出了一套可行的登记、统计和管理办法。尤其是天津警备区研究制定的地方与军队专业对照表和地方与军队专业对口技术人员预备役登记实施办法这两个规定性文件，对全国开展这项工作具有一定的指导作用。同时，布置了继续试点的任务，要求承担试点任务的单位，认真学习和借鉴天津警备区试点的经验。1992 年 11 月 14 日，空军司令部根据《兵役法》《民兵工作条例》《中国人民解放军动员工作条例（试行）》制定并颁发了《中国人民解放军空军现役部队预编满员工作细则》（以下简称《细则》）。《细则》共分九章五十四条，对空军现役部队预编满员工作的目的、主要任务、基本原则、组织领导与职责分工、组织准备与实施、后勤保障、奖励与处罚等都做出明确规定，有效地促进了空军各部队预编满员工作的落实。

4.2.4 民兵、预备役的专业技术兵建设与管理

随着我国国防建设的需要，以及海湾战争表明，专业技术兵在高技术条件下局部战争中的作用更加突出，在一定程度上决定着战争的胜负。因此，为进一步做好专业技术兵员动员的准备工作，各级人武部门根据上级的统一部署和安排，对退伍技术兵实行了在某一区域相对集中的分类储备，加强民兵组织、预备役专业技术分队建设，进行了地方与军事专业对口技术人员预备役登记统计试点工作。

在退役技术兵实行分类相对集中储备上，根据平时划分的储备区，通

过征兵、补兵和退伍工作，对退伍技术兵实行分类相对集中储备。储备的办法是：实施对口征集，就是在制定新兵征集计划时，尽量把专业技术兵的接兵任务分配到建有相应储备区的省份，并采取轮换征集的办法，通常一个专业部队（团）3年内不从同一个储备区补充新兵；实行对口补充，就是对从储备区征集的新兵，尽量补入相应的专业分队，分配到专业岗位上服役；搞好专项登记，就是士兵退伍后，建有储备区的县（市、区）人武部认真查看退伍士兵档案，做好与本人见面的工作，了解其在部队掌握的技术专业，把退伍技术兵作为重点进行专项预备役登记；注意定期核对，就是结合退伍军人预备役登记年度核对工作，搞好储备区内退伍技术兵的核对，根据变动情况更新登记资料，保持预备役登记的准确性；不断加强管理，就是建立健全各项制度，搞好储备区专业技术兵的管理，特别是对外出的退伍技术兵，采取一些行之有效的办法，及时掌握他们的分布情况和现实表现，确保去向明、联得上、召得回。

民兵专业技术兵的数量每年都有所增加，从1990年民兵专业技术兵占基干民兵总数的18％，到1995年提高到22.14％。1992年12月30日，总参谋部提出"八五"期末完成预定的民兵专业技术兵训练中心建设任务，以加强民兵师属以上专业技术兵的训练、储备，适应战时兵员动员的需要。为落实总参谋部的指示精神，1993年年初，22个省（自治区、直辖市）开始筹建各自承担的民兵专业技术兵训练中心。1994年12月，总参谋部动员部、通信部、兵种部组成工作组，对"七五"期间经总参谋部批准已建成的民兵师属以上专业技术兵训练中心进行检查考核。各训练中心都按照专业训练的需要，建起规模适当、设施齐全的专业训练场，有效地保证了训练的需要。各训练中心基本达到了训练、教学和生活设施比较完善配套的要求，一次可承训150～250人，最多可达400人左右。普遍建有6室、3库、2场，即，教室、电教室、模拟教室、器材教室、国防教育室、资料室；车炮库、装备库、器材库；轻武器射击场、专业训练场。实现路通、电通、电话通、自来水通，能够较好地保证参训民兵的吃、住、训。总参谋部先后为受检的民兵专业技术兵中心配发各类武器装备数百种、数万件（套），投入经费数千万元。配备各类专业教练员百余名，其中约半数是从复转军人中对口选拔的，其他均为人武干部或专武干部。根据总参谋部的安排，有关军队院校协助培训复杂专业技术的教练员，各训练中心采取与院校联系代培、请现役部队带训、自行组织专题训练等办法，提高教练员的专业技术素质。各训练中心建成后，按照总参谋部统一下达的训练任务，训练、储备了一大批集团军属高炮、地炮、通信、工兵、防化、坦克乘员等部（分）队的主要技术兵员。检查中，通过对正在集中训练的民兵地炮、高炮、通信、工兵、防化、坦克乘员等兵种的 20 多种专业、200 多名操作手进行专业技术考核，合格率达 95％。

在地方与军事专业对口技术人员的预备役登记试点工作上，继 1992 年在天津市、浙江省和四川省进行地方与军事专业对口技术人员预备役登记试点工作的基础上，1993 年 1 月 27 日，由总参谋部批准，地方与军事专业对口技术人员预备役登记试点，扩大到江苏、上海、福建、湖南、江西、广东、贵州、海南、新疆、陕西 10 个省（自治区、直辖市），明确了登记试点工作的指导思想：以兵役法为依据，遵循中央军委关于实行精干的常备军和强大的后备力量相结合的指导方针，贯彻民兵制度与预备役制度、民兵组织与战时兵员快速动员准备工作相结合的原则，摸清并掌握地方与军事专业对口的专业项目和对口技术人员登记统计的范围、对象、条件、方法，摸索出切实可行的登记和管理办法，为全国实施登记工作提供经验，为做好战时兵员动员准备工作打好基础。试点登记的范围：所有企事业、机关、院校、科研院所、街道办事处、居委会、乡村等单位。登记试点的主要任务：掌握对口登记的范围、对象、条件；针对对口登记中遇到的问题，研究提出解决的办法，摸索登记和管理方法；制定出一套对口登记的规定性文件，修改完善地方与军事专业对照表、地方与军事专业对口技术人员预备役登记实施办法，以及登记使用的各类表格、名册、卡片等。登记的对象和条件：有本地常住户口，1993 年 12 月 31 日前年满 18～35 周岁，现从事或具有与军事专业对口的男性工人（不含学徒工）、个体劳动者、乡（镇）企业工人、"三资"企业员工、农民和待业人员。退伍军人、女性公民、在校学生不登记。地方干部一般不登记，但有的专业在军队是士兵，而在地方是干部职务的应登记。编入民兵专业技术分队人员，凡在地方从事与军事专业对口工作的须登记，凡在地方没有从事这项专业，只是通过民兵训练才掌握某种专业的不予以登记。依照法律正在受侦查、起诉、审判或者被处徒刑、拘役、管制、服刑或对中共和社会主义制度心怀不满，以及有流氓、盗窃、抢劫、诈骗等不法行为的人员不登记。身体有残疾或有慢性病不适合服预备役的人员不登记。公安、检察院、法院系统的专业技术人员不登记。与原铁道兵部队专业对口技术人员不登记。所登记人员的政治和身体条件同基干民兵。承担试点任务的单位，都向地方党委、政府做专题汇报，并以地方政府和军事机关的名义联合下发文件，部署试点任务，认真组织试点，如期完成试点任务。

在各级进行地方与军事专业对口技术人员预备役登记试点工作取得一些经验的基础上，1994年4月5日，总参谋部决定在已经搞过地方与军事专业对口技术人员预备役登记试点的天津、上海、江苏、浙江、福建、江西、湖南、广东、海南、四川、贵州、陕西、新疆13个省（自治区、直辖市）转入登记核对试点工作。这项工作，主要结合年度退伍军人预备役登记进行，登记统计报表随同年度退伍军人预备役统计一并上报。在登记核对试点中，主要对过去未登记而现已符合服预备役条件的人员，按规定进行登记；已登记过的人员，对其变动情况进行核对；调入、调出本县（市、区）的人员，进行重新登记或注销登记；在本县（市、区）之内调动工作或家庭住址变迁的人员，进行变动情况登记；超过服预备役年龄或身体、政治原因不适合服预备役的人员，消除登记。通过登记核对，掌握其数（质）量和变动情况，保证登记的准确性。

1994年4—10月，天津警备区把地方与军事专业对口技术人员预备役登记核对试点任务的单位，确定为原承担地方与军事专业对口技术人员预备役登记的和平区、塘沽区和静海县。这2个区1个县，于1991年完成对口登记试点任务，由于相隔时间较长，情况变化较大，加之城乡人口流动量增大，给对口登记核对工作带来一定的难度。为搞好登记核对试点工作，成立由军地领导和有关业务部门人员参加的组织领导机构，明确登记核对的对象和内容，采取各种形式的宣传教育，使登记核对对象充分认识登记核对的重要意义。在进行对口登记核对之前，天津市各试点区、县和基层单位采取以会代训和专门培训的方法，逐级对负责对口登记核对的3500多名骨干进行了培训，统一认识、标准和方法，提高对口登记核对的业务能力。深入基层调查研究，掌握需登记核对的对象、专业和分布情况。本着"以块为主，条块结合"的原则，设立登记核对站，城市以街道或居委会为单位设站，农村以乡、镇或村为单位设站，建有武装部的厂矿企事业单位单独设站，有的还设立流动登记核对站。对常年在家的人员，规定时间到登记核对站集中登记核对；对集体外出务工的人员，派人到其所在地进行登记核对；对零散在外务工、经商的发函返乡进行登记核对，确有困难回不来的人员，由直系亲属代替登记核对；对个体工商户、少数工作单位变动、停薪留职人员进行流动登记核对；对未通知到或其他原因未到登记核对站登记核对的人员，上门登记核对，保证不漏登、错登、重登。各试点单位通过走访核查，掌握了登记核对对象的政治面貌和现实表现，凡不符合政审条件的不进行登记核对；通过查阅个人档案、专业证书、户口簿、身份证，弄清登记核对对象的真实年龄和登记核对人员的专业名称、技术级别和在岗情况。同时，对初步确定的登记核对对象，采取张榜公布、开会宣布等形式，做到本人、单位、群众知道。特别是对超龄或因身体、政治等原因不适合服预备役条件的人员，都进行补充登记核对，确保登记核对的真实性和准确性。登记核对后，按照"项目全面、内容统一、填写准确、资料规范"的要求，自下而上进行检查验收和复核，保证登记核对的质量。在此基础上，天津市各试点区、县借鉴退伍军人预备役统计资料分类的方法，实行分类管理，即城区由区人武部、街道武装部和登记核对对象的所在单位实施管理；农村由县人武部和乡（镇）武装部管理，并按专业分类，立卷归档，统一存放，专人管理。这次登记核对试点，对口人员占登记核对总人数的 85.7%，登记对口人员占 10%，党员占 26%；中专以上文化程度占 81.3%；年龄在 18～28 周岁占 46.5%；干部占 9.1%，工人占 68.6%；具有助理工程师以上职称的占 2.9%；编入民兵组织的占 52.3%。这些被登记核对的专业对口技术人员中，多数与汽车司机、摩托车驾驶员、汽车修理工、各种专工等军事专业相对口。

1995 年，为进一步摸索总结地方与军事专业对口技术人员预备役登记办法，做好战时兵员动员的准备工作，经总参谋部批准，当年继续在部分地区进行地方与军事专业对口技术人员预备役登记工作，总参谋部动员部于当年 3 月 2 日发出，继续在我国部分地区开展与军事专业对口技术人员进行预备役登记工作的通知。通知明确的登记范围：1994 年承担地方与军事专业对口技术人员预备役登记核对试点工作的 13 个省（自治区、直辖市）。通知确定的登记对象和办法：原则上按 1993 年总参谋部在成都召开的地方与军事专业对口技术人员预备役登记现场会的精神和 1994 年总参谋部对在我国部分地区与军事专业对口技术人员进行预备役登记核对试点的规定执行。通知规定的登记重点：过去未进行登记现已符合服预备役条件的，要按规定登记起来；对已登记过的，要对他们的变动情况进行一次核对，即，对调入调出本县（市、区）的，进行重新登记或注销登记；对在本县（市、区）之内调动工作，或家庭住址变迁的，进行变动情况登记；对超过服役年龄或身体、政治原因不适合服预备役的，进行消除登记。通过登记核对，切实掌握他们的数量和质量的变动情况，保证登记的准确性。登记时间，尽量结合年度退伍军人预备役登记工作进行，登记统计报表随同年度退伍军人预备役统计一并报我部。通知下发后，担负地方与军事专业对口技术人员预备役登记任务的 13 个省（自治区、直辖市），展开了登记工作。

1995 年 6 月 1 日,新疆军区确定由 1994 年 3 个对口登记的单位,扩大到 31 个地(州、市)、兵团农业师(局)中的 43 个县(市、区)和团场进行全面的登记统计。1995 年的对口登记工作,认真汲取 1994 年的经验教训,重点在严格把好质量关上下功夫。在年龄关上,以本人身份证的年龄为准,没有身份证的查验户口本。在专业对口关上,先由被登记人员申报专业种类,再到登记站根据部队专业种类和战时动员计划,查阅每个被登记人员的档案,核对其从事专业技术工作的时间和技术职称评定晋升情况,对于没有经过正式培训或长期已不从事技术工作的人员不予以登记。在体格关上,由于符合登记条件的人员大多数都比较分散,人数多且难以集中,加之没有专项体检经费,所以大都以目测完成登记人员的体格检查。为提高目测的可靠程度,坚持与每个符合登记条件的人员见面,通过交谈,观察和询问本人病史,剔除身体较明显缺陷的登记对象,保证所有被登记人员的身体基本符合新兵征集标准。在政审关上,严格按照征集新兵政审的程序和方法,对登记对象的现实表现进行考察。在填写关上,严格按照统一的标准要求,填写花名册、卡片及各类表格,经对被登记对象进行逐人逐项复核后,方能分类归档统一管理。截至 7 月 25 日,新疆军区完成了 1995 年地方与军事专业对口技术人员预备役登记工作,1993—1995 年共登记核对数十个专业,对口人数占 76.7%,半对口人数占 23.3%;年龄在 18~28 周岁的占 59.7%,年龄在 29~35 周岁的占 40.3%;党员占 12.7%,团员占 14.3%;变动情况登记占 14.9%,消除登记占 15.9%,补充登记占 18.6%。

1995 年 6 月 23 日,国务院、中央军委提出要按照"数量足、质量高、速度快"的要求,扎扎实实地做好兵员动员准备,特别要搞好预备役军官和专业技术兵的储备,保证战时部队扩编、扩充的需要。军事专业对口技术人员预备役登记统计工作,在总参谋部没有制定新的规定之前,已开展对口登记统计试点的地区,每年都坚持对与军事专业对口技术人员进行地区登记、核对,储备了一批地方与军事专业对口的技术人员。从 1993—1995 年年底,全国在主要方向和重点地区的 13 省(自治区、直辖市)的部分地区,进行了地方与军事专业对口技术人员预备役登记,摸索总结了战时动员地方与军事专业对口技术人员补充部队的经验。

4.2.5 组建预备役部队

1980 年 9 月,中央军委召开"801"会议,总参谋部动员部部长曹宇光根据会议的安排,在会上就未来反侵略战争初期的兵员动员问题作出了发言,在介绍了苏、美等国兵员动员的做法后,指出了中国兵员动员的有利条件和存在的问题,提出了做好战争初期兵员动员工作的初步设想,其中提出了组建预备役部队的建议。10 月 15 日,北京军区司令员秦基伟、政委袁升平和沈阳军区司令员李德生、政委廖汉生联名给总参谋长杨得志和中央军委写信,建议组建预备役部队。他们在信中说:"鉴于未来战争的突然性,以及我军平时不可能养很多兵的实际情况,为在战争突然爆发的情况下能够迅速完成动员扩编,保证兵员的数量质量,达成必要的防御兵力密度,顶住敌人的头几个浪头,我们共同研究认为,在动员扩编的措施上,除恢复和健全预备役制度、搞好民兵工作'三落实'之外,很有必要仿效国外行之有效的办法,组建动员师,以奠定可靠的组织基础。"

沈阳军区于 1982 年 2 月 24 日,决定在锦州地区组建预备役步兵师试行。试点大体上经历 5 个阶段:即组织准备阶段,主要是成立工作班子、拟制实施计划、部署任务、培训骨干;调查摸底阶段,主要是摸清退伍军人(特别是专业技术兵)、转业干部、地方与军队对口专业技术人员以及经过训练的基干民兵的数(质)量和分布情况;区分任务阶段,主要是制定组建方案,下达组建任务;落实编组阶段,主要是落实兵员,选配干部,组建部队;点验考核阶段,主要是组织机关、部队短期训练,尔后以连为单位普遍进行点验,师、团分别组织机关带部分分队进行集结点验,召开大会宣布组建命令和干部任命,进行预备役军官宣誓、授旗、阅兵、军事技术考核等活动。试点的具体组织实施工作:在区分任务上,坚持以本地区总人口和战时兵员动员任务为依据,按比例分配,尽量做到合理负担;按照战时部队编制员额,成建制落实组建任务,力求做到相对集中;预备役师、团的兵员动员任务和整个战时兵员动员任务,通盘考虑,统筹安排,力争做到一次落实到位。在部队编组上,基层基干民兵编组和预备役师、团基层组织相结合,以生产大队为单位。成建制就近联片编组,步兵做到班不跨大队,连不跨公社,团不跨县。在兵员选拔上,无论是普通兵员还是专业技术兵员,按照"三优先"的原则进行选拔,即优先选拔 28 周岁以下的退伍军人,优先选拔经过训练考核合格的基干民兵,优先选拔年轻体壮、家庭劳动力比较充实的基干民兵。在干部选配上,预备役师、团长和师、团参谋长、政治部(处)主任、后勤部(处)长和机关作训、通信、军械科(股)长,一般由军分区、县人武部现役干部兼任;预备役师、团副职指挥干部和机关专业干部,选有专长的转业干部担任;其他干部从地方党、政机关干部中选配。营以下分队干部,正连以上干部从转业干部、专武干部和公社、厂矿干部中选配,副连以下干部从民兵干部和优秀退伍军人中选配。在年龄上,师、团、营和连(排)职干部通常分别不超过 55 周岁、50 周岁、45 周岁、35 周岁,专业技术干部的年龄适当延长。预任干部由武装部门和地方组织部门共同提名,同级党委讨论,上级军事部门批准,并报地方党委备案。全师编制 3 个步兵团、1 个炮兵团和直属分队等,干部约占 12.7%,其中只有少数是现役干部充任,绝大多数是从地方干部和基层民兵干部中选配。

组建的锦州预备役步兵师,是以转业干部、部分现役干部为骨干,以基干民兵、退伍军人为基础,按照战时编制序列组建,是一个完整的部队实体架构,是组建和扩建部队的一种组织形式。经过军地双方近 1 个月的工作,1982 年 3 月 20 日完成在锦州地区组建 1 个预备役步兵师的试点,召开成立大会和现场会,组织预备役步兵师机关带直属分队,在锦州市体育场进行了现场点验,沈阳军区副司令员张竭诚为锦州预备役步兵师授军旗,并宣布锦州预备役步兵师正式成立。

在召开锦州预备役步兵师成立大会时,沈阳军区召集所属的辽宁、吉林、黑龙江省军区的领导和机关业务部门的同志参加,进行现场观摩,总结推广经验。会上,沈阳军区做出扩大试点的决定,要求辽宁、吉林、黑龙江省军区各组建 1 个预备役师,每个军分区组建 1 个预备役团。现场会结束后,承担组建预备役师、团的省军区、军分区,充分借鉴锦州预备役步兵师的经验和做法,认真组织实施试点。到 1982 年 9 月,辽宁、吉林、黑龙江省分别组建 1 个预备役步兵师,26 个军分区各组建 1 个预备役步兵团,全区还组建 6 个特种兵团。这些预备役师、团的预编人员,平时寓于民兵之中,寓于群众之中,与民兵组织相结合,参加“四化”建设,苦练杀敌本领;战时成建制动员和开赴作战地区,实现快速动员和遂行作战任务的目的。

在各单位自行组建预备役部队试点期间,中央军委、总部机关开始研究部署全军组建预备役部队的试点任务。1982 年 9 月 16 日,在军队体制调整改革整编精简方案中提出:加强完善预备役建设,建立健全战时动员制度和预备役制度,实行平时和战时的结合,保证战时兵员迅速动员扩编。9 月 25 日,总参谋部在贯彻落实军队体制改革、精简整编方案若干具体问题说明中指出:方案规定,要建立健全动员体制和制度,组建预备役部队。这项工作要根据具体条件,经过试点后逐步展开。

1982 年 11 月 2 日,根据中央军委和总参谋部关于加强预备役部队建设和配备现役军人数量的指示精神,沈阳军区制定下发关于预备役步兵师配备现役军人的编制问题的通知,明确了全区预备役步兵师配备现役军人的人数。

1982 年 12 月,全军参谋长会议印发的总参谋部 1985 年前要抓好的几项主要工作中提出:1985 年前,按照战争初期应急动员计划的要求,完成部队简编师扩编和甲种师的扩编补充,预备役团和预备役师的组建任务,划分补充地区,切实搞好部队和民兵挂钩,把任务落实到基层,落实到人头,并进行必要的演练。

为贯彻中央军委关于组建预备役部队的决定,探索组建预备役部队的经验,1983 年 3 月 25 日,总参谋部向沈阳军区、北京军区两个军区下达关于组建 1 个动员师试点的通知。指出:为加强国防后备力量建设,摸索组建动员师(后改为预备役师)的做法,总结经验,决定沈阳、北京军区各搞 1 个按战时编制齐装满员的步兵动员师组建试点。试点主要研究的问题:编制和预编办法,现役干部和预备役干部的配备和管理;师、团平时机构设置、工作职责、领导关系和战时指挥关系;武器装备、后勤物资的就地就近储备和管理;教育训练和巩固提高;战时动员程序和机动保障;经费开支等。

1983 年 4 月 26 日,总参谋部分别向各军区、海空军下达关于 1983 年动员试点任务和拨给试点补助经费的通知时,要求在 1983 年完成若干个预备役师、独立团的组建任务。5 月 27 日,总参谋部颁发陆军预备役师试行编制系统表,明确了每个预备役师配备现役军人的人数,属军分区和县(市)人武部编制。

沈阳军区受领总参谋部组建 1 个动员师试点任务后,确定把 1982 年自行组建的锦州预备役步兵师作为试点单位。根据总参谋部的决定,沈阳军区经反复与总参谋部有关部门研究,形成了锦州陆军预备役师齐装满员试点方案,报经沈阳军区党委批准后,辽宁省军区于 1983 年 6 月 18 日—8 月 6 日,在锦州市进行了锦州陆军预备役师齐装满员试点。这次试点,主要是按照总参谋部确定的组建预备役部队的原则和标准,采取调整、巩固、提高的方法,完成总参谋部赋予的试点任务。在齐装满员试点的基础上,结合纪念八一建军节 56 周年,在锦州市举行阅兵式,并召开锦州陆军预备役步兵师成立大会。沈阳军区司令员李德生和副司令员江拥辉、赵先顺以及顾问张竭诚,中共辽宁省委、省人大、省政府、省政协和锦州市的领导,总参谋部、总政治部、总后勤部有关业务部门的领导出席成立大会。

阅兵式结束后,辽宁省军区组织锦州陆军预备役师步兵第 1 团机关带通信连和 1 个步兵营的快速动员演练,携带编制的武器装备,征用骡马 21 匹,指挥车、运输车、救护车 36 辆。从发出预先号令,经过部队集结换装、向团集结地域开进,到部队集结完毕,仅用 32 小时。部队集结后,进行 30 千米铁路输送,12 分钟将全营的人员、装备、车辆、马匹等装载完毕,7 分钟完成卸载。卸载后,组织步兵营对敌空降连进行进攻战术演练。整个演练用 34 小时 21 分钟。通过演练,认识到:要保证预备役部队战时快速动员,除平时组训好外,还需拟制动员计划和各种保障计划,并熟悉部队换装方法、集结地域、开进路线、机动方式、明确各项工作完成时限,落实通信联络、输送车辆、粮秣、医疗卫生、道路维护等保障措施;准确掌握快速"动员准备、换装集结、输送开进"三个阶段的程序、内容和方法。1983 年 8 月 6 日,整个试点工作结束。通过这次试点,各级领导一致认为,组建预备役部队是平时少养兵、战时多出兵的好办法。①

1983 年 3 月 25 日,北京军区受领了总参谋部赋予在山西省雁北地区组建 1 个按战时编制齐装满员动员师的组建试点任务。北京军区把在雁北组建齐装满员动员师,命名称为雁北陆军预备役第一师,并按照总参谋部的要求,全面展开试点工作。为搞好该师的试点工作,1983 年 5 月 24 日,总参谋长杨得志、副总参谋长徐信到山西雁北军分区听取汇报,与北京军区、山西省军区和地方党委、政府的领导共同研究确定组建方案和试点工作中需要解决的重点问题。试点的主要做法:第一,按战时编制落实预备役兵员和建制。北京军区根据总参谋部颁发的编制表,落实了雁北陆军预备役第一师所属步兵团和兵种团的编制和分布。全师兵员中,复退军人占 13.7%,党团员占 37.2%,经过基本军事训练的占 92%。编组时,认真贯彻"就近、联片、成建制"和相对集中、合理负担的原则,实行地建师,以县联社建团,联片建营。做到班不跨大队,连不跨公社,团不跨县,师不跨地区。第二,设置预备役师、团办事机构。根据总部预拨干部负责预备役师、团工作的员额和华北地区未来作战部署,分别设师(团)长、政委、参谋长、政治部(处)主任、后勤部(处)长和参谋、干事、助理员各 1 人。师长、政委兼军分区副司令员、副政委,团长、政委兼县人武部副部长、副政委,并参加同级党委。预备役师、团本身平时不再设党委,现役干部分别在军分区、县人武部设师、团办公室,由参谋长兼办公室主任。第三,选配预备役干部和技术兵。在干部配备上,雁北陆军预备役第一师坚持"四化"条件,择优选配;突出重点,专业对口;严格审查,逐级审批;专职与兼职相结合,脱产干部与民兵干部相结合。各类技术兵的选拔,坚持专业对口,主要从退伍技术兵中对口抽编,从民兵专业技术分队中对口组建,从地方专业技术单位中对口落实。通用技术兵在本县、本公社范围内解决,特种技术兵在全地区范围内统一调配,使专业对口率达到 91%。第四,按就地原则储备武器装备和后勤物资。雁北陆军预备役第一师采取民兵仓库储备和国防仓库代存相结合的办法,初步解决武

---

① 辽宁省军区.1982 年至 1983 年人民武装动员工作史料汇集(文献资料,第四类:队伍建设 3),2007 年版,第 137 页。

装备和后勤物资的储备。就近的国防仓库为预备役师代存车辆和重武器，扩建的军分区和县(市)人武部的民兵装备仓库就地储备团以下轻武器、被装和后勤物资。至此，历时近 5 个月的全师组建工作全部完成，于 1983 年 8 月 1 日，雁北陆军预备役第一师在山西省应县中学体育场召开成立大会，4000 余名预备役官兵接受总部、北京军区和中共山西省委、省政府、省军区主要领导以及与会军以上首长的检阅。并举行阅兵式和分列式，北京军区司令员秦基伟为雁北陆军预备役第一师授旗。参谋长助理谭旌樵带领总参谋部、总政治部、总后勤部等业务部门的领导，参加该师的成立大会。

雁北陆军预备役第一师利用成立大会的时机，组织了一次近似实战的动员集结检验和演练。动员程序，按快速标准分为四步：第一步动员准备，迅速下达和传递动员令，调运装备物资；第二步集结部队，发放武器装备，宣布转入现役；第三步应急训练，突出干部的组织指挥，技术兵的业务培训，普通兵的战术训练；第四步组织开进，落实征用车辆计划，组织摩托化行军，做好战斗准备。[①]

沈阳、北京军区组建预备役师试点工作取得的成绩，得到中央军委、总部首长的肯定，并为全军组建预备役部队提供了很好的经验和做法。根据邓小平的指示精神，1983 年 11 月 3 日，中央军委把扩大组建预备役部队的试点范围，以及 1983—1985 年计划组建预备役师、预备役独立团和相应保障预备役部(分)队的任务，写入军队建设纲要之中，11 月 23 日，总参谋部发出关于 1984 年动员扩编任务的通知，决定 1984 年再组建一批陆军预备役师、军种预备役师和预备役团。

在沈阳、北京军区进行预备役师组建试点的同时，其他军区也在尝试组建预备役部队的工作。截至 1983 年年底，全军均按计划完成了组建预备役师、独立团的试点任务。

根据中央军委和总参谋部的统一部署，各军区和海、空军认真抓好 1984 年组建预备役部队的工作。1984 年 5 月 7 日，海军开始在辽宁省大连市组建海军高炮预备役师。8 月 1 日，空军和兰州军区在陕西省西安市召开空军高炮预备役师成立大会，总参谋部动员部派人参加该师的成立大会。该师平时由陕西省军区和空军实施双重领导，战时归空军建制。8 月 30 日，海军和沈阳军区召开海军高炮预备役师成立大会，副总参谋长何正文代表总参谋部授旗并讲话。该师平时由辽宁省军区管理，海军某基地负责业务指导，战时归海军领导指挥。截至 1984 年年底，全军除个别预备役师未

---

① 北京军区．1980 年 1 月至 1985 年 12 月人民武装动员工作史料汇集(文献资料)，2007 年。

按计划完成组建任务外,其他预备役师、团如期完成组建任务,预备役部队规模是 1983 年的 2 倍多。

1984 年 11 月 24 日,总参谋部动员部在总结预备役部队组建情况和经验后,向总参谋部呈报关于预备役部队建设问题的报告,提出"七五"期间,预备役部队原则上不再重新组建,主要抓好巩固提高工作。同时,经总参谋部批准将雁北陆军预备役第一师改为雁北陆军预备役步兵师,并落实新的编制。新编制还明确了师、团不配正职领导,增配的师、团领导,由原师(团)长改为副师(团)长,兼军分区(人武部)副职。并明确该师、团领导暂时不变,随着人员变更按新编制执行。1985 年,因军队开始调整精简、裁减军队员额,中央军委、总参谋部未再安排组建预备役部队,只将沈阳、北京、兰州军区于 1984 年以前自行组建的陆军预备役步兵师列入总部计划。

实行民兵制度与预备役制度相结合的一个显著特点,是在保持民兵制度稳定的前提下,组建了预备役部队。从 20 世纪 80 年代初开始,在中共中央、国务院、中央军委的亲切关怀下,在各级军事机关和地方各级党委、人民政府的直接领导和支持下,各地陆续组建了预备役部队。经过十多年的建设,全国绝大多数省份都组建有预备役部队,预备役部队有了很大发展。预任军官和预编士兵的人数,由 1985 年占基干民兵总人数的 2% 到 1992 年发展到 3.9% 左右。预任军官中,转业退伍军人占 70.82%,党、团员占 93.43%;预编士兵中,退伍军人占 36.44%,经过军事训练的基干民兵占 53.59%,党、团员占 56.96%。并从民兵装备中调配了一些轻武器,从现役部队换装下来的装备中配发了各种火炮、车辆和坦克等,预备役部队的军政素质、快速动员和遂行作战任务的能力逐步提高。

4.3　恢复学生军训

高等学校、高级中学和相当于高级中学学生的军事训练,"文化大革命"期间被迫停止。依据 1984 年修订的兵役法,从 1985 年开始全面恢复。高等学校、高级中学和相当于高级中学学生的军事训练工作,经历了逐步发展和完善的过程。

4.3.1　试点工作展开

学生接受军事训练,是贯彻落实 1984 年 5 月颁布的兵役法关于"高等学校和高级中学学生的军事训练"规定的重要举措,是高等学校和高级中学教育的一项内容,是学生就学期间依照法律履行兵役义务和役前进行训练的基本形式。学生军事课的教学内容,分为军事思想、军兵种知识、军事地形学、外军研究、现代军事科学知识、"三防"(防核武器、防化学、防生物武器)知识、轻武器射击、连(排)战术等必授课,以及解放军条令条例、现代战争特点、解放军简史、战时动员、平(战)时机关工作等选授课。学生军训,主要采取由学校自训、派遣现役军官帮训和部分大学到部队、院校驻训等方法。通过军事训练,使学生掌握了基本技术、战术基础知识和技能,提高了爱国主义思想和政治觉悟,增强了组织纪律性和国防观念,扩大了学生的知识面,促进了学生的德智体全面发展,为培养军地两用人才奠定了基础。

1985 年,是恢复学生军训试点工作的第一年。首年度的学生军训试点工作,由本校自行组织学生军训。1984 年 9 月 15 日,国家教育部、总参谋部、总政治部决定:从 1985 年 3 月开始,由军队院校为教育部门和试点学校培训学生军训骨干;从 1985 年 9 月起,在全国 50 所左右的高等学校、100 所左右的高级中学,进行学生军事训练的试点;确定的学生军训的试点学校,都要按照学校组织领导能力强、师资力量比较强,以及具有实施学生军训试点条件和能力的学校来选定,高等学校必须是设有武装部、具有军训经验的不同类型院校;高级中学和相当于高级中学的学校(以下简称"高级中学")选择不同地区、农村、城市,不同类型普通高中、中专、职业高中、技工的学校。

根据国家教育部、总参谋部、总政治部关于恢复学生军训试点工作的决定,为保证学生军训试点工作的顺利开展,1984 年 11 月 5 日,副总参谋长何正文邀请国家教育部部长何东昌,财政部文教行政财务司副司长李士彬,劳动人事部编制司某处处长刘宝琦,总参谋部、总政治部、总后勤部有关业务部门领导同志共 19 人,研究和落实首年度开展学生军训试点工作的座谈会。教育部体教司、总参谋部动员部和总政治部干部部,已形成了恢复学生军训试点工作的初步方案,总参谋部动员部副部长周村报告了高等院校、高级中学学生军事训练试行办法的起草情况,重点对拟从 1985 年起在部分高等学校,及高级中学中进行学生军训试点的方案,就试点要解决的人员编制、训练经费和物资保障等问题做出说明。与会人员,对开展学生军训试点的一些主要问题,边研究、边统一思想,对有些需要解决问题当即拍板、落实。在步骤和范围上,认为 1984 年中国有 900 多所大学、2.4 万余所高中,在校学生达 700 多万人,如果一下子普遍开展军训试点,无论师资力量、训练设施、经费、器材等,都无力解决。因此,确定从 1985 年起,首先在全国 50所左右高等学校、100 所左右高级中学,以 2～3 年时间先行试点,待摸索总结出可行经验和办法后,再有计划地在全国普遍开展。教育部部长何东昌说：贯彻兵役法，开展学生军事训练很重要。我赞成先搞试点，并且要集中力量把这第一炮打响，试点搞不好，势必影响这项工作的普遍开展。在人员编制和机构设置上，整个试点，省级以上教育部门需增编百余人，军事教员千余人。会议确定，教育部增编的 10 名工作人员，由教育部列入行政编制解决；各省级教育部门增编的 2～3 名学生军训工作人员，在省（自治区、直辖市）已经下达的总定额中调整；学校编配的军事教员，由教育部列入事业编制。军队掌管这项工作的机构和人员，暂由省军区训练部门兼管，待全国普遍开展学生军训后，再做研究。试点时暂定：高等学校设军事教研室，每350 名学生配 1 名军事教员。高级中学每 400 名学生配 1 名军事教员，由当地教育部门统一管理，实施巡回教学训练。教员的来源，既可从教育系统的人员中调配，也可从军队转业干部中挑选，配备的军事教员，均应列为预备役军官。总参谋部军训部、总政治部干部部已商济南、南京、桂林陆军学校，拟于 1985 年 3 月起为全国教育行政部门和试点学校培训 300 名学生军训试点教学骨干。对训练经费和物资保障，经初步匡算提出了约需要经费的标准。会议明确，学生训练费，弹药、器材、教材、教员服装购置费和教育部门工作费，属中央管辖的由国家财政支付；属地方管辖的由地方财政支付。试点期间价拨给试点学校的训练枪支费、维修费和军事工作费，暂由民兵装备费和动员补助费调剂解决。全国学生军训普遍开展后所需经费，由国家拨专项经费解决。大学所需训练枪支，从民兵武器中调剂配发；高中学生训练枪支，由当地县（市）人武部提供。会议结束时，副总参谋长何正文强调，总政治部干部部调配部门要尽快匡算和统一选配补充军事教员；文件起草小组要根据会议讨论的意见，进一步修改学生军训试点方案，争取尽快下发供试点学校和教育部门参照执行；对于在全国普遍开展学生军训的试行办法，因涉及面广，可待进一步吸取各方面意见后，再行修改报批。

1985 年 1 月 14 日，国家教育部、财政部、劳动人事部，解放军总参谋部、总政治部、总后勤部在重申选定试点学校条件的基础上，对学生试点工作的其他问题，做出补充规定。在机构设置上，要求各省级教育部门配备必要的人员，有条件的可设立机构；有试点任务的地区（市）教育部门人员的编配，由省（自治区、直辖市）确定；试点的高等学校，可设置军事教研室；各级军事部门承办军训工作机构的设置和人员编配，1984 年 11 月 5 日，按照在研究和落实首年度学生开展军训试点工作会议上确定的执行。军事教员选配，思想上要进步，热爱学生军事教学工作，有一定组织教学能力和军事素质，具有高中以上的文化程度，年龄比较轻，身体比较健康。其教员来源，可从本学校的工作人员、教员、部队转业干部中择优挑选；也可采取配备专职教员和聘请教员相结合的方法。明确了学校配备军事教员与在校学生、教辅人员与教员的原则比例。在军训时间上,学生军事训练一般在一、二年级进行。高等学校军事教学总时间为120~130课时;高级中学军事教学时间为72课时,此外,还要利用假期安排10天左右的集中训练。在教学内容上,参照国家教育部,总参谋部和总政治部草拟制的高等学校和高级中学军事课教学大纲来实施,学生军训通常以开设军事课形式进行,必修课的军事课考试成绩,记入学生成绩册。在训练保障上,学生军事训练试点所需经费,按试点学校领导隶属关系和财政管理体制,分别列入中央和地方的教育事业费或各部门事业费的中等专业学校、技工学校经费预算;训练枪支,在民兵武器中调剂解决;训练器材、弹药和军事教员的服装,由军事部门价拨;军事课教材,由国家教育部、总参谋部、总政治部统一编订。与此同时,下发了试行高等院校学生军事课教学大纲、高级中学、相当于高级中学学生军事课教学大纲。这两部大纲,分别对高等学校、高级中学学生军训的依据、目的、指导思想和教学内容、时间、形式、组织领导等都做出明确规定。

1985年3月初—7月初,济南、南京、桂林陆军学校按照要求,完成为全国教育部门和试点学校培训军事教员的任务。各单位选送培训的教学骨干,每个省(自治区、直辖市)教育行政部门为1人,试点高等学校为3人,高级中学为1人。参加培训的人员,都是从教育部门和试点学校的工作人员、教员以及部队转业干部中挑选的,基本上具有较强的军政素质和组织教学能力,热爱学生军训工作,高中以上文化程度。在年龄上,高等学校一般在40周岁以下、高级中学一般在30周岁以下。济南陆军学校培训北京、天津、河北、陕西、宁夏、内蒙古、青海、甘肃、山东、山西等10个省(自治区、直辖市)的76名军事教员;桂林陆军学校培训福建、江西、广东、广西、湖南、湖北、云南、贵州、四川、西藏、河南等11个省(自治区)60所学校共90名军事教员;其他省份高等学校和高级中学军事教员的培训任务,由南京陆军学校完成。各军区陆军学校和省军区教导大队,也集训300余名学生军训教员。培训军事教员的内容,主要按国家教育部、总参谋部、总政治部下发试行的,高等院校军事课教学大纲、高级中学和相当于高级中学军事课教学大纲编列的军事思想、共同课目、技术课目、军事地形学、战术课目、解放军简史、现代军事科技知识、战时动员、平时和战时机关工作等9门课程进行设置,重点进行教学法训练。在教学中,把基本理论和基础动作作为重点,严格施训;针对学员教学基础参差不齐的状况,进行因材施教;鉴于是培训教学骨干,就把教员教学和备课、讲课紧密地结合起来,按照会讲、会做、会教、会写教案的要求组织培训。通过培训,使参训人员的合格率达到100%,较好地掌握了技术战术基础、基本理论和教学方法,能够担负教学和教学活动的组织领导工作。各试点学校,都把军事课在一、二年级完成,高等学校军事课教学总时间 128 课时;高级中学的军事课教学时间 72 课时,并与其他课程穿插进行,此外还利用假期安排 10 天左右的集中训练,合理地安排学生军训计划。

1985 年 8 月底前,各省(自治区、直辖市)教育部门都配备 1~3 名专职人员,少数省还设立学生军训机构,专门负责学生军训工作;有试点任务的大部分地(市)教育部门也增配了负责学生军训的专职人员;各试点高等学校都设置军事(军体)教研室(组)。高级中学的军事教员按规定基本配齐;高等学校多数已配 1/3、少数达到 1/2。各军区都指定负责学生军训的部门和人员,各省军区(卫戍区、警备区)的训练部门兼管学生军训工作。济南陆军学校完成编写学生军训课教学大纲和教材的任务。国家教育部、总参谋部和总政治部,统一编印高等学校教材 20 多万套,编印了 13 多万册高级中学的学生军事课教材,摄制下发军兵种知识教学片。

1985 年 9 月初,全国首批的 52 所高等学校和 102 所高级中学学生军训试点工作,按照要求全部展开。各试点学校,严格按照学生军训大纲规定的教学内容执行,把学生军训列入教学计划,多数学校将军事操作课相对集中进行,理论课同其他课程穿插安排,少数学校把军事课贯穿到整个学年,每周安排 1~2 个课时。国务院有关部委和各省(自治区、直辖市)为所属的每所试点高等学校解决训练经费 6 万~10 万元、每所高级中学 1 万~5 万元。各级人武部门为试点学校及时提供学生军训所需的枪支、弹药和部分器材,军事部门为军事教员价拨服装。试点学校,都把学生军事必修课的考试成绩,记入学生成绩册。

1985 年 10 月初,国家教委体育司、总参谋部动员部共派出 6 人,分别到陕西、山西、广东、贵州、河北省和北京市,对学生军训试点开展情况进行调查了解。感到这些省(市)政府和省军区(卫戍区)对学生军训试点工作比较重视,军地的主要领导都亲自过问,教育、军事部门互相配合,与试点学校一起做了大量的准备工作。试点学校的领导、教师也非常重视学生军训试点工作,学生参加训练的积极性较高,势头比较好。但也发现一些问题:①各试点学校的军事教员缺额多。全国试点学校缺少军事教员的比例高达 66%。高等学校缺额最多,其中,中山大学有学生 7000 余人,应配军事教员 20 余人,当时只有 1 人。有些高等学校配备的军事教员,多数是本校武装部的干部、体育教师,有的是一般的工作人员或工人,基本上不胜任军事教员的工作。由于编配的教员不足,有些试点学校只好依靠部队派出的军官、战士帮训。部队反映,派出军官、战士帮助试点学校进行学生军训的做法,作为一种应急措施是可以的,但长期下去,部队难以承受,特别是精简整编后,人员就更难以抽出。还有一种做法是聘请校内相近专业的教师兼课,这种做法,虽可以解决部队军事课程教学力量不足的问题,但多数军事课程还是要靠配备专职军事教员担任。②学生军训所需的教员培训、编写教学大纲(教材)、摄制教学录像片、召开学生军训会议、学生军训试点办公等经费,都没有很好的解决和落实。10 月 16 日,调查组写出专题调查报告,呈报国务院和总参谋部、总政治部、总后勤部等有关部门,如实地报告了各地的军事教员缺额、经费不落实等情况,并提出成立专门培训军事教员的院校,从制度上解决学生军训试点所需经费等建议。

国家和军队有关部门对首年度学生军训试点情况进行了认真研究,提出了一些有针对性的解决办法。1985 年 11 月 2 日,国家计划委员会、国家教育委员会、国家劳动人事部、国家财政部、国家商业部,总参谋部、总政治部、总后勤部等"八部委"向国务院、中央军委报请批转高等院校和高级中学学生军事训练试行办法,主要明确高等学校和高级中学学生军训试点的依据、意义、条件、领导关系,机构设置与职责,军事教师配备的原则、条件和待遇,军事课学习的内容、时间、方法和要求,经费和物资保障等。

4.3.2 派遣现役军官帮训

由于在首年度学生军训试点中,有些试点学校军事教员力量严重不足,影响了学生军训试点的教学质量。为此,1986 年 5 月 13 日,国家教育委员会(以下简称"国家教委")党组向国务院副总理兼国家教育委员会主任李鹏呈送专题报告,提出由军队向在校内组织学生军训试点的高等学校派遣现役军官担任军事教员的建议,李鹏批准了国家教委党组的报告。根据这一批示,5 月 24 日,总参谋部、总政治部向国务院、中央军委专门呈报关于向承担学生军训试点任务的高等学校,派遣现役军官担任军事教员问题的请示。明确指出:1985 年全国 52 所高等学校开展学生军训试点工作所需的军事教员,基本上是从地方学校教师和部队转业干部中选配的,虽然有个别学校聘请了现役军官担任,但在实践中仍难以保证学生军训试点的需要。主要是:高等学校已有的教师中适合担任军事教员的不多;适合担任军事教员的军队转业干部,因受到进城条件的限制,不能到学校任教;按规定大学教师都实行专业技术职务聘任制,按其所任专业技术职务享受政治、生活待遇,而军队转业干部一般不具备专业技术职务的任职条件,因而享受不到教师的同等待遇,影响军事教员队伍的稳定。为解决学生军训试点高等学校缺少军事教员的问题,国家教委提出由军队派遣现役军官担任军事教员。总参谋部、总政治部认为,全国在 20 世纪 50 年代组织大学在校生进行学生军训时,军事教员由部队派遣的现役军官担任,世界其他国家组织实施的学生军训,军事教员也都由现役军官担任。因此,拟同意国家教委关于派遣现役军官帮助高等学校进行学生军训试点担任军事教员的意见。关于派遣现役军官的数量、条件等,经与国家教委有关部门协商,提出了需派遣现役军官的大致人数。派遣军官不计算在军队的编制员额内,由省军区按在编干部的管理办法进行管理。所需工资、被装、医疗、办公、住房和离退休等一切费用,由国家财政拨给专项经费,由总后勤部开支。派遣的现役军官在学校的日常生活和组织实施学生军事训练,接受学校统一领导。国务院、中央军委很快批复了总参谋部、总政治部的请示。

1986 年 5 月 30 日,总参谋部军训部、动员部和总政治部干部部召集各军区军训部、动员部、干部部各 1 名业务处处长到北京研究学生军训的有关问题,并形成派遣现役军官的人数不宜过多的意见。大家认为,向高等学校派遣现役军官,是解决学校军事教员来源,保证学生军训质量的一项重要措施,是完全必要的。学生军训期间的政治教育内容将占的比例较大,政治课应由地方配备专职教员担任。这样,派遣现役军官的数量就可以适当减少一些,这对派遣军官的选调、培训、管理和退出现役后的安置,都有好处。6 月 26 日,总参谋部、总政治部、总后勤部向国务院、中央军委呈报高等学校学生军训试点意见时,提出向高等学校派遣现役军官的问题。试点期间军事教员与参训学生的比例,由学校组织训练的,暂按 1∶80 配备;到部队训练后,再由学校训练 1 个月的,按 1∶50 配备。

1986 年确定在 60 余所高等学校进行试点,各试点高等学校均派遣有现役军官。为保证教学质量,需要严格派遣军官的条件,选派军政素质好的团、营、连职军官担任。学校军事教研室主任,一般由正团职军官担任,少数规模大的学校,由副师职军官担任。派遣军官享受在编军官的待遇,但不计算在军队的编制员额内。派遣军官首先在大军区范围内选调,不足的由大军区商军兵种选调,由省军区按在编干部的管理办法进行管理。派遣军官所需费用、管理办法,按照国务院和中央军委同意总参谋部、总政治部、总后勤部的请示和报告执行。8 月 6 日,总政治部发出抽调现役军官帮助地方高等学校进行学生军训试点的通知,在明确其重要意义、抽调干部的条件、待遇、管理等问题的基础上,分配了 1986 年抽调现役军官帮助地方高等学校进行学生军训试点的任务。全军各部队按照总政治部的要求,临时抽调了文化程度较高、军政素质好、具有一定教学经验的现役军官派到地方高等学校担任军事教员。1987 年全军派往地方 105 所高等学校担任军事教员的现役军官人数是 1986 年的 1.65 倍,派出前,各单位都组织 20 天左右的集训。

1988 年 6 月 24 日,国家教育委员会、总参谋部、总政治部、总后勤部请示国务院、中央军委关于为普通高等学校配备军事教员时指出:由于以往临时抽调到地方高等学校担任军事教员的现役军官,多数是部队的编余人员,如不做出相应规定,明确其编制,将陆续退出现役。根据中央军委副主席杨尚昆关于派遣军官不列入军队的总员额内,可以编外定编,所需一切经费由国家财政支出的指示精神。对此建议:高等学校所需军事教员由军队派遣现役军官担任,并形成制度。普通高等学校军事教员由军队根据学校军事课教学的需要和有关规定选调,所需员额在军队总定额外定编,按在编现役军官的管理办法进行管理;派遣军官的薪金、住房、被装、医疗、福利和退出现役的安置等所需经费,另由国家财政拨专款解决,总后勤部掌握使用;派遣军官的管理,由军队和地方教育部门共同负责。

从 1986 年开始,全军各部队、机关、院校每年都派遣现役军官帮助地方高等学校进行学生军训,1992 年全军派遣军官和士兵的人数是 1986 年的 6 倍多。由于派遣的现役军官帮助学校进行学生军训试点,始终没有形成制度,出现一些问题,主要是没有明确编制,派遣军官难落实;各省份的学生军训工作,从军队来说,由省军区牵头,而派遣军官从部队和军事院校临时抽调,无法实施统一管理;派遣军官的职务调整、生活补贴、住房分配、子女上学、医疗等方面实际问题得不到很好解决,大部分不安心工作,工作积极性也不高。经国务院、中央军委决定,从 1993 年开始,高等学校学生军训改为在校内进行,部队原则上不大批派遣现役军官、士兵到学校帮训,对特别需要的重点大学,可派少量军官、士兵帮训,但时间不必过长,派遣的人数和在校帮训的时间,由省军区提出计划,报大军区批准。

4.3.3　在校内军训与到部队驻训相结合

1986—1989 年,全国高等学校的学生军训试点,主要采取大部分试点高校在校内施训与部分试点高校学生到部队过军营生活并集中驻训并举的方法。高级中学的学生军训试点,仍采取由本校组训的方法。

1986 年 1 月 25 日,国务院副总理兼国家教育委员会主任李鹏召见国家教育委员会领导同志时指示:从 1986 年开始对高等学校入学新生进行的军训工作,采取本校自行组训与到部队驻训并举的方法,要求国家教委与军队有关部门协商制定高等学校入学新生到部队过军营生活并集中进行军事训练的实施方案。根据李鹏的指示,国家教委很快形成了1986年高等学校学生军训试点的方案,并获得李鹏的批准。其核心内容是:高等学校学生军训时间为3个月;重点大学10万名学生先到部队驻训2个月,然后再由本校自行组训1个月;其他高校的学生由军队派遣现役军官担任军事教员,在本校区训练3个月;学生军训和派遣军官所需经费约2300万元,建议由国家财政拨款解决。国家教委将李鹏关于学生军训试点的指示,以及1986年高等学校学生军训试点方案一并通报给总参谋部、总政治部。5月10日,总参谋部、总政治部依据国家教委关于1986年高等学校学生军训试点方案,结合部队教导团承训学生的能力,根据向高等学校派遣现役军官担任军事教员的基本条件,向中央军委呈报组织10万名大学生到部队进行军事训练和向高等学校派遣现役军官的请示。5月15日,中央军委副主席杨尚昆审阅后批示:学生军事训练要搞,而且要搞好、搞成功,要形成制度。学生到部队教导团训练,要按地区划片包干进行。并指示要召开一次学生军训工作会议,部署试点工作。

根据中央领导同志的指示,1986年5月30日,总参谋部军训部、动员部和总政治部干部部召集各军区军训、动员、干部部的业务处长来京,利用1天的时间,专门研究落实大学生到部队训练的问题。大家认为,学生到部队进行军训,涉及部门多,工作量大,时间紧迫,建议尽快下达承训任务,以便早做准备。大家在讨论中提出:学生到部队训练的时间不要超过1个半月,并建议给教导团增编军事理论课教员,派遣现役军官的人数不宜过多,增编承办学生军训工作的机构或配备专人。随后,国家教委与总参谋部、总政治部、总后勤部共同商定,1986年全国共安排69所高等学校进行军训试点,其中中央部门所属的北京大学、清华大学、天津大学、吉林工业大学、哈尔滨船舶工程学院、山东大学、复旦大学、南京工学院、中国矿业学院、浙江大学、厦门大学、武汉大学、重庆大学、西安交通大学、兰州大学等17所重点大学约2.7万名学生到部队驻训,其余52所高等学校、4万余名学生由本校自行完成军训任务,部队临时抽调军官到学校担任教员。7月26日,总参谋部、总政治部、总后勤部向各级军区传达中央领导同志关于搞好学生军训试点工作的指示,要求承训大学生的部队,组织好教学力量,搞好备课,按照大纲规定的内容,严格训练,严格要求。针对青年学生的特点,特别是女大学生较多的情况,加强行政、生活管理,严密组织,讲究方法,做好思想政治工作,切忌简单粗暴。教育抽调的现役军官、士兵关心爱护学生,起表率作用。尊重学校派出的领导和工作人员,遇事多与他们商量,共同把学生军训工作搞好。同日,国家教委、总参谋部、总政治部印发《高等学校学生军事训练大纲》,规定军事训练时间为 10～13 周,一般在一、二学年进行。实施方法分两种形式:一部分学校的学生到部队训练 7～8 周,然后再回到学校训练 3～5 周;一部分学校的学生在校内,采取集中与分散相结合的方法,训练 10～13 周。同时,区分集中训练与分散训练的内容。这些规定,区别于《高等院校军事课教学大纲》仅在本校以必授课和选授课的形式,完成军事课教学的内容。至于训练目的、指导思想、训练内容、基本要求,《高等学校学生军事训练大纲》《高等院校军事课程教学大纲》基本一致。

1986 年 7 月底—8 月初,北京、沈阳、广州、成都、兰州军区分别召开军区业务部门、省军区、集团军以及地方教育部门和承担学生军训试点学校负责同志参加的会议,南京军区召开有省军区和承训部队参加的电话会议,济南军区专门下发文件,部署所属部队承担学生到部队进行训练试点的工作。1986 年 8 月 22 日,国家教育委员会、国家计划委员会、国家劳动人事部、国家财政部、国家商业部和总参谋部、总政治部、总后勤部等“八部委”发出落实中共中央、国务院、中央军委关于加强高等学校学生军事训练试点工作指示的通知,确定 1986 年适当扩大试点范围,增加训练时间和内容,改进训练方法。

按照国务院、中央军委的统一部署,从 1986 年 9 月新生入学开始,除贵州省 2 所高等学校外,其他 67 所高等学校按计划如期展开训练,实际参训学生为 7 万余人。1986 年与 1985 年高等学校学生军训试点有所变化。军训范围,由 1985 年的 52 所到 1986 年扩大为 69 所;军训时间,由 1985 年的 128 学时到 1986 年增加为 10～13 周;军训形式,由 1985 年的全部在本校进行,1986 年改为大部分高等学校的学生在校内进行训练,部分高等学校的学生到部队教导团驻训;军事教员与参训学生的比例,由 1985 年的 1：300 到 1986 年提高为 1：80,到部队训练的为 1：150。军训内容,1986 年增加了中国人民解放军宗旨任务、兵役法、野营拉练、社会调查和时事政策教育等。据总参谋部动员部称,通过军训,使学生接触社会实际,增强了社会责任感;加强组织纪律性,培养了集体荣誉感;锻炼体魄,培养了吃苦耐劳的精神;增强国防观念,激发了爱国主义热情,达到了学生军训的预期目的。

1986 年 12 月 18—20 日,国家教育委员会、总参谋部在北京召开有部分试点高校、军区有关业务部门和承训部队代表参加的高等学校学生军训工作座谈会。会议着重总结交流高等学校学生到部队驻训的情况和经验,研究探讨高等学校学生军训试点的训练时间、内容、形式和社会调查、派遣军官、经费与物资保障等有关问题。与会同志一致认为:对高等学校学生实施军训,是培养“四有”(有理想、有道德、有文化、有纪律)人才的一项重要措施,对于促使学生接触社会实际,提高思想政治觉悟,增强组织纪律性,锻炼体魄,培养吃苦耐劳精神,增强国防观念,都有着积极的作用,应当作为一项制度长期坚持下去。国家教委副主任彭珮云和副总参谋长何其宗到会讲话。

根据 1986 年部分高等学校学生到部队驻训的实践,结合部队承训能力和高等学校学生到部队驻训的积极性。1987 年 5 月 4 日,国家教育委员会、总参谋部、总政治部、总后勤部计划 1987 年全国学生军训试点高等学校由 1986 年的 67 所增加到 105 所,其中到部队驻训的由 1986 年的 17 所增加到 40 所,在校内训练的 65 所。军训时间,由 1986 年的 10～13 周缩短为 7～8 周。到部队驻训的高等学校学生,先由部队训练 5 周,然后回到本校再训练 2～3 周。由于部队承训高等学校学生,可以保证学生军训的质量,减轻高等学校在教学、生活等方面保障的负担,因此促使高等学校组织学生到部队驻训的积极性。结果 1987 年到部队驻训的高等学校比原计划增加 11 所,使到部队驻训的高等学校由原计划的 40 所增加到 51 所,占当年学生军训试点高等学校总数的 48.6%,是 1986 年的 2.9 倍多,在校内训练的由 65 所减少到 54 所。

根据中央领导同志关于要在学生军事训练中增加思想政治教育内容的指示,结合 1985 年和 1986 年学生军训的实践,从 1987 年初开始对 1986 年 7 月印发试行的高等学校学生军事训练大纲进行修订。把坚持四项基本原则和坚持改革、开放、搞活等方针、政策教育,纳入修改后的高等学校学训大纲。同时,把军事训练时间由原来的 10～13 周缩短至 7～8 周;学生到部队训练的时间由原来的 7～8 周缩短为 5 周,在校训练时间由原来的 3～5 周缩短为 2～3 周。国家教育委员会、总参谋部、总政治部于 1987 年 7 月 31 日印发修订后的《高等学校学生军事训练大纲(试行)》。8 月 31 日,国家教委办公厅下发《做好学生军训中的安全防范事故工作的通知》,对保证参训学生的人身安全和加强武器、弹药管理等问题提出明确要求。9 月 10 日,国家教育委员会、总政治部下发关于加强学生军训中思想政治工作的通知,明确了加强学生军训思想政治工作的重要意义、基本任务、方法等,要求把学生军训取得的成果,运用到部队建设和地方院校建设。

1987 年全国学生军训试点如期开训后,10 月初,总参谋部动员部与国家教委有关领导率领工作组,到承训高等学校学生的某集团军进行调查研究,同军师团各级领导、学校带队干部、部分学生举行了座谈会。参加座谈的同志普遍认为,学生采取到部队实施军训,政治思想觉悟有显著提高,精神面貌发生较大变化,意志和体魄等得到很大加强,组织纪律性和国防观念明显增强,也引起社会各界的重视,深受学校和广大师生的欢迎。该集团军对承训学生工作非常重视,军、师、团各级党委都曾多次召开会议研究搞好承训学生的具体措施,并分工主要领导同志抓这项工作,严格按照学生军训大纲施训。北京大学的领导同志说:学生到部队进行军事训练,是教育工作的一项重大改革,对学校的教学工作起到很大的促进作用。北京电影学院的学生说:文艺界不少人在探索人生的价值,在军营里找到了这种价值,这就是军人的奉献精神,这才是人生真正的价值。但是,部队承担学生军训工作,也有一些问题需要认真加以研究解决。部队领导同志反映的一些问题和意见,主要是:地方许多高等学校和高级中学自行与部队联系,要求部队帮助搞学生军训,部队感到压力大。该集团军 1986 年、1987 年共承担 13 所高等学校、6 所高级中学学生的军训任务,受训学生 8000 余人,其中由国家教委和总参谋部、总政治部下达的任务只有 2 所高等学校,参训学生 3300余人,大大超出计划承训的任务。此外,还派出 500 余名现役军官、士兵到30 余所学校帮助军训。该集团军参谋长刘培训说:现在出现学生"军训热",许多高等学校都有让学生到部队驻训的要求,虽然这是件好事,但部队除完成上级赋予的学生军训任务外,还要承担其他学校的学生军训任务。仅驻军附近地区就有 30 多所,还有北京的学校,任何一所学校要求帮训都不好拒绝。长此下去,必然会打乱部队的正常训练和工作秩序,影响部队的自身建设。建议总参谋部、总政治部对部队承担学生军训任务做出明确的规定。

承担学生军训任务的部队反映:1987 年到部队教导团受训的高等学校学生只付大部分经费和粮票,对于超支的那部分经费和粮票都由承训部队垫支而无处核销。按照规定,教导团每年 12 月初—翌年 4 月中旬训练新兵,5 月初—9 月上旬训练预提班长,10—11 月为训练转换时间。而 9—10月间教导团又承担学生军训任务,导致多项工作相互交织、难以应付。建议总参谋部对教导团的任务做出统筹安排。工作组回到北京后,又与北京军区有关部门进行了座谈,座谈中反映:1987 年,国家教委、总参谋部、总政治部、总后勤部只赋予北京军区所属部队承担 12 所试点高等学校,2.3 万名学生的军训任务,而实际承担了 92 所高等学校,5.5 万余名学生的军训工作,仅到部队训练的学生人数就超过计划的 1.5 倍,这在一定程度上给部队自身训练和建设带来一定的影响。其他承担学生军训任务的部队,都存在上述类似问题。一致要求总参谋部、总政治部和国家教委共同商议,适当控制或压缩由部队承担学生军训的规模。

1988 年,全国学生军训试点的高等学校由 1987 年 105 所扩大到 112

所,受训学生 11 万余人。由于高等学校学生到部队驻训给部队工作带来了影响,因此安排到部队驻训的高等学校和受训学生与 1987 年持平。1986—1988 年,全国有 2121 所非试点学校自行组织了学生军训,其中高等学校 731 所、高级中学 1390 所,受训学生 87 万余名。

4.3.4 在校内军训与由军队院校培训相结合

按照兵役法规定,高等院校的学生在求学期间必须接受基本军事训练。1989—1992 年,全国学生军训试点主要是采取在校内军训和由军队院校培训的方式,参加学生军训试点学校的数量和人数比较稳定,同时未再有非试点学校自行组织学生军训。全国高等学校的学生军训试点,1989 年为 142 所,13.57 万余人。其中,在校内军训的 137 所,12.5 万余名学生,到部队驻训的 6 所,1 万人,由军队院校培训的 1 所,700 余人。从 1990 年开始,取消了高等学校学生到部队驻训的做法。1990—1992 年均为 145 所,13.8 万人左右,除由军队院校培训的 2 所,3000 人左右外,其余每年参加学生军训试点的 143 所高等学校,13.5 万余名学生均回到本校进行军训。1992 年起,未再安排高等学校入学新生到军队院校培训,主要抓好 1991 年高等学校入学新生在军队院校培训的收尾工作。1989—1992 年,高级中学仍在校内正常组织学生军训,1989 年训练 250 余万人、1990 年训练 300 余万人、1991 年训练 300 余万人、1992 年训练 500 余万人。

1989 年 6 月 29 日,国家教委向中共中央政治局常委会议专题汇报了恢复高等学校学生军训工作时提出:"从 1989 年开始,个别综合大学可进行新生到军队院校培训 1 年的试点",同时提出,"北京大学 1989 年招收的 800 名新生先送到军事院校训练 1 年,学制延长 1 年"。随即,国家教委又提出,清华大学也有 200 名新生需要送到军队院校培训 1 年的设想。这部分学生在军队院校代培期间不办理入伍手续,其待遇按照地方高等学校的有关规定执行。代培结束后,再回到大学上学,学制由 4 年延长到 5 年。7 月 5 日,国家教委致函总参谋部,提出给予支持代培北京大学、清华大学入学新生工作。经总参谋部研究同意安排 1989 年北京大学、清华大学招收的新生到北京、沈阳、济南、南京军区的陆军学院培训,并于 7 月 21 日报请了中央军委。同时,结合军队院校实际,总参谋部提出对每年接收一批地方大学生到军队院校培训 1 年确有困难,主要是受编制员额、营房设施、教学设备等条件限制。为使这项工作能够形成制度,似可考虑在地方高校比较集中的大城市建立学生军训中心,配备现役军官组织教学和管理,所需员额不列入军队总定额,实行编外定编。此办法如可行,建议请国家教委牵头研究论证。7 月

29 日,中央军委常务会议讨论同意总参谋部提出接收北京大学 1989 年招收的 800 名新生到军队院校进行 1 年军政训练,所需经费由国家教委专项拨给。为便于管理和训练,新生军政训练应尽量集中在 1～2 所军队院校进行。8 月 9 日,总参谋部把 1989 年北京大学招收的 800 名新生到军队院校培训 1 年的任务赋予北京军区所属的石家庄陆军学院。

北京军区受领培训北京大学入学新生的任务后,要求石家庄陆军学院暂时停办 5 个学员队,搬迁 1 个学员队。北京军区从全区选调数名女军官和数十名男军官到新生队任中队干部或区队长;从部队被装仓库调拨一批训练服装,还为特体学生专门制作训练服装。石家庄陆军学院根据新生的特点,专门制订教学计划,明确以中共十三届四中全会精神为依据,以提高学员政治素质为重点的教学指导思想。

1989 年 9 月 2 日,总参谋部、总政治部、总后勤部、国家教委决定:北京大学 1989 年度的新生到石家庄陆军学院进行军政训练,参照陆军学院大学本科班第一学年的教学计划,针对普通高等学校入学新生的特点,通过 1 年的教育训练,使入学新生进一步明确政治方向,拥护四项基本原则,热爱党、热爱社会主义祖国,热爱人民,热爱劳动;培育和发扬集体主义精神,养成较强的组织纪律观念、法制观念和良好的道德情操;初步掌握军事基础知识和技能,掌握大学语文和英语的基本知识,为日后学习打下基础。基本完成从一个普通青年到具有一定军政素质的革命青年的转变,从一个普通中学生到大学生的转变。教学计划和课程设置,原则上按陆军学院本科班第一学年教学计划安排,以政治教育和军事基础训练为主,辅以部分大学公共基础文化课。课程设置,政治课占 37.2%,军事课占 30.5%,文化课占 26.7%,综合性野营拉练和社会调查占 5.6%。

根据统一部署和要求,北京大学接受培训的入学新生从 1989 年 10 月 7 日开始到石家庄陆军学院报到,10 月 12 日举行开学典礼,国家教委副主任何东昌、秘书长朱育理,北京大学校长吴玉清,北京市委副书记汪家缪等领导同志参加开学典礼并检查各项准备工作。截至 10 月 15 日,应到新生 748 名,实到 738 名,经过体检,因身体原因做休学处理的 8 名,实际在校生 730 名。实到的新生,来自 29 个省(自治区、直辖市),13 个民族,其中,男生 477 名,女生 261 名;年龄 14～25 周岁,平均年龄 17.9 周岁;党员 2 名,团员 719 名,普通群众 17 名;保送生 135 名,三好生 299 名,学生干部 145 名;获国际奥林匹克奖的 9 名,高考成绩在省、市前 5 名的 40 名,华侨、港澳新生 7 名,少数民族 12 个共 56 名。共开设 19 门课程,其中政治教育课 7 门,军事课 10 门,文化课 2 门。1989 年 11 月,北京军区政委刘振华到石家庄陆军学院现场办公,检查承训北京大学入学新生各项工作落实情况,并亲自为受训新生讲授了政治课。

1990年初,国家教委向总参谋部提出从1990—1993年每年安排北京、复旦、南京3所大学5200名新招收的学生到军队院校进行为期1年军政训练的设想。4月5日,总参谋部召开办公会议,专门研究大学生军训问题。会议认为,对地方大学生进行军训,应本着既利于军队的长远建设和发展,又利于地方大学生军政训练的原则进行安排。大学生到军队院校或部队训练,只是权宜之计,不是长久措施,从长远考虑,对少数重点大学的大学生实施军训,根本办法是就近利用空闲房地,建立大学生培训中心,培训中心可由国家教委筹建,军队协助,归所在军区领导和管理。在大学生军训中心未建成以前,少数重点大学的入学新生军训可采取军队院校分别训练或部队临时腾出部分营房进行军训。会议决定,由总参谋部会同总政治部起草有关地方大学生军训的请示,报中央军委审批。1990年5月12日,经中央军委办公会议讨论,同意总参谋部、总政治部关于地方高等学校学生军训工作的有关问题的请示。5月19日,副总参谋长何其宗率领总参谋部、总政治部有关业务部门的同志到国家教委,同国家教委副主任邹时炎等交流5月12日中央军委办公会议对地方高等学校学生军训工作的有关意见。何其宗首先指出,学生军训按照兵役法的规定,主要安排在校内进行,军队可有重点地向部分高等学校派遣现役军官担任军事教员;在高等学校集中的大城市建立学生训练中心,分期分批轮训学生;部队教导师团改编为乙种师团后,没有空闲营房,且任务又很重,因此不应再安排学生到部队训练;军队院校规模较小,承训能力有限,接收北京大学、复旦大学、南京大学学生军政训练1年确有困难。但是,考虑到北京大学学生已经到军队院校训练了1年,为保持其连续性,按1个周期再继续搞3年,复旦大学、南京大学的学生可在建立的学生训练中心组织训练。国家教委副主任邹时炎听后说:同意学生军训主要在校内组织实施;建立学生军训中心,并先搞试点,但需要认真研究;国家教委和北京大学、复旦大学、南京大学都已做好1990年入学新生到军队院校训练1年的准备工作,如果1990年增加2所高等学校入学新生到军队院校训练有困难,可考虑安排复旦大学1800名入学新生到军队院校训练,1991年再过渡到新建的学生训练中心进行训练。

1990年5月23日,副总参谋长何其宗把与国家教委领导沟通大学生军训的情况,向总参谋长迟浩田和中央军委副主席刘华清、秘书长杨白冰呈送书面报告。当日,迟浩田批示:"对复旦大学学生训练问题同教委再商量后定。"5月25日、28日,杨白冰、刘华清分别签署同意。国家教委副主任何东昌看到中央军委首长的批示后,向国务院总理李鹏呈报专题报告,提出军队院校承担北京大学、复旦大学、南京大学学生进行军政训练有困难,建议只增加复旦大学由军队院校负责军训。6月6日,国务院总理李鹏在此报告上批示:"请考虑教委何东昌同志的意见,再增加一所复旦大学搞军训,以避免北大过分突出,有何困难,可提出由国务院解决。"遵照李鹏的批示,总参谋部对北京大学、复旦大学入学新生到军队院校军政训练问题进行了认真研究,并就有关问题征求总政治部、总后勤部有关部门的意见后,6月18日总参谋部对军队院校承担北京大学、复旦大学的军政训练问题做出安排,呈报国务院、中央军委批准。

1990年,北京大学、复旦大学分别招收新生1664名和1500名。从1991年起北京大学、复旦大学每年各招生2100名。为保持这2所大学学生军训的连续性,以利于学校培养一批骨干,经总参谋部与国家教委商量,拟按1个周期(4年)安排,即北京大学从1989年开始至1993年上半年结束,复旦大学从1990年开始至1994年上半年结束。本着既搞好地方大学学生军政训练工作,又不过多地影响军队干部培训工作的原则,把1990年北京大学招收的1664名新生安排在石家庄、信阳2所陆军学院训练;复旦大学招收的1500名新生安排在大连、南昌2所陆军学院训练。这样安排后,除把部分军队学员队调整到部队教导机构训练、安排到部队实习和缩短学期外,还有一部分军队学员队需要采取维修旧房、搭简易房和帐篷等措施,来解决其宿舍问题。同时,向国务院、中央军委提出解决承训地方高等学校入学新生所需营房设施、教工人员编配和经费等意见。按照军队初级指挥院校学员建房标准计算,通过增建、维修、改造等方式,保证入学新生用房和其他教学、生活保障所需的经费,建议由国家财拨付专款。

1990年7月30日,中央军委副主席刘华清向国务院总理李鹏介绍军队院校承担北京大学、复旦大学入学新生的军政训练工作情况和所需经费后,均按军队提出解决的方案批准,使北京大学、复旦大学入学新生到军队院校进行军政训练,得到有效的保障。7月31日,中央军委召开常务会议,讨论并同意总参谋部关于安排北京大学、复旦大学入学新生到军队院校进行军政训练的请示,同时确定:1990年先作临时性安排,在军校内部采取挤、压、调整任务的办法,将北京大学、复旦大学入学新生的军政训练工作分别安排在石家庄、信阳和大连、南昌4所陆军学院进行。从1991年开始,计划调整出2所军队院校(南方、北方各1所),专门承担地方大学入学新生的军政训练。

1990年8月5日,总政治部发出通知,要求北京、沈阳、济南、南京军区所属的石家庄、信阳、大连、南昌4所陆军学院承担1990年北京大学、复旦大学招收新生军政训练所需干部主要由各学院调剂解决,尽量少从部队抽调干部。陆军学院难以调剂解决的,由陆军学院提出意见,报军区政治部批准后,从军区所属单位选调。8月25日,国家教委、总参谋部、总政治部、总后勤部下达1990年北京大学、复旦大学招收的新生到军队院校进行军政训练的任务。北京大学由石家庄、信阳陆军学院承训,其中石家庄陆军学院承训840名文科生,信阳陆军学院承训760名理科生;复旦大学由大连陆军学院、南昌陆军学院承训,其中南昌陆军学院承训700名文科生,大连陆军学院承训800名理科生。在教学时间和课程设置上,教学起止时间为1990年9月15日—1991年7月15日,约220个训练日,其中教学日210天,机动日10天。军事课主要学习军队条令条例、军事思想、轻武器射击、单兵战斗动作、兵种知识与军事科技、投弹等内容,占总课时的28.6%;政治课主要学习马克思主义哲学、中国革命史、坚定社会主义信念教育、法学概论、思想品德、时事政治,占总课时的31%;文化课主要学习英语、大学语文,占总课时的28%;野营拉练和社会调查等,占总课时的12.4%。在结业考试上,野营拉练和社会调查结束后,学生要写出调查报告或感想,由学校做出评语,与其他考试成绩一并装入学生档案。在组织与管理上,学生注册、编组、开学动员,由承训的军队院校和地方大学共同组织。开学后,由承训院校全面负责教学与管理。承训院校应配备军政素质较强的军官担任大队、中队、区队专职管理干部,严格按教学计划组织教学,按军校的条令条例及有关制度进行管理。训练结束后,颁发军队院校结业证书和预备役军官军事训练合格证书。在生活待遇上,新生入军校后,统一发制式军服,佩戴军校学员肩章、符号,按军校学员着装规定着装,按军校学员伙食标准集体就餐,但不办理入伍手续,不计军龄。同时,对军训保障、党(团)组织建设、奖惩等方面都提出具体要求。

根据1990年7月31日中央军委常务会议关于调整出2所军队院校(南方、北方各1所)专门承担北京大学、复旦大学入学新生军政训练任务的决定,总参谋部于1991年1月15日召开办公会议确定,调整出2所军队院校承担地方大学生军政训练的任务,还是继续由大连、石家庄、信阳、南昌4所陆军学院承担北京大学、复旦大学的军政训练,待以总参谋部名义致函国家教委尽快予以明确后再做研究。1月底,总参谋部致函通告国家教委,中央军委常务会议决定调整出南方和北方各1所军队院校专门承担北京大学、复旦大学入学新生军政训练任务。2月27日,国家教委复函总参谋部,一方面,认为继续由大连、石家庄、信阳、南昌4所陆军学院承训北京大学、复旦大学入学新生为宜,这样工作有连续性。同时,这 4 所陆军学院均有较好的育人环境;有较多的军校学员同时在校,有利于北京大学、复旦大学入学新生的锻炼成长;4 所陆军学院既有培养部队人才的经验,又有培养高中毕业生的经验,并已有 1～2 年培养北京大学、复旦大学入学新生的经验,因此是承担这项任务比较理想的军校。另一方面,同意中央军委的决定,从 1991 年开始集中由 2 所军队院校承训北京大学、复旦大学入学新生的任务,并希望在承训的 4 所军队院校中选北方的石家庄和南方的南昌 2 所陆军学院,分别承担北京大学和复旦大学每年各 1800 名新生的军政训练任务,把这 2 所军队院校作为军地联合办学的 2 个试点校。5 月 8 日,总参谋部将国家教委致函的意见呈报中央军委,报告称:北京大学、复旦大学入学新生到军队院校进行军政训练,仍按中央军委决定的按 4 年 1 个周期安排为好,4 年训练结束后,不再安排这 2 所大学入学新生到军队院校训练。北京大学已有 2 个年度的入学新生在军队院校训练,复旦大学已有 1 个年度的入学新生在军队院校训练,剩下的几年,倾向仍由承担 2 所大学入学新生训练任务的大连、石家庄、信阳、南昌 4 所陆军学院承担。经中央军委批准总参谋部的报告后,于 6 月 21 日,总参谋部军训部、动员部发出 1991 年学生军训有关问题的通知,明确了训练规模、形式、时间、内容和保障等问题。

1991 年 7 月 15—17 日,国家教委和总参谋部在河南省信阳市联合召开北京大学、复旦大学入学新生军政训练工作总结大会。参加会议的有大连、石家庄、信阳、南昌陆军学院和北京大学、复旦大学的负责人,北京市高校工委和上海高教局负责人,沈阳、北京、济南、南京军区和解放军总参谋部、总政治部、总后勤部、中宣部、团中央、国家教委有关部门负责人。会议重点总结了 1989—1991 年北京大学、复旦大学在军队院校进行军政训练的工作,大连、石家庄、信阳、南昌陆军学院分别介绍了对北京大学、复旦大学入学新生进行军政训练的情况和经验;研究讨论了进一步做好北京大学、复旦大学入学新生军政训练试点工作的意见;部署了 1991 年北京大学、复旦大学的入学新生军政训练工作。会议由国家教委副主任朱开轩主持,国家教委主任李铁映和总参谋长迟浩田出席会议并分别发表重要讲话。李铁映对北京大学、复旦大学入学新生进行近 2 年时间的军政训练所取得的成绩,给予高度评价,同时提出北京大学、复旦大学入学新生军政训练要长期办下去的要求,国家教委计划把大连、石家庄、信阳、南昌 4 所陆军学院和北京大学、复旦大学的建设纳入"八五"计划。要认识到培训北京大学、复旦大学入学新生是一项政治任务,与培养部队生同样重要。迟浩田重点就大连、石家庄、信阳、南昌 4 所陆军学院及其所在军区为承训北京大学、复旦大学入学新生军政训练工作所做的努力和所取得的成绩,以及进一步做好这项工作发表讲话,要求利用承训地方大学生的机会,促进军队院校自身的全面建设,努力把军队院校的各项工作提高到一个新的水平。会议回顾近 2 年间北京大学、复旦大学入学新生军政训练的主要成绩和初步效果。2 年间,承训北京大学、复旦大学入学新生的 4 个军区及其所属 4 所军校,坚决执行中共中央、国务院、中央军委的决定,以高度的政治热情,圆满地完成承训大学生这项光荣艰巨的政治任务,使北京大学、复旦大学的学生在政治立场、观点、思想方法等方面都有明显的进步。在 4 所陆军学院接受军政训练的北京大学1989 年、1990 年度和复旦大学 1990 年度招收的新生,共计 3625 人,其中有700 人受到各种奖励,529 人被树为学雷锋等各类标兵,1100 余人递交入党申请书,174 人加入中国共产党。北京大学在会上介绍该校 1989 年度的入学新生经过军队院校培训回校后的情况及学校为巩固军政训练成果所做的工作。全校师生对经过军队院校培训的学生的共同看法是:整体素质好,特别是政治思想素质好,学习刻苦,工作踏实,有雷厉风行、说干就干、要干就干好的作风,是一支能拉出去,并能为北京大学争荣誉的生力军。从 1991年 3 月的调查表明,北京大学 1989 年度的入学新生经过军队院校培训后,政治情绪稳定,政治态度积极,对社会重大政治问题的正确认识程度高于其他年级,对党、对社会主义信念认同程度较高,有 45% 的学生把加入中国共产党作为自己努力的目标和方向。这是没有经过军队院校培训的学生无法比拟的。与会代表认为,至关重要的是要巩固北京大学、复旦大学军政训练成果和返校后的衔接工作。据北京大学、复旦大学与会同志介绍,1991 年两校为做好 1990 年度经过军队院校培训的入学新生返校后的衔接工作,在思想上、组织上和后勤保障上都做好充分准备。在总结交流经验的基础上,与会代表就进一步提高对北京大学、复旦大学入学新生进行军政训练决策正确性的认识、明确军政训练的指导思想、做好衔接工作、巩固军政训练成果等重点问题进行了认真探讨,同时部署大连、石家庄、信阳、南昌 4 所陆军学院继续承训北京大学、复旦大学 1991 年度入学新生的任务。

1992 年 3 月 17 日,总参谋部根据中央军委"关于北京、复旦大学新生继续在军校进行军政训练"的指示精神,确定在大连、石家庄、信阳、南昌陆军学院各增编 1 个团级单位的大学生军训大队。增设的大学生军训大队的编制员额、车辆不计入院校编制,单独计算,待军训任务完成后即行撤销。大连、石家庄陆军学院军训大队下设 7 个学员队,每个学员队下设 4 个区队。每个军训大队编配 9 辆运输车和轿车,教工人员 267 名,其中学员大队 116名、机关 15 名、图书馆 4 名、门诊部 15 名、司机 17 名、教员 100 名,保证每期承训学员 900 名。信阳和南昌陆军学院军训大队分别按照每期承训学员 1100 名、700 名编配的教工人员和车辆,信阳陆军学院每个军训大队下设 8 个学员队,南昌陆军学院军训大队下设 5 个学员队,每个学员队下设 4 个区队。1992 年,北京市、上海市根据高等学校学生数量多的实际情况,由政府投资,先后建起 3 个高等学校学生训练中心。并开始用于分期分批进行学生军训工作,积极探索学生军训的新路子。

4.4 调整改革退役安置与抚恤政策

改革开放后,随着我国经济体制改革的不断深化,特别是社会主义市场经济体制的建立,社会保障制度日渐完善,军人社会保障制度在社会优抚、退役军人和退休、离休干部安置方面进行了积极的调整和改革,优抚安置工作逐步走上了法制化、正规化、经常化的轨道。

4.4.1 军官安置

军官安置是军官退出现役的出口:一方面,有利于保证我军军官队伍的新陈代谢和保持旺盛的活力,以适应军队革命化、现代化、正规化的需要;另一方面,军队转业干部又是地方干部的重要来源之一,是我国社会主义建设的一支重要力量。军官安置工作,是一件具有重要政治意义的工作,它关系到我们整个军队、整个党、整个民族的根本利益。

军官退休离休安置。《兵役法》和《军官服役条例》,都对军官退出现役都进行规定。是部队军官队伍的正常更替,鼓励军官在部队安心服役,条例明确了军官退出现役的条件,规定了退役后的安置原则。军官在服现役期间,为保卫祖国、保卫四化建设做出了较好的贡献。对退出现役的军官应给予妥善安置,有利于国防和军队建设,有利于国家社会经济建设。因此,条例规定在部队担任师级以上职务的、担任高级专业技术职务的军官,退出现役后主要作退休安置;在部队担任团级以下职务和初级、中级专业技术职务的军官,退出现役后主要作转业安置。这是根据此时的国情军情确定的。《军官服役条例》还规定了军官服现役满 30 年以上,或者是年满 50 周岁以上的,本人提出书面申请,经组织上批准,可以办理退休。主要考虑,他们把大半生年华贡献给了国防事业,转业到地方工作有些困难,政府也不好安排,允许退休是合理的。这样规定,可以免除他们服现役时的后顾之忧,有利于保留机关工作骨干和专业技术骨干。外军也有类似规定。

1982 年,中共中央提出老干部离休退休后"生活待遇还要略为从优"原则之后,1984 年 11 月国务院、中央军委规定军队离休干部生活待遇继续执行军队的项目和标准;1984 年,中央下发了国务院、中央军委批转民政部、总政治部做好移交地方的军队退休和离休干部安置管理工作的报告的通知(国发〔1984〕171 号),统一了军队干部的待遇政策,规范了军休干部的安置办法,实行按批次计划安置,明确了政府各部门的工作分工,同时为保障军休服务管理工作正常展开,特别配备了用车、用房和专门编制,并安排了相关经费。171 号文件的出台,标志着军休工作体系和政策框架的基本确立。完善体制,理顺关系,充实力量。继(国发〔1984〕171 号)文件出台之后,国家为加强军休工作特别为各级民政部门增加了行政编制,全国大多数地方的民政军休工作部门在组织上进行了单列,增加配备了比较得力的人员,比较好地解决了工作力量和工作手段的问题。中央财政为这项工作增加了经费项目,提高了标准。各地民政部门根据中央指示精神,学习借鉴军队的经验和做法,开始探索建立军休干部休养所对军休干部进行安置管理。1994 年经民政部、总政治部等军地有关部门报请中共中央、国务院、中央军委批准,决定从 1993 年 10 月移交政府安置的军队退休干部的生活待遇与离休干部一样开始执行军队统一的项目和标准,军休工作就此步入正规化发展轨道,各项工作得到快速而全面的发展。

军官转业安置。1984—1998 年,是军队精简整编人数比较多时期,需要安置几十万军队干部。这期间国家正是改革开放调整时期,社会和经济体制在不断发展变化时期,给军队转业干部的安置带来较多的难题。

1984 年 10 月,国务院、中央军委批转《关于做好 1984 年军队转业干部安置工作意见的通知》指出,这批转业到地方工作的团职以下干部,经过部队培养、锻炼,具有较高的政治觉悟和一定工作能力;党员占绝大多数;文化程度一般都达到初中水平,其中高中和大专水平的占 34.2%,年龄在 45 周岁以下的占 90% 以上。当年转业干部 7.5 万余人。

1985 年 8 月,中共中央、国务院和中央军委三个办公厅在转发 1985 年军队转业干部安置工作的意见的通知中指出:军队进行体制改革、精简整编,减少员额 100 万,近二三年内将有一大批军队干部退出现役转业到地方工作,其中还有部分师职干部。这批干部除有较强的组织纪律观念、较高的政治思想觉悟和一定的实际工作经验外,有的干部通过"军地两用人才"的培养,还掌握了不少经济社会建设方面的知识;共产党员占绝大多数,高中、中专以上文化程度的占 51.9%;专业技术干部占 17.1%;年龄均在 50 周岁以下,其中 43 周岁以下的占 95%。上述转业干部,拟在 1985 年、1986 年和

1987 年分三批安置。第一批 13.4 万人,第二批 17.9 万人,第三批 13 万人。①

根据 1986 年 10 月,国务院、中央军委批转的转业干部安置工作的通知,当年转业干部充实各行各业基层单位和重点工程。各地可根据需要和转业干部的实际情况,对去向进行合理调配。对立二等功以上的、长期在边防、因战致残的、海岛工作、潜艇工作、长期从事飞行的转业干部,在分配去向上除了回原籍或入伍地以外,也可到其父母或爱人所在地区安置。对掌握核心机密和重要机密的干部,原籍是边境地区的,要调整到本省、区内安置。

转业干部政策,逐步形成了比较成熟的制度。此后,到 1998 年,转业干部政策,在兵役法和军队服役条例的框架下进行局部调整,大的政策没有变化,军队干部转业逐步走向规范化的道路。

复员是军队干部退出现役的一条辅助途径。"文化大革命"以后到 1989 年对干部复员政策的调整主要针对的是刑满释放又不具备转业条件的军队干部。随着安置多样化,国家经济建设的发展和社会主义市场经济体系的逐步建立,有的部队干部要求改革干部复员制度,部队干部发给一定资金后作复员安置。应该说,1993 年有关部门联合签发的关于做好军队复员干部安置工作的通知(国安〔1993〕2 号、〔1993〕政联字 1 号)所体现的政策是符合形势要求的。它使干部复员工作的路子畅通了,也有效地保障了复员干部的切身利益。

4.4.2　退役士兵安置

为规范义务兵安置制度,保护义务兵的权益,适应形势发展变化,结合我国社会发展的实际情况,1987 年 12 月 12 日,国务院发布退伍义务兵安置条例。其原则是贯彻从哪里来、回哪里去,妥善安置、各得其所的方针。其主要内容如下。

第一,义务兵退役条件。服现役期满包括超期服役退出现役的;服现役期未满,因下列原因之一的可以退役,经部队师级以上机关批准提前退出现役的;因公、因战负伤,包括因病致残,部队发给革命伤残军人抚恤证的;经驻军医院诊断证明,患病基本上治愈,但不适宜在部队继续服现役,以及精神病患者经治疗半年未愈的;部队编制员额精简,需要退出现役的;家庭发

① 总政治部干部部,军事科学院军制研究部.中国人民解放军干部制度概要[M].北京:军事科学出版社,1988.

生重大变故,经家庭所在地的县、市、市辖区民政部门和人民武装部证明,需要退出现役的;国家建设需要调出部队的。

第二,农业户口的义务兵安置。由入伍地军人安置机构按下列规定进行安置:对严重缺房或者是无住房而自建和靠集体帮助解决又确有困难的,应当按照国家规定,安排规定数量的经费和建筑材料帮助解决;在服现役期间荣立二等功(含二等功,下同)以上的,应当给予安排工作;对有一定专长的伍地军人,应当向相关部门推荐录用;各用人单位在向农村招收工人时,在同等条件下退伍义务兵应当优先录用。退伍义务兵在服现役期间荣立三等功、女性、超期服役的应当给予适当照顾。因公、因战致残的二等、三等革命伤残军人,原是农业户口的,原征集地区有条件的,可以在事业、企业单位安排适当工作;不能安排工作的,残废抚恤金按照规定增发,保障他们的生活。

第三,城镇户口的退伍义务兵安置。在服役前没有参加工作的,退伍后由国家统一安排工作。同时执行按系统分配任务、包干安排办法,各接收单位必须妥善安排工作。具体安置按下列规定办理:每年退伍义务兵回到原征集地前,省、自治区、直辖市退伍军人管理部门应当下达预分配的劳动指标,回到原征集地后退伍义务兵先安置,待国家计划下达后再统一结算;在军队获得大军区以上单位授予的荣誉称号、荣立二等功以上的工作安排时,本人志愿应当优先照顾;在部队超期服役、荣立三等功的,在安排工作时,在条件允许的情况下,本人志愿、特长应当照顾;在军队被培养成为具有专业和特长的,在安排工作时,专业对口应当尽量做到;无正当理由,本人要求中途退役的;被部队除名或开除军籍;在军队或者是退伍后待安排期间,犯有刑事罪(过失罪除外)被判处有期徒刑以上处罚的,退伍军人安置机构不负责安排其工作,按照社会待业人员安置对待。因公、因战致残的三等、二等革命伤残军人,原是城市户口的,由原征集地的退伍军人安置机构安排力所能及的工作。

第四,义务兵入伍前原是国家机关、企业、人民团体、事业单位正式职工,退伍后原则上回原单位复工复职。对于因病、因残不能坚持八小时工作的,原工作单位应当予以妥善安置,按照对具有同样情况的一般工作人员的安排原则。原工作单位已撤销或合并的退伍义务兵,由上一级机关或合并后的单位负责妥善安置。

第五,义务兵入伍前是学校未毕业的学生,而本人又符合规定学习条件的,退伍后要求继续学习的,在年龄上可适当放宽,原学校应在他们退伍以后,下一学期办理准予复学手续。如原学校已经撤销、合并的,或者由于其他原因在原学校复学确有困难,可以由本人或者原学校申请,由县、市以上教育部门另行安排,到相应的学校继续学习。在报考高等院校和中等专业学校,退伍义务兵在与其他考生同等条件下应优先录取。

第六,义务兵服役时间计算。兵役机关批准入伍时间起,至部队批准退出现役时间止,为义务兵服现役的军龄。满 10 个月的,按一年计算。退伍后安置工作的其军龄和待分配的时间,应为连续工龄计算。参军前原是国家机关、事业、企业单位的职工,其参军前的工龄和军龄,连同待分配的时间一并为连续工龄计算,与所在单位职工享受同等待遇。

第七,义务兵变更安置地。对在服役期间因家庭变迁住址,退伍时要求到父母所在地安置落户的,经父母所在单位和当地公安机关证明,应当允许办理。国家另有其他规定者除外。

退役士兵安置,主要符合安置条件的志愿兵、义务兵,这一时期,部队精简规模员额 100 多万,部队退役士兵安置也带来巨大压力。"从哪里来回哪里去"的安置原则继续执行。1993 年,国务院颁发了退伍义务兵安置条例,随着国务院关于全民所有制工业、企业转换经营机制暂行条例的颁发执行,国务院、中央军委批转了劳动部、民政部、总参谋部退伍义务兵安置工作,是随用工单位改革,《实行劳动合同制的意见》(国发〔1993〕54 号),既配合了企业转换经营机制,退伍义务兵也保障了切身利益,体现了对退伍义务兵的优待。但是,国家对用工制度的改革,也给士兵安置带来了挑战。不久,企业不愿收或拒收退伍军人,退伍军人有的缺乏就业竞争能力,安置渠道也就越来越窄,政府行政调控能力在不同程度地下降等问题比较突出。1994 年,国务院、中央军委又及时地针对城镇退伍义务兵安置难问题,下发了《1994 年冬季退出现役士兵工作的通知》(国发〔1994〕56 号),对一些政策再次做出一些调整。

这一时期退役士兵的伤病残安置接收工作,是按照 1979 年 6 月 25 日(国发〔1979〕161 号),发出的《做好部队伤病残战退役义务兵安置工作》的通知执行的,但是,这批伤病残战士安置时,正是国民经济全面调整改革时期,安置工作难度大,安置渠道不畅。1984 年的新兵役法和 1987 年的《退伍义务兵安置条例》,致使安置伤病残士兵向制度化、法制化的迈出了一大步,较好的推动了安置伤病残士兵工作的进行。但是,随后又出现的新问题,挑战原有的安置政策。主要有:特等和一等伤残军人建房经费不落实,精神病人退伍接收和入院治疗问题突出,退伍的慢性病员生活困难较大和医疗问题,以及三等和二等伤残军人安排工作困难等。因为这些问题的存在,长期滞留部队数千名伤病残士兵,不仅在社会上造成了不良影响,而且影响了部队建设发展。针对这种情况,国务院、中央军委又及时发出了进一步《做好退伍伤病残义务兵安置工作意见的通知》(国发〔1992〕4 号),提出了明确而具体的要求,对继续做好退伍伤病残义务兵安置工作,起到了很好积极的推动作用。

志愿兵退伍安置工作,是伴随 1978 年全国人大常委会,兵役制度实行义务兵与志愿兵相结合的决定开始的。国务院、中央军委根据全国人民代表大会常务委员会第五届第一次会议通过的兵役制问题的决定。1983 年 2 月,国务院、中央军委颁发了《中国人民解放军志愿兵退出现役安置暂行办法》,退出现役的志愿兵规定明确原则上转业回原籍入伍地,由县级人民政府安排工作。但是,随着形势的发展,暂行办法中实行的交接办法宏观控制力不强,执行安置中随意性大的问题慢慢日益显露。突出表现为该留的志愿兵留不住,该走的志愿兵走不了。为了解决这一问题,经国务院和中央军委批准,自 1991 年冬季开始,转业志愿兵集中交接办法在全国试行,即转业的志愿兵,经团以上单位逐级上报审查,由大军区、军兵种等大单位军务部门与省级负责志愿兵安置部门进行交接,并限期安置。经过两年的试点实践,证明了集中交接的志愿兵办法试行是切实可行的。1994 年,国务院、中央军委,批转国务院退伍军人和军队退休离休干部安置领导小组、民政部、总参谋部转业志愿兵试行《集中交接意见的通知》(国发〔1994〕6 号),决定将志愿兵转业安置工作,由过去部队团级单位向地方县级安置部门发函,改为由军队各大单位军务部门根据国家下达的计划,向省级安置部门集中交接。转业志愿兵实行集中交接办法,有利于军地宏观调控和管理,加快了安置工作的进度。由大分散到相对集中,减轻了基层的工作人员的压力,有利于发挥各级职能部门的检查监督作用,确保了志愿兵转业安置工作的顺利进行。

4.4.3　抚恤优待

党和政府拥军优属政策是我国光荣传统。无论在新中国成立以后、还是在艰苦的战争年代,党和政府特别重视拥军优属工作,这对加强部队建设,激励干部战士舍身卫国、英勇作战等,曾起到了重要作用。随着我国政治形势和经济形势的发展和各项政策的调整,优抚工作也适应了国家的发展和各项政策的调整,抚恤优待工作,伴随国家经济社会发展,经历了不断拓展服务领域、不断丰富工作内容、不断提高保障水平的过程。这项工作,对于军心稳定,国防巩固,密切军民军政关系,促进经济社会发展和保持社会稳定意义重大。

第一，军人抚恤优待条例。我国的优抚工作，是国家和社会依照法律对军人及其家属为主体的优抚对象，实行精神抚慰、物质照顾的一项特殊社会性工作，直接服务于国防和军队建设，是我国社会保障体系的组成部分，主要包括对军人等优抚对象的死亡抚恤、伤残抚恤社会优待。

这一时期优待抚恤工作，主要特点是：一方面明确规定了每一个公民依照法律服兵役的是光荣义务，以增强广大青年保卫祖国、保卫社会主义建设的责任感，使其自愿自觉地履行兵役义务；另一方面对军人家属、现役军人的优待，退出现役后的军人安置等问题，也作了的规定。这些规定，此时多数是现行的，有些还是恢复的，有的则是针对新情况提出来的。如对家在农村义务兵家属的优待办法，就是在农村实行生产责任制普遍、生活水平广大农民日益提高的情况下，为保障军属生活而提出来的。在新形势下这是拥军优属光荣传统的具体体现。我国人民有着高度的政治觉悟，热爱人民解放军，他们热爱祖国，历来把入伍保卫祖国视为光荣义务。为激励人民群众的积极性，发扬我国的优良传统，对安置优抚的工作的主要原则作出规定，用法律形式固定下来。体现了党和政府对人民军队的关心，有利于提高军人的保卫祖国的光荣感，有利于加强军队的发展建设。

经过几年酝酿和准备，国务院于 1988 年 8 月，公布实行了《军人抚恤优待条例》，从而产生了第一部综合性的优抚法规。随后，又制定并公布了《关于贯彻执行〈军人抚恤优待条例〉若干具体问题的解释》《革命伤残军人评定病残的条件》《革命伤残军人评定伤残等级的条件》以及关于国家机关工作人员、人民警察伤亡抚恤办法等一系列与之配套的法规、文件等，各省、自治区、直辖市也从本地区实际出发，制定了地方性优抚法规。在抚恤、优待、烈士、评残等各项工作中，进一步做到了有章可循，依法办事。《军人抚恤优待条例》的制定和颁布，有力地推动了优抚工作朝法制化和制度化方向的迈进。

根据《军人抚恤优待条例》的规定，优抚工作的对象主要包括中国人民解放军现役军人、服现役或退出现役的残疾军人、复员军人、烈士遗属、退伍军人、病故军人遗属、因公牺牲军人遗属、现役军人家属等。20 世纪 80 年代，全国共有 4000 万余人优抚对象，其中，享受国家重点优抚抚恤补助的对象共计 620.3 万人。具体包括革命伤残人员 90.2 万人，其中残疾军人 85.3 万人、伤残人民警察 1.4 万人、伤残国家机关工作人员 2.9 人、伤残民兵民工 0.6 万人；享受定期抚恤的“三属”49 万人，其中烈属 34.1 万人、病故军人遗属 8.5 万人、因公牺牲军人遗属 6.4 万人；“三红”享受定期补助的 48716人，其中在乡退伍红军老战士 1221 人、红军失散人员 46947 人、在乡西路军老战士 548 人。带病回乡退伍军人享受定期补助的 113.6 万人、在乡复员军人享受定期补助的 195 人。参战退役人员享受定期补助的 149.7 万人，参加核试验军队退役人员（不含已评残和带病回乡人员）享受定期补助的 18 万人①。对收治、供养重点优抚对象的光荣院和优抚医院，主要保障退出现役的伤病残军人及一些孤老优抚对象的医疗休养。

随着我国改革开放的不断深入发展，逐步建立完善社会主义市场经济体制，特别是日益深化的社会保障机制变革，部队的改革步伐的不断加快，利益关系的逐步调整，优抚对象大部分因普遍老龄化也进入困难特殊时期，保障的难度不断加大，这些与社会保障体系相连紧密，直接服务于国防和军队建，分散在社会各个领域的保障对象优抚工作的开展，都面临着许多的问题和矛盾，主要有以下几个方面。

（1）市场经济发展要求与优抚保障体制不相适应。市场经济体制的突出特点之一是，经济越发展，要求市场越繁荣，对社会保障的要求也就越高。作为特殊的社会保障优抚工作，也需要适应这一发展规律。计划经济条件下形成的我国的优抚保障体制，在我国计划经济时期，建立市场经济体制初期，对优抚对象权益保障，促进部队建设发展，保障体制发挥了重要作用。但是，传统的优抚保障体制与社会主义市场经济体制，无论是指导原则、运行机制、还是保障模式、基本内容，都不能适应时代的要求和发展，维护优抚对象的权益难度加大。

（2）国家国民经济增长速度与保障优抚水平不相适应。对党和国家做出过重要贡献的优抚对象，应当得到特别优待和优待保障。总的来讲，对优抚对象的我国保障水平还不算高，尽管中央财政和地方各级财政加大对优抚事业的连续投入，但抚恤补助标准增长幅度仍低于国家国民经济增长发展幅度，重点优抚对象的实际生活水平与人民群众平均生活水平产生了一定的差距。

（3）国家各项制度改革与优抚政策保障不相适应。主要是国家医疗卫生体制不断改革，逐渐打破了旧的公费医疗的保障模式，新的医疗卫生体制，对一部分优抚对象的医疗保障模式已不能适应；国家住房制度模式改革，实行了国家、单位、个人各种方式的合理负担购房，一些以抚恤补助金作为主要生活经济来源的优抚对象，根本无经济能力购买住房；国家深化国有企业改革，并调整国家经济结构，分流下岗在所难免，多数优抚对象在激烈的岗位竞争中往往处于劣势，如何保障优抚对象的基本生活是一个非常现

---

① 董华中. 优抚安置[M]. 北京：中国社会出版社，2009.

实的问题;各领域也逐步破除城乡二元结构,城乡一体化的推进进程不断加快,而原来城乡分类保障的优抚对象模式依然存在;户籍管理制度改革等,这必将给优抚工作带来许多新的情况和新问题。

此外,由于历史包袱重欠账也多,人民群众拥军优属观念的淡薄等不利因素,也对优抚工作提出了诸多挑战。需要在不断变化的大环境下,不断顺应各项社会制度改革,及时调整改革各项优抚保障政策制度,创新优抚保障政策形式,丰富优抚工作内容和方式方法,不断提高优抚保障质量水平,确保优抚对象与人民群众一起共享改革发展的创新成果,成为新时期优抚工作面临的调理改革创新政策制度的主要任务。

第二,优待抚恤工作的政策。作为为军队、国防建设服务的传统优抚工作,逐步形成了以宪法、兵役法为基本法则,以《军人抚恤优待条例》为主要依据,涵盖全面、内容丰富的优抚政策体系。从工作实施内容的角度来分,优抚工作政策实施主要包括伤残抚恤、优待补助、死亡抚恤三个方面。

(1)优待补助。优待补助是国家、社会、群众对烈军属等优抚对象给予政治上关怀、物质上帮助一种必要方式,是整个优抚工作的重要内容。是指国家、群众、社会对烈属、病故、因公牺牲军人家属,伤残军人,带病回乡复退军人、现役军人及其家属、退伍红军老战士等优抚对象,在经济上、政治上给予优厚待遇的制度。是我国优抚工作多年的优良传统,也是我国优抚工作的重要特色之一。

一是优待物质。我国人民军队的构成主体是农村青年,为了补偿农村因无劳动力或缺少劳动力造成的生活困难的烈军属,而依靠群众给以物质优待,是优待工作的重要内容。随着经济社会的发展和生产关系的发展变化,对优抚对象物质优待的形式主要经历了优待劳动日、代耕土地和发放优待金的变迁发展。党的十一届三中全会后,家庭联产承包责任制全国农村普遍实行,以劳动日计算报酬的办法在人民公社时期已不适应形势发展的需要,随之逐渐为发放优待金所取代优待劳动日制度。实行生产责任制后,劳动报酬与劳力多少密切相关,家庭减少了一个劳动力,必将会给家庭带来直接影响。为了更好适应新型的生产关系,国家对群众性优待制度进行了重大调整改革,1984 年新修订颁布的兵役法,由乡、镇人民政府采取平衡负担办法,农村义务兵家属通过农民群众统筹给予现金优待。对家居城镇的义务兵家属生活确实有困难的,由县、市、区人民政府给以适当的现金补助。群众优待金标准的确定,要与当地群众生活水平、经济条件相适应;要保障优抚对象相当于当地或略高于当地一般群众的平均生活水平。根据经济社会的发展和各项政策制度改革的不断深入,以及兵员结构的发展变化,对服现役的义务兵家属优待金标准、优待范围是由省、自治区、直辖市人民政府，根据本地区的实际状况制定的。

二是社会生活优待。除享受物质优待外的优抚对象，得到广泛的关怀和照顾的还有社会生活的其他方面。其具体规定是：初级士官及义务兵的优待。义务兵、初级士官参军前是国家机关、企业事业单、社会团体的职工（含合同制人员）的，退出现役后，允许复职复工，并享受不低于本单位同工龄、同岗位工种职工的各项待遇；服现役期间，其家属应当继续享受该单位职工家属的相关福利待遇。义务兵、初级士官参军前的承包地（林、山）等应当保留；服现役期间，除依照国家有关规定、承包合同的约定缴纳相关税费以外，免除其他有关负担。

三是医疗优待。对 1～6 级残疾军人的医疗费用国家按照相关规定予以保障，由所在医疗保险统筹地区社会保险经办机构，单独列账管理。7～10 级残疾军人旧伤复发的医疗费用，已经参加工伤保险的，由工伤保险基金支付，未参加工伤保险的，由工作的由工作单位解决，没有工作的，由当地县级以上地方人民政府负责解决；7～10 级残疾军人旧伤复发以外的医疗费用，未参加医疗保险且本人支付有困难的，由当地县级以上地方人民政府酌情给予补助。复员军人、残疾军人、因公牺牲军人遗属、带病回乡退伍军人以及烈士遗属、病故军人遗属享受医疗优惠待遇。具体办法由省、自治区、直辖市人民政府进行规定。中央财政对优待抚恤对象人数较多的困难地区给予适当补助，用于帮助解决优待抚恤对象的医疗费用困难问题。

四是交通参观游览的优待。现役军人凭部队有效证件、残疾军人凭《中华人民共和国残疾军人证》优先购票乘坐境内运行的火车、长途公共汽车、轮船以及民航班机；享受减收正常票价 50％ 的优待残疾军人。现役军人凭部队的有效证件乘坐市内公共汽车、轨道、电车交通工具享受优待，具体办法由地方人民政府规定。残疾军人凭《中华人民共和国残疾军人证》免费乘坐市内轨道、公共汽车、电车交通工具。现役军人、残疾军人凭有效证件参观游览公园、名胜古迹、博物馆享受优待，具体办法由博物馆、公园、名胜古迹管理单位所在地的县级以上地方人民政府规定。

五是就业优待。在国家机关、企业事业、社会团体单位工作的残疾军人，享受与所在单位工伤人员同等的生活医疗和福利待遇。所在单位不得因其残疾将其解除劳动、辞退、解聘关系。

六是教育优待。初级士官、义务兵退出现役后，报考国家公务员、中等职业学校、高等学校，在与其他考生同等条件下应当优先录取。残疾军人、因公牺牲军人子女、烈士子女、1～4 级残疾军人的子女、沙漠区地区、驻边疆国境的县(市)、国家确定的边远地区中的三类地区,军队确定的特类、一类和二类岛屿部队,现役军人的子女报考普通高中、高等学校、中等职业学校,在与其他考生同等条件下应当给予优先录取;接受学历教育的,在同等条件下优先享受国家规定的各项助学政策制度。现役军人子女的入托、入学在同等条件下优先招收。

七是住房优待。复员军人、残疾军人、烈士遗属、带病回乡退伍军人、病故军人遗属、因公牺牲军人遗属承租、购买住房依照有关规定享受优先和优惠待遇。抚恤优待对象住房困难的居住农村的,由地方人民政府帮助解决。具体办法由省、自治区、直辖市人民政府进行具体规定。

八是随军家属安置优待。经军队师、旅级以上单位政治机关批准随军的现役军官家属、士官家属、文职干部家属,由驻军所在地的公安机关办理落户相关手续。随军前是国家机关、企业事业、社会团体单位职工的,驻军所在地人民政府的劳动保障部门和人事部门应当接收妥善安置;随军前没有工作单位的,驻军所在地人民政府,应当根据本人的实际情况给予相应安置;对自谋职业的,按照国家相关规定减免相关费用。驻沙漠区、边疆国境的县(市)、国家确定的边远地区中的三类地区和军队确定的特类、一类和二类岛屿部队的现役军官、士官、文职干部,其符合随军条件且无法随军的家属,所在地人民政府应当给予妥善安置,保障其生活不低于当地人民的平均生活水平。

九是定量定期补助。在 1979 年,民政部下达了《关于改进优抚对象定期定量补助工作的规定》,使其在全国范围内得到了普遍执行。这一规定考虑到随着时间的流逝,战争年代烈士的父母和配偶大都体衰年老,复员军人特别是抗日战争时期入伍的老军人,许多人积劳成疾,经过南征北战,身体受到损伤,带病回乡,困难较多。定期定量补助重点是烈士父母、配偶和老复员军人。补助的标准也相应地做了一些调整,使农村地区每月每人领取到 6~10 元;小城市和城镇地区每人每月达到 10~15 元;大中城市每月每人 15~20 元。1988 年国务院颁布的《军人抚恤优待条例》,将因公牺牲、革命烈士家属、病故军人家属的定量定期补助改为定期抚恤,把生活困难的在乡复员军人享受定量定期补助正式写入了条例更好的保障,从而这项工作更加规范。规定享受定量定期补助对象的范围。①在乡退伍红军老战士。根据 1979 年 2 月 23 日,总政治部、财政部、民政部、商业部、卫生部(民发〔1979〕12 号财字第 37 号),《关于退伍红军老战士称号和待遇方面存在的相关问题与解决意见的联合通知》规定,确定的在乡退伍红军老战士身份是:1937 年 7 月 6 日以前参军,参加中国工农红军,还包括抗日联军,中国共产党领导的脱产游击队的;有退伍手续或者是确切证明的;且没有投敌叛变行为的,回到地方后能继续保持革命传统的。凡符合以上条件的,经本人提出申请,县(市)民政部门进行把关审核,报省、自治区、直辖市民政厅(局)批准后,可以确定为在乡红军退伍老战士身份。②在乡红军西路军老战士。根据 1984 年 2 月 29 日,财政部、民政部、卫生部、总政治部《关于解决在乡红军西路军老战士称号和生活待遇问题的通知》(民〔1984〕优 9 号)规定,凡经当地政府确认为红军西路军流落人员的,在没有发现重大政治历史问题的前提情况下,一般应当给予承认,并统一称为红军西路军老战士。③失散红军人员。根据民政部和财政部 1986 年 12 月 8 日,《关于妥善解决红军失散人员生活困难的通知》规定(民〔1986〕44 号),凡在 1937 年 7 月 6 日以前,正式参加中国工农红军的,包括东北抗日联军,因病、因伤、因战斗失利、组织动员隐蔽分散离队失散,并在离队后表现比较好,经当地群众的公认,乡镇人民政府审查把关,县、市人民政府批准,可以认定其为"红军失散人员",因被捕离队失散、被俘,但没有发现其投敌叛变,或者是离队后被迫担任一般伪职,对革命也没有造成危害的,也可以按红军失散人员对待。④在乡复员军人、带病回乡退伍军人。根据民政部 1989 年 4 月 17 日,《关于贯彻执行〈军人抚恤优待条例〉若干问题的解释》规定(民〔1989〕优字 19 号),凡 1954 年 10 月 31 日试行义务兵役制前,自愿参加中国共产党领导的人民军队,持有复员、退伍军人证件或者是组织批准复员回乡的人员,称之为在乡复员军人。

带病回乡退伍军人是指:1954 年 11 月 1 日试行义务兵役制以后参加中国人民解放军,在部队服现役期间患病,尚未达到评定残疾等级条件,并有军队医院患病证明,从部队退伍的人员。参战退役人员、参加核试验军队退役人员。2007 年 8 月,国家又出台一系列有关军队退役人员的政策,将经军委、总参谋部、总政治部、总后勤部认定的 1954 年 11 月 1 日以后参加历次作战的人员,参加核试验军队退役人员,纳入国家定量定期补助范围。

(2)伤残抚恤。革命伤残人员:含残疾军人、国家机关工作人员、伤残人民警察、伤残民兵民工。是国家对那些为保卫和建设祖国而负伤致残人员的特殊称谓。伤残抚恤,是国家、社会对他们采取的具有生活保障性质的抚恤方式。它体现了党和国家对革命伤残人员物质上的关怀、政治上的褒扬,对激励广大人民群众建设祖国、保卫祖国有重要作用。1982 年全国人大五届五次会议又将"国家和社会保障残废军人生活"写入了我国宪法,以国家根本大法的形式来保障伤残军人的生活、权益。随着社会形势的变化发展,伤残抚恤工作还出现了许多新情况。《暂行条例》已越来越不能适应新的形势发展的需要。为此,1988 年国务院制定颁布了《军人抚恤优待条例》,其中的"伤残抚恤"一章,在总结了伤残抚恤工作经验的 30 多年基础上,结合出现的新情况新特点,对伤残抚恤工作重新进行了规范,确定了伤残抚恤金标准参照,按照全国一般职工工资收入确定的原则,从而在政策上保证了伤残军人的生活与人民群众生活水平同步增长提高。1997 年 4 月,民政部公布《伤残抚恤管理暂行办法》(民政部令第 2 号),对民政部门管理的伤残军人、机关工作人员、人民警察、民兵民工的伤残抚恤工作,都进行了规范,对伤残等级评定程序方法和伤残抚恤关系转移等进行了详细规定。

残疾抚恤金是对伤残人员具有生活保障性质的一种补偿费用。1988 年《军人抚恤优待条例》规定,伤残军人凡没有工作的领取伤残抚恤金,凡参加工作的领取伤残保健金;领取抚恤金的称为"在乡伤残军人",领取保健金的称为"在职伤残军人",这种划分办法主要形成于国家实行计划经济时代。随着市场经济体制的逐步形成建立,有无工作单位的界限越来越难界定,工作单位保障功能越来越弱化。由于残疾保健金、残疾抚恤金的标准有着较大的差距,特别是处于失业、下岗状态的残疾军人,很难再找到一份适合的工作,其总体收入水平已达不到残疾抚恤金的数额标准,无法难以保障他们的生活。因此,2004 年修订的《军人抚恤优待条例》,取消了"抚恤金""保健金"的差别,统称为残疾抚恤金,更符合"抚恤"的本意。

《军人抚恤优待条例》规定:残疾军人的抚恤金标准,应参照全国职工工资平均水平确定。残疾抚恤金的标准,以及 1～10 级残疾军人享受残疾抚恤金的具体办法,由国务院民政部门会同国务院财政部门制定规定。在这个原则指导下,一级残疾军人的抚恤标准,包括按规定发给的生活补贴和副食商品价格补贴,应参考全国职工平均工资水平标准确定,其他各个残疾等级依次按一定比例酌减,同一等级的因战、因公、因病致残的抚恤金标准,也应当拉开档次,体现出有差别。在中央基本抚恤金标准的基础之上,县级以上地方人民政府,可以增发残疾抚恤金或者是采取其他方式给予补助,保障残疾军人生活不低于当地职工的平均生活水平。

退出现役的 1～4 级残疾军人,由国家终身供养;其中,对需要长年医疗或者是独身一人不便分散安置的,经省级民政部门批准,可以集中终身供养。对分散安置的 1～4 级残疾军人发给护理费,护理费的标准为:因战和因公 1～2 级残疾的,为当地月平均职工工资的 50%;因战和因公 3～4 级残疾的,为当地月平均职工工资的 40%;因病 1～4 级残疾的,为当地月平均职工工资的 30%。退出现役的残疾军人的护理费,由县级以上民政部门发给;未退出现役的残疾军人的护理费,经部队军级以上单位批准,由所在军队发给。根据《军人抚恤优待条例规定》，退出现役的因公和因战致残的残疾军人，因旧伤复发死亡的，由县级民政部门按照因公牺牲军人的抚恤金标准发给其遗属一次性抚恤金，其遗属享受因公牺牲军人遗属抚恤待遇。退出现役的因战、因病和因公致残的残疾军人因病死亡的，对其遗属增发 12个月的残疾抚恤金，作为丧葬补助费；其中，因战和因公致残的 1～4 级残疾军人因病死亡的，其遗属享受病故军人遗属抚恤待遇。

（3）死亡抚恤。死亡抚恤是国家对革命烈士家属、因公牺牲、病故军人家属，因公牺牲病故的国家机关工作人员家属、人民警察家属采取的一种物质抚慰形式，分为定期抚恤、一次性抚恤两种形式。

死亡抚恤，是随着人民军队的建立而逐步完善发展的。从革命时期的"苏区""边区"和"解放区"到新中国成立，死亡抚恤经历了从帮种、帮耕和实物补助，到发放抚恤粮食优抚慰问遗属等形式。随着国家经济社会的发展和人民生活水平的不断提高，抚恤粮形式逐步改革为抚恤金方式所代替，其标准也逐步提高。1988 年国务院公布的《军人抚恤优待条例》，确定了对军人抚恤的基本方向和原则，即保障军人的抚恤优待，要与国家的国民经济发展相适应，使优待抚恤标准要与人民的生活水平同步提高，死亡抚恤逐步走上了法制化正规化轨道。2004 年修订后的《军人抚恤优待条例》，在军人死亡抚恤方面，从死亡性质的条件确认、一次性抚恤标准、享受定期抚恤金条件等多个方面对原《军人抚恤优待条例》又做了较大的修改和调整，使死亡抚恤工作更加规范化合理化。

由于死亡抚恤工作是依据死亡性质决定的，因此对死亡性质的认定是死亡抚恤工作的重要内容，是死亡抚恤工作的前提。1980 年《革命烈士褒扬条例》公布之前，死亡性质分为病故和牺牲两类。

为强化烈士称号的崇高性、严肃性，使死亡性质划分更加合理、规范，后将死亡性质又分为烈士、因公牺牲、病故三种分类情况。在革命战争时期死亡抚恤工作，曾有力地支持中国革命的胜利。对加强推进社会主义精神文明建设，维护保障烈属、牺牲和病故军人家属的合法正当权益，巩固国防，支持军队现代化建设，增强军队战斗能力，具有重要作用。

革命烈士是指：在中国共产党领导下，为保卫祖国，新中国成立之前为夺取革命的胜利，新中国成立之后，为巩固我国政权，以及在社会主义现代化建设事业中壮烈牺牲的人民解放军指战员和我国人民。烈士是国家授予为我国作出重要贡献的崇高的政治荣誉，烈士壮烈牺牲的精神作为中华民族精神的精华组成，时代精神的弘扬凝聚，一直是激励部队官兵、人民群众为保卫祖国和建设祖国而忘我献身的巨大精神推动力。

1950 年经过政务院批准，内务部公布的革命军人牺牲和病故褒恤暂行条例中，就规定了 6 项可以按烈士对待的批准标准条件。20 世纪五六十年代，内务部又对上述标准条件作了一些修改补充，1965 年修订条例时，取消了 1950 年规定的革命工作人员对革命有特殊功绩，或者是历史在 10 年以上，确因积劳病故可以批烈的条件。之后，于 1980 年，国务院发布施行了《革命烈士褒扬条例》，统一了烈士的标准、条件、范围、审批手续等，打破了以往批准烈士范围仅限于革命军人、参战民兵民工、革命工作人员的界限，是扩大到全体人民，其中：规定了批准革命烈士的 6 项标准条件，同时也取消了对国民党官兵抗日战争中阵亡的追认革命烈士的规定。该《条例》发布后也相继制定了与之相配套的法规性政策文件。其中，《民政部关于贯彻执行〈革命烈士褒扬条例〉若干问题的解释》《民政部关于对〈革命烈士褒扬条例〉第三条第(4)项中"因执行革命任务遭敌人杀害"的解释》《民政部关于对〈革命烈士褒扬条例〉第三条第(4)项"因执行革命任务遭敌人杀害"的补充解释》，增加对在执行试飞任务中牺牲的军队飞行人员，或者是战备飞行训练中牺牲的追认为烈士的有关规定。1988 年修订的《军人抚恤优待条例》，对烈士的批准条件和程序未作规定，实际上执行的是 1980 年的《革命烈士褒扬条例》的相关规定及《民政部关于贯彻执行〈军人抚恤优待条例〉若干具体问题的解释》。从实践的实际情况看，由于《革命烈士褒扬条例》《民政部关于贯彻执行〈军人抚恤优待条例〉若干具体问题的解释》是对部队批准烈士和地方批准烈士一并作出的规定，不能完全适应部队批准烈士的某些特殊实际情况，应部队相关部门的要求，2004 年修订后的《军人抚恤优待条例》，对军人牺牲批准为烈士的程序条件作出了具体明确的规定。

因公牺牲是指：因执行国家公务献身，其死难情节符合规定标准条件的，人民解放军指战员、人民警察、国家机关工作人员等。新中国成立初期，因公牺牲、烈士未进行区分，都是按烈士对待。《革命烈士褒扬条例》发布后，对革命烈士审批标准条件作了明确的界定，从而将牺牲这一死亡性质分为因公牺牲、烈士两种。病故是即因病死亡者，对因为是人民内部矛盾问题自杀，或非因执行任务的遇意外事故死亡的，也按病故性质对待处理。

一次性抚恤是死亡抚恤重要的形式之一，是国家按规定一次性发给革命烈士家属、病故、因公牺牲军人家属，因公牺牲、病故人民警察和国家机关工作人员的抚恤金。新中国成立初期，一次性抚恤金是根据死亡性质、死者生前职务级别计算发放的。1985 年 10 月，国家将革命烈士的一次性抚恤金标准调整为是按其牺牲时本人的 40 个月工资计算发放的。1986 年 3 月，又将病故、因公牺牲的一次性抚恤金分别调整为是按死亡时本人的 10 个月、20个月的工资计算发放。1988年《军人抚恤优待条例》,1989年民政部《关于贯彻执行〈军人抚恤优待条例〉若干问题的解释》对此标准条件再次予以明确。为了更好的保障死亡军人家属的享有权益,2004年修订的《军人抚恤优待条例》,对军人死亡一次性抚恤金标准再次进行了大幅度提高,即烈士按照80个月工资计算发放;因公牺牲按照40个月工资计算发放;病故按照20个月工资计算发放。月工资或者是津贴低于排职少尉军官工资标准的,按照少尉排职军官工资条件标准,发给其军人的遗属一次性抚恤金。

获得荣誉称号的,或者是立功的烈士、因公牺牲的军人、病故的军人,其军人遗属在应当享受的一次性抚恤金的基础上,由县级人民政府民政部门按照下列比例增发一次性抚恤金:获得中央军事委员会授予荣誉称号的增发35%抚恤金,获得军队军区级单位授予荣誉称号的增发30%抚恤金;立一等功的增发25%抚恤金;立二等功的增发15%抚恤金;立三等功的增发5%抚恤金。

定期抚恤是死亡抚恤重要形式之一,是国家对符合规定标准条件的烈士、因公牺牲军人和病故军人的遗属,按规定标准条件发给一定标准抚恤金,用于优抚慰问遗属,帮助解决生活实际困难。新中国成立初期,对烈军属以帮种帮耕为主要优抚方式,对个别生活极端困难的烈军属给予一定的实物补助发放。1979年,为使孤、病、残、老的烈属、牺牲病故军人遗属的生活能得到切实保障,国家民政部和财政部制定了定量定期补助标准。1985年1月10日,国家民政和财政部发布了《关于对革命烈士家属、因公牺牲军人家属、病故军人家属发给定期抚恤金的通知》(民〔1985〕优3号),于当年1月1日起,对无劳动能力或者是无固定收入,又不能维持生活的牺牲、病故军人家属的定量定期补助调整为定期抚恤金,其基本的标准、享受的具体条件,由国家统一制定规定。国家按照与城乡居民家庭人均收入水平相适应的原则制定基本标准,体现了国家抚恤的性质。具体标准在不低于国家规定政策的基本标准的前提下,根据各地经济状况、人民生活实际水平,由各省、自治区、直辖市制定规定,保证享受定期发放抚恤金的人员的生活水平不低于当地人民群众生活平均水平。

国家按规定发给的烈士、因公牺牲军人和病故军人的遗属定期抚恤金,体现国家对死者亲属的优抚慰问,更主要的是解决他们的生活实际困难。因此,国家对享受定期抚恤金的人员作了一定的标准条件限制,是从我国的实际情况出发制定规定的。[①]

---

① 董华中. 优抚安置[M]. 北京:中国社会出版社,2009.

第 5 章　义务兵与志愿兵相结合
兵役制度的建设与管理

　　进入 20 世纪 90 年代,随着冷战的结束,全球性的新军事变革广泛兴起,改革开放的逐步深入,使我国的军事、政治、经济、社会价值观念发生了深刻的变化。这场划时代的变革,此时的兵役法有许多内容规定已经不能完全适应新的经济社会的环境。根据国际形势发展变化,世界军事革命快速发展,中央军委确立新时期军事战略方针,提出了把军事斗争的基点,放在打赢高技术条件下的局部战争上,明确了新时期军队建设的方向。因此,我国的兵役制度始终与国防和军队建设相协调,调整提高志愿兵比例,不断建立和完善平时征集制度、现役军人制度、民兵和预备役制度、优抚安置制度等。

5.1　修订完善现役制度

　　1984 年颁布的《中华人民共和国兵役法》施行 10 多年来,对于提高全民国防观念,保障兵役工作任务顺利完成,加强国防和军队建设,发挥了重要作用。进入 20 世纪 90 年代,随着国内外形势的变化,特别是社会主义市场经济体制的建立与发展和新时期军事战略方针的确立,兵役法中有些条款已不能完全适应新时期国防和军队建设的需要。从中国的实际安全威胁实际国情及军情出发,本着有利于中国综合国防能力及军队现代化建设,有利于提高部队应对各种威胁及提高战斗力,有利于依法依规提升兵役工作质量的原则,对其中的不适应的部分条款进行修改、补充和完善。

5.1.1　修订兵役法

　　我国的兵役制度,从义务兵为主志愿兵为辅,转变为义务兵与志愿兵相结合的兵役制度后,兵役法先后进行了三次修订。

　　1. 1998 年第一次修订

　　1984 年 5 月 31 日,经过全国人民代表大会第六届第二次全体会议审议通过的《中华人民共和国兵役法》,随着社会主义市场经济社会的建立发展,新时期国防和军队建设的发展,有的规定已不适应新的形势的发展,需要进一步地修改、完善、补充。首先,军队按照新时期军事战略方针的要求,走有中国特色的军队建设精兵之路,而兵役法规定的兵役制度以及民兵、预备役建设等方面的有些内容,已不能完全适应形势的发展变化,在一定程度上影响了部队建设、国防后备力量建设发展。其次,随着国家深入调整改革、市场经济的发展变化,国家机关、企业事业单位、社会团体、公民,在兵役制度方面的职责、义务、权利,需要通过法律的手段进行调节、规范;新的形势下进行兵役工作,需要强有力的法律制度予以保障。对兵役法进行修改补充,可依法保障新形势下兵役工作的顺利进行。最后,兵役法对军人权益方面的规范,有的还是建立在计划经济体制的基础上的制度,已明显不适应新形势和新发展。因此,有必要修改相关的内容,强化法律措施。

为有效地解决兵役法在施行中遇到的一些新矛盾和新问题,1997年初,中央军委指示抓紧修改兵役法。3月17日总参谋部决定,会同总政治部、总后勤部、军事科学院、国家机关有关部门,抽组相关人员组成了总参谋部修改兵役法办公室,开始对兵役法进行研究修改。同时,总参谋部发出关于对修改兵役法进行研究论证问题的通知,要求各军区、军兵种、国防科工委和武警总部也要组织力量,重点对义务兵服役期、志愿兵选改制度、士兵预备役的分类、民兵预备役人员参加军事训练期间的误工补贴经费筹集办法、违反兵役法规行为的惩处等问题进行研究论证,提出修改建议。总参谋部修改兵役法办公室在广泛调查、听取各方面意见和反复协商、深入研究论证的基础上,于1997年底将经国务院、中央军委审定后的《中华人民共和国兵役法(修正案)》呈报全国人大常委会。1998年12月29日,全国人大常委会第九届第六次会议审议通过兵役法,由中华人民共和国主席江泽民签署第13号令公布施行。

1998年完成修订和颁布的兵役法,设有总则、士兵的现役和预备役、平时征集、军官的现役和预备役、军队院校从青年学生中招收的学员、高等院校和高级中学学生的军事训练、战时兵员动员、预备役人员的军事训练、现役军人的优先和退出现役的安置、惩处、附则等12章68条。对1984年颁布的兵役法修改了11个条款,新增3个条款,主要从7个方面做出修改。

第一,关于调整兵役制度问题,修订后的兵役法,对中华人民共和国实行义务兵与志愿兵相结合,民兵与预备役相结合的兵役制度的条款,取消"义务兵役制为主体"的提法,以适应新时期国防和军队现代化建设的需要,特别是提高军人职业化能力的需要。

第二,关于缩短义务兵服现役期限时间问题,修订后的兵役法,将义务兵服现役期限,由陆军服现役 3 年、海军和空军服现役 4 年,一律改为服现役 2 年,取消义务兵超期服现役的规定,以调动应征公民参军的积极性,吸引优秀青年入伍。

第三,关于改革调整志愿兵制度问题,修订后的兵役法,将志愿兵最低、最高服现役期限由 8～12 年,修改为 3～30 年,并规定了志愿兵实行分期服现役制度政策,建立了制约和激励机制,解决"一改定终身"的问题;规定志愿兵也可以直接从非军事部门,具有专业技能的公民中招收志愿兵的新规定,完善拓宽了部队选拔人才的渠道;调整了志愿兵退役安置办法,建立了志愿兵退休制度,减轻了国家安置负担。

第四,关于完善预备役制度问题,修订后的兵役法对原来主要按年龄分类,改为主要按素质分类。取消了基干民兵一律服第一类士兵预备役、普通民兵一律服第二类士兵预备役的规定,把退役士兵和地方技术人员服第一类士兵预备役的最高年龄由 28 周岁延长到 35 周岁。规定为:经过服预备役登记的 35 周岁以下的退出现役的士兵和与军事专业对口的地方技术人员,以及编入预备役部队、预编到现役部队的 28 周岁以下的预备役士兵,为第一类服士兵预备役;其他编入民兵组织、符合士兵预备役条件的男性公民,为第二类服士兵预备役。公民服士兵预备役的最低和最高年龄范围,仍然是 18～35 周岁。分类形式方法改变之后,服预备役人员的总量基本没有大的变化,使国家保持了雄厚的兵员动员基础;对第一类士兵预备役,放宽了年龄限制,提高了素质标准,增加了技术含量,不仅能更好地适应高技术条件下局部战争,而且提高了后备兵员素质的质量的要求。

第五,关于优化义务兵家属优待政策,修订后的兵役法,完善了义务兵家属优待政策,对农村入伍的义务兵家属,由乡镇政府采取平衡负担的办法予以优待;城镇入伍的义务兵家属,生活困难的应由当地政府予以适当补助。修改为义务兵服现役期间,由当地人民政府给予其家属优待,优待的标准条件应不低于当地平均生活水平。规定了城乡义务兵家属都要普遍给予优待,体现了利益均衡原则,有助于调动青年应征积极性,促进士兵安心服役;改变了乡镇统筹优待经费的做法,比较符合全国当时的实际情况。

第六,关于拓宽退伍军人安置就业渠道问题,修订后的兵役法规定机关、企业事业单位、团体,不分所有制性质、组织形式,退伍军人都有按照国家相关规定安置的义务;加大了退役军人权益法律保护力度,合理解决其实际困难,规定城镇退役军人待安置期间,由当地人民政府应按照不低于当地最低生活水平的原则发给其生活补助费用;同时,鼓励多种形式就业,拓宽安置渠道,规定城镇退役军人自谋职业的,由当地人民政府应当给予一次性经济补助,并给予政策上的优惠支持。

第七,关于补充完善惩处办法,兵役法修订后对违反兵役法规行为的惩处,由原来的 2 条增加到 5 条,分别对拒绝或逃避履行兵役义务、擅自逃离部队、妨碍兵役工作、扰乱兵役工作秩序、在兵役工作中徇私舞弊等行为规定了惩处办法,分别给予责令限期改正、处以罚款、限制就业范围、限制出国或者升学、行政处分、追究刑事责任等处罚。实现了与刑法、国防法等有关规定的衔接,增强了兵役法规的执行强制性、约束力,兵役工作也适应了社会主义市场经济条件下的需要。

修改后的兵役法对志愿兵服现役制度做了较大的调整,这对于优化我国兵役制度,有效地保留部队骨干人才,加强志愿兵队伍建设和部队质量建设有着重要作用。志愿兵制度是兵役制度的组成部分,是公民服现役的一种形式,关系到士兵的切身利益和部队的吸引力,关系到兵员质量的提高和部队现代化建设,它的建立、改革和完善,对部队建设起着重要作用。随着现代科学技术的发展,特别是高新技术日益广泛应用于军事领域,一场以武器装备现代化为龙头的军事革命正在兴起。为了适应未来战争特别是高技术战争的需要,各国军队在纷纷调整军事战略和压缩军队规模的同时,相继进行了以职业化为目标的兵役制度改革。实行志愿兵制度,提升和完善部队职业化程度,是此时军队建设和发展趋势。

新中国的志愿兵制度是 1978 年正式实行的。全国人大常委会第五届第一次会议通过的《关于兵役制度问题的决定》中规定:志愿兵服现役期限一般是 15~20 年,年龄届一般不超过 40 周岁。这在当时解决了军队技术骨干留得住的问题。1984 年,全国人大第六届第二次全体会议通过了新修订的兵役法,对志愿兵服役制度做了优化调整规定,超期服现役的义务兵服现役满 5 年的,已成为部队专业技术骨干的,须由本人提出申请,经过师级以上机关批准,可以选改为志愿兵。志愿兵服现役的期限,从改为志愿兵之日算起,至少要服现役 8 年,但不能超过 12 年,年龄上也不超过 35 周岁;军队有特殊需要的,本人在自愿前提下,经军级以上机关批准,可以适当延长服役时间。这样规定,有利于保留部队有技术特长的骨干和加强志愿兵队伍的建设。但是,这些制度在执行过程中也反映出一些现实问题:一是缺乏有效的制约和有效的激励机制。志愿兵从服现役满 5 年的义务兵中选改留队后,再干 8~12 年,加上义务兵阶段的服役 5 年,至少要在军队连续干 13 年。志愿兵服现役期满,退出现役之后由政府安排其工作。这种制度的弊端是,一改定了终身,服役时间"一刀切",干好干坏一个样,转了志愿兵就等于进了"保险箱",使之缺乏压力和动力,容易出现部分志愿兵在服现役期间出现了有熬年头、混日子的现象,其积极性调动有难度。二是志愿兵面临的实际问题难解决。由于志愿兵服现役时间过长,家庭变化大,有的确有一些实际问题,如夫妻分居两地、照顾子女、家庭变故、赡养老人等,想退伍的走不了,本人也不安心稳定,难以把主要精力用在部队的工作上,增加了部队基层管理的难度。三是吸引力不够。志愿兵在军队生活待遇比较低,尤其是他们大多都是来自农村,生活负担也比较重,退伍后安置工作的难度又比较大,服现役期间有较多的后顾之忧,影响志愿兵队伍的思想稳定。

　　新修订后的兵役法,从我国这一时期的国情和军情出发,吸收一些现行兵役制度的有益实践经验,从健全制度机制、调整规模结构、完善体制体系、理顺相互关系,有利于调动志愿兵的活力和积极性,有利于巩固和提高部队战斗力生成出发,对志愿兵的选改、管理、服役、退役之后的安置等作出了明确的规定。一是规定了志愿兵实行分期服现役的制度。为了增强完善志愿兵制度的内在活力,将志愿兵一次性选改期满退出现役的办法,改为实行分期服役制,一期服现役期满,再根据军队的需要和本人自愿,确定是否能进入下一期服现役,实行逐期选取筛选,从制度上改变了一改定终身的制度的弊端。二是调整改革了志愿兵选改的批准权限。考虑到志愿兵扩大了数额、增大了比例发展的实际,将志愿兵选改的批准权限,批准由师级以上机关,改为批准由团级以上单位。三是扩大了志愿兵的来源。根据部队需要,志愿兵可以从非军事部门,具有专业技能的公民中直接招收,从而拓展了部队选拔人才的渠道,有利于提高了志愿兵队伍的人才结构,提高兵员质量效能,也可以节约一部分军费的开支。有些专业技术兵军队不用培养,可以直接从地方招收,使人才合情合理流动,不仅是利国利民,也有利于部队的建设与发展。四是规定了志愿兵最高和最低服现役期限。确定志愿兵服现役期限,要照顾志愿兵的切身利益,更重要的是要有利于部队的使用、管理,有利于部队建设。因此,修改后的兵役法规定,志愿兵最低服现役期限从选改为志愿兵之日算起,至少服役 3 年;最高服现役期限志愿兵一般情况下不超过 30 年。这一规定,一方面保障了部队的最低志愿兵需要,有利于保留一部分部队技术骨干;另一方面照顾到了志愿兵本人的切身实际利益。五是调整完善了志愿兵退出现役后的安置内容。原来兵役法规明确了志愿兵在军队至少服现役 13 年,退出现役后全部由各级政府安置工作。修订后的兵役法规定,服现役不满 10 年,包含义务兵服役时间,退出现役的,按照义务兵退役的安置办法进行安排;服役满 10 年后退出现役的,由政府负责安排工作,服现役满 30 年或者是年龄满 55 周岁的作退休安置。这一规定,使志愿兵制度更加充满吸引力、生机和活力,为建设一支文化素质好、专业技术精、思想稳定、骨干作用强、结构合理的志愿兵队伍打下了较好的基础,更加有利于国防和军队建设与发展。

兵役法修订颁布后,1998年12月31日,中共中央宣传部、中华人民共和国司法部和中国人民解放军总参谋部、总政治部联合发出认真学习宣传修改后的兵役法的通知,并附以"关于修改后的兵役法宣传教育提纲"。要求各地、各部门要从加强和巩固国防、维护国家和民族根本利益的高度,认真搞好兵役法的学习和宣传工作,在我国形成国防义务、人人有责,支持、关心国防建设的良好氛围。全国各地、各部门积极开展了学习宣传兵役法的活动,突出抓了各级领导干部和广大青年的学习教育。学校思想品德课教学和学生军训也把兵役法列为重要内容,军队、武警和民兵、预备役部队利用专门的政治教育时间组织学习,报刊、电视、广播等新闻单位通过各种生动活泼的形式普及兵役法规知识,街道、社会团体、企业事业单位运用橱窗、板报等手段广泛宣传兵役法的新规定。并把学习宣传兵役法作为长期的任务,利用每年征兵、退伍、国防教育日以及"八一"、元旦、春节等时机进行宣传教育,基本实现了经常化、制度化,对于加强全民的国防教育,开展民兵、预备役工作起到了重要作用。

2.2009年第二次修订

随着国家的法律法规建设快速发展,出台法律法规较多,法规之间的相互引用以及与国家的发展方针政策表述不准确不统一,全国人大常委会进行了统一修改,2009年8月27日,中华人民共和国全国人民代表大会常务委员会第十一届第十次会议,通过了全国人民代表大会常务委员会关于修改部分法律的决定,自公布之日起施行。涉及兵役制度的内容有几个方面。

第一,对法律中关于刑事责任的规定做出修改。将《中华人民共和国兵役法》第62条第一款修改为:现役军人逃避服兵役的,拒绝履行职责或者是逃离部队的,按照中央军事委员会的规定处理;构成刑事犯罪的,依照法律追究刑事责任。原来只规定给予行政处分,战时逃离部队,构成犯罪的,依法追究刑事责任。修改后规定,不限于行政处分,不论战时和平时构成犯罪的都要依法追究刑事责任。

第二,对下列法律和有关法律问题的决定中,关于治安管理处罚的规定做出了完善修改。由于国家把治安管理处罚条例,修订为治安管理处罚法,将兵役法中引用的治安管理处罚条例内容条款,修改为治安管理处罚法。将《中华人民共和国兵役法》第六十四条,扰乱兵役工作秩序,或者是阻碍兵役工作人员依法执行职务的,依照治安管理处罚条例的规定给予处罚;使用威胁、暴力方法,构成犯罪的,依法追究其刑事责任。修改为依照治安管理处罚法的规定给予处罚。

第三,对法律中引用其他法律名称或者条文不对应的规定做出修改。将《中华人民共和国兵役法》第二十七条中的中国人民解放军军官服役条例修改为《中华人民共和国预备役军官法》《中华人民共和国现役军官法》。

3.2011 年第三次修订兵役法

进入 21 世纪以来,1984 年 5 月 31 日,全国人民代表大会第六届第二次会议通过的兵役法,1998 年 12 月 29 日,全国人民代表大会常务委员会第九届第六次会议通过的兵役法,2009 年 8 月 27 日,全国人民代表大会常务委员会第十一届第十次会议修改的《中华人民共和国兵役法》施行以来,对于推动国防及军队建设,在保证兵役工作的顺利开展,维护现役军人、军人家属、退役军人的合法权益,发挥了非常重要的作用。随着社会主义市场经济的深入快速发展,部队现代化建设的加快发展,兵役法在实施过程中又出现了一些新的情况和新的问题:一是军队亟需征集高素质兵员,以满足部队现代化建设的需要;二是军人待遇的法律保障不够十分明确,影响了一部分青年为国防献身的积极性,致使部队对人才的吸引力不够强;三是退役军人安置制度已不适应国家劳动用工制度的调整改革等。

中共中央总书记胡锦涛,2005 年 3 月 14 日,关于兵役法的修改也要提上日程进行研究的批示,国务院和中央军委关于对总参谋部《关于修改〈兵役法〉的请示》的批示,总参谋部起草了《中华人民共和国兵役法修正案(草案送审稿)》,2006 年 9 月,呈报国务院和中央军委之后,国务院法制办、中央军委法制局就送审稿分别征求了中央有关部门,省、自治区、直辖市人民政府,军队有关单位的意见,在此意见的基础上,会同总参谋部反复研究讨论修改后,形成了《中华人民共和国兵役法修正案(草案)》。此修正案草案已经过国务院常务会议、中央军委常务会议讨论通过。2011 年 6 月 27 日,在全国人民代表大会常务委员会第十一届第二十一次会议上,受国务院和中央军委委托,中国人民解放军副总参谋长孙建国,对《中华人民共和国兵役法修正案(草案)》做了修订说明。

2011 年 10 月 24 日,全国人大法律委员会副主任委员胡彦林,在全国人民代表大会常务委员会第 10 届第 23 次会议,报告了关于《中华人民共和国兵役法修正案(草案)》前期审议情况,提请全国人民代表大会常务委员会审议。报告中主要有以下内容:全国人大常委会第二十一次会议,进行了兵役法修正案(草案)初审。会后,全国人大常委会法制工作委员会,将兵役法修正案(草案)印发各省(区、市)、中央有关部门、法学研究机构、部分高等院校、征求意见。宪法和法律委员会、人大常委会法制工作委员会联合召开兵役法修正案草案座谈会,听取国务院有关部门、军专家学者、队有关部门的意见,还到了一些军区、地方等单位调研,听取了军队及地方相关方面的意见建议。10月12日,宪法和法律委员会召开工作会议,根据人大常委会的意见和各方面的意见建议,对兵役法修正案草案进行了逐条的审议。国务院法制办、总参谋部、中央军委法制局的相关负责同志也列席了会议。10月17日,宪法和法律委员会再次召开会议,又进行了讨论审议。宪法和法律委员会认为,根据兵役制度调整改革的需要,对兵役法进行修改是完全必要的,草案总体上也是可行的。同时,常委委员、部队、有关部门、全国各地方提出以下主要修改意见建议。

第一,优先履行服兵役义务问题。就优先履行服兵役义务,有必要对机关、企业事业单位、团体在兵员征集中,切实支持国防、军队建设提出有约束性要求。宪法和法律委员会经同国务院法制办、中央军委法制局研究,建议增加一条修正案,规定在征集兵员期间,应征公民被依法征集服现役,同时也被机关、企业事业单位、团体录用招收或者是聘用的,履行服兵役义务应当优先;有关机关、企业事业单位、团体应当服从国防、军队建设的需要,积极支持兵员征集工作。

第二,实行城乡一体化安置退役士兵,取消了城镇参军义务兵退伍后由政府安排工作的政策,改革了发放退役金和扶持就业等多种方式方法安置退伍义务兵,对士兵退役安置制度重新作出全面准确的规定表述。法律委员会经同国务院法制办、中央军委法制局、总参谋部研究,增加一条修正案建议,规定国家要建立健全以就业扶持为主,自主就业、政府安排工作、安排退休、供养以及继续完成学业等多种方式相结合的士兵退出现役安置政策制度。

第三,多年来国家组织高校毕业生,到农村去服务基层,也包括担任村官、支农、支教、扶贫、支医等,服务期满后就业上给予优惠,这对解决大学生就业发挥了较好的作用。义务兵退役后复学毕业的大学生,在参加这一些人选选拔时,应当考虑优先。因此,宪法和法律委员会经同国务院法制办、总参谋部、中央军委法制局讨论研究,建议在《兵役法修正案(草案)》第二十二条第一款中增加这一政策规定,退役大学生复学后,参加国家组织的农村服务基层项目人选选拔应当优先录取的政策规定。

第四,退役士兵符合由政府安排工作条件的,但本人自愿回乡创业的,应当予以保留其土地承包权。因此,宪法和法律委员会经同国务院法制办、中央军委法制局、总参谋部讨论研究,建议将《兵役法修正案(草案)》第二十二条第三款修改为义务兵、服现役不满12年的士官,以及符合由政府安排工作政策条件的,但本人自愿选择了自主就业的其他退出现役的士兵,入伍前就依法承包的农村土地应当给予保留。

第五,《兵役法修正案(草案)》,在不同条款对残疾义务兵、士官、军官的安置政策作了规定,对残疾军人安置的基本原则、基本方式有必要作出总体政策规定。宪法和法律委员会经同国务院法制办、中央军委法制局、总参谋部研究,建议《兵役法修正案(草案)》第二十四条中增加一款,作为第二款,规定:现役军人因战、因病、因公致残的,按照国家规定的评定残疾等级,采取安排工作、退休、供养等方式妥善安置。有劳动能力的退出现役的残疾军人,享受国家规定的残疾人就业优先优惠政策。

第六,扶持退役义务兵自主就业的,需要提高退役士兵的就业竞争力,应当加大职业技能培训力度,因此,宪法和法律委员会经同国务院法制办、中央军委法制局、总参谋部讨论研究,建议将《兵役法修正案(草案)》第二十五条第一款中,关于义务兵参加技能培训、职业教育的内容修改为义务兵退出现役之后,安置地的县级以上地方人民政府,应当组织其免费参加技能培训、职业教育,经过考试考核合格的,发给相应的学历证书、职业资格证书并积极推荐就业,退出现役义务兵就业享受国家扶持优惠制度政策。

第七,为了做好军地用人制度的更好的衔接,根据有关政策措施,义务兵的服役经历明确可作为基层工作经历。宪法和法律委员会经同国务院法制办、中央军委法制局、总参谋部讨论研究,建议在《兵役法修正案(草案)》第二十五条中增加一款,作为第四款,规定:义务兵退出现役之后,在报考公务员、应聘事业单位岗位的,在军队服役经历作为基层工作经历,同等条件下优先聘用、录用。

第八,为进一步做好退役军人安置工作,应当强化机关、企业事业单位、团体贯彻落实国家安置任务的义务。宪法和法律委员会经同国务院法制办、中央军委法制局、总参谋部讨论研究,建议在《兵役法修正案(草案)》第三十条第一款中增加规定:机关、企业事业单位、团体,对依照本法第六十条、第六十一条、第六十三条的规定安排工作的退出现役军人,应当按照国家安置任务做好落实安置退役军人工作。

2011 年 10 月 29 日,全国人民代表大会常务委员会第十一届第二十三次会议,通过了《关于修改〈中华人民共和国兵役法〉的决定》。主要内容如下。

(1)关于需要征集高素质兵员的方面。一是适当调整征集的范围,删除了正在全日制学校就学的学生可以缓征的规定,同时明确了普通高等学校毕业生的征集年龄可以放宽到 24 周岁规定。二是增加吸引高学历、高素质青年入伍的内容。大学毕业生参军后表现比较优秀的,可以直接提拔为现役军官。大学生未毕业参军后,保留入学资格或者是学籍,退出现役之后 2 年内允许重新复学,复学后参加国防生选拔的或者是毕业后申请担任军官的,应当优先录取。三是将兵役登记时间,从兵役法规定的每年 9 月 30 日,提前到了 6 月 30 日,这样规定,更便与大学生毕业时间及普通高校招生的时间无间隔衔接起来。

(2)增强部队吸引力方面。一是增加了军人基本待遇的政策规定,进一步完善优待抚恤政策。规定了现役军人的工资制度、疗养、休假、住房等生活福利待遇等,规定了国家实行军人保险制度,规定了现役军人的优待政策,以及退役军人、伤残军人、烈士、病故、因公牺牲、军人遗属,以及现役军人家属的优抚恤待政策。二是拓宽现役军官的渠道来源。将接收普通高等学校毕业的国防生,其他应届毕业生作为军官的选拔来源之一。

(3)在妥善安置退役军人方面。一是按照义务兵退役之后,大多数是由政府发给退役金,自主就业的调整改革思路,修改了士兵退役安置的政策规定。对退伍义务兵、服现役不满 12 年的士官退出现役,按照国家政策规定发给退役金,实行自主就业安置;对服现役满 12 年的士官、平时军人荣获二等功以上奖励,或者是战时军人荣获三等功以上奖励的士兵、烈士子女、因战致残被评定为 5~8 级残疾等级的退役士兵,由县级以上地方人民政府给予安排工作;如果是本人自愿,也可以自主就业安置。二是完善对军官退役安置的规定。军官退出现役之后,国家采取转业、退休、复员等办法给予以妥善安置。三是充实完善促进退役军人就业的政策优惠。士兵退出现役之后,可以免试进入中等职业学校学习;报考国家公务员的,在同等条件下可以优先录用;报考普通高等学校以及接受成人教育的,享受加分以及其他政策优惠。还规定:机关、企业事业单位、团体应当优先招收录用退役军人。军人服现役年限计算为工龄年限,退役后与所在单位工作人员年限累计计算。

5.1.2　制定现役军官法

《中华人民共和国现役军官法》,2000 年 12 月 28 日,全国人大常务委员会第九届第十九次会议通过。根据《中华人民共和国立法法》的有关规定,由《中国人民解放军现役军官服役条例》修订为《中华人民共和国现役军官法》。

《中国人民解放军现役军官服役条例》,是 1988 年 9 月 5 日,全国人大常委会第七届第三次会议通过的,1994 年 5 月 12 日,全国人大常委会第八届第七次会议做了修订。条例实施以来,对于加强军官队伍的革命化、专业化、知识化、年轻化建设,充分调动广大军官的创造性和积极性,发挥了重要的积极作用。在我国社会主义市场经济制度下,随着国家政治体制、经济体制改革的进一步深化,军队建设的深入快速发展,军官服役制度在有些方面已经不适应新的形势任务的发展需要。因此,需要对条例进行适当充实完善修改。

修改条例本着适应国家发展社会主义市场经济的新形势,军队改革发展的新需要,立足从我军的现实情况出发,吸收近年来国家人事制度、军队干部制度调整改革的成功经验做法,并借鉴外军好的经验做法,对军官服役制度进行了改革调整。通过修改条例,力求使各项政策制度更加有利于保留吸引人才,保持军官队伍的稳定性;有利于理顺军官进出关系,增强军官队伍的活力与生机;有利于高素质的军官队伍的建设,进一步推进部队革命化、知识化、年轻化、专业化军官队伍的建设,为我军打赢未来战争、保持人民军队的性质,提供可靠的法律法规保证。

(1)关于修改条例的名称。鉴于该条例是全国人大常委会制定的法律,为了使其与其他法律在称谓上一致,根据《中华人民共和国立法法》的相关规定,决定将条例的名称修改为《中华人民共和国现役军官法》。

(2)关于现役军官的地位。部队是执行中国共产党的政治任务的武装集团,在国家政治生活中具有特殊的职能和特殊地位,为了明确规范军官的地位,激发军官的责任感荣誉感,规定:军官是国家工作人员的组成部分,在社会生活中应当享有与其特殊职业相应的地位,军官的合法权益国家应依法给予保障。

(3)关于军官的基本条件、培训、来源。为适应新的形势任务对军官队伍的新要求,在条例第七条规定了军官具备的基本条件中,对军官增加了,有坚定的革命信念理想、忠于中国共产党、有现代军事知识的内容;同时,军官队伍为了改善的知识结构,增加规定军官应当经过院校培训,并取得相应学历要求。为了适应军官培养补充制度改革的新问题新情况,和军队现代化建设发展的需要,对军官来源作了明确规定。根据军队的普遍反映,按照经过院校培训提拔军官的原则,对条例第九条优秀士兵直接提拔军官的内容做了调整修改,规定优秀士兵、普通中学毕业生经军队院校培训学习毕业,才可以提拔为军官的规定;根据《国务院、中央军委关于建立依托普通高等教育培养军队干部制度的决定》,把接收普通高等学校毕业生参军,列为军官来源的主要渠道之一;并规定了由文职干部改任和招收军队以外的专业技术人员和其他人员成为军官的两个渠道。这样调整修改,使军官的来源更加明确规范。为了提高军官质量素质,借鉴外行军官逐级晋升军事培训的制度,对条例第八条军官培训的规定做了调整修改,规定:军事、政治、装备、后勤军官每晋升一级指挥职务岗位,应当经过相应的院校或者是其他训练机构进行培训,并对专业技术军官的晋升培训也作了对应规定。

(4)军官的考核晋升。根据中央军委颁发的《团级以上领导干部职务任免暂行条例》(以下简称任免条例)的规定,在条例第十条军官考核的规定中增加了根据中央军委明确规定的程序、方法进行考核的内容;同时,参照《国家公务员暂行条例》的相关规定,明确了实行军官考核评定等级制度,规定:考核结果分为优秀、称职和不称职三个等次,考核结果应当告知本人,作为任免军官职务的主要依据。这样明确规定,增强了军官考核任用的透明度,有利于把军官选准用好。任免条例对军官晋升所应当具备的任职条件资格作了具体规定,对于提高我军选拔任用军官的质量起了较好的作用。因此,增加调整规定:军官晋升职务,与拟任职务应当具备所要求的任职经历、院校培训、文化程度等资格。

(5)军官平时任职的最低年限。条例对军官任职的最低年限作了明确规定。有的部队反映,部分任职岗位最低年限偏长,军官提前和越职晋升的规定条件偏严,不利于优秀年轻军官的发展成长。据此,根据军官的成长规律,将条例第十七条规定的团级和连级主官任职的最低年限各自减少了一年,军级以下主官任职的最低年限规定均为三年;将提前晋升的条件中工作特别需要,修改为工作需要,将越职晋升的标准条件中个别特别优秀修改为特别优秀。这样调整修改,可以为优秀军官脱颖而出创造更有利的培养人才的条件。

(6)军官平时任职的最高年限。中央军委作出规定的实行师以上军官平时任职最高年限制度,对做好军官能上能下、领导班子新老交替、选拔优秀年轻干部起了较好的作用,受到军队的普遍欢迎。因此,明确规定:担任师级、军级和大军区级职务的军官,正职和副职平时任职的最高年限都是为 10 年。任职满最高年限的,应当免去现任职务。任职满最高年限而未达到服现役最高年龄的军官,有的可根据需要安排退出现役,在条例第三十五条规定的军官退出现役的条件中,增加了任职满最高年限后需要退出现役的情形。

(7)军官平时服现役的最低年限。条例中对军官平时服现役的最低年限没有作明确规定,在实际工作中也出现有的年龄较轻的军官就要求退役的现象。为了从制度上稳定基层军官队伍,更好地发挥军官人才效益,规定明确了各职级军官服现役的最低年限,并规定除几种特殊情形外,未达到平时服现役的最低年限的军官,不得退出现役。这样明确规定,使军官退出现役的制度更加科学完善。

(8)军官平时任职、服现役的最高年龄。按照条例第十三条、第三十四条的规定,正团职军官任职、服现役的最高年龄为 45 周岁。军官接近或者达到这个规定的年龄后,转业安置也比较困难,后顾之忧相对较多。为了稳定促进军官队伍,有利于作战部队军官向作战部队以外岗位交流,减轻政府安置军队团职转业军官的压力,将军队正团职军官服现役的最高年龄、作战部队以外单位正团职军官任职的最高年龄都改为 50 周岁,使服现役达到最高年龄的军官可以作退休安排。对没有达到服现役最高年龄的正团职现役军官,可以根据工作需要、本人现实情况及时安排退出现役。这样,不会影响到优秀年轻军官的提拔、作战部队领导班子的年轻化问题。按照条例第十六条的规定,军官担任中级专业技术职务的任职最高年龄为 48 周岁,少数工作确实需要的可以适当延长 5 岁。根据这些军官的特点的实际需要,将部分军官任职的最高年龄修改为 50 周岁,同时也取消了可以延长 5 岁的这一规定。条例对飞行军官任职的最高年龄没有作特别明确规定。实际上是从事飞行的团级军官任职的最高年龄是按 45 周岁执行的,与飞行最高年龄存在着矛盾。据此,将团级飞行军官任职的最高年龄明确为 50 周岁,使其与本人实际飞行年龄基本相一致。

(9)军官的交流与回避。条例对军官的交流与回避未作具体明确。为了完善建立军官回避、交流制度,全面锻炼、培养军官,加强军官队伍的教育管理,增设了军官的回避、交流一章。根据我军的实际情况,并适当借鉴外军的成功经验,对机关业务部门领导、部队军级以下主官、在一个单位比较长工作时间的师级、军级军官交流的时间年限,分别进行具体规定;同时还规定了军官在艰苦地区工作的,实行定期交流制度。还参照《国家公务员暂行条例》的相关规定,对军官任职关系亲属进行回避、地域回避、公务回避进行了具体明确。

(10)军官的待遇。为了适应我国社会主义市场经济的快速发展、社会保障体制的调整改革,近年来国家、军队都对住房制度进行了调整改革,建立了军人退役医疗保险制度、伤亡保险制度。因此,增加相关规定:住房实行自有住房与公寓住房相结合的军官保障政策制度。军官按照规定可以购买自有住房或者是可以租用公寓住房,享受相应的住房优惠补贴待遇;按照军队、国家的相关的规定,军官享受军人保险政策待遇。还要根据军官队伍家庭等的实际情况,增加政策规定:军官的家属就业、随军、工作调动以及子女教育,享受国家和社会规定的政策优待。这样规定,有利于增强军队的吸引力凝聚力,保障军官队伍的健康稳定的发展。

(11)军官的退役安置。为了适应国家人事制度调整改革的新情况新问题,拓展军官退役安置的新渠道,对条例第三十七条军官退役安置方式方法的规定又做了新的调整补充,增加了由政府发给退役金、协助就业的政策安置方式。

5.1.3 修订文职干部条例

调整改革文职干部制度,建设高素质的专业文职干部队伍,增强文职干部的使命感荣誉感,加强军队正规化、现代化、革命化建设。1988 年 4 月,中央军委发布《中国人民解放军文职干部暂行条例》,我军实行文职干部制度。1999 年 7 月 21 日,中央军事委员会主席江泽民同志签署了行政命令,批准了实行《中国人民解放军文职干部条例》。文职干部条例,较好的完善了部队人员组织结构和编成的优化,保留了部队需要的专业技术人才,稳定和发展了科技干部队伍,对于贯彻中央军事委员会新时期军事战略方针,走具有中国特色的精兵道路,促进军队现代化、正规化和革命化建设发挥了较好的作用。随着形势任务的发展变化,我军文职干部队伍建设也出现了新问题新情况,国防和军队的改革发展,对我军文职干部队伍建设和发展,又提出了更高的新要求,条例在实施过程中,也遇到些问题矛盾。在中央军事委员会领导下,经过广泛征求各方面意见建议,充分论证调查研究,适当借鉴地方、外军的相关有益经验,对条例进行了认真调整修改、完善补充。条例的调整修改是以《中华人民共和国兵役法》的相关规定为基本依据,需要着眼于增强活力、稳定队伍,完善制度、提高素质,较好总结吸收了我军实行文职干部制度优良传统以及经验做法,使各项政策规定更加符合部队的实际情况。

调整修改之后的《中国人民解放军文职干部条例》,共 9 章 34 条,条例重新规范了文职干部的性质、来源培训、管理办法、平时服现役的最低年限及最高年龄,完善补充了选拔任用文职干部的原则和方针、着装的规定、主管机构、规定级别等内容。

1. 明确了文职干部的性质定位:我军文职干部是被任命为初级以上专业技术职务的或者是被任命办事员级以上职务的,不授予军衔的现役性质的文职干部,是国家干部的重要组成部分。

2. 针对新形势下我军文职干部队伍建设发展中出现的新情况新问题,规定:文职干部的任用选拔,坚持尊重人才、尊重知识,贯彻、德才兼备、任人唯贤、公平择优、适时交流、注重实绩的原则,实行民主监督制度。

3. 提升了对文职干部来源的文化程度的学历要求,拓展了文职干部的来源渠道,明确规定了实行经过院校培训之后,再提拔使用文职干部的政策制度,我军文职干部应当经过与其所任职务相应的院校培训后提拔。

4.按照职务等级分别规定了平时文职干部服现役的最高的年龄要求：担任科级以下职务、初级专业技术职务的年龄是为 45 周岁；担任处级职务、中级专业技术职务的年龄是为 55 周岁，其中从事体育、文艺、护理工作的年龄是为 50 周岁；担任高级专业技术职务的年龄是为 60 周岁，其中少数工作岗位需要的可以适当延长服役年龄，具体办法按照相关规定要求执行；局级文职干部职务的年龄是为 58 周岁。平时服现役的文职干部最低年限是：从被任命为文职干部职务之日起，担任科级以下职务、初级专业技术职务的年限是为 10 年，处级职务、中级专业技术职务的年限是为 15 年，局级职务、高级专业技术职务的年限是为 20 年。

5.1.4　修订现役士兵服役条例

1999 年 6 月 30 日，国务院、中央军事委委员会颁布命令，实行新的《中国人民解放军现役士兵服役条例》。我军首部现役士兵服役条例是在 1988 年颁布施行的，1993 年 4 月 27 日，曾作过一次修订；重新修改施行的《条例》对我军现役士兵服役制度，特别是士官制度进行了重大改革。以新的《兵役法》和军委新时期军事战略方针为依据，从我国我军的实际出发，借鉴地方的改革经验和外军的有益做法，着眼军队基础建设和长远发展需要，《条例》修改主要贯彻了以下原则：一是坚持以提高部队战斗力为标准，从军队建设的需要出发，健全管理和激励机制，有利于保留士兵骨干，调动士兵服役的积极性；二是适应国家和军队的改革，正确处理需要与可能的关系，充分考虑国家和军队的承受能力；三是重点改革我军士官制度，完善体系，理顺关系，建立一支编配合理、业务熟练、素质较高、相对稳定的士官队伍；四是与相关法规紧密衔接，特别是与新的兵役法和共同条令相衔接，有利于军队与地方共同贯彻执行。

1.缩短了服现役年限

依据新修订的兵役法，义务兵服现役的期限全军各军种一律调整为 2 年，并取消了超期服役。为保证基层的满员率和在位率，新条例取消了义务兵在服现役期间内享受探亲假的规定。在培训上，随着新兵文化素质的不断提高，新《条例》规定，专业技术兵的培训时间由过去的 6 个月以上缩短为 3 个月以上。在待遇上，新《条例》增加了士兵享受国家和军队规定的保险待遇的新内容。

根据全国人大常委会关于过渡期内可允许部分义务兵服现役满 3 年的决定和军队需要，拟安排一部分 1997 年冬季入伍的义务兵继续服现役 1 年。为解决同一年度兵有的选为士官，有的不能选的矛盾，总部确定 1997

年冬季入伍的士兵年底均暂不参加士官选取,仍按义务兵服役1年。这部分义务兵,1998年底选为士官的,其军衔级别工资直接套改一级士官第二档,退出现役的,其退伍费在原标准的基础上有较大幅度的增加。

2.以保留部队技术骨干

1984年修改颁布《兵役法》时,规定义务兵服现役期满后,超期服役1～2年,自第6年起选改为志愿兵,再服役8～12年转业。全军士官主要分布在各种专业技术岗位上。经过实践证明,士官制度的实行,对于保留和稳定部队技术骨干队伍,优化兵员结构,增强基层管理力度,发挥了重大作用。实行士官制度,符合我国国情和我军建设实际,是巩固和提高部队战斗力的重要措施。但随着国家和军队建设的不断发展,士官制度也逐步暴露出一些问题。一是缺乏有效的激励机制,不利于调动士官的积极性,尤其是士官"一改定终身",服役时间"一刀切",该留的留不住,该走的走不了,客观上缺乏必要的压力和动力。二是士官使用范围过窄,难以满足我军现代化建设的需求,特别是新的兵役法缩短了义务兵服役期限且不再实行超期服役制度,而部队的作战、训练、管理骨干和部分专业技术兵的保留已无法靠义务兵超期服役来实现,这个矛盾就更加突出。三是士官生活待遇较低,退役安置困难多,与同期入伍的军官比,士官的工资水平低,补助补贴项目少;特别是大多数家在农村,生活负担重,随着社会劳动用工制度的改革,使士官退役安置难度日益增大,有的转业地方很长时间上不了岗;士官的后顾之忧多,直接影响了思想稳定。四是缺乏一套完整的与士官特点相适应的管理机制,管理力量比较薄弱,管理职责不够明确,考核晋升制度不够完善,等等。以上问题,制约着当时我军士官队伍的建设和发展,迫切需要对士官制度进行改革和完善。

按照军委关于军队改革要以兵役制度、士官制度等为重点的指示精神,四总部领导和有关部门组成全军士官制度改革工作领导小组,用了近3年的时间,在深入调查和反复研究的基础上,制定了与新《兵役法》相衔接、比较符合我军建设实际的士官制度及相应的配套政策规定。实行新的士官制度,对于克服士官制度存在的一些弊端,提高士官队伍的整体素质,促进部队质量建设,发挥了重要的作用。

3.扩大士官的选取范围

我军士官的选改对象,只限于从事各类专业技术工作的部分骨干,使用范围过窄,使用比例过小,其占士兵总人数和总兵力的比例远远低于一些发达国家军队的比例,不适应打赢现代技术特别是高技术条件下局部战争的需要,不利于加强军队质量建设。尤其是根据新的兵役法规定,士官的范围如果不扩大,不要说打赢未来高技术条件下的局部战争,就是平时完成战备、训练、执勤等任务都将遇到困难。因此,这就要求我们,必须对我军士兵队伍结构进行调整,在减少士兵总量的同时,适当扩大士官队伍的规模,提高其比例。按照新的《条例》和有关政策规定,士官选取的条件范围将拓展到各类训练、作战、管理骨干、原来条例没有列入士官选改范围的专业技术兵,其中也包括从事专业技术工作的女性士兵。具体地说,全军部队的建制班班长以及各类专业技术岗位的骨干都将由士官担任。在新的历史条件下,为适应军队建设发展的需要,适当扩大士官选取范围,保持适度规模的士官队伍,对于加强部队的作战、训练与管理,提高武器装备的使用效益,巩固和提高部队战斗力必将起到积极的促进作用。

4.士官实行分期服现役制度

将士官服役方式调整改革为分期服役制度。即,义务兵服现役期满后,不再超期服役,根据个人自愿、军队需要,按照本人提出申请、基层组织推荐、机关组织考核、有权限的机关审批的程序选取为士官。士官服满本期规定年限,按上述要求和程序,进入下一期服役。士官服役分为六期。第一、二期各为 3 年,退出现役时实行复员制度;第三、四期各为 4 年,第五期士官为 5 年、第六期士官为 9 年以上,同时明确年龄满 55 周岁,或者是服现役满30 年退出现役时,实行国家和军队的退休制度。这样改革后,部分岗位的士官服役时间相对延长,其中服役至退休的士官在部队工作时间可达 30 年以上。

这样规定,一是有利于军队分层次、按需求保留士官骨干。士官服现役时间的长与短,主要依据其工作岗位的性质、技术复杂的程度来确定士官服务时间,宜短则短、需长则长。二是有利于充分调动士官的积极性和主动性。由于分期择优留用优秀士官,每延长一个服役期限,其享受待遇都有所提高,这就从政策制度上注入了激励竞争的机制,有优胜劣汰的活力产生。三是有利于防止士官制度不正当之风,确保士官队伍的建设质量。无论是从义务兵中选改士官,还是从低一期士官提升进入高一期士官,都得经过基层党组织推荐;基层党组织没有推荐的,不得列为选改对象,并将现在执行的是经过师旅级单位的机关审批,调整为必须经过党委集体讨论通过,军政主官任命程序。与选改志愿兵的办法相比较,增加了选改监督制约措施,选改程序更加科学规范,更加严格明确,从政策制度上能够保证优秀义务兵能够走上士官岗位,优秀的士官也能够根据部队的需要长时间服现役。四是有利于按照各期编配士官的比例,保持士官进出有序,以便形成士官队伍合理的规模结构。五是有利于减轻国家安置负担。转入正常后,每年退出现役的士官一部分复员,一部分转业,还有一部分退休。此外,改革后的安置政策鼓励部分退役士官在自愿的原则下自谋职业,多渠道就业,适应了市场经济的新形势。

2010 年 7 月 26 日,中央军委主席胡锦涛、国务院总理温家宝签署第 578 号国务院、中央军委令,公布新修订的《中国人民解放军现役士兵服役条例》。

修订的现役士兵服役条例,以 1999 年 6 月 30 日公布的《中国人民解放军现役士兵服役条例》为依据,根据新时期士兵队伍建设的新情况新要求,对士兵的服役管理、军衔、待遇保障和退出现役等制度做了修订完善。

修订的现役士兵服役条例在内容上继承我军士兵服役管理的优良传统,适应新形势下士兵队伍建设的特点和规律,贯彻胡主席关于国防和军队建设的一系列重要论述。修订的现役士兵服役条例更加系统完善,政策规定更加科学规范,士兵服役制度的各项规定更加适应国家和军队建设的新形势新要求,是指导和加强我军士兵队伍建设的总章程。对进一步推动士兵队伍建设又好又快发展、巩固和提高部队战斗力,具有十分重要的意义。

5.1.5 修订退役士兵安置条例

为了规范退役士兵安置工作,退役士兵的合法权益得到保障,依照《中华人民共和国兵役法》《中国人民解放军现役士兵服役条例》的规定,士兵包括士官、义务兵,修订退役士兵安置条例,条例包括了退出现役的士官、义务兵。2011 年 10 月 29 日,国务院、中央军委颁发退役士兵安置条例,自 2011年 11 月 1 日起施行。主要内容如下。

第一,规定了安置基本原则。为妥善安置好退役士兵,国家建立了安排工作、自主就业、供养、退休等多种方式的退役士兵安置政策制度,以扶持就业为主。退役士兵安置所需经费,由中央、地方各级人民政府共同负担。需要全社会应当优待、尊重退役士兵,支持退役士兵的安置工作。国家机关、企业事业单位、社会团体,都有接收安置退役士兵的义务责任,在招收录用人员或者是聘用人员时,同等条件下,应当优先录用招收退役士兵。退役士兵在应聘事业单位岗位、报考国家公务员的,在军队服现役经历可作为基层工作经历。接收安置退役士兵的单位,按照国家的政策规定享受优惠。

第二,明确了移交、接收工作。解放军总参谋部应当制定全国退役士兵的年度移交计划、国务院退役士兵安置工作主管部门制定接收计划。安置地县级以上人民政府的退役士兵安置工作主管部门负责接收退役士兵。退役士兵所在的军队,应当依照本条例的政策规定,将退役士兵及档案材料,移交到安置地的县级以上人民政府退役士兵安置工作主管部门。退役士兵安置地为退役士兵参军时的户籍所在地。参军时是普通高等学校在校学生的退出现役的士兵,退出现役后不复学的士兵,其安置地为入学前的户籍所在地。此外,退役士兵有下列之一情形的,可以易地进行安置:服现役期间,父母的户籍所在地变更的,可以在父母现户籍变更后的所在地安置;符合部队有关规定,现役士兵已结婚且结婚满 2 年的,可以在配偶或者是配偶父母户籍所在地进行安置;因其他特殊情况的,由军队师旅级单位出具证明,经省级以上人民政府退役士兵安置工作主管部门批准视为易地安置的。易地安置的退役士兵与安置地退役士兵享受同等安置政策待遇。有下列之一情形的退役士兵,根据本人自愿申请,可以由省级以上人民政府退役士兵安置工作主管部门,按照有利于退役士兵生活的原则,确定其安置地:因战致残的;战时荣获三等功以上奖励的、服现役期间平时荣获二等功以上奖励的;父母是双亡的;是烈士子女的。

第三,自主就业。服现役不满 12 年的士官、义务兵退出现役的,由人民政府扶持自主就业。自主就业的退役士兵由部队发给一次性退役金,由中央财政专项安排士兵的一次性退役金;地方人民政府可以根据当地实际情况给予适当的经济补助,发放办法、经济补助标准由省、自治区、直辖市人民政府制定。一次性退役金、一次性经济补助,按照国家规定免征个人所得税。各级人民政府应当加强推进对退役士兵自主就业的指导服务。县级以上地方人民政府,应当采取就业推荐、组织职业介绍、专场招聘会等形式,扶持支持退役士兵自主就业。国家根据国民经济社会的发展水平、全国职工年平均工资收入、部队职业特殊性等因素,来确定退役金水平标准,并适时进行调整。国务院退役士兵安置工作主管部门、部队有关部门会同国务院财政部门负责确定和调整退役金标准政策的具体工作。退役士兵自主就业的根据服现役年限领取一次性退役金。服现役时间不满 6 个月的按照 6 个月计算,超过 6 个月而不满 1 年的按照 1 年进行计算。退役士兵获得荣誉称号或者立功的,由军队按照下列比例增发一次性退役金:获得中央军委、部队军区级单位授予荣誉称号,或者是荣获一等功的,增发退役金的 15％;荣获二等功的,增发退役金的 10％;荣获三等功的,增发退役金的 5％。退役士兵多次获得荣誉称号或者是立功的,由军队按照其中最高等级奖励的增发比例,增发一次性退役金。

县级以上地方人民政府退役士兵安置工作主管部门,应当组织自主就业的退役士兵参加技能培训、职业教育,经考核考试合格的,发给相应的学历教育证书、职业资格培训证书并积极推荐就业。退役士兵退役 1 年内参加技能培训、职业教育的,费用由县级以上人民政府负责;退役士兵退役1年以上参加技能培训、职业教育的,按照国家有关政策规定执行。技能培训、职业教育自主就业退役士兵的培训经费列入县级以上人民政府财政预算。

对从事个体经营的退役士兵,按照国家政策制度的规定给予退役士兵税收优惠,小额担保贷款给予扶持,从事微利项目的退役士兵给予财政贴息。除国家明确限制行业外,自其在政府工商行政管理部门,首次注册登记之日起3年内,免收登记类、管理类、证照类的行政事业性收费。国家鼓励用人单位录用招收或者是聘用自主就业的退役士兵,用人单位录用招收或者是聘用自主就业退役士兵符合规定的政策规定条件的,依法享受税收等优惠政策。

自主就业的退役士兵参军前,是社会团体、国家机关、企业事业单位工作人员或者是职工的,退出现役后退役士兵可以选择复工复职,其福利、工资、其他待遇不得低于本单位同等条件的平均水平。自主就业的退役士兵参军前,有通过家庭承包方式承包的农村土地,承包期内不能违法收回或者是强制流转;通过拍卖、招标、公开协商等,非家庭承包方式承包的农村土地,承包期内其家庭成员是可以继续承包的;承包的农村土地被依法征用、征收或者是占用的,与其他农村集体经济组织成员享有同等的权利。自主就业的退役士兵回参军时户籍所在地落户,属于农村集体经济组织成员但又没有承包农村土地的,是可以申请承包农村土地,村民委员会或者是村民小组应当优先给予解决。有劳动能力的残疾退役士兵,优先享受国家规定的残疾人就业优惠的规定政策。

自主就业的退役士兵进入普通高等学校、中等职业学校学习,报考成人高等学校的,按照国家有关政策规定享受优待。参军前已被普通高等学校录取并保留入学资格或者是正在普通高等学校就学的退役士兵,退出现役后2年内允许复学或者是入学,并按照国家有关政策规定享受奖学金、助学金、减免学费等优待政策,家庭经济有困难的,按照国家相关规定政策给予资助;入学后、复学期间可以按规定免修公共体育、军事技能、军事理论等课程,可以直接获得学分;复学或者是入学后参加国防生选拔的、参加国家组织的农村基层服务项目人选选拔的,以及毕业后参加军官人选选拔的,都应当优先录取。

第四,安排工作。符合下列条件之一退役士兵的,由人民政府安排其工作:服现役满12年的士官;服现役期间平时荣获二等功以上奖励的,或者是荣获战时三等功以上奖励的;因战时致残被评定为5~8级残疾等级的;是烈士的子女。符合前款规定条件的退役士兵中,在艰苦地区、特殊岗位服现役的,应当优先安排其工作;因精神障碍基本丧失了工作能力的,给予以妥善安置。符合安排工作条件规定的退役士兵,退役时本人自愿选择自主就业的,依照本条例自主就业的规定进行办理。

国务院退役士兵安置工作主管部门、解放军总参谋部应当制定下达全国需要由人民政府安排工作的退役士兵年度安置计划。中央国家机关以及管理的在京事业、企业单位接收安排退役士兵计划任务,由国务院退役士兵安置工作主管部门下达计划。中央国家机关在京外的直属机构、中央国家机关管理的京外事业企业单位安排接收退役士兵的任务,由所在地县级以上地方人民政府按照属地管理的原则下达安置计划。

县级以上地方人民政府,应当根据符合安排退役士兵条件的人数、用人单位的实际情况,下达安排退役士兵的任务,并依法向社会公开监督。对安排退役士兵任务较重的县市,可以由上一级人民政府在本行政区域内协调统筹安排。

县级以上地方人民政府,应当按照属地安置管理的原则,对退役士兵符合安排工作条件的进行安置,保障退役士兵第一次就业。事业单位、国家机关、国有以及国有控股和国有资本占主导地位的企业录用招收或者是聘用职员的,应当在同等条件下优先录用招收或者是聘用退役士兵。安置地人民政府应当在接收退役士兵的 6 个月内,完成当年安置退役士兵工作的任务。退役士兵在待安排工作期间,安置地人民政府,应当按照不低于当地最低生活水平的标准,按月发给退役士兵生活补助费。非因退役士兵本人原因,接收单位未按照规定时间安排退役士兵上岗的,应当从所在地人民政府退役士兵安置工作主管部门开出安置工作介绍信的当月起,按照不低于本单位同等条件职员平均工资 80% 的标准,应逐月发给退役士兵生活费至其上岗为止。

第五,退休、供养。符合下列条件之一的中级以上士官,可作退休安置:年龄满 55 周岁的;服现役年满 30 年的;因公、因战致残被评定为 1～6 级残疾等级的;经部队医院证明,并军级以上单位卫生部门审核确认,因病基本丧失工作能力的。退役的退休士官,其医疗、生活、住房等保障,按照国家相关政策规定执行。中级以上士官因战致残被评定为 5～6 级残疾等级,本人自愿放弃退休安置,也可选择由人民政府安排工作的。被评定为 1～4 级残疾等级的义务兵、初级士官退出现役的,是由国家供养终身政策。国家供养的残疾退役士兵,其医疗、生活、住房保障,按照国家相关政策规定执行。国家供养分为分散供养、集中供养。分散供养的残疾退役士兵购、建房所需经费的标准,按照安置地县市经济适用住房平均价格的 60 平方米的建筑面积来确定;没有经济适用住房的地区,按照普通商品住房价格来确定。购、建房所需经费由中央财政专项安排,不足部分由地方财政解决。购、建房屋产权归,分散供养的残疾退役士兵所有。分散供养的残疾退役士兵,由自己解决住房的,按照上述规定的标准将购、建房费用应当发给本人。因公、因战致残,且被评定为1~4级残疾等级的中级以上士官,本人自愿放弃退休安置的,可以选择由国家供养的政策规定。

第六,保险。国家规定退役士兵服现役年限应计算为工龄,与所在单位参加工作年限累计计算,享受国家、所在单位规定的并与工龄相关的有关待遇。部队的军人保险管理部门,与地方的社会保险经办机构部门,应当按照国家相关规定,为退役士兵办理保险关系转移接续手续。对退役士兵自主就业的,凭安置工作主管部门出具退役士兵的介绍信,由社会保险经办机构,按照国家相关规定办理保险关系接续手续。对退役士兵安排工作的,由接收安置单位按照国家有关规定,办理保险关系接续手续。退役士兵到城镇企业就业,或者是在城镇从事个体经营的、以灵活方式就业,按照国家相关规定参加职工基本养老保险,服现役年限同职工基本养老保险缴费年限,并与实际缴费年限合并一起计算。回到农村的退役士兵,按照国家相关规定参加新型农村社会养老保险。退役士兵在服现役期间建立的军人退役养老保险,与其退役后参加基本养老保险的关系接续,由部队的军人保险管理部门与安置地社会保险经办机构部门,按照国家相关政策规定办理。退役士兵服现役年限,同职工基本养老保险缴费年限的养老保险待遇计发办法,按照国家相关规定执行。退役士兵安置到各类用人单位工作的,应当随所在单位参加职工基本医疗保险;以灵活方式就业或者是暂没有实现就业的,可以参加职工基本医疗保险、城镇居民基本医疗保险或者是新型农村合作医疗。退役士兵参加基本医疗保险的,其军人退役医疗保险金,按照国家相关规定转入退役士兵安置地的社会保险经办机构。实行工龄同参加基本医疗保险缴费年限规定的地区,退役士兵的服现役年限同参保缴费年限。退役士兵就业应当随所在单位参加失业保险,其服现役年限同失业保险缴费年限,并与实际缴费年限合并一起计算。参加失业保险的退役士兵失业,并符合《失业保险条例》规定条件的,按照规定享受失业保险待遇、相应的促进再就业服务的政策。

5.2 完善预备役制度

随着国防建设和战争形态发展变化,对预备役制度要求越来高。为推进预备役制度规范化发展,完善规范对预备役制度建设。

5.2.1　修订预备役军官法

1995 年 5 月 10 日,全国人大常委会第八届第十三次会议上通过的《中华人民共和国预备役军官法》,1996 年 1 月 1 日施行。这部法律自实行以来,对于贯彻落实党管武装的原则,健全完善预备役军官政策制度,保持预备役军官储备有一定的数量规模,提高预备役军官队伍整体综合素质,加强和提高国防后备力量建设水平,发挥了积极的作用。随着国家经济社会的高速发展,我军现代化建设在新起点上的扎实推进,执行多样化任务的增多,有必要在总结实践经验的基础上,对预备役军官法中的一些内容进行修改完善,以适应在新形势下加强国防后备力量建设的需要。由于国家各项调整改革的深入发展,经济社会的发展进步,在利益关系、分配方式、社会保障、人事制度等发生了深远的变化,这部法律的部分内容也需要作相应改革调整。近些年来在预备役军官队伍建设和管理实践中,各级探索了一些有效做法和成功经验,也需要及时通过立法加以规范化、制度化。

修订预备役军官法是在 2005 年初列入国务院、中央军委立法计划的,并于当年 10 月正式启动修订工作。为此,总政治部牵头成立了修订工作领导小组及办公室,对预备役军官队伍建设的经验进行了系统的总结。先后分赴 7 个军区、海军、空军和 13 个省(自治区、直辖市)进行专题调研,在广泛征求意见和调查研究的基础上,拟制了《预备役军官法修正案(草案)》。2010 年 6 月 25 日,第十一届全国人大常委会第十五次会议首次审议草案。8 月 28 日,第十一届全国人大常委会第十六次会议通过了《全国人民代表大会常务委员会关于修订〈中华人民共和国预备役军官法〉的决定》。

修订后的预备役军官法在保持法律整体框架结构基本不变的情况下,将该法修订前的 10 章 56 条,调整修订为 11 章 66 条,并对有的条文也进行了修订。内容主要包括:预备役军官战时征召规定进行了充实完善;规范了预备役军官的管理制度;调整了预备役军官的退役年龄;完善了预备役军官的待遇规定。这次修订,将各军兵种政治部,明确为预备役军官管理工作主体之中。预备役军官管理工作,在国务院、中央军委领导下,由解放军总政治部主管。军区、省军区、卫戍区、警备区、军分区、警备区政治部,负责本区域的预备役军官管理工作。县、自治县、不设区的市、市辖区人民武装部负责本行政区域预备役军官的具体管理工作。1995 年立法时,我军没有军兵种预备役部队。随着预备役部队建设的长足发展,近些年,陆续组建了军兵种的预备役部队,为了进一步强化预备役部队建设与管理,在法律层面规定军兵种政治部,是预备役军官管理的实施主体之中有必要的。

在预备役军官管理工作中,建立部队和地方联席会议制度。预备役军官工作,涉及到军队和地方许多部门,在人员编配、教育训练、日常管理、执行军事勤务、落实待遇等方面,有大量的实际问题需要军地协商解决。建立军队和地方联席会议制度,既与国防法有关规定相衔接,也是实践证明行之有效的做法。对于加强军地沟通协调,形成管理合力,推进预备役军官队伍建设,具有很重要的作用。

把非军事部门的专业技术人员作为预备役军官的选拔来源。随着我军现代化建设的不断推进,装备技术含量逐步提高,对各类专业技术人才的需求也越来越多。预备役军官队伍的结构还不尽合理,专业技术军官比例偏低、素质不高的矛盾比较突出,难以适应未来高技术条件下局部战争的需要。修订后的法律把非军事部门的专业技术人员作为预备役军官选拔的一个重要来源,体现了军民融合式发展的内在要求,有利于进一步优化预备役军官队伍结构,与兵役法的有关规定也相一致。

将团职以下预备役军官平时服预备役的最高年龄下调 5 岁。作这样的调整,主要考虑是预备役军官队伍需要适当年轻化,有利于改善预备役军官队伍的年龄结构和提高素质,适应遂行多样化军事任务的需要。同时考虑到我国实行转业干部转服军官预备役制度、预备役军官来源充足的实际,降低服预备役的最高年龄,可以有效疏通出口,合理调控预备役军官的储备规模。

充实细化了预备役军官征召有关规定。修订前的预备役军官法对预备役军官的征召只作了原则规定,内容不够系统,操作性不够强。修订后的法律将"预备役军官的征召"专设一章,既充分体现国防法律的特色,增强法律对战时军事行动的调整功能;也对战时征召预备役军官工作进行了明确,为制定相关系统配套预备役军官政策提供依据;同时,更强化了预备役军官的责任意识、使命意识。

给退役预备役军官颁发荣誉证章。修订后的法律明确给预备役军官在执行军事勤务时发放补贴,而且规定在退役时颁发荣誉证章,体现了物质奖励与精神奖励相统一,有利于激发履行兵役义务的责任感、荣誉感。

5.2.2　完善退役军人预备役登记制度

从 1978 年全国恢复退伍军人登记统计工作开始,经过不断的探索与实践,退伍军人预备役登记工作基本走上正轨。2001 年 3 月 7 日,总参谋部要求各级兵役机关和各部队把退伍军人预备役登记工作作为兵员动员准备工作的重点来抓,增强责任感,认真落实预备役登记核对制度,建立健全退伍军人档案,加强教育管理,切实做到登得全、搞得准、管得住、召得来、用得上。总参谋部要求各部队要把预备役登记作为退伍工作的一项重要内容,对确定服预备役的退役士兵,依据全军统一规定的退伍军人专业名称和编码,准确填写《士兵退出现役登记表》和《士兵退出现役证》,并认真搞好退伍军人档案的交接。县(市、区)人武部每年上半年完成本区域服预备役退伍军人变动情况的核对任务,按照核对后的情况,更新、健全档案资料。总参谋部要求各级兵役机关,对长期外出的服预备役退伍军人实行有效的跟踪管理,建立健全退役军人外出告知制度,定期联系等管理制度;采取定期教育与随机教育、集中教育与分散教育、专题教育与社会教育有机结合的方法,对服预备役退出现役的军人进行爱国主义、革命英雄主义和依法服兵役教育,增强国防观念、法制观念和保卫祖国的责任意识;结合民兵、预备役部队训练,搞好服预备役退伍军人的复训,巩固退伍军人的专业技能,更新专业知识,提高军政素质。总参谋部要求各级兵役机关建立服预备役退伍军人动员点验制度,检查和促进退伍军人预备役工作的落实和动员准备;开发和利用现代通信技术、计算机技术和网络技术,实现动员管理自动化,提高工作效率;适应信息化条件下局部战争兵员补充的需要,重点抓好退伍军人特别是军兵种专业技术兵的登记和管理,拟制完备的动员征召计划和方案,保证战时快速有效地进行动员。各级按照总参谋部的要求,建立健全退伍军人预备役工作制度,每年都要及时对服预备役的退役军人进行登记、核对、管理、教育等工作。

2004 年 5 月 20—21 日,总参谋部动员部在河南省洛阳市召开全国退伍军人预备役工作会议。各军区动员(军务动员)部部长、动员处处长,7 个省军区(警备区)的副参谋长和各省军区(卫戍区、警备区)动员处处长,海军、空军、第二炮兵军务部部长和动员处处长(动员办公室主任),共 73 人参加会议。河南、辽宁、天津、甘肃、浙江、湖北、四川 7 个省军区(警备区)和海军、空军、第二炮兵司令部在会议上分别介绍了做好退伍军人预备役工作的经验和做法,与会人员观摩了洛阳军分区组织的退伍专业技术兵对口征召演练和补入二炮某基地经短期复训后的实装操作演练,并进行认真研究。在会上,总参谋部动员部从反"台独"军事斗争的需要出发,提出搞好退伍军人预备役登记工作、落实兵员动员准备的思路和措施。要求把一类预备役人员特别是专业技术兵作为兵员动员的重点,加强登记管理,搞好复训和补差训练,完善兵员动员计划和程序方法。

为深入开展转业军官预备役登记工作,2004 年 9 月 30 日,中共中央组织部、公安部、财政部、人事部、总参谋部、总政治部下发做好预备役军官登记工作的通知，重点明确登记对象和办法，提出具体要求。通知规定，军队和武警部队转业到地方工作的干部，凡符合服军官预备役条件的，所在部队应在办理其转业手续的同时，办理转服军官预备役手续；转业干部到地方办理报到手续前，计划分配方式安置的到接收单位所在地、自主择业方式安置的到户籍所在地的县（市、区）人武部进行预备役登记；县（市、区）人武部和预备役部队要建立健全预备役军官登记档案资料，定期进行核对，更新数据内容；突出抓好未来军事斗争中急需的专业技术人才、转业干部和城市预备役军官，有针对性地对他们进行专业培训，不断提高其军事专业素质。通知强调，落实军官预备役登记工作，是国防后备力量建设的一项基础性工作，是保证战时快速动员的重要措施。地方各级党委、政府和部队各级领导机关要加强组织领导，精心组织实施，不断完善登记制度，努力建设高素质的预备役军官队伍，为未来军事斗争提供充足的人才资源。

2004 年，各地按照国务院、中央军委关于做好地方与军事专业对口技术人员预备役登记工作的要求，依据总参谋部印发的地方与军事专业对口技术人员专业名称编码（试行），进一步规范登记专业和方法，核实有关数据。为扩大专业技术兵员储备量，2005 年 1 月 18 日，总参谋部确定开展地方与军事专业对口技术人员预备役登记的省（自治区、直辖市）扩展到 24 个，新增的有河北、山西、吉林、黑龙江、河南、安徽、江西、湖北、广西、海南、云南等 11 个省（自治区），从 2005 年开始普遍开展登记工作。总参谋部认为做好地方与军事专业对口技术人员预备役登记，是适应信息化条件下局部战争对兵员动员的要求，弥补专业技术兵员储备不足的有效途径，是做好军事斗争准备的具体措施，必须加强组织领导，抓好工作落实。要求军区及时了解掌握地方与军事专业对口技术人员预备役登记的开展情况，认真研究解决存在的问题，切实加强工作指导；省军区、军分区、县（市、区）人武部要认真抓好地方与军事专业对口技术人员预备役登记工作，主动争取地方政府的领导和有关部门的支持，健全登记制度，严密组织实施，切实掌握地方与军事专业对口技术人员的数质量和分布情况，为战时兵员动员打好基础。各级按照国务院、中央军委和总参谋部的指示和要求，每年都有计划和步骤地搞好地方与军事专业对口技术人员预备役登记工作，为做好军事斗争准备，储备了较为充足的专业对口技术人员。

2008 年 10 月 21 日，经国务院、中央军委同意，国务院办公厅、中央军委办公厅印发预备役军官战时征召工作规定，明确了预备役军官战时征召工作的基本原则、组织领导和职责分工，对战时征召预案的制定，征召需求的提出,预备役军官平时的管理教育,战时征召的程序和批准权限,经费和其他保障,被征召预备役军官的职衔确定和抚恤优待等做出规范。这是一部指导预备役军官战时征召工作的基本法规,对促进预备役军官征召准备工作的落实,保证部队战时迅速补充扩编,具有重要作用。

2008 年 10 月底,各军区按照总参谋部的统一部署,按照预备役人装结合的方式,进行了依托地方行业部门实施成建制、成系统动员的试点,每个军区都组织 1～2 个省(自治区、直辖市)分别担负不同领域的试点任务。各试点单位认真贯彻军事斗争总体战略意图,以支援保障军兵种部队作战行动为主线,在摸清地方有关行业部门潜力状况的基础上,研究成建制、成系统动员的规模、种类、范围和要求,探索战时采取人装结合方式成建制、成系统动员的程序和方法,完善动员实施方案,初步形成了动员协调对接机制,并结合试点研究探索在地方高新技术行业、非公有制企业编组预备役部队、民兵的模式。

5.3　学生军训工作普遍展开

21 世纪初,普通高校、高级中学的学生军事训练经过了多次年试点,学生军事训练工作逐步全面展开,使学生军事训练工作逐步走上制度化、规范化的轨道。

5.3.1　学生军训工作领导管理机构常态化

以往学生军训工作,实行地方教育行政部门协调,承担学生军训试点任务的学校承办,各级民兵、预备役部队训练部门兼管的模式。(国办发〔2001〕48 号)文件规定:学生军事训练工作在国务院、中央军委领导下,由教育部和国防部具体负责。教育部要继续健全完善已设立的国防教育、学生军事训练工作机构。各省、自治区、直辖市教育行政部门要积极配备学生军事训练工作人员,组织承办学生军事训练工作。部队相关学生军事训练工作,由总参谋部、总政治部组织领导实施,总参谋部动员部、总政治部干部部、群工局具体负责实施,对外称全军学生军事训练工作办公室。军区司令部、政治部有关业务部门,省军区、卫戍区、警备区,司令部、政治部按照各自职能分工,负责组织承办学生军事训练日常工作,对外分别称军区学生军事训练工作办公室、省军区学生军事训练办公室。部队各级学生军事训练工作办公室,分别是设在总参谋部动员部、军区司令部动员部、省军区司令部。编配派遣军官的省军区、部队院校分别成立学生军事训练教研室,主要担负本区域内重点普通高等学校部分军事理论课的教学任务,协助普通高等学校对专职军事教师进行培训。学生军事训练教研室接受学生军事训练工作办公室的工作指导。普通高等学校应加强对学生军事训练工作的管理。设有人民武装部的普通高等学校,学生军事训练、枪支管理,其他兵役、动员等工作,由人民武装部负责。县市、区教育行政部门,县市、区人武部负责指导高级中学学生的军事训练工作。

为贯彻落实(国办发〔2001〕48 号)文件学生军事训练精神,推进组织实施军队有关学生军事训练工作的开展,总参谋部、总政治部于 2001 年 10 月 30 日发出成立全军学生军训工作办公室的通知,宣布全军学生军训工作办公室正式成立,具体工作由总参谋部动员部民兵局和总政治部办公厅群工局、干部部预备役干部局按照各自业务分工办理。同时,围绕组织实施部队有关学生军事训练工作的开展,赋予全军学生军训工作办公室相应的职责。为加强对学生军事训练军事理论教学的协调指导工作,及时研究解决教学工作中出现的新问题新情况,不断提高派遣军官队伍的教学水平,促进学生军训工作发展。2001 年,经全军学生军训工作办公室与国防大学有关部门协商,确定在国防大学设立全军学生军训教学协调中心,并与该校学生军训工作办公室合为一个机构。2002 年 4 月 11 日,全军学生军训工作办公室下发成立全军学生军训教学协调中心有关问题的通知,宣布成立全军学生军训教学协调中心,办公地点设在国防大学。同时,明确全军学生军训教学协调中心的职责。2002 年 5 月,据全军学生军训办公室调查了解:各省教育行政部门,分别明确了负责学生军训工作的机构制度,多数省还明确了负责学生军事训练工作的人员;各军区、各省军区的学生军事训练工作办公室基本成立,有关军队院校和省军区教导大队学生军训教研室正在组建。并发出通知,明确省军区学生军训工作办公室和有关军队院校学生军训教研室的关系。各省军区学生军训工作办公室为该省(自治区、直辖市)军队负责学生军训工作的主管部门。编配派遣军官的部队院校,应成立学生军事训练教研室,主要担负省内重点普通高等学校有关的军事理论课的教学任务,协助普通高等学校对专职军事教师进行培训。各有关部队院校学生军训教研室,接受驻地省军区和上级学生军事训练工作办公室的工作指导。有关军队院校学生军训教研室组建后,应及时与省军区学生军训工作办公室取得联系,报告有关情况。

2003 年 6 月 20 日,国家教育部、总参谋部、总政治部,要求各级教育行政部门、军事部门,须健全建立学生军事训练工作制度、工作机构,须要分工明确,齐心协力,团结一致,配合密切,共同把学生军事训练工作搞好;并加强对学生军事训练工作的指导和监督;普通高等学校指定 1 名校领导负责学生军训工作,加强对武装部和军事教研室的建设。为规范学生军训工作,2003 年 9 月 29 日,全军学生军训工作办公室印发《学生军训工作办公室工作制度》和《学生军训教研室工作规则》。《学生军训工作办公室工作制度》,主要明确联系制度、会议制度、检查制度、请示报告制度、工作计划制度、工作总结制度、管理制度等;《学生军训教研室工作规则》,重点明确学生军训教研室职责、教学制度、会议制度、管理制度、请示报告制度、工作计划制度、工作总结制度等。2003 年,军地各级也制定有关学生军训的法规制度。北京军区印发《北京军区学生军训工作暂行规定》,对华北地区的学生军训工作进行全面规范;华北五省(直辖市)军地联合下发《学生军训实施意见》《军训干部工作职责》;各军队院校和军训基地分别制定《学生军训手册》《学生军训管理细则》等规章制度,从而加强了对军训组织者、参训学生以及军事训练基地的管理,确保学生军事训练工作步入规范有序的轨道。

为了解掌握各地贯彻落实(国办发〔2001〕48 号)文件精神情况,国家教育部、总参谋部、总政治部组成联合调查组,于 2004 年 4 月下旬开始,先后用了 20 天的时间,对 20 个省的学生军训工作主管部门和 58 所普通高等学校、19 所高级中学、7 所军队院校、5 个学生军训基地进行检查。11 月 19 日,国家教育部、总参谋部、总政治部把调查了解的情况,呈国务院、中央军事委员会,其中在组织领导机构上,报告指出:多数省成立由省政府副省长、省军区副司令员任正副组长,部队和各地有关业务部门领导,参加了学生军事训练领导小组,定期召开工作会议,安排部署研究学生军事训练相关工作,讨论解决遇到的实际问题,协调统一落实学生军事训练所需要的人力、财力、物力问题。多数市地级和开展学生军事训练的高等学校,成立了学生军训军事训练领导小组,形成了自上而下的组织领导制度体系。各省级教育行政部门也明确了负责学生军事训练的机构,多数省也明确了负责学生军事训练的人员;各军区、省军区都成立了学生军事训练工作办公室,多数单位配备了专职人员,负责学生军事训练日常工作,为高等学校协调落实派遣军官、训练场地、帮训部队和枪支弹药。部队和各地负责学生军事训练的业务部门,通力合作密切配合,加强工作协调、业务指导,确保了学生军事训练工作的顺利落实,形成了军队和地方相关部门齐抓共管的局面。为更好适应学生军事训练工作的需要,北京、湖南、福建、重庆等省或直辖市部队和地方学生军事训练业务部门合署进行办公;多数高等学校武装部、学生处或者是其他部门合署办公,即采取两块牌子、一个机构的形式。有的学校还单独设立人民武装部,具体负责学生军事训练的日常工作、组织计划等。各级学生军事训练机构的建立,对于完善学生军事训练工作的组织领导、协调管理发挥重要作用,确保了学生军事训练的有效落实。

5.3.2 学生军事训练逐步制度化

学生军事训练经过几年的试点总结经验教训,从试点阶段逐步走向制度化阶段。从1985年开始,在全国52所普通高等学校和102所高级中学开展学生军训试点工作。到1999年,试点高等学校发展到157所,每年受训学生29万余人;试点高级中学发展到500所,每年受训学生26万余人。此外,全国还有一些非试点学校也自行组织了学生军训。截至2000年,每年受训的学生占普通高等学校入学新生的70%左右。

2001年3月1日,国家教育部、总参谋部、总政治部向国务院、中央军委呈报学生军事训练制度化有关问题的请示,就关于普遍开展学生军事训练提出建议意见。即从2001年开始,学生军训统一列入普通高等学校本、专科学生的必修课;高等学校尚没有开展学生军事训练的,由各地统筹安排、列入规划、逐步开展学生军事训练工作;军事技能课暂不具备训练条件的高等学校,军事理论课先开设起来。至2005年,所有普通高等学校大都能按规定的要求开展学生军事训练。高级中学学生军事训练,统一纳入社会实践课中安排。经国务院、中央军委批准,并于2001年6月26日,国务院办公厅、中央军委办公厅转发国家教育部、总参谋部、总政治部,在高级中学、普通高等学校、开展学生军事训练的意见(国办发〔2001〕48号),从2001年起,结束学生军事训练试点工作,在全国高级中学、普通高校逐步全面展开学生军事训练。提出了学生军事训练工作目的、指导思想:是以马列主义、毛泽东思想、邓小平理论、江泽民同志关于学校教育以及国防建设的重要论述为指导,根据国防法、国防教育法、兵役法,以中共中央、国务院深化教育改革全面推进素质教育的决定(中发〔1999〕9号)为依据,按照教育要面向未来、面向世界、面向现代化的要求,围绕国家培养人才的战略目标、国防后备力量建设的发展需要,组织进行学生军事训练。通过组织学生进行军事训练,激发爱国热情,提高学生的思想政治觉悟,增强国家安全意识、国防观念;进行革命英雄主义、集体主义、爱国主义教育,增强学生的组织纪律性,提高的综合素质,培养艰苦奋斗的作风;使学生能基本掌握军事知识、军事技能,为军队培养预备役军官、国防后备兵员,为国家培养社会主义事业的接班人、建设者打基础。同时,对搞好学生军事训练的师资配备、规划、物资保障、组织机构等提出新的要求。这是新世纪新阶段指导学生军事训练的重要措施,因此,各级要按照文件的规定要求,认真抓好各项工作的落实。

1985 年,我国恢复学生军事训练后,每年都有计划地增加学生军训试点学校的数量,按照学生军事训练大纲的要求组织施训。但缺乏学生军事训练工作的长远发展规划,学生军事训练随意性比较大。为规范高级中学学生、全国普通高等学校军事训练,国家教育部、总参谋部、总政治部,在掌握各地学生军训工作现状的基础上,根据新形势新任务的要求,2003 年 6 月 20 日,颁布了 2003—2005 年全国学生军训工作发展规划(教体艺〔2003〕8 号),确立以国防教育法、国防法、兵役法和(国办发〔2001〕48 号)文件为依据,围绕国家人才培养发展的长远战略目标、国防后备力量建设的发展需要,组织开展进行学生军事训练。通过实施学生军事训练,使学生激发爱国热情,提高思想政治觉悟,增强国家安全意识、国防观念,增强组织纪律观念,树立爱国主义、革命英雄主义精神,为国防建设、部队培养预备役军官、国防后备兵员、为国家培养社会主义事业的接班人、建设者奠定基础。学生军事训练的目标和任务:至 2003 年 6 月,我国有普通高等学校年招生人数 268 万余人,有学校 1225 所;高级中学年招生人数 891 万余人,约有学校 2.87 万所。按照(国办发〔2001〕48 号)文件的要求,至 2005 年,我国所有的高级中学、普通高等学校全部开展学生军事训练工作。2003 年前,我国已在 7000 余所高级中学进行了学生军事训练,年参加的学生为 217 万余人,已在 300 余所普通高等学校进行了学生军事训练,年参加的学生为 66 万余人。在此基础上教育部门和军队又作出部署。2003 年,我国计划在 600 余所普通高等学校进行学生军事训练,年参训学生为 131 万余人;在 1400 余所高级中学开展学生军事训练工作,年参训学生为 434 万余人;2004 年,我国又计划在 900 余所普通高等学校进行学生军事训练,年参训学生为 197 万余人;在 2.1 万余所高级中学开展学生军训,年参训学生为 651 万余人;至 2005 年,我国基本实现全部普通高等学校,全部高级中学都实施了学生军事训练。也对经费与训练的保障、课程的建设、师资队伍的建设、组织实施等都做出比较全面的安排。

军地各级按照规划的统一部署,认真抓好落实。多数军区和省(自治区、直辖市)依据(国办发〔2001〕48 号)和(教体艺〔2003〕8 号)文件精神,结合本辖区的实际,制定本辖区学生军事训练工作的发展计划。普通高等学校开展学生军事训练,学校逐步都把学生军事训练作为一门必修课,列为学校整体教学规划,也纳入学籍制度管理,也列入计算为学生学分制度,进行了规范的教学计划管理。军事理论课教学时间,教学的方法可采取分散方法,应集中在学生的第一学年完成学习教学;学生军事技能训练时间安排,通常应在新生入学时开展,军事技能训练一般在校内进行,部分学校可到学生军事训练基地、省人武学校或驻军、民兵军事训练基地、武警部队驻训。
2004年,我国约有1100所普通高等学校进行学生军事训练,占我国高等学校总数的72%,有1.15万余所高级中学进行学生军事训练,占我国高级中学总数的38%。年参训学生达800余万人。2005年,我国有1648所高校进行了学生军事训练,占高校总数的92%,有26195所高级中学进行了学生军事训练,占高级中学总数的83%。累计学生军事训练3511.7万余人,标志着我国学生军事训练在我国已进入全面普及时期,呈现出良好的发展势头。此后,每年新生开学按照兵役法规定实行军训形成制度。

5.3.3 学生军训工作的保障规范化

学生军训试点阶段的师资力量、物资器材和经费等保障工作,基本上由国家有关部门、解放军各总部下发通知,明确有关保障事宜,保障工作的约束力不强,往往有些保障出现落实不到位的现象。(国办发〔2001〕48号)文件,对学生军事训练的有关保障问题作出了规定,对学生军训保障工作增强了约束力,使学生军事训练保障能得到有效落到实处。在学生军事训练的师资队伍发展上,(国办发〔2001〕48号)文件指出:普通高等学校开展学生军事训练所需的军事教师,可采取学校聘任、部队派遣军官相结合的方法进行。高级中学学生军事训练所需的军事教员,可以采取聘任兼职的方法进行。部队派遣军官需求总数为893人,编制进行单列,不计入部队总定额数量。派遣军官编制计划由总参谋部制定,派遣军官由省军区、部分院校选派。并对派遣军官的条件、管理、办法、待遇等也进行了明确。要按照(国办发〔2001〕48号)文件部署,切实抓好学生军事训练的师资力量建设。2001年10月23日,总参谋部下达学生军训派遣军官编制员额分配计划,从31个省军区(卫成区、警备区)和24个军队院校派遣军官893名,承担普通高等学校学生军事理论教学的任务。10月28日,总政治部发出加强普通高等学校学生军事训练派遣军官的通知,承担普通高等学校学生军事训练任务的派遣军官(含文职干部),由省军区和部分军队院校派出,集团军及其他单位不再承担学生军训派遣军官任务。集团军及其他单位派出的军官,一般回原单位安排,纳编使用。派遣军官主要担负本区域内的重点普通高等学校部分军事理论课的教学任务,其他普通高等学校军事理论课的教学任务,主要由学校聘任专职军事教师承担。省军区和军队部分院校学生军训教研室,主要协助普通高等学校加强专职军事教师的培训。同时,对选配条件、专业培训、考核方式、管理办法、组织领导等提出明确要求。12月底前,全军已编配派遣军官635名、占应派遣军官总数的71%,其中本科以上学历的 520 人、占已编配派遣军官人数的 81.9%,普通高等学校学生军事训练派遣军官的调整交接工作全部完成。党和政府对学生军事训练的十分重视,对派遣军官十分关怀,为调动派遣军官工作的积极性,2004 年 3 月 31 日总政治部明确派遣军官在承担普通高等学校学生军训教学任务期间的课时、食宿、交通补贴和改善办公、教学条件等问题。2004 年,国家教育部在 6 所高等学校开设高等学校军事教师在职攻读硕士研究生班;国家教育部和各省教育行政部门定期组织高等学校军事教师进行业务培训,各高等学校采取各种措施鼓励军事教师在职接受继续教育。2002—2006 年,全军学生军训工作办公室每年在石家庄陆军指挥学院举办一期派遣军官教学骨干培训班,共培训 306 名;各军区、省军区和军队有关院校每年组织一次本级培训,重点学习国家有关学生军训工作的政策法规及有关文件精神,探讨为地方大学讲授军事理论课的教学方法,练习多媒体课件的制作与使用,聘请国防大学专家教授进行示范性教学,研究学生军训工作中可能出现的新情况、新问题和解决办法。通过培训,对提高派遣军官队伍的整体水平起到重要作用。军队各有关单位对派遣军官进行量才使用、定期考核。北京军区、沈阳军区为部分派遣军官还改套专业技术职务,以更好保留教学骨干力量,确保派遣军官队伍的稳定性、积极性。截至 2006 年底,全军共配备派遣军官 720 名,占应编配派遣军官总数的 80.6%,其中硕士以上学历 161 名,占派遣军官总数的 22.4%。派遣军官在地方高等学校任教期间,为人师表,教书育人,以良好军人形象和较高教学水平,赢得了广大师生的普遍赞誉。

在物资器材和经费保障上,根据(国办发〔2001〕48 号)文件的要求,按照学校的隶属关系,中央和地方各级财政,采取将学生军事训练经费纳入学校预算的制度,解决学生军事训练所需要支出经费。2002 年,贵州省每年支出经费 100 余万元,为高等学校军事教研室配备必需的图书资料、办公设备。有的省也划拨了专项经费,新建、扩建学生军事训练基地,使学生军事训练向基地化训练方向发展。2001—2004 年,北京市划拨了 2 亿多元,扩建和新建学生军事训练基地 4 个,正在建设学生军事训练基地 3 个;天津市划拨筹措资金近 3 亿多元,用于学生军事训练基地建设和学生军事训练、教学的设施配套建设,至 2004 年,天津市已具有承担学生军训任务的能力有 34 个训练基地;上海市划拨经费 13 亿多元,建成集国防教育、科技于一体的学生军事训练的国防教育基地。2004 年,辽宁省已规划建设 4 个学生军训基地的建设经费,所需建设经费列入省财政预算。2004—2006 年,江苏省在学生军训基地建设上,采取与民兵训练基地合建的形式,统一规划、整体设计、同步建设,充分考虑学生军训规模及实际需要,3 年来,全省共新建、改建、扩建 21 个规模较大、功能齐全、设施配套的学生军训基地,全省 81 个民兵训练基地均挂牌学生军训基地,满足了学生军训基地化的需求。在学生军训基地设施配套上,着眼与高等学校教育手段接轨、与大学生学习方式合拍、与现代信息化教学相融合的要求,积极发展网络教学、电化教学、多媒体教学,全省 81 个学生军训基地均实现多媒体教学,21 个省级重点学生军训基地与重点高等学校实现网上远程教学,部分学生军训基地建有学生军事技能专用训练场、彩弹射击场、军事高科技知识图片展览室、军事装备器材模型展览室等。截至 2006 年底,全国共建成学生军训基地 433 个,派出帮训官兵 50 余万人次,配备训练枪支 7.8 万多支,解决训练弹药 1.1 亿多发。

军地各级在不断总结全面展开学生军训工作经验的基础上,逐步建立和完善学生军训工作的法规制度。2002—2006 年,国家教育部、总参谋部、总政治部,印发 2003—2005 年全国学生军事训练发展规划和高等学校、高级中学军事课教学大纲,国家教育部印发加强高等学校军事教师队伍建设的意见,总参谋部、总政治部印发学生军训派遣军官编制、培养、选拔、管理、待遇等方面的规定,制定各级学生军训工作机构和学生军事训练教研室工作制度职责。各地结合工作实际,制定与之配套的学生军事训练规章以及办法措施。有的省份制定了学生军事训练工作暂行规定,部分省份印发了学生军训基地管理规定,有些省份印发了高等学校、高级中学军事课教学评估方案,各省份均印发了学生军事训练安全管理规定。各高等学校、高级中学制定了学生军事训练组织实施方案、学生军事训练管理细则、学生军事训练枪支管理使用规定、学生军事训练保障方案和突发情况处置的办法预案等,以及有关部门和人员的工作职责,对学生军事训练的军事理论课的教学和军事技能训练的组织计划、教学保障、教学实施、考核评估等方面进行系统的明确规范。

5.3.4 制定学生军事训练工作规定

为使学生军事训练的规范化、制度化建设,保证学生军事训练的顺利展开。依据兵役法、国防教育法的有关开展进行学生军事训练的规定,教育部、总参谋部、总政治部制定了《学生军事训练工作规定》(教体艺〔2007〕7号),对学生军训的指导思想与目的、范围、组织领导与实施、军事技能训练和军事理论教学、军事教师和派遣军官、物资器材保障、奖励和惩处等都做出明确,该规定是各级教育行政部门、普通高等学校、军事机关、高中阶段学校以及承训军队实施组织学生军事训练的基本依据。2007 年 3 月 22 日,印发各省、自治区、直辖市教育厅(教委),新疆生产建设兵团的教育局,各军区司令部和政治部,各军兵种司令部和政治部,武警部队司令部和政治部,各省军区、卫戍区、警备区,各集团军,部属各高等学校,部队有关院校执行。主要内容如下:

第一,明确规定适用范围和总体要求。该规定适用于各级教育行政部门、普通高等学校、各级军事机关、高中阶段学校(含普通高中、技工学校、中等专业学校、职业高中)。学生军事训练是军事理论课教学,高中阶段学校组织的学生军事技能的训练、指普通高等学校,以及其他与学生军事训练有关的活动。学生军事训练,必须围绕服务国防后备力量建设、服务国家培养人才的开展,着眼时代新特征、注重实际效果、遵循教育规律、分类实施指导的方针。通过学生军事训练,使学生掌握基本军事理论、军事技能,增强国家安全意识、强化国防观念,加强纪律性、组织性,弘扬集体主义、爱国主义和革命英雄主义精神,激发战胜困难的勇气、信心,磨炼意志品质,吃苦耐劳的作风、培养艰苦奋斗,树立正确的人生观、价值观和世界观,提高学生的综合素质。是国防后备力量建设、国家培养人才的重要措施,是学校教学、教育的重要内容。高中阶段学校、普通高等学校具有我国大陆户籍的学生,应当统一安排依法接受学校组织的军事训练;具有台湾、香港、澳门户籍的学生,本人参加军事训练是自愿的,经学校批准后可以参加军训。并明确了有严重生理缺陷问题、残疾或者是有疾病的学生,经本人申请、学校批准,可以减免不适宜参加的军事技能科目的训练。

第二,领导与组织实施。学生军事训练在国务院、中央军事委员会领导下,由教育部、总参谋部和总政治部联合负责。军区负责本区域的学生军训。省、自治区、直辖市,市(地区),县(市、区)教育行政部门、军事机关,负责本区域的学生军训。学生军训实行属地化进行管理实施。各级教育行政部门、军事机关须加强对学生军训的组织领导,各负其责,明确分工,密切协作,加强监督指导。教育行政部门负责组织高中阶段学校、普通高等学校具体进行学生军训。军事机关相关部门负责向普通高等学校派出派遣军官,组织安排承训部队、帮训的军官的士兵,提供所需武器弹药,保障学生军训使用。教育行政部门与军事机关,应当建立联合办公制度、联席会议制度,定期研究出现的问题、分析相关的情况,解决有关的问题,对学生军训进行指导等。高中阶段学校、普通高等学校应当把学生军训纳入学校教学、教育计划,统筹协调安排。普通高等学校军事教学部门机构,与武装部联合负责军事理论课教学、军事技能的训练的计划及组织实施的工作。高中阶段学校,须明确有一名校领导分管学生军训,指定好学校的相关部门和有关人员负责学生的军训的计划、组织实施方案等。根据国防建设、部队建设的发展需要,对符合担任预备役军官职务基本条件的普通高等学校学生,经军事训练考核、政治审查合格的,按照相关政策规定,可以办理预备役军官登记,开始服军官预备役。

第三,关于军事理论教学、军事技能训练。国家教育部、解放军总政治部和总参谋部联合负责制定,高中阶段学校、普通高等学校的学生军训大纲。学生的军训大纲,是学校组织实施军事理论课教学、军事技能训练进行教学质量督导评估的依据。普通高等学校军事理论课教学、军事技能训练是在校学生的必修课程,学校须协调统一规划、科学实施管理。高中阶段学校的学生军训,须纳入社会实践活动中进行实施。高中阶段学校、普通高等学校学生,军事技能训练主要在学生军事训练基地或者是在学校内进行实施,也可到部队院校和预备役部队、民兵组织军事训练基地驻训。组织进行学生军事技能训练所需的帮训官兵,由省级教育行政部门提出需求计划,由省军区协调驻军军队、武警部队、部队院校等派出,或是报军区统一协调。学校组织实施学生军事技能训练高中阶段所需的帮训人员,由军分区或是县人民武装部协调驻军军队、预备役部队、武警部队帮助解决。

普通高等学校应当着力推进军事理论课程建设,提升军事理论课教师的理论教学水平、科学研究的能力,进行规范化的课程全程管理。国家教育行政部门,应当将普通高等学校军事理论课教学、军事技能训练作为学校办学水平评估的内容。普通高等学校学生军事理论课、军事技能训练考试成绩、高中阶段学校学生军事技能训练、军事知识讲座考核成绩载入本人学籍档案管理。

第四,军事教师、派遣军官。普通高等学校军事理论课教学,由学校配备的专职军事教师、军队派遣军官、聘任的兼职军事教师联合负责。须根据军事理论课教学任务,聘任和配备相应数量的专职军事理论教师。专职军事教师的专业技术职务评聘,纳入学校教师队伍中正常的管理方式渠道。专职军事教师配发基层人民武装干部工作证及制式服装,佩戴基层人民武装干部帽徽、领章和肩章。普通高等学校专职军事教师在组织进行军事理论课教学时应着配发的制式服装。部队派遣军官、专职军事教师,须具备普通高等学校教师的基本条件要求,军事素质良好,能掌握军事教育理论,比较熟悉军事理论课教学方式方法。部队派遣军官,依照相关规定由派出单位实施管理,享受和在职军官的一样待遇。部队派遣军官在普通高等学校任执教期间,其课时补助费,参照学校相同专业技术职务教师的补助标准执行补助,由所在学校补给。所在普通高等学校应为部队派遣军官提供必要的生活、工作和交通保障。高中阶段学校军事教师可采取聘任、兼职办法配备,选择具备良好军政素质、热爱学生军事训练工作的人员承担。具备基本条件的军队院校、普通高等学校,应承担普通高等学校、高中阶段学校军事教师的培训和继续教育任务。各级教育行政部门、军事机关相关部门,应有计划地对高中阶段学校的兼职军事教师进行培训,每三年不得少于一个月培训时间。

第五,学生军事训练的保障。高中阶段学校、普通高等学校学生军训所需要的经费,按照财政管理体制,纳入学校主管部门经费预算管理,合理科学确定人均经费标准,进行综合定额拨款。各级教育行政部门、军事机关开展学生军训工作所需的经费,由本级财政列入经费预算予以保障。承担普通高等学校军事理论课教学任务的部队院校,所需的教学、工作经费,由省级军区协调省财政给予解决。全国每五年举办一次学生军训大型活动,所需的经费由国家教育部、解放军总参谋部、解放军总政治部向中央财政申请专项经费予以保障。各省每 3～5 年举办一次学生军训大型活动,所需的经费由省级教育行政部门、军事机关向省财政申请专项经费予以保障。各省可根据学生军训的任务,在普通高等学校集中的大、中城市建立学生军训基地,为学校实施规范化的军事技能训练提供较好的基础条件。预备役部队、民兵组织的军事训练基地,应为高中阶段学校、普通高等学校进行军事技能训练提供必要的保障。教育行政部门、军事机关应联合物价、卫生等部门对学生军训基地的保障条件、基础设施、日常管理等进行定期检查监督加强管理。严禁不具备训练条件的学生军训基地担负学生军训任务。学生军训基地,预备役部队、民兵组织军事训练基地担负学生军训任务不得以营利为目的。向高中阶段学校、普通高等学校收取军训经费的标准、项目,应由省级教育行政部门联合省物价部门制定;收取的经费主要用于学生军训、基地的维护和管理。学生军训枪支属民兵武器装备,由军分区、县人民武装部,根据解放军总参谋部的计划给以保障。训练枪支在配发普通高等学校前,须经过技术处理过,使其不能用于实弹射击功能。经相关军事机关批准,学生军事训练枪支可由普通高等学校负责管理。暂不具备保管枪支条件的学校,训练枪支由军分区、县人民武装部代为保管。保管学生军训枪支的普通高等学校,应当建设合格达标的训练枪支存放库室,配备专门的看管警备人员,并须实行昼夜 24 小时值班制度。普通高等学校应当按照国家和部队的有关规定,对训练枪支看管人员进行政治审查。军分区、县人民武装部,应按照民兵武器装备管理的相关规定,对普通高等学校学生军训枪支存放库室的安全管理、建设质量、看管人员编配、设施配备情况进行验收和定期检查。普通高等学校学生军训所需的实弹射击弹药、枪支,由军分区、县人民武装部负责保障和管理。高中阶段学校、普通高等学校在学生军训期间须进行安全教育,完善各项安全制度,制订安全计划、遇有突发事件应急处置预案,严防在军事技能训练、交通运输、实弹射击、饮食卫生等方面发生各种事故。各级教育行政部门、军事机关应当必须重视学生军训期间的各类事故预防工作,定期分析各种安全形势,适时进行检查、督促,及时发现并处理不安全的隐患问题。高中阶段学校、普通高等学校,应建立健全学生军训发生意外事故的及时报告制度。学校、承训部队在军训中若发生各类安全事故后,应及时向所在地教育行政部门、军事机关及相关部门立即报告,并按照《学生伤害事故处理办法》及相关法律法规的规定妥善处理。事故处理完毕,要将处理结果及改进措施报告上级教育行政部门、军事机关。

第六,奖励、惩处。对在学生军训中成绩显著的单位和个人,各级教育行政部门、军事机关、高中阶段学校、普通高等学校应给予表彰、给予奖励。对违反本规定,有下列行为之一的单位、个人,由教育行政部门、军事机关责令其限期改正,并视情节轻重对直接责任人员给以批评教育或者是行政处分。随意压缩、取消学生军训时间的;没有按照《普通高等学校军事课教学大纲》《高中阶段学校学生军事训练教学大纲》的规定完成军事理论课教学内容、军事技能训练科目的;在军事理论课、军事技能训练考试中弄虚作假、违反纪律的;挪用、挤占和不按财务规定使用学生军训经费的;违反规定向学校收取承训费或者是向学生收取军事训练费用的;发生人身伤害、枪支丢失或者是其他重大安全事故的;体罚、打骂学生的。情节严重构成犯罪的,应移送至司法机关依法追究刑事责任。对没有正当理由拒不接受军训的学生,按国家发布的学籍管理办法、学校的有关管理规定处理。对违反本规定,破坏、侵占学校军事训练设施、场所的单位、个人,由教育行政部门、军事机关责令其限期改正,并依法赔偿损失。

随着军地各级建立各种学生军事训练的法规制度,各省级教育行政部门、军事机关根据本规定再制定实施的细则。对于规范学生军事训练工作秩序、保障教学良好质量和训练各种安全,促进学生军事训练工作的持续健康有序的发展起到了重要作用。

5.4 建立多元化退役安置与优抚政策

我国每年都有在部队服役的士兵和军官退出现役,需要地方政府给予妥善安置。退役安置工作不断适应社会发展变化,适时调整完善法规政策,形成具有中国特色的退役安置体系。

5.4.1　退役军官安置

退役军官安置逐步形成规范化,离休退休安置和转业安置成为主要形式,自主择业为补充模式。

离休退休安置。进行入 21 世纪,国家和军队的改革不断深化,经济社会情况发生着深刻变化,军休干部住房保障方式改革迈出实质性步伐,为适应新形势完成新任务,2004 年,中央办公厅、国务院办公厅和中央军委办公厅联合下发了进一步做好军队离休退休干部移交政策安置工作的意见(中办发〔2004〕2 号),对军休干部安置管理政策,进一步进行了较大的改革调整,放宽了军休干部的安置去向,改革过去的大集中、小分散安置方法为分散式的多元化安置方法,对离休退休干部实行住房补贴、货币补差相结合的住房货币化保障方法,医疗看病保障,从过去的公费医疗改为医疗保险,服务用车由过去配置专门车辆改为发放交通费,服务方式由过去单一的国家保障,改为国家保障与社会化服务相结合方式。这个政策文件的出台,标志着军休工作进入多样化、多元化、社会化发展的新阶段。

转业安置。依据国防法、兵役法和其他有关法律法规的规定。中共中央、国务院、中央军委,2001 年 1 月 19 日,颁发《军队转业干部安置暂行办法》。主要有以下内容:

第一,计划分配和自主择业相结合。部队干部转业到地方工作,是国家为部队建设的一项重要政策制度。国家对部队转业干部采取的自主择业、计划分配的方式进行安置。计划分配的部队转业干部由党委、政府负责安排工作;自主择业的部队转业干部,由政府发给退役金、协助就业。坚持为经济社会发展、国防和部队建设服务的方针,坚持合理使用、妥善安置、各得其所、人尽其才的原则。

担任团级以下职务,含处级以下文职干部、享受相当待遇的专业技术干部的部队干部,有下列情形之一的,可以列为部队干部转业计划安置:平时服现役达到最高年龄的;受部队编制员额限制不能调整提升使用的;因身体状况不能坚持部队正常工作的,但能够适合地方工作的;因其他原因需要退出现役作转业安置的军官。

担任团级以下职务的部队干部,有下列情形之一的,不列入部队干部转业计划安置:年龄已超过 50 周岁的;二等甲级以上伤残军官的;患有严重疾病的军官,经驻军医院诊断确认后,不能坚持正常军队工作的军官;受审查尚没有作出结论,或者是留党察看期没有满的军官;故意犯罪受刑事处罚的军官;被开除党籍或者是受劳动教养丧失干部资格的军官;其他原因不宜作转业安置的军官。

担任师级职务,含局级文职干部、或高级专业技术职务的军队干部,年龄在50周岁以下的,经过本人申请,经过批准可以安排转业,列入部队干部转业安置计划。担任师级职务,或高级专业技术职务的部队干部,年龄已超过50周岁、地方工作需要的,可以批准转业,另行规定办理。

第二,安置的地点。一般是由其原籍或者是入伍时所在省、自治区、直辖市安置部队转业干部,也可以到配偶随军前或者是结婚时常住户口所在地安置。配偶已随军的部队转业干部,具备下列条件之一的,也可以到配偶常住户口所在地安置:取得北京市常住户口满4年的配偶;取得上海市常住户口满3年的配偶;取得天津市、重庆市和省会、自治区首府城市、副省级城市常住户口满2年的配偶;取得其他城市常住户口的配偶。

父母身边无子女,或者是配偶为独生子女的部队转业干部,可以到其父母或者配偶父母常住户口所在地安置。没有结婚的部队转业干部,可以到其父母常住户口所在地安置。父母双方或者一方为军人且长期在边远艰苦地区工作的部队转业干部,可以到入伍地、父母原籍,或者是父母离休退休安置地进行安置。

部队转业干部具备下列条件之一的,可以到配偶常住户口所在地安置,也可以到其父母或者配偶父母、本人子女常住户口所在地安置:自主择业的;在边远艰苦地区或者从事飞行、舰艇工作满10年的;平时获二等功、战时获三等功以上奖励的;因战因公致残的军官。

夫妇同为部队干部且又同时转业的,可以到任何一方的原籍或者是参军地安置,也可以到符合随军条件的配偶一方所在地安置;一方转业,留队一方符合随军条件的配偶,转业一方可以到留队一方所在地进行安置。

因国家重点建设项目、重点工程、新建扩建单位以及其他工作需要的部队转业的干部,经接收单位所在省、自治区、直辖市部队转业干部安置工作主管部门批准,可以跨省、自治区、直辖市进行安置。符合安置地吸引人才特殊政策规定条件的部队转业干部,可以到该地区进行安置。

第三,分配工作、就业。担任师级职务的部队转业干部,或者是担任营级以下职务、科级以下文职干部和享受相当待遇的专业技术干部,且军龄不满20年的部队转业干部,由党委、政府采用计划分配的方式进行安置。担任团级职务的部队转业干部,或者是担任营级职务且军龄满20年的军队转业干部,可以选择计划分配或者是自主择业的方式进行安置。

计划分配的部队转业干部,各级党委、政府应当根据其德才的条件,在部队的职务贡献、等级、专长安排其工作、职务。担任师级领导职务,或者是担任团级领导职务且任职满最低年限的部队转业干部,一般须安排相应的领导职务。接收师、团级职务部队转业干部人数较多、安排领导职务确有困难的地区,可以安排相应的非领导职务。其他担任师、团级职务,或者是担任营级领导职务且任职满最低年限的部队转业干部,参照上述政策规定,合理进行安排其工作。

各省、自治区、直辖市应当制定优惠的政策制度,鼓励部队转业干部到艰苦地区、基层单位去工作。对自愿到边远艰苦地区工作的部队转业干部,应安排相应的领导职务,德才优秀的转业军官可以提职进行安排。在西藏或者是其他海拔 3500 米以上地区,连续工作满 5 年的部队转业干部,应当安排相应的领导职务或者是非领导职务,对正职领导干部安排正职确有困难的,可以安排同级副职岗位。

各地区、各部门和各单位应当采用使用空出的领导职位、按规定增加非领导职数,或者是先进入后出、带编制分配等方式,安排好师级、团级职务部队转业干部的职务。党和国家机关须按照部队转业干部安置计划数的 15% 增加行政干部编制,所增加的干部编制主要用于安排师级和团级职务部队转业干部。各部门、各地区、各单位应当把师级、团级职务部队转业的干部安排与领导班子建设要通盘考虑,有计划地选调团级、师级职务部队转业军官,安排到地市、县市级领导班子,或者是事业单位、国有大中型企业领导班子任职。

担任专业技术职务的部队转业军官,一般应当按照其在部队担任的专业技术职务,或者是国家承认的专业技术资格,聘任相应的专业技术职务;工作需要的也可以安排相应的行政职务岗位。担任行政职务并兼任专业技术职务的部队转业军官,根据地方工作需要、本人志愿,可以安排相应的行政职务,或者是聘任相应的专业技术职务。

对自主择业的部队转业军官,安置地政府应当采取提供政策咨询、拓宽就业渠道、组织就业培训、纳入人才市场、向用人单位推荐等举措,为其就业创造必要的条件。党和国家机关、企业事业单位、团体、在社会上招聘录用人员时,对适合部队转业军官干部工作的岗位,应当优先进行录用、聘用自主择业的部队转业军官干部。对从事个体经营或者是创办经济实体的自主择业的部队转业军官干部,安置地政府应当在政策制度上给予扶持,工商、金融、税务等部门,应当视情提供低息贷款,及时核发其营业执照,按照社会再就业人员的有关规定减免所得税、营业税等税费。

第四,相关待遇。按照计划分配到党和国家机关、事业单位、团体的军队转业军官干部,其工资待遇按照不低于接收安置单位与其部队职务等级相应,或者是同等条件人员的标准确定,补贴、津贴、奖金以及其他生活福利待遇,按照国家有相关规定执行。

按照计划分配到党和国家机关、事业单位、团体的部队转业军官干部,退休时的职务等级低于转业时部队职务等级的,享受所在单位与其转业时部队职务等级相应,或者是同等条件人员的退休待遇。计划分配到企业的部队转业军官干部,其工资和津贴、奖金、补贴以及其他福利生活待遇,按照国家、所在企业的相关规定政策执行。

自主择业的部队转业军官干部,由安置地人民政府逐月发给退役金。团级职务、军龄满 20 年的营级职务部队转业军官干部的月退役金,按照本人转业时安置地同职务等级部队军官干部月职务、军衔、级别工资和部队统一规定的津贴补贴为计发基数 80％ 的数额与基础、军龄工资的全额之和开始计发。军龄满 20 年以上的,从第 21 年起,军龄每增加一年,增发月退役金计发基数的 1％。荣立三等功、二等功、一等功,或者是被大军区级以上单位授予荣誉称号的,在边远艰苦地区或者是从事舰艇、飞行工作满 10 年、15 年、20 年以上的,根据政策规定增发月退役金计发基数比例。

自主择业的部队转业军官干部的退役金,根据移交地方安置的部队退休干部退休生活费调整的情况相应增加调整。经济比较发达的区域,自主择业部队转业军官干部的月退役金,低于安置地当年党和国家机关相应职务等级退休干部月退休生活费数额的,安置地人民政府可以发补贴差额。自主择业的部队转业军官干部的退役金,免征个人所得税。自主择业的部队转业军官干部,被党和国家机关安排为正式工作人员的,停发退役金。

计划分配的部队转业军官干部,享受所在单位与其部队职务等级相应或者是同等条件人员的政治待遇;自主择业的部队转业军官干部,享受安置地相应职务等级退休干部的有关政治待遇。

军队转业干部在服现役期间被中央军委授予荣誉称号的,比照全国劳动模范、先进工作者享受相应待遇;被大军区级单位授予荣誉称号,或者是荣立一等功的,以及被评为全国模范部队转业军官干部的,比照省部级劳动模范、先进工作者享受相应待遇。

计划分配到党和国家机关、事业单位、团体的部队转业干部,享受接收安置单位与其部队职务等级相应或者是同等条件人员的医疗、失业、养老、生育、工伤等社会保险政策待遇;计划分配到企业的部队转业军官干部,按照国家相关规定参加社会保险,缴纳社会保险费,享受社会保险待遇。

自主择业的部队转业军官干部,到地方后没有被党和国家机关、企业事业单位、团体、录用聘用期间的医疗保障,按照安置地党和国家机关与其部队职务等级相应或者是同等条件人员的相关政策规定执行。

第五,军队转业干部家属安置。部队转业的军官干部随调配偶的工作,由安置地党委、人民政府参照本人职务等级和从事的职业岗位合理安排,与部队转业军官干部同时接收安置,发出报到的通知。调入调出的单位相应增减总额工资。对安排到实行聘任制、合同制企业事业单位的部队转业军官干部随调配偶,应当给予适应期 2 年。适应期内,非本人原因不得擅自违约辞退、解聘或者是解除聘用劳动合同。

部队转业军官干部随迁配偶、子女符合就业条件的,安置地政府应当提供就业服务指导,以帮助其实现就业;对从事个体经营,或者是就业的相关规定减免税费。

部队转业军官干部配偶和没有参加工作的子女可以随迁随调,各地公安部门凭部队转业军官干部安置工作主管部门的通知及时办理落户、迁移手续。随迁子女需要入学转学的,由安置地教育行政管理部门负责进行安排;报考各类院校时,在与其他考生同等条件下应当优先录取。部队转业军官干部身边无子女的,转业军官干部可以随调一名已经工作的子女及其配偶。各地在办理部队转业军官干部及其随调随迁配偶和子女的工作安排、转学、落户、入学事宜时,不得收取国家政策规定以外的其他费用。

部队转业军官干部随调随迁配偶、子女,已经参加养老、医疗、失业、生育、工伤等社会保险的,其社会保险基金、社会保险关系,由社会保险经办机构按照国家相关规定一并转移或者是继续支付。没有参加社会保险的,按照国家和安置地有关政策规定,参加养老、医疗、失业、生育、工伤等社会保险。

第六,安置经费。部队转业军官干部安置经费,分别列入中央财政、地方财政、军费预算,并根据经济社会发展情况,逐步加大预算。部队转业的军官干部安置工作涉及的培训费、行政事业费、转业生活补助费、服现役期间的住房补贴、家补助费,按照经费支付渠道予以保障。部队转业军官干部培训经费的不足部分,由地方财政补贴。安置涉及的业务经费,由本级财政部门给予解决。

自主择业的部队转业军官干部的退役金,由中央财政专项安排;到地方后没有被党和国家机关、企业事业、团体、单位录用聘用期间的医疗保障、住房补贴所需经费,由安置地人民政府解决。

5.4.2　退役士兵安置

在这一阶段,我国兵役制度是义务兵役制、志愿兵役制同时实行,两种兵役制度相结合时期,士兵分为:义务兵、士官。服役期义务兵为 2 年,士官采取分期服役制度。退出现役士兵,依据其户口性质、年龄、军衔职级、服役时间,以及立功受奖、伤病残等情况,政策规定有区别,安置政策待遇主要是城乡的区别、安置方式差别。城镇退役义务兵、城镇一期和二期复员士官,服役三期以上转业士官、服役期间荣立二等功以上奖励的农村籍退役士兵,作为城镇退役士兵安置,部分地区对服役期间被评为 5～8 级残疾的士兵,也可以享受城镇安置待遇。农村籍退役义务兵、一期和二期复员士官,返回原籍生活生产;符合退休条件的士官,参照部队退休军官干部政策作退休安置;伤病残退役士兵,根据残疾性质等级,以及患病实际情况,区分情况安置。

退役义务兵、复员的初级士官安置,主要是指退役的义务兵服现役 2 年,初级士官是指服现役满 5 年和 8 年的,以复员方式退出现役的。安置主要依据的法律政策包括:《国务院中央军委批转民政部劳动部总参谋部关于退伍义务兵安置工作随用工单位改革实行劳动合同制意见的通知》(国发〔1993〕54 号)《退伍义务兵安置条例》《国务院关于进一步做好城镇退役士兵安置工作的通知》(国发〔2005〕23 号)《中华人民共和国兵役法》,以及国务院、中央军事委员会年度退伍通知,等等。

坚持从哪里来,回哪里去的安置原则,义务兵退役后,由原征集的县、自治县、市、市辖区的人民政府接收安置。家居农村的由乡镇人民政府安排其生活、生产,家居城镇的由县级政府安排工作,或者是自谋职业安置。自谋职业安置的,给予政策上的优惠,由当地人民政府给予一次性经济补助。城镇退役士兵待安置期间,由当地政府依照不低于当地最低生活水平的原则,发给生活补助经费。团体、机关、企业事业单位,不分所有制性质、组织形式,有依照国家有关规定安置退役士兵的义务;军龄与待分配的时间应当为连续工龄计算,享受与所在单位职工的同样待遇;参军前是团体、机关、企业事业单位正式职工的,退役后允许复职、复工;退出现役之后义务兵报考国家公务员、中等专业学校、高等院校,按照相关规定予以优待;国家组织退役士兵免费参加职业技能的培训,提高就业岗位任职能力。

2011 年 10 月 29 日,国务院、中央军事委员颁发《退役士兵安置条例》,自 2011 年 11 月 1 日起施行。条例明确了安置的基本原则。国家建立了以扶持就业为主,安排工作、自主就业、供养、退休等多种形式结合的退役士兵安置政策制度,妥善安置好退役士兵。规范了移交、接收的工作,国务院退役士兵安置工作主管部门、解放军总参谋部制定全国退役士兵的接收计划、年度移交计划。自主就业安置,义务兵、服现役不满 12 年的士官退出现役的,由各地人民政府扶持自主就业。对退役士兵自主就业的,退役金由军队一次性发给,地方人民政府可以依据当地现实情况,给予经济补助,县级以上地方人民政府退役士兵安置工作主管部门,须组织自主就业的退役士兵参加技能培训、职业教育,产生经费由县级以上人民政府承担;参加普通高等学校、中等职业学校学习、报考成人高等学校的,按照国家相关规定享受政策优待。

第一,转业士官的安置。士官转业安置政策条件:①服现役满 12 年以上;②荣获二等功以上奖励的;③因战因公致残被评为 5～8 级伤残等条件并选择转业的士官的。主要法律政策:《中国人民解放军士官退出现役安置暂行办法》(国发〔1999〕27 号),《国务院关于进一步做好城镇退役士兵安置工作的通知》(国发〔2005〕23 号),《中华人民共和国兵役法》,国务院、中央军事委员会批转国务院"双退"领导小组、民政部、解放军总参谋部《关于志愿兵转业实行集中交接意见的通知》(国发〔1994〕6 号),以及国务院、中央军事委员会年度退役通知,等等。

属于城镇安置对象的转业士官,城镇退役士兵是在城镇安置的退役士兵统称。城镇退役士兵的安置政策是适用于转业的士官。国家规定了对于转业士官的安置,要区别义务兵的安置。转业的士官需要实行集中交接,每年由民政部和总参谋部联合下达转业士官移交计划,各省级按计划审查档案工作并接收安置转业士官。士官退出现役转业之后,原则上回参军时户籍所在地的县市安置。因国家或者是部队建设需要,服现役期间家庭常住户口所在地发生了变动的、结婚满 2 年等因素可以易地安置。农村参军的士官符合转业条件的,本人要求并经批准作复员安置的,应允许落城镇户口。

第二,士官退休安置。士官的退休条件主要依据是《中华人民共和国兵役法》《中国人民解放军现役士兵服役条例》的规定。2011 年 10 月 29 日,国务院、中央军事委员会颁发《退役士兵安置条例》,其中规定:①士官服现役满 30 年的;②士官年满 55 周岁的;③士官因公、因战致残,被评定为 1～6 级残疾等级的;④士官经部队医院证明和军级以上单位卫生部门审核确认,因病基本丧失工作能力的,作为退休安置,退休的退役士兵,其住房、生活、医疗等保障,按照国家相关规定政策执行。退休士官安置的移交、审批、管理与服务保障方法参照部队退休军官干部相关政策规定执行。

第三,伤病残退役士兵的安置。伤病残退役士兵是指在服现役期间因公、因战、因病致残,被评定为残疾等级,或者是因病经医学鉴定为基本丧失工作能力后士官退出现役的,也包括因慢性病等疾病不适宜继续在部队服役而退出现役的士兵。主要依据政策:《伤病残军人退役安置规定》《军人抚恤优待条例》,以及国家、部队相关法规性文件,对退役士兵安置法规政策,对伤病残退役士兵的接收安置等,也作了比较详细的规定。根据形势发展、军队伤病残现实情况,国家适时出台政策文件,予以健全完善伤病残退役士兵安置工作。如《国务院中央军委关于做好部队退伍义务兵伤病残战士安置工作的通知》(国发〔1979〕161 号)、《国务院中央军委批转民政部总参谋部等部门关于进一步做好伤病残义务兵退伍和安置工作意见的通知》(国发〔1992〕4 号)、《关于滞留军队伤病残士兵退役安置工作有关问题的通知》(民发〔2000〕212 号)、《民政部总参谋部关于做好患精神病义务兵和初级士官退役移交安置工作有关问题的通知》(民发〔2005〕110 号),等等。

义务兵 1～4 级病残退役后是由国家终身供养,5～10 级退役之后,按照退役士兵有关政策规定,给予以安置并享受相应抚恤待遇。士官因公、因战、致残 1～4 级的,或者是因病医疗期满经医学鉴定为基本丧失工作能力的,作退休安置的,患精神病的初级士官除外;士官因公、因战致残符合安置规定的条件的,自愿放弃退休安置的,可以选择国家供养。士官因战、因公致残被评定为 5～10 级残疾的,按照士官退役有关政策规定予以安置。国家供养分为分散供养、集中供养,分散供养 1～4 级的购房、建房经费保障标准,按照安置地县市经济适用住房价格 60 平方米建筑面积来确定。由于伤病残退役士兵移交,涉及部队和地方多个职能部门,关系退役士兵的切身一生利益,民政部等军队和地方相关部门,多次进行对滞留在军队的伤病残士兵进行了集中移交。

此外,在校参军大学生士兵、部队院校淘汰的学员、直招士官等退役军人安置,在退役士兵安置政策中另有详细规定。

5.4.3　抚恤优待

政府优抚工作,是落实兵役制度重要内容,是兵役法明确要求。通过调整优化,不断完善规章制度,形成了具有中国特色的优抚机制。

调整优抚政策。1998 年,修订之后的兵役法对优抚对象、优待工作进一步进行了明确规定。2004 年,国务院、中央军事委员会发布修订之后的《军人抚恤优待条例》,对优抚对象在义务兵家属优待、交通优待、医疗优待、教育优待、参观游览优待、随军家属、住房优待和安置等优待内容进行了详

尽明确,并根据国家社会政治经济发展变化情况,对优待的方式内容进行了
修改调整、完善充实,使优抚对象享受的优待进一步的全面丰富。对伤残抚
恤进行了大幅度的调整补充、完善充实,将伤残等级原 1 等 6 级,划分方式
是依据新的伤残等级标准评定为,1～10 级划分模式,增加了评残规定情
形、补办评残、评残权限和调整伤残等级的条件、1～4 级残疾的军人供养方
式,配备伤残辅助器具等方面的进行了详细规定,同时,将评定病残的范围,
由义务兵拓展到义务兵、初级士官,并将精神病纳进评定病残的范围内容;
将伤残保健金、伤残抚恤金合并为残疾抚恤金,去掉了伤残抚恤在职、在乡
的区分差别;将革命伤残军人称谓,调整改为残疾军人,使之更加全面科学、
操作性强。为了配合伤残抚恤工作的调整和改革,国家民政部联合国家卫
生部,以及部队相关部门制定了科学规范的伤残等级评定标准、评定条件,
同时开始进行了集中换发新式伤残证件换证工作。2007 年 8 月,国家民政
部发布施行《伤残抚恤管理办法》,取代原来制定的《伤残抚恤管理暂行办
法》,新修订的《伤残抚恤管理办法》,适应新形势新变化的发展需要,对各级
民政部门管理的伤残抚恤对象范围、伤残证件档案管理、伤残等级评定、伤
残抚恤金发放、伤残抚恤关系转移进行了较大范围的完善充实。据此,系列
的配套政策法规的不断出台施行,形成了成系列、成配套、科学丰富、操作性
强、结构合理的伤残抚恤法规政策,为依法做好伤残抚恤工作,提供了更好、
更可靠法律法规政策依据。

2004 年,修订之后的《军人抚恤优待条例》规定,因公牺牲军人遗属、烈
士遗属、病故军人遗属符合条件的,可以定期发给抚恤金:父母及抚养人、无
生活费来源、配偶无劳动能力,或者是收入水平低于当地居民平均生活水平
标准的;子女没有满 18 周岁,或者是已满 18 周岁,但因上学或者是残疾没
有生活费用来源的;兄弟姐妹没有满 18 周岁,或者是已满 18 周岁,但因上
学无生活费用来源,且由该军人生前供养的。随着国家经济社会的发展,人
民群众生活水平的不断提高发展,为了确实保障享受定期抚恤金的人员的
基本生活,定期抚恤金标准也相应随之提高。从 1978 年以来,国家已先后
进行了 17 次提高定期抚恤金金额标准。如 2009 年 10 月 1 日起开始执行
的。家居城镇烈属每年 7940 元,家居农村烈属每年 4760 元;家居城镇因公
牺牲军人遗属每年 7110 元,家居农村因公牺牲军人遗属每年 4550 元;家居
城镇病故军人遗属每年 6690 元,家居农村病故军人遗属每年 4350 元。

为帮助带病回乡退役军人解决生活实际困难,2006 年,国家将退役军
人带病回乡首次纳入中央财政定量、定期生活补助标准范围。2007 年,在
人民解放军建军 80 周年之际,国家又出台了系列的军队退役人员的有关政

策,将参加核试验军队退役人员、一部分参战退役人员列进了定量定期范围补助。

2011年,新修订的《军人抚恤优待条例》,从2011年8月1日起正式执行,修订的主要内容有如下。

补充完善健全了批准烈士的相关情形。将国家派遣的对外援助牺牲的、执行反恐怖任务牺牲的、在执行外交任务牺牲的、维持国际和平任务中牺牲的,作为军人死亡批准为烈士的情形。

增加了烈士褒扬金发给烈士遗属的规定。规定:现役军人牺牲被批准为烈士的,根据《烈士褒扬条例》的规定,发给烈士褒扬金给烈士遗属。烈士褒扬金发放的标准,是上一年度全国城镇居民人均可支配收入的30倍,例如,按2010年城镇居民人均可支配收入标准计算,约为57万元。战时,参战牺牲的烈士褒扬金标准,可以适当提高标准。

病故、因公牺牲、烈士、军人遗属一次性抚恤金标准调整并提高。将烈士和因公牺牲军人遗属的一次性抚恤金标准,分别调整为由军人死亡时的烈士80个月工资,因公牺牲军人40个月工资,统一调整为:全国上一年度城镇居民人均可支配收入的20倍,例如,按2010年城镇居民人均可支配收入标准计算约为38万元,再加上本人40个月工资;将病故军人遗属的一次性抚恤金标准由军人死亡时的20个月工资,调整为全国上一年度城镇居民人均可支配收入的2倍,比如,按2010年城镇居民人均可支配收入标准计算约为3.8万元,再加本人40个月工资标准。同时还明确,月工资或者是津贴低于排职少尉军官工资标准的,按照排职少尉军官工资标准计算。

烈士遗属优待政策进一步完善。明确烈士遗属根据《烈士褒扬条例》的规定享受优待,烈士遗属的就业、教育、集中供养等优待政策,进一步得到了完善充实。比如:烈士子女接受义务教育、学前教育的,应当按照国家相关规定给予优待;烈士子女接受学前教育在公办幼儿园的,免交保教费用;烈士子女在公办学校就读的,免交学费、杂费;烈士子女报考高等学校本、专科的,可以按照国家相关规定降低分数的要求投档;烈士子女报考高等学校研究生的,在同等条件下可优先录取。

公务员考录烈士子女符合条件的,在同等条件下优先录用;符合就业条件的烈士遗属,由当地人民政府人力资源、社会保障部门提供就业优先服务;烈士遗属已经就业的,在用人单位进行经济性裁员时,应当优先留用烈士遗属;从事个体经营的烈士遗属,税务、工商等部门应当优先办理证照,烈士遗属在经营期间,应享受国家、当地人民政府规定的政策优惠。

女性年满55周岁、男性年满60周岁的孤老烈士遗属,本人自愿的,可以在敬老院、光荣院集中供养。

退休士官列进抚恤优待范围。退休士官的抚恤优待,根据条例相关现役军人抚恤优待的规定执行。

优待抚恤工作。进入 21 世纪以来,优抚工作坚持国家和部队建设的发展需要,贯彻落实中共中央、国务院和中央军事委员会的相关政策规定,把维护军人、优抚对象合法权益、促进国防和部队建设发展,在继承中不断的发展,在改革中不断的前进,为稳定军心民心,巩固稳定国防建设,密切军政军民的良好关系,促进经济社会快速的发展,保持经济社会稳定发挥了较好的作用。

不断提高优抚对象保障水平。党和国家十分重视优抚工作,十分关心优抚对象。国家在财力有限并不宽裕的情况下,每年计划一定的资金,优抚对象的抚恤补助标准不断调整提高,较好地保障了优抚对象的基本生活。根据统计,改革开放至今,中央财政先后有 16 次伤残人员的残疾抚恤金标准得到提高。①伤残人员的年抚恤金最高标准,一级(特等)增长了 49 倍,由 1978 年的 520 元,提高到 2009 年的 26080 元;②先后 18 次提高牺牲病故军人家属、烈属的定期抚恤金标准,年抚恤金最高标准烈属的,增长了 32 倍,由 1978 年的 240 元,提高到 2009 年的 7940 元;③先后 19 次提高在乡西路军红军老战士、在乡退役的红军老战士、红军失散人员的生活补助标准,在乡退伍红军老战士的年补助标准,增长了 49 倍,由 1978 年的 360 元提高到 2009 年的 18080 元;④先后 7 次提高在乡复员军人的定量定期补助标准,增长了 80 倍,由 1978 年的 42 元提高到 2009 年的 3422 元;⑤2006 年,中央财政首次将带病回乡退役军人,纳入了定期生活补助范围,每人每月补助不低于 70 元,2008 年提高到了 130 元,2009 年提高到了 200 元;⑥2007 年 8 月,国家将参加核试验军队退役人员、部分参战退役人员第一次纳入国家补助范围,每人每月补助 100 元,2008 年提高到 130 元,2009 年提高到 200 元。

中央政府、地方各级人民政府,自改革开放以来,积极履行保障优抚对象生活的主体责任。中央财政纳入年度财政预算的抚恤补助专项经费不断大幅度增加,由 1978 年的 20 万元,增加到 2009 年的 192.5 亿元,31 年累计下发 927.2 亿元;地方各级财政用于抚恤补助专项经费不断增加,由 1978 年的 3.1 亿元,提高到 2008 年的 92.4 亿元。中央政府、地方各级人民政府财政投入总和由 1978 年的 3.1 亿元,增加到 2008 年的 253.6 亿元,提高了 81 倍。

在正常计划预算的抚恤补助资金基础上,各级人民政府加大了对优抚工作的一次性投入,用于解决优抚对象的特殊情况的困难。对经济比较落后、优抚对象比较多的革命老区、比较多的贫困地区,①中央财政在1999年一次性安排了2000万元的补助资金解决困难问题;②为了纪念抗美援朝出国作战胜利50周年,2001年初,中央财政投入一次性补助款1.3亿元,专门用于有特殊困难的122万志愿军老战士、16万烈士遗孀的生活困难补助;③1998年,民政部从募集的本级福利彩票资金中拿出8000万元,用于更换伤残军人假肢、三轮车,更新改造优抚事业单位设施;④1999年,中央财政又投入了2000万元,解决优抚对象临时性的特殊困难;⑤2006年,为纪念红军长征胜利70周年,中央财政投入3.1亿元专项经费,向在乡老红军发放一次性慰问金,并安排3000万元用于改造维修红军烈士纪念设施;⑥2009年,为纪念建军80周年,中央财政投入1.06亿元专项经费为13万残疾军人配发代三轮车、步轮椅;⑦2009年,为迎接新中国成立60周年,中央财政投入1.99亿元专项经费,为新中国成立前参加革命的伤残军人集中配发助听器、新型架等康复辅助器具;⑧从2004年起,中央财政连续两年每年安排医疗补助资金1亿元,对重点优抚对象看病和住院、就医就诊给予补助,2006年起又将补助资金增加至15.3亿元,2008年增加至20亿元,这项经费为帮助优抚对象解决医疗难问题发挥了较好作用。同时,各级地方人民政府充分发挥保障功能,根据当地职工平均工资、城乡居民人均生活水平,在中央财政优抚标准基础上,对残疾军人、烈属等重点优抚对象增加了投入、提高了补助标准,根据分级负责的原则,对在带病回乡退伍军人、在乡复员军人、按照当地农村居民平均生活水平给予定量定期补助。改革开放后的30年,也是新中国成立以来,优抚对象抚恤补助经费增长最快的一个时期,有效保障了重点优抚对象的生活。

我国改革开放30多年来,优抚对象抚恤补助标准与人民群众生活水平同步提高的自然增长机制工作有效扎实推进,到2008年底,全国共有21个省、区、市和5个计划单列市建立了这项制度机制,中西部经济欠发达省份,也已形成了建立自然增长机制制度的基本框架。

健全完善优抚工作政策法规体系。为对优抚对象各项政策权益提供制度化保障,各级政府民政部门,完善建立与国防和军队建设相适应,与法律政策规范相协调,与市场经济政策制度相衔接,与优良传统相承接的优抚政策法规体系,推动优抚工作的规范化、法制化,

第一,明确定量、定期补助的政策制度体系。1979年,在优抚工作大规模普查的基础上,逐步将烈属、军属、复员军人的生活补助费的60%~70%用于定量定期补助,使优抚对象中绝大多数临时经费转为定期的"人头费"。

1985 年,经过国务院的批准,由中央政府财政拨出专款,将因公牺牲军人家属、烈属、病故军人家属的定量定期补助,调整为定期抚恤,进一步体现了国家主体保障责任。1979 年、1984 年、1986 年,国家对在乡西路军红军老战士、在乡退伍红军老战士、红军失散人员,分别确立了定期生活补助政策,1979 年,对在乡复员军人实行了定量定期补助政策。2006 年,第一次将带病回乡退伍军人列入中央财政定量定期补助范围政策。2007 年,在人民解放军建军 80 周年之际,中共中央、国务院作出决定,将一部分退役人员、参战、参加核试验部队退役人员列进国家抚恤补助政策范围,定量定期补助政策的内涵得到了进一步丰富。

第二,完善烈士牺牲病故抚恤制度。在 20 世纪 80 年代的初期,我国将死亡抚恤,由过去的病故、因公牺牲 2 个档次,改为病故、因公牺牲、烈士 3 个档次。进入 20 世纪 80 年代的中期,调整了一次性抚恤金由过去的统一固定标准,调整改革为与死者生前工资挂钩政策。2004 年,新的《军人抚恤优待条例》实行以后,又将病故军人、因公牺牲军人、烈士一次性抚恤金标准,由 10 个月、20 个月、由 40 个月,调整为 20 个月、40 个月、80 个月的工资,基本实现了抚恤标准与职工平均工资收入相适应,较好地理顺了人民军队军人和国家机关工作人员死亡抚恤标准与国民社会经济发展的相互关系。

第三,健全伤残抚恤制度。为了伤残抚恤的规范化实施,1997 年 4 月,民政部颁布《伤残抚恤管理暂行办法》(民政部令〔1997〕2 号);随着时间发展,出现一些新情况新问题,《暂行办法》已不能完全适应新形势下伤残抚恤工作的现实需要,2007 年 8 月 1 日,国家民政部第 34 号令公布新的《伤残抚恤管理办法》。新办法从适用对象、伤残医学鉴定、审批程序、调整伤残等级、伤残证件种类、多种身份评残、残疾军人退役审查、出国出境定居抚恤金发放等方面作了完善调整,成为我国伤残抚恤管理工作的基本政策依据。

第四,完善优抚法制建设。《革命烈士褒扬条例》,1980 年 4 月 29 日,经过国务院常务会议研究通过,1980 年 6 月 4 日,国务院发布施行。条例明确了革命烈士的条件、范围和审批机关,之后,《军人抚恤优待条例》,国务院于 1988 年 8 月公布实行。这是新中国成立以来第一部完整比较系统的综合性基本优抚法规,对优抚对象的权益有了维护和保障的法律依据,是新中国优抚工作发展史上新的里程碑。为保障该条例的贯彻落实,1989 年,国家民政部等部门也相继制定并发布了《关于贯彻〈军人抚恤优待条例〉若干具体问题的解释》《革命伤残军人评定伤残等级的条件》等系列与之配套的法规性政策制度。20 世纪 90 年代之后,优抚法制建设的国家进一步加大了力度,于1998年初,由国务院办公厅发布了《关于加强优抚工作的通知》(国办发〔1998〕7号),对完善健全优抚保障政策制度,加大中央财政、地方财政投入,确保优抚对象生活水平达到、略高于当地群众平均生活水准,实行优待金社会进行统筹、建立拥军优属保障经费基金,在住房、医疗、用工制度改革中,实行优惠优先、减免社会负担等政策进行了完善调整;经过国家民政部的努力,1997年,国务院在《关于在全国建立城市居民最低生活保障制度的通知》(国发〔1997〕29号)中,明确规定优抚对象的抚恤补助金家庭收入不计入,致使生活困难的优抚对象,享受双重保障政策优待,较好的保障了优抚对象的基本生活;为做好人民警察在新形势下的批准烈士、抚恤、评残工作,国家民政部与公安部先后下发《关于公安边防、消防部队和警卫系统抚恤优待工作有关问题的通知》(民优发〔1997〕5号),《关于加强人民警察伤亡抚恤工作的通知》(民优发〔1996〕15号),之后又与最高人民法院、检察院共同发布《人民法院、人民检察院司法警察抚恤办法》(法发〔1998〕6号);2001年12月,民政部、财政部下发《关于调整一次性抚恤金发放办法的通知》(民发〔2001〕317号),对机关工作人员的死亡抚恤政策,作出了较大的调整,将一次性抚恤金的发放,由民政部门发放改为所在单位发放。随着国民经济社会发展以及人民群众生活水准的普遍提高,1988年,颁布的《军人抚恤优待条例》已不能完全适应和解决优抚工作中遇到的新问题新情况。1996年,国家民政部等部门启动抚恤优待条例修订工作,经过8年的不断努力,2004年10月,国务院、中央军事委员会发布施行新修订的《军人抚恤优待条例》,条例反映了与时俱进的时代特征,贯穿了以人为本的意识,融会了依法行政的现代理念,涵盖了军人抚恤优待的多个方面,是新时期优抚工作的基本制度依据。之后,国家民政部联合军地相关部门出台了与之相配套的《军人残疾等级评定标准》《一至六级残疾军人医疗保障办法》《新旧伤残等级套改办法》《关于对"平均生活水平"的解释》《优抚对象及其子女教育优待暂行办法》等一系列政策制度。之后,优抚政策法规不断推出,2007年5月,国家民政部与人事部、财政部共同出台了《国家机关工作人员及离退休人员死亡一次性抚恤金发放办法》,解决了从2004年10月1日以来,国家机关工作人员死亡抚恤待遇长期得不到落实的问题,全国800多万国家机关在职人员,700多万离休、退休人员将从中受益;2007年8月,依据中央统一部署,国家民政部、卫生部、财政部、劳动保障部联合出台了《优抚对象医疗保障办法》。该办法实现了优抚医疗保障制度与国家医疗保障体系的衔接并轨,确立了基本医疗、优惠减免、政府补助三位一体的新形式,为解决优抚对象医疗难奠定了政策制度上的保证。2008年10月1日,国家民政部、卫生部、财政部、人力资源社会保障部共同下发《关于进一步做好优抚对象医疗保障工作的通知》，对优抚医疗保障政策制度建设作出了明确。

2008 年 2 月，国家民政部、劳动保障部、财政部共同发布了《优抚对象医疗补助资金使用管理有关问题的通知》。30 多年来，各地在国家基本法规政策的基础上，积极完善出台配套的各级各类地方性法规，全国各级各地共出台了 2000 多个地方性优抚法规、规范性政策文件，对抚恤、优待、批准烈士、评残等方面进行了明确。标志着与社会发展相协调、与市场经济相衔接、与法律规范相一致、与优抚对象地位相适应的新型的优抚政策法规体系得到了基本确立。

不断创新优抚工作。对于优抚工作，各地在继承优良传统的基础上，坚持实事求是，解放思想，与时俱进，本着有利于国防和军队建设发展、有利于稳定大局维护改革发展、有利于保障优抚对象合法权益的原则，注重从实际出发，探索发展优抚事业的新措施、新途径、新办法。以对义务兵家属及重点优抚对象实行群众优待为主要特色的优待工作，积极适应国家财税体制调整和农村制度改革的新形势，不断丰富内涵外延、创新改进优抚方式、提高优抚水平。中国共产党第十一届第三次全会以后，我国农村普遍实行家庭联产承包责任制，以劳动日计算报酬的办法，已不适应新的形势发展需要，逐渐为发放优待金代替优待劳动日制度，1979 年，我国向烈属、义务兵家属等优抚对象发放优待金 2 亿余元；随着改革开放 30 年的经济快速发展，对优抚对象的优待水平也有了快速的发展，2008 年，全国优待金发放总额达 66.6 亿元，优待义务兵家属有 110.9 万户，优待其他重点优抚对象有219.3 万户，优待金政策的实行，在保障农村义务兵家属等优抚对象生活保障发挥了较好作用。在这 30 年中，各级地方人民政府、各有关部门都认真贯彻拥军优属、人人有责的精神，在落实义务兵家属的优待外，对享受国家抚恤补助后生活仍有困难的烈属、在乡复员军人、伤残军人也给予了适当优待。1997 年，中央对农村政策进行了调整改革，农村积极推进税费改革，将"三提五统"全部纳入农业税以及附加税。义务兵家属优待金也作为税费改革的重要内容之一，农业税以县、市为单位，通过的征收渠道，统一由政府组织实施，统一优待标准，统一负担数额，统一发放，统一管理，从征收渠道、统筹性质、兑现方式上都作了较大的改变，并取得了成效。2004 年开始，中央决定取消农业税，优待金全部由县、乡财政纳入财政预算安排发放，有困难地区通过上级转移支付给予解决，保证了优待金的及时足额按照标准发放。

随着国家的各项改革制度的加快，优抚工作结合国家财政支出结构的调整，加大了各项优抚事业的投入，提升国家优抚工作整体水平；集中开展了优抚工作数据普查,2001年,国家开发了专门的优抚信息管理运用系统,为适应优抚对象范围不断扩大的需要,2007年,对管理系统进行了改造升级,通过优抚信息系统的使用、2005年开始对全国优抚数据集中审定,实现了对优抚对象信息的科学集中管理,创新了优抚工作方式方法,提高了优抚工作实际效率,实现了对优抚经费的据实准确核算。为强化优抚经费的管理使用,提高优抚经费的效益,逐步实行抚恤补助经费的纳入社会化发放。为适应户口管理制度调整改革需求,调整二元传统模式,实行城乡优抚保障的一体化,取消了残疾军人抚恤金发放在职、在乡的区分,使伤残抚恤政策制度更加公平科学。为动员社会力量积极参与拥军优属工作,鼓励社会资源为国防和军队建设发展服务。2008年1月,经国务院批准,成立了由国家民政部主管的中国拥军优属基金会,丰富了优抚工作的内容,增加了优抚工作的活力,是新形势下优抚工作的一个重大创新。此外,军地100多万残疾军人的换发新式残疾证工作基本完成,围绕纪念红军长征胜利70周年、抗日战争胜利60周年、抗美援朝出国作战50周年和建军80周年等,召开纪念大会、提高标准、颁发纪念章、走访慰问、维修纪念设施等一系列活动,在精心组织中取得了较好效应。

社会化优抚工作不断发展。我国优抚工作,不断优化国家与社会相结合,优抚工作既是政府工作的一项责任,同时社会性比较鲜明,有着广泛的大众社会基础。各地大胆尝试解放思想,积极研究探索依靠社会力量发展优抚事业的新路子、新途径。

我国优抚工作社会化集中的体现是社会爱心献功臣行动。为庆祝新中国成立50周年,1998年底,我国双拥工作领导小组、民政部发起鼓励大家开展爱心献功臣活动,这项行动得到了各级党委、政府的重视支持,在我国军民中产生了较好的反响,从学校到厂矿,从城市到农村,人民群众怀着对革命功臣的崇高敬意,积极参与行动,有物出物、有钱出钱、有力出力,学功臣、爱功臣、助功臣行动成为广泛的行动,形成了以政府为主导,广大人民群众、社会各界踊跃参与、献爱心动真情、人人助功臣办实事的良好社会氛围。据不完全统计,在全国结成帮扶对子的74万对,结对帮扶组织的45万个,参加帮扶活动的已超过千万人,建立了优抚门诊4万多个,为优抚对象建房屋55万多间,人民群众、社会各界捐款超过10亿余元,自愿捐赠衣被等物品多达1500万余件,中央政府和地方各级人民政府累计投入专项经费多达36亿余元。北京、天津等12个经济发展较好的省份,与湖北的红安县、河北的阜平县等12个革命老区县、市结成帮扶对子,共累计投入资金约为2.8亿余元。通过开展爱心献功臣活动,全国的27个省、自治区、直辖市,5个计划单列市,2653 个县市区、415 万重点优抚对象"三难"问题基本得到了解决,这一活动解决了占全国重点优抚对象的 70%。

2007 年,为纪念人民军队建军 80 周年,在八一建军节到来之际,依据(中发〔2007〕6 号)精神,全国双拥办、财政部、民政部等 11 个部门共同下发《关于开展关爱功臣活动的通知》(国拥办〔2007〕1 号),由政府主导、社会参与、政府各部门配合"关爱功臣活动"。这项行动各级领导重视,各界群众的积极响应参与,各地通过多种形式爱国拥军模范人物宣传表彰,营造了关爱功臣浓厚的社会氛围;各地筹措资金积极,开展了关爱功臣活动形式多样,广东省举办功臣康复活动、残疾军人康复计划行动,救治重点优抚对象中的白内障患者及其亲属中的先天性心脏病患者,义诊了 5700 多名患病优抚对象。甘肃省划拨经费 4600 多万元,为优抚对象新建房屋 3600 间,维修旧房5200 间,为优抚对象统筹扶持资金 1200 多万元,扶持项目 4000 多个;各地普遍开展走访慰问活动,通过深入到优抚对象家中了解其生活状况,赠送慰问金慰问品,到部队驻地和优抚医院文艺演出,组织了革命功臣参观游览,为重点优抚对象送药送医等,不断拓展关爱功臣活动的内容。在关爱功臣活动中,据不完全统计,各地共筹措、发放资金近 3 亿元,用于解决优抚对象的医疗难、生活难、住房难等问题,新增 1.6 亿元用于光荣院、优抚医院、烈士陵园等优抚事业单位建设,赠送慰问品、慰问金达 2.7 亿元。

我国实行改革开放 30 多年来,全国城乡基层群众性拥军优属服务活动广泛开展,初步形成服务网络化、工作制度化、内容系列化。据四川、山西、山东、辽宁、上海、江苏等地不完全统计,近几年来军人家庭服务中心、优抚小组、包户小组、智力拥军优属小组、优抚对象服务中心、一条龙服务网、拥军优属工作站等多达 90 万余个,全国类似的基层服务组织多达 280 多万个,这些组织帮助军人及其他优抚对象,解决了包括就业、住房、入学、调整工种班次等大量实际问题。此外,全国各地还广泛开展帮助军队培养军地两用人才;开展智力拥军优属,帮助优抚对象发展生产、掌握科技知识、脱贫致富。有的地方开展了双向服务、双向教育活动,同时干部群众也受到国防教育。活动中对优抚对象进行艰苦奋斗教育,开展建功立业活动。有的地区还积极探索建立基层优抚形成保障网络,在城镇,把日常性的拥军优属活动,同志愿者服务、社区服务相结合,与建立城市最低生活保障制度相结合,在农村,把优抚对象的保障生活纳入农村社会保障体系。这些新时期不断创新的拥军优属的活动形式,为优抚工作的发展增添了新的活力,赋予了更新的内涵,有力地推进了优抚工作的社会化健康发展。

优抚工作发展瓶颈不断突破。随着我国各项制度调整改革的逐步推进,我国经济增长持续快速,不断提高了人民群众生活水平,推动了小康生活的建设发展,这时的重点优抚对象由于自身年龄等条件,以及较多的历史欠账保障内容,在社会转型、经济转轨的过程中又处于相对被边缘化,住房、生活、医疗等方面的困难比较突出。围绕新的思想、新的理念,全国优抚系统,针对重点难点问题,把握趋势积极深化改革,探索多种保障途径,采取有效可行措施,使制约优抚工作发展的瓶颈问题不断得到突破解决。

随着国家不断提高抚恤补助标准,优抚对象基本生活得到了保障。20世纪80年代末期之后,重点优抚对象,特别是在乡老复员军人,比较普遍地存在着困难是住房问题,各级党委、政府领导重视起来,加大财政划拨经费,群众有结对帮扶,社会层面有踊跃捐资,共筹集资金近23亿元,建房屋123万间。比如,湖北省开展了以解决特困优抚对象为主要内容的"三难"问题关爱行动;吉林省实施在乡老兵的安居工程。全国98%的在乡农村的"三老"优抚对象已基本解决了住房。在城镇,随着住房货币化改革,对优抚对象各地及时出台了可以成本价购买公有住房,对优抚对象实行租金减免,以及政府向优抚对象优先提供廉租房的政策,帮助城镇伤残军人、烈属等优抚对象改善了住房条件。通过开展了一系列针对性的援建活动,优抚对象的住房难问题也已得到基本解决。

随着国家医疗卫生政策制度调整改革,优抚对象自身年老体弱,重点优抚对象的医疗难成为近10年来优抚工作的最大难题,成为影响优抚对象生活水平提高的瓶颈问题。各级民政部门积极保护重点优抚对象的正当合法权益,积极探索优抚对象医疗保障的新方法、新路子。经过积极努力争取,有关优惠政策在国务院《关于建立城镇职工基本医疗保险制度的决定》《一至六级残疾军人医疗保障办法》《军人抚恤优待条例》中有了新的体现。各地不断加大优抚对象医疗经费投入,近年来共投入医疗补助资金33.4亿多元,中央财政自2004年起每年投入1亿元专项资金,用于优抚对象医疗补助,2006年和2008年,分别将医疗补助资金提高到15.3亿元和20亿元。为适应国家医疗卫生体制改革,从制度层面上对优抚对象医疗保障进行了制定规划设计,在各地试点总结经验的基础上,民政部、劳动保障部、财政部、卫生部出台了《优抚对象医疗保障办法》(民发〔2007〕101号),在国家层面上规划建立新型优抚医疗保障制度,新型优抚医疗保障制度,普通保障与重点保障相结合,采取政府补助、个人负担相结合,政策照顾和大病救助相结合等措施,优抚特殊医疗保障与社会医疗保障相结合,帮助优抚对象优先进入城镇职工(居民)基本医疗保险,或是农村新型合作医疗体系、医疗救助体系,并在大病起付的标准、住院报销比例、最高支付限额等方面,给予适当的优惠。依托政府举办的非营利性医疗卫生机构、城镇社区及乡村卫生服务站,建立了特困优抚对象临时医疗救助机制。优抚对象在农村的,各地也通过农村合作医疗对他们的优待和照顾。为进一步推动新型优抚医疗保障政策制度建设,根据中央领导指示要求,2008 年 10 月,民政部召开全国优抚医疗保障工作现场会议,推广介绍了山东临沂优抚医疗保障制度试点建设经验,国家民政部联合财政部、卫生部、人力资源社会保障部下发《关于进一步做好优抚对象医疗保障工作的通知》,对如何全面建立保障便捷有力高效的新型优抚医疗保障制度,作出了比较详细明确,对各有关环节进行了详细规定计划。各地以《优抚对象医疗保障办法》《关于进一步做好优抚对象医疗保障工作的通知》为依据,积极出台配套政策制度,筹措投入配套资金,全国优抚医疗保障制度建设与发展扎实稳步前进。

第6章 志愿兵役为主、义务兵役为辅的兵役制度的建设与管理

进入新时代,随着中国国防科技能力的不断提高,我军武器装备信息化和智能化技术含量越来越高,部队的现代化水平大幅度提高。官兵需要掌握的军事技术越来越复杂,有的关键技术岗位服役的士兵因服役期较短胜任工作的难度较大,我国义务兵役制日益显现出不能完全适应新时代,人民军队建设需要和未来部队作战需要。兵役制度已难以适应形势发展的需要,需要加大志愿兵比例,完善兵役法规制度。同时,军官的作战指挥管理工作要求越来越高,军官服役制度也不能完全适应信息化、智能化快速发展条件下对军官的新要求,需要适应进行全面调整完善。

6.1 新时代兵役制度改革的讨论

随着新时代国防和军队建设发展需要,对兵役制度提出了新要求,兵役制度关系到维护国家主权、安全和发展利益,关系到军队战斗力的生成和保持。深入研究新时代兵役制度改革,适应机械化、信息化、智能化融合发展,为建设世界一流军队提供法律制度支撑,实现强军目标具有重要意义,新时代兵役制度研究的热度越来越高,主要观点如下。

6.1.1 新时代对兵役制度提出新的要求

新时代兵役制度适应国家经济社会发展和强军步伐,以提高战斗力作为根本标准,以增强军人职业的荣誉感和使命感为导向,不断提高兵员素质,建立符合我国国情军情、具有我军特色、体系完善、结构合理、充满活力的兵役制度体系,提高兵役制度的系统性、完整性、前瞻性和规范性,让军人成为全社会尊崇的职业,有力激发广大青年献身国防的热情,为实现党在新时代的强军目标、建设世界一流军队提供有力的法规制度保障为基本目标。

第一,瞄准建设世界一流军队。世界一流军队的建设需要科学完善的兵役制度作保障。一是一流的军队需要一流的兵员。随着军事科技的快速发展,对掌握军事技术人才的要求越来越高,军队的职业分工越来越细,兵

役制度的改革要适应军队职业化发展的战略方向。学习借鉴世界一流军队的经验做法，结合我国国情、军情，积极推进我国新时代兵役制度改革，加速推进我军职业化的建设步伐；二是以高素质兵员为根本要求。人是军队战斗力提升的核心要素，高素质的兵员是建设世界一流军队的基础，也是打赢具有智能化特征的信息化战争的根本保证。因此，兵役制度改革必须着眼改善兵员结构、注重兵员素质，吸引社会优秀人才为国防和军队建设服务；三是以激发人员活力为重要抓手。世界一流军队是充满创新、充满活力的军队。通过兵役制度改革，充分调动每一名军人服兵役的积极性、主动性、创造性，发挥广大官兵的智慧和力量，尊重每一名士兵的服役愿望和人格尊严，激发为国家献身的强烈责任感，为建设世界一流军队奠定人才基础。

第二，聚焦实现强军目标。兵役制度改革要坚持政治建军、改革强军、科技强军、人才强军、依法治军，把实现强军目标作为改革的根本指向。一是把听党指挥作为根本政治要求。务必确保兵役制度改革的正确政治方向，把世界军事强国兵役制度改革的经验与我党我军的实际结合起来，确保枪杆子永远听党指挥；二是把能打仗、打胜仗作为改革的出发点和落脚点。建立科学的兵役制度，必须根据军队岗位和战斗力生成的需求，切实提高官兵的职业素养和专业能力，使兵役制度为部队战斗力的生成服务，切实提高军队的打赢能力；三是把发扬我军优良作风作为根本保障。兵役制度改革必须将广大官兵报效祖国、不怕牺牲、勇于奉献、敢打必胜的顽强作风激发出来，以法规的形式将我军在革命战争年代、社会主义建设和改革开放不同时期形成的优良传统继承下去，将党的十八大以来军队形成的新的优良作风固化下来，以保障强军目标的实现作为改革根本目标。

第三，着眼提升军人的崇高地位。兵役制度改革要充分体现军人职业具有的特殊属性，军人意味着奉献，必要时还要付出生命。因而国家和社会应当让军人真正成为全社会尊崇的职业。只有这样，才能从根本上解决高素质兵员征集难、人才保留难、退役安置难等问题。这是检验兵役制度改革是否成功的重要标准。提升军人的崇高地位。一是要提高军人的地位。兵役制度改革，应着眼提高军人的政治、经济和社会地位，让军人依法享受优惠待遇，以法律形式明确和规范军人及军属的合法权益，切实增强对军人权益保障的权威性；二是提高军人的福利待遇。要适应国家经济社会发展的新形势新特点，建立能够体现军人职业特点的工资福利制度，使军人工资待遇持续稳步增长，以便在全社会吸引和激励高素质人才献身国防；三是建设军人荣誉体系。荣誉是军人的第二生命。兵役制度改革应进一步强化军人对自身职业的价值认同，同时充分体现国家和社会对军人价值的肯定和褒奖,从而营造崇军尚武、当兵光荣的社会风尚,让军人充满职业荣誉感和自豪感。

第四,进行征用退一体化制度设计。兵役制度改革涉及的内容多、社会关系复杂、敏感性强。深化兵役制度改革应注重顶层设计、科学谋划,不断提高兵役制度的系统化、科学化水平。一是着眼征、用、退三位一体化制度设计。通盘考虑兵员的征集、培养、使用、待遇和退役,避免兵员征和用脱节、用和退脱节、征和退脱节。要对官兵职业生涯进行全过程、系统化、一体化设计;二是着眼士兵制度特别是军士制度与军官制度、文职制度一体化设计。进一步拓展士兵与军官、士兵与文职人员、军官与文职人员间的转化发展通道,使各项制度相互补充、相互激励、紧密衔接,最大限度地调动现役军人和预备役人员的积极性;三是着眼军事人力资源制度、国家人力资源制度和社会保障制度一体化设计。遵循军事人力资源来源于社会、回归于社会的客观规律,推进军事人力资源与国家人力资源、社会保障制度相互协调、紧密衔接、顺畅转化,充分把公民服兵役的权利、义务匹配起来,保障公民因服兵役而获得的相关待遇。

6.1.2 兵役制度存在的主要矛盾

我国的兵役制度,是随着社会经济的发展和国防建设的需要不断改革和发展的,为国防和军队建设作出了重要贡献。但随着新时代国家社会和军队建设的发展,我国的兵役制度还有诸多方面不适应新时代发展的要求。

第一,我国实行运行的征兵方式与《兵役法》中的表述存在差异,主要表现有三个方面:一是我国实际施行的是选征兵役制度。也就是在自愿报名的役龄青年中经过体检和政治考核选择征召一小部分服义务兵役,这部分兵员在总役龄青年的占比极低,在 1% 左右。这表明我国绝大多数的役龄青年没有服义务兵役,我国的志愿兵绝大多数来源于依据个人志愿和军队需要进行转改的两年义务兵期满的义务兵员。而直招军士占每年征兵总额的比例很低。从实际的情况来看,我国的征兵方式实质上是志愿的,服役方式主要是义务的,只有在报名参军的数额不能满足需求时,才需要进一步对役龄青年进行征兵的宣传和动员。而这些做法导致了实际征募兵员工作与法律刚性规定的不完全一致;二是兵役基本制度概念不清。现阶段,世界各国实行的兵役基本制度通常有:义务兵役制、志愿兵役制和义务兵役与志愿兵役混合兵役制三种。我国现行的《兵役法》中涉及兵役基本制度的表述,均没有准确清晰地表达出兵役基本制度的内涵;三是兵员的征集方式与服役形式混淆。兵役制度通常规范的是征集制度,即怎样把兵员"征"集到部队或"募"集到部队。一个是强制征集,一个是志愿服役。征集到军队服满两年义务兵役后,转改多少军士是根据国防和军队建设的需要由军队决定,从征集兵员的形式看,是以义务兵为主体,从服役形式来看,是以志愿兵(军士)为主体。2021 年 8 月 20 日,第十三届全国人民代表大会常务委员会第三十次会议修订的《中华人民共和国兵役法》第三条,对我国兵役基本制度的表述为:"中华人民共和国实行以志愿兵役为主体的义务兵役与志愿兵役相结合的兵役制度。"现在的实际执行情况,与此表述并不是完全匹配。

第二,预备役制度还不够完善。预备役制度是公民在现役部队或预备役组织履行兵役义务的制度规范,也是兵役制度的重要内容。在现役部队规模逐渐压缩的大趋势下,世界主要国家都通过大力加强预备役制度建设,与现役部队形成一体化整体力量。我国预备役制度建设管理与实际要求存在着差距,预备役人员参加训练的积极性、主动性不够强,预备役部队建设水平还不够高,预备役部队遂行任务能力还不够强,预备役制度与现役制度衔接不够紧等。

第三,中国特色退役士兵安置制度体系还不够完善。"出口"不畅,可能会造成"进口"受阻,有什么样的出口安置措施,就会吸引什么样的进口人才。退役士兵的安置政治性、政策性强,涉及每名退役士兵的切身利益,关系到党执政地位的巩固、部队战斗力水平的提升和国家安全稳定。因而必须加大制度创新力度,确保退役士兵的合法权益得到保障。退役士兵安置主要存在四个方面的问题:一是退役安置理念落后于时代发展,政策落实不到位;二是市场经济环境对退役士兵就业带来一定冲击,退役士兵自主就业有一定困难;三是安置制度滞后于社会的发展,退役士兵安置地区差异较大;四是法规制度体系不够健全完善,维护保障退役士兵安置权益还需加强。

第四,军人优抚制度还不够健全。军人优抚制度是兵役制度的重要组成部分,对于提高青年参军积极性,激励军人献身精神,增强军人荣誉感具有十分重要的作用。当前,随着经济社会快速发展,优抚工作出现了一些新情况、新问题。一是国家和地方优抚负担不均衡。在现实优抚工作中定期发放的抚恤金、义务兵家庭优待金等优抚性开支,中央与地方的事权划分与支出责任不完全匹配。义务兵家庭优待金各地标准不统一,诸如"谁出兵多、谁负担重",士兵"同役不同酬"等问题,直接影响了地方征兵工作的开展和士兵服役的积极性;二是"优待军人"理念没有充分体现。党和国家对做出特殊贡献的共和国功臣实行的物质照顾和精神抚慰,是一种优待活动。但长期以来我国的优抚制度是依照"救助化"路径设计的。优抚对象享受抚恤优待政策的条件与本人或家庭经济状况挂钩,无形中将某些非贫困优抚对象排斥在优抚保障制度之外,从而使优抚制度成为一种事实上的救助制度,导致优抚对象的待遇与其贡献不匹配;三是没有充分体现军人是受全社会尊崇的职业。军人的福利待遇依然处在与经济社会发展水平不相适应的状态,没有充分体现军人职业和军人家庭的特殊性。对军人军属的优先优待政策制度过于原则,刚性约束不强,导致各地执行情况不一样。由此可见,全社会还没完全形成尊崇军人、优待军人的社会风尚。

6.1.3 新时代兵役制度改革的基本原则

随着具有智能化特征的信息化战争技术的广泛应用,国家经济社会的快速发展,战争形态的转变,军队建设的转型,就必须着眼于新时代形势任务的发展和变化,找准定位、转变思想、明确兵役制度的改革方向。以习近平新时代中国特色社会主义思想和习近平强军思想为指导,着眼实现党在新时代的强军目标和建设世界一流军队,坚持有利于加强国防和军队现代化建设、有利于增强公民的国防意识和调动适龄青年应征积极性、有利于提高部队战斗力、有利于保障军人合法权益。适应社会主义市场经济发展和社会环境的变化,着眼机械化、信息化、智能化融合发展的需要,创新兵役制度及其运行模式,适当调整征集主体,逐步推进中国特色军士职业化进程,健全完善兵役制度保障方面的政策法规,从根本上解决兵役工作的矛盾问题,最大限度地吸引高学历适龄公民入伍,从源头上提高军队兵员的整体素质,为实现强军目标提供强大的军事人力资源和智力支撑。

我国兵役制度发展方向是建立与我国经济社会快速发展相适应的,与国家社会保障体制相衔接,以提高军队战斗力为标准的,与建设世界一流军队相协调的兵役制度。短期目标是科学地构建征募结合的新型兵役制度,建立以中国特色军士职业化为主导、义务兵为补充的征募结合兵役制度。长期目标是平时实行志愿兵役制度,战时保留义务兵役制,形成新型平战结合征募兵员制度。

第一,顺应社会发展。兵役制度作为国防和军队建设的重要组成部分,是一项复杂的系统工程,且受国家和经济社会发展大环境的影响和制约。必须把兵役制度改革纳入当前和今后一个时期国防和军队改革的总体规划中,放在建设一流军队的大背景下通盘考虑。要充分发挥政府、军队和社会等各方面力量的作用,综合采取法律、行政、经济等手段,统筹解决兵役制度中的矛盾和问题。要坚持兵役制度改革与经济社会发展的综合协调,充分考虑经济社会发展和相关领域的改革对兵役制度的影响,搞好征集、优待、安置制度与国民教育、社会保障和劳动人事等制度的有机衔接,避免因兵役制度改革滞后而影响适龄公民服役的热情。

第二,岗位需求与个人意愿相结合。兵役制度改革的目标,是要确保军队获得优质兵员,推进国防和军队现代化建设。同时,也要充分保障服役公民的个人利益,最大限度地满足其个人生活、成长发展和社会尊重等方面的需求。根据军队需要选定兵员,针对个人特长分配使用,合理安排岗位,充分调动应征公民的积极性。以往我们更多地强调征兵强制性的一面,而较少考虑服役者的个人意愿,常常把应征公民选择服役地区、服役期限、军兵种和从事专业等方面的选择重视不够,有的认为动机不纯;在退役安置方面,也往往将妥善安置看作是对退役士兵的恩惠或照顾,而未意识到这是国家对服役士兵所做牺牲奉献的必要补偿。因此,新时代的兵役制度改革必须适应社会发展进步、文明程度提高和公民意识增强等新情况,要坚持以人为本的原则,既要兼顾适龄青年和服役士兵的经济利益,也要关注其包括政治诉求在内的各方面正当需求,激发其内在的荣誉感和自豪感,更好地在军中履职尽责。

第三,均衡兵役负担。由于我国役龄青年基数达几千万,不能人人参军入伍,均衡兵役负担是提高社会公平程度的重要体现,也是兵役制度持续发展的重要基础。要把均衡征兵负担作为兵役制度调整改革的一个重要方面。随着征兵制度的发展,志愿兵役制被世界多数发达国家采纳,也是我国新时代征集兵员的发展方向。根据国家经济社会发展和国防军队现代化建设的实际,合理确定征兵主体的权利与义务,通过减少义务兵征集数量、提高军士招募比例和中央地方合理负担征兵保障费用,包括义务兵家属优待金、退役士兵安置补助费等措施,来促进实现兵役负担的均衡发展。

第四,与政治激励相衔接。我国宪法第五十五条规定:依照法律服兵役是中华人民共和国公民的光荣义务。但由于人口基数大、适合服现役的人员数量多,实际上所实行的是选征兵役制。每年征集的兵员数量仅为适龄青年总数 1% 左右,符合条件但不能到军中服役的占绝大多数。因此,对适龄青年应征服兵役应采取鼓励为主、惩处为辅的政策。在今后的调整改革中,可采取增加义务兵津贴、提高优待金标准和大力开展拥军优属活动等措施,最大限度地提高军人、军(烈)属的社会地位,积极营造"一人参军、全家光荣"的社会氛围。通过一系列的政治鼓励、经济补偿和社会优待来吸引优秀青年和社会精英到军营建功立业。

第五,坚持战斗力标准。提高部队战斗力是兵役制度建设的根本标准,提高部队战斗力是兵役制度的客观要求和根本目的,部队战斗力需要什么样的兵员,就征集什么样的兵员。兵役制度要服从战斗力的需求,并不断改革完善,从而适应国防和军队建设的发展需要。

6.1.4 新时代兵役制度改革路径

第一,完善我国兵役基本制度表述。我国兵役制度是随着国防和军队发展变化不断调整改革形成的,为国防和军队的发展起到了重要作用。既有科学的一面,也有不适应新时代快速发展的一面,新时代需要准确表述我国兵役制度,为提高部队战斗力和打赢未来战争提供有力保障。一是"两结合"的表述。这一形式的表述为:"中华人民共和国实行义务兵役与志愿兵役相结合、现役与预备役相结合的兵役制度"。这一表述基本反映现行兵役制度。二是"征募结合"的表述。即,"中华人民共和国实行义务兵役与志愿兵役相结合。"在现役兵员征集过程中,按法律规定,义务兵采取强制征集的方式,军士绝大多数由义务兵转改而来,并非志愿招募;预备役士兵的补充方式是义务兵役性质的。所以说,目前士兵的服现役和预备役形式,义务兵役和志愿兵役相结合比较准确地表达了我国兵役制度。

综合新时代兵役制度发展实际的需要,可分为当前和长远两个时期进行表述。当前可表述为:"中华人民共和国平时实行现役与预备役相结合,选征义务兵与选募志愿兵相结合兵役制,战时和紧急状态保留义务兵役制。"这一表述基本反映现行实际实行的兵役制度。从部队长远目标要求来看,根据兵役制度的长远发展和我国长期兵役制度实践,以及建设世界一流军队需要,未来兵役基本制度可表述为:"中华人民共和国实行现役与预备役相结合,平时实行志愿兵役制,战时和紧急状态保留义务兵役制"。

第二,改革兵员征集制度。兵员征集制度的调整改革要以提高军队战斗力水平为目标,以征集高素质兵员为手段,切实解决军队战斗力陡降缓升的问题,达到精确征集、人岗匹配,全面提高军队打赢能力。

一是提高兵员征集的精确度。新时代青年特别是高素质人才既有自己的专业又有较强的个性,结合应征对象个人意愿,实行兵员精确化征集已是新时代征兵工作制度的大势所趋。新时代征兵工作制度的调整应着力在精确计划、精确标准、精确定岗上寻求突破,努力实现应征青年个人意愿与从事专业基本一致、能力素质与岗位需要相匹配的目标要求。征集计划是兵员征集的基本依据,目前兵员征集计划构成要素比较简单,除少量特殊条件兵员外,仅明确所征兵员的人数和大致去向,不明确对所征兵员的具体去向和岗位,以致兵员征集缺乏针对性和有效性。推进兵员精确化征集,由注重数量征集向注重精准的岗位征集转变,着力把兵员征集计划定细、定准、定实。尽可能满足所征集兵员的意愿,充分调动兵员的积极性。

二是细化兵员征集的标准。标准是兵员征集的基本尺度。目前兵员征集仅有体格检查、政治考核两个全国通用性标准,在规定内容上也存在共性要求多、与具体岗位要求结合不紧等现象,造成征集标准与岗位需求不匹配的问题。推进兵员精确化征集,必须加强法规建设,健全完善以通用标准为基础、以岗位需求标准为补充的标准体系,着力为兵员征集提供科学规范的标准支撑。首先,修订完善通用标准。以现行的体格检查、政治考核标准为基础,作为征召兵员的最基本要求,并对其做进一步修订完善,形成系统全面、科学合理的通用标准体系。凡不能达到通用标准规定条件的,一律不准批准参军。其次,抓紧构建岗位标准。在规定军人具备通用标准条件的基础上,系统梳理不同军兵种、不同岗位对军人体格、专业素质等特殊要求,并结合国家经济社会发展和人力资源现状,参照岗位任职资格制度,本着宽严适度、实事求是的原则,建立不同军兵种、不同专业类别的岗位标准体系,并将其作为参军后不同岗位任职的"补充"条件。如,对司机、卫生员等军地通用专业,可在岗位标准中明确应征对象必须具有相应职业资格等要求,以便应征参军后经简单培训即可上岗。对军队特有专业,可在其岗位标准中明确应征对象必须具有的学历、从事相近专业等特殊要求,以便参军后能够缩短岗位适应期和磨合期。最后,岗位标准要区分军兵种,实现兵员素质与部队需求相结合。各军兵种、武警部队对新兵的具体要求有所不同,测试标准也应有所区别,各项素质的权重比例也应有所区分。如,武警部队应征标准可以提高身体素质权重,技术兵种可以提高文化素质权重。制定了具体军种标准,应征者就可以对照不同军兵种对新兵的要求,根据自身条件,有针对性地报名应征。

三是提高兵员征集岗位合适度。兵员征集存在强调服从的多、征求个人意愿的少;看体检与政考是否合格的多、看能力素质与岗位需求是否合适的少;受人为因素影响多、用标准对照衡量的少,存在只要应征对象通过体检与政考就算合格的问题。提高兵员质量,可"双向选择",找准个人意愿、能力素质与部队岗位需要的结合点,着力把合格兵员输送到合适的岗位。实现"两个互动"。一是应征对象按条件选岗。在一定范围内公布兵员征集具体去向、岗位、数量以及标准等,组织体检与政考合格的应征对象立足自身条件,参照不同岗位标准,填报个人志愿,包括基本情况、申请去向、从事专业岗位等,以此作为征兵机关定兵的重要依据;二是按岗位选人。根据征集计划可分别按照不同专业岗位征集数量,对符合相应标准条件且填报第一志愿的应征对象逐一审核、综合衡量、好中选优、按岗定人。当符合应征标准条件且填报第一志愿的人数不足时，要在第二、第三或服从志愿中搞好内部调剂。内部调剂确有困难的，要逐级向上申请调整计划，做到宁缺毋滥，确保兵员征集质量。

四是提高兵员征集的对口度。随着我军编制体制结构的不断优化和现代化水平的提高，需要大批素质较高、专业对口的人才补充到军队中来。当前，我国的高等教育和职业技能教育规模发展迅猛，军地通用专业技术人才资源丰富，为高素质人才走进军队提供了现实性和可能性。但目前我国的现状是部队迫切需要专业对口的高素质人才，而现实情况是大批掌握过硬专业技能和知识的高素质人才征集到部队后专业对口度不高。在这种情况下，要尽快实现"按需补兵、对口征集"，把最适合的人才放到部队最需要的岗位上，缩短技术兵培训周期，节省部队人力物力，是现阶段部队战斗力建设的重要途径、可行措施。

第三，完善大学生服役政策。一是实行"征两头去中间"的方式。将征集对象集中在大一新生和大学毕业生，取消对在校大学生的征集。这样既可以减少大学生当兵对学业的冲击，也利于大学生留队选改军士，提高军队的战斗力；二是拓展大学生士兵发展渠道。要进一步加大优秀大学生士兵的提干、考学比例，把当过兵的优秀大学生，作为补充基层指挥官的重要来源。提高大学生士兵选改军士的比例，拓宽大学生士兵的成才渠道。制定退役大学生士兵、军士优先聘任军队文职人员优惠政策，进一步完善士兵退役制度，解除大学生士兵在军队发展的后顾之忧；三是提高军士待遇标准。当前大学生士兵选改军士意愿较低的另外一个原因，是军士待遇还没有充分体现其职业的特殊性。建议继续大力提高军士的工资待遇，较大幅度提高一次性退役金补助标准，建立退役金补助标准递增机制。调整军士婚恋和家属随军政策，区分驻地类别，放宽军士家属随军条件，在多数地区能够允许中级以上军士家属随军，并按照部队驻地城镇居民人均工资水平，确定随军未就业军士家属生活补助标准，扩大军士公寓房建设面积，提高相应的保障能力。

第四，完善预备役制度。按照现役、预备役一体化建设的思路，构建预备役与现役一体化相互配套、相互衔接的政策制度体系，提高参加训练人员的福利待遇和训练水平，全面提高预备役人员的战时快速动员能力和遂行任务能力。

一是强化预备役兵役登记。随着信息技术的迅速发展，兵役登记的技术问题已经解决，在全国范围内实行兵役证制度的时机和条件已经成熟。建议依托居民身份证系统，加强军地协作，将公民的服役信息嵌入到居民身份证上。通过建立和完善登记、发证、验证等制度,明确各机关、团体、企事业单位在适龄青年就业、就学、申请出境、办理工商营业执照或其他专业证件等事务时,必须查验公民的兵役登记情况,对兵役登记有问题的公民不予办理其所申请的事项。这样就使得兵役工作从兵役机关一家管理,转变为全社会合力共同监督,能够有效提高兵役登记工作的强制性和约束力;有利于准确掌握适龄青年服兵役的状况,为平时征集和战时动员打好基础;有利于增强公民的国防观念和依法服兵役的意识,明确公民服兵役的权利和义务;有利于增强兵役工作的合力,形成全社会关心支持兵役工作的良好局面。

二是建立现役和预备役一体化保障制度。目前预备役人员参加训练积极性不高,主要是相关政策制度和待遇没有跟上。建议:一是比照现役人员待遇,定期提高预备役人员参训补助标准,所有参训人员都将无差别统一发放;二是建立预备役人员伤残保险制度,为预备役人员参加军事训练提供保障;三是设立现役和预备役一体化退休制度。将士兵服预备役的时间通过一定转换方式,与服现役的时间一起累加。总服役时间达到相关年限的,可以享受与现役人员相类似的退休、逐月领取退役金等待遇;四是建立预备役人员参训积分制度和津贴制度,积分与训练津贴补贴挂钩,调动参训人员的积极性。

三是建立预备役士兵军衔晋升制度。改变现行预备役士兵没有军衔的现状。可以先将预编到现役部队和预备役部队的预备役士兵,比照现役部队的士兵军衔,授予相应的预备役军衔。对于曾经在现役部队服役的预备役士兵,可直接授予同级的预备役军衔。同时,通过训练成绩和训练时间的考核,建立预备役士兵军衔晋升制度,并与相关待遇挂钩,提高预备役人员参训的主动性和积极性。

第五,完善中国特色退役安置制度。按照"总体规划、分步实施、稳妥推进、配套完善"的基本思路,进一步强化国家在退役士兵安置中的主体责任,坚持计划安置、自主就业、辅助就业、继续教育、退休和国家供养等多种方式相结合,坚持贡献与待遇一致,形成系统、稳定、科学的全覆盖安置模式,提升安置对象的社会地位,全面解决退役士兵的后顾之忧。

一是确保政府计划安置落实到位。国家机关、事业单位、国有以及国有控股和国有资产占主导地位的企业,要成为承担退役士兵计划安置的主体,这些单位在招聘人员时要留出一定的名额给退役士兵。特别是国防军工企业和海监、海警、政法、海关、城管、生产建设兵团等单位,以及专武干部、保卫干部、交通运营、安检等有关岗位,要作为退役士兵计划安置的重点。

二是把退役士兵安置纳入基层干部培养计划。一是结合国家"乡村振兴战略",将优秀退役士兵纳入村干部培养计划,让退役士兵成为稳定基层政权的骨干力量;二是将优秀大学生退役士兵优先纳入国家统一组织的"大学生村官计划",拓展退役大学生士兵的成长发展空间;三是将退役大学生纳入支农、支教、支医和扶贫工作"三支一扶"计划,优先进入公务员队伍。

三是军队文职岗位优先招录退役士兵。要把退役士兵进入军队文职队伍作为安置的一种重要方式。军队所有适合退役士兵的文职岗位要优先招录退役士兵,特别是退役大学生士兵和军士,出台具体办法和细则,让退役士兵继续发挥专业特长,为国防和军队建设服务。

四是优化完善教育培训资助政策。对高中毕业参军入伍的退役士兵,国家给予免费享受高等教育的机会,按照一定的条件进入不同的高等院校,国家给予相关院校一定的政策扶持。可以先划出一些高校和专业作为试点招收退役士兵,待条件成熟后全面推广。这样既帮助退役士兵实现"大学梦",又以一种社会认可的方式使退役士兵从军事领域回归社会。对本科毕业的优秀退役士兵,给予免试免费攻读研究生的机会,并提供转换专业等优惠政策。

五是打造多样化的职业技能培训模式。一是要精选培训机构,扩大培训机构选择范围,精心设置培训专业,加大培训监督力度,提高退役士兵的就业能力;二是一次培训与多次培训相结合。对于初次培训达不到就业要求或个人申请再次培训的,政府可以提供多次免费培训机会;三是属地培训与异地培训相结合。对于属地培训难以满足个人就业需求的,可以在全国范围内,选择政府指定机构培训,走通异地培训的路子。

第六,完善军人优抚制度。坚持物质优待和精神抚慰相结合,以全面提高优抚对象物质优待水平为核心,构建体现军事职业特点、增强军人职业荣誉感、自豪感的政策制度体系。

一是理顺中央和地方事权和责任。按照"主体在中央、补差在地方"的原则,上移现行由地方政府承担的一些优抚保障责任,把定期抚恤金、义务兵家庭优待金划归中央政府事权,在全国范围内按照统一标准实施,由中央财政承担标准的保障责任。地方政府根据当地经济发展水平,适当给予补差。这样体现全国性公共标准由国家统一规定、统一保障支出,以明确中央政府责任边界,科学划分中央与地方之间优抚保障事权与财政支出责任,从而履行中央政府作为全国性公共服务机构的职责。

二是扩大优抚对象的范围。在优抚理念上要从"救助"向"优待"转变,体现政策法规的公平性。扩大优抚的范围,对每名参战"参试"人员给予生活补助,无论在什么单位、有无工作都一视同仁;将城镇复员军人全部纳入国家保障范围,与在乡复员军人一样给予生活补助;对"三属"人员的定期抚恤,应取消"有无生活来源""有无劳动能力"等规定,以军人死亡性质、生前贡献大小来确定遗属享受定期抚恤金的标准。

三是完善军人福利待遇制度。要以军官职业化为契机,建立以军衔为主导的工资结构,形成突出职业特点和比较优势的工资体系;在军人家属就业、子女入托入学、特殊困难群体保障等方面,建立执行问责和监督落实制度,为军人及家属解决后顾之忧;大幅提高军人和家庭的辅助性待遇,建立军人免税超市,军人和家属可以凭证购买低于市场价格的商品;放宽军人公积金购房限制,打通军人在军队和地方医疗机构就医的一体化保障通道;将现役军人、残疾军人参观游览景点享受优惠改为免费;乘坐飞机火车轮船等长途交通工具享受半价优惠;建立各级国家军人公墓体系,提高军人职业吸引力和神圣感,激发军人崇尚荣誉、保卫国家、献身使命的精神。

6.2　修订完善兵役制度

兵役法于 1984 年公布施行,1998 年、2011 年分别做了修订。2009 年,由于国家的法律法规建设快速发展,出台法律法规较多,法规之间的相互引用以及与国家的发展方针政策表述不准确、不统一,全国人大常委会进行了统一修改。兵役法与深化国防和军队改革、战争形态深刻演变、经济社会快速发展不相适应的问题日益凸显,需要予以修订调整完善。

6.2.1　修订兵役法

党和国家、中央军委对兵役法修订作出了决策部署,2017 年 6 月兵役法修订启动。中央军委国防动员部联合军地相关部门,多次组织多层级、多范围调查研究,并召开座谈会,组织军地人员进行多项的调查问卷,多批次书面征求军地有关单位意见建议,多次多层面与国防法、军人地位和权益保障法、退役军人保障法等进行对接。修订草案经过国务院常务会议、中央军事委员会常务会议讨论通过之后,呈全国人大常委会进行审议。2021 年 2 月,在全国人大官网向社会广泛征求意见和建议。

第一,修订兵役法坚持的原则。兵役法修订,以习近平新时代中国特色社会主义思想为指导,深入贯彻习近平强军思想,深入贯彻新时代军事战略方针,适应新时代发展要求,为国防和军队建设服务,服务建设世界一流军队,在修订中主要把握以下几个方面原则。

一是贯彻强军目标。把中国共产党对兵役工作的统一领导贯彻始终，在中国共产党的领导下，扎实做好"入役"、规划激励"在役"、安置保障好"退役"。为军事人力资源现代化加速实现、全面建成世界一流军队提供坚强有力的兵役法律保障；二是贯彻备战打仗。适应未来备战打仗的需要，调整优化公民服役条件标准，重塑好预备役制度，设计好战时兵员动员体制机制，提升战斗力生成的兵役政策体系、制度和运行政策；三是贯彻创新改革。围绕有效破解兵役工作结构性的矛盾、体制性的障碍、政策性的问题，清晰军地权责、优化政策制度、健全完善工作机制，积极推进新时代兵役工作发展创新；四是贯彻军地协调。我国的兵役工作横跨军地、竖跨领域部门，始终需要军地协调、密切协作，对军人政策待遇、退役安置保障、优待抚恤政策等涉及敏感的问题，需要加强军地协调对接机制，清晰法律切分、衔接，在重大全局性问题上形成最大公约数；五是贯彻服役光荣。贯彻落实让军人成为全社会尊崇的职业党的战略决策部署，对宣传兵役、入役方式、优待抚恤、退役安置保障、表彰荣誉等进行统筹全局性设计，把在实践中好的政策规定上升为国家法律规范，为国防和军队建设提供强有力服务支撑保障。

第二，兵役法修订的主要内容。2021 年修订的兵役法，共 11 章 65 条。为加强兵役登记，单设兵役登记一章，将原兵役法中"现役军人的待遇和退出现役的安置"一章拆分设计为"服役待遇和抚恤优待""退出现役军人的安置"两章，将"普通高等学校和普通高中学生的军事训练""民兵""预备役人员的军事训练"三章，放在预备役人员法、民兵法和国防教育法等专项法律中进行规范，主要修改 5 个方面。

一是始终贯彻中国共产党对兵役工作的领导。兵役工作必须坚持中国共产党的统一领导，贯彻习近平强军思想和新时代军事战略方针，与国防和军队建设相适应，与国家经济社会发展相协调，聚焦备战打仗、遵循满足国防需要、彰显服役光荣、体现义务和权利一致的原则，把党对兵役工作的统一领导贯彻始终，保证兵役工作的方向正确。

二是对军事政策制度改革成果上升到法律规范。一是兵役基本制度进行了调整。这次修订调整，突出志愿兵役制的主体地位，保留义务兵役制，进一步厘清民兵与预备役的逻辑关系，将"义务兵与志愿兵相结合、民兵与预备役相结合的兵役制度"，修订调整为"以志愿兵役为主体的志愿兵役与义务兵役相结合的兵役制度"；二是调整优化预备役制度。明确"预编到现役部队或者编入预备役部队服预备役的，称预备役人员"，突出预备役"军队"的属性，对预备役与现役一体化建设进行了明确和规范；三是保留军人户籍。此次兵役法明确规定"公民入伍时保留户籍"，参军军人原户籍地涉及征地拆迁、土地承包等权益问题,保留户籍能够较好地解决官兵的相关权益问题;四是义务兵家庭优待金中央和地方共同负担。本法明确"义务兵家庭优待金标准由地方人民政府制定,中央财政给予定额补助",把义务兵家庭优待金明确为中央与地方共同财政事权;五是退役安置进一步完善。以扶持就业为主,自主就业、退休、安排工作、供养等多种方式的安置制度基础上,增加军官、军士退出现役可以选择"采取逐月领取退役金"的方式进行安置,制定相应的退役军人多样化安置的政策。

三是征集制度和服役制度进一步规范化拓展。一是对兵役登记制度规范初始登记和预备役登记。对兵役登记的标准条件、对象范围、信息管理、程序办法、核验查验等进行系统明确,强化兵役登记在公民依法服兵役责任感、优质兵员征集储备池、战时兵员动员助推器的作用;二是明确高校建立征兵机构。征集大学生为重点对象的时代要求,明确普通高等学校应当有负责兵役工作的机构,本法规范高校征兵机构建设,为常态化征集大学生奠定组织基础;三是研究生参军年龄限制放宽。军队难以培养特殊专业建设急需的研究生以上学历的征集规定:"研究生的征集年龄可以放宽至 26 周岁";四是优秀义务兵选改军士的缩短服役年限。明确义务兵"服现役期间表现特别优秀的,经批准可以提前选改为军士",保留和吸引高素质兵员更快进入军士人才队伍。

四是兵役工作方式进一步创新。一是本法规定"国家加强兵役信息化建设,采取有效措施实现有关部门之间信息共享,推进兵役信息收集、处理、传输、存储等技术的现代化",这样规定有利于实现兵员潜力与部队岗位需求对接精准,解决军地有关部门在兵役工作上的信息交流不畅,在技术手段上有利于提高兵役工作的质量效率;二是兵役工作的责任主体进一步明确。为落实"军队需求主导、政府主责落实、社会共同参与"的兵役责任,充分调动军地各方面参与兵役工作的积极性,规定县级以上地方人民政府兵役机关应当会同相关部门,加强对本行政区域内兵役工作的组织协调和监督检查,并将兵役工作情况作为拥军优属、拥政爱民评比和有关单位及其负责人考核评价的内容;三是强化兵役违法行为惩处规定。增加服兵役违法公民"不得聘用为国有企业和事业单位工作人员""纳入履行国防义务严重失信主体名单实施联合惩戒"等惩处措施,公民依法服兵役进一步强化约束力。同时,兵役执法难问题得到较好解决,还规定对违反兵役法的个人和单位的处罚,"由县级以上地方人民政府兵役机关提出处罚意见,经同级地方人民政府作出处罚决定后",由相关职能部门按照职责分工实施,将处罚决定权、建议权和执行权分离,体现政府在执法中的主体地位,兵役机关的主导作用得到强化。

五是兵役法与其他法律的衔接。一是我国国防法已经规范的兵役内容,兵役法修订后原则上不再重复规范;二是兵役法不在规范民兵组织,兵役法关于民兵组织的内容,调整为由专门民兵法予以规范;三是学生实施军事训练的主要目的是接受国防教育,与兵役的军事性、强制性存在差异,因此学生军事训练的内容改为国防教育法予以规范;四是将兵役法中预备役人员的服役具体规范改由预备役人员法予以规定;五是与退役军人保障法、军人地位和权益保障法的内容进行切分,对兵役法中军人抚恤优待、服役待遇和退役安置等具体内容,作了归纳提炼并进行了相关规定,对其他法律已作了规范,兵役法只作原则表述,其他实践可行的继续予以保留;六是与国防动员法第九条第二款的衔接,在原兵役法中"在国家发布动员令以后,各级人民政府、各级军事机关,必须迅速实施动员",修订后兵役法改为"在国家发布动员令或者国务院、中央军事委员会依照国防动员法采取必要的国防动员措施后,各级人民政府、各级军事机关必须依法迅速实施动员",实现战时实施快速动员的决策效能的提升。

第三,兵役法的审议和颁布施行。2021 年 8 月 17 日,全国人大宪法和法律委员会,就《中华人民共和国兵役法(修订草案)》审议结果,向全国人民代表大会常务委员会作出报告:常委会第 24 次会议对兵役法修订草案进行了初次审议。会后,法制工作委员会将草案印发各省、自治区、直辖市、中央政府有关部门、部分高等院校、法学研究机构、基层立法联系点等广泛征求意见,在中国人大官网上全文公布草案,征求全社会人民群众意见。法制工作委员会、宪法和法律委员会召开座谈会,听取中央有关部门、专家学者、全国人大代表的意见,并赴湖南进行调研;就(修订草案)有关问题与中央军委改革和编制办公室、中央军委办公厅法制局、中央军事委员会国防动员部等部门进行多次沟通;对常委会审议意见、各方面意见建议进行认真研究。宪法和法律委员会,7 月 14 日召开会议,根据委员长会议精神、常委会组成人员审议意见、各方面的意见,对(修订草案)又进行了逐条审议。司法部、中央军事委员会改革和编制办公室、中央军事委员会办公厅军委法制局、中央军事委员会国防动员部有关负责同志等列席了会议。

2021 年 7 月 28 日,全国人大宪法和法律委员会召开会议,再次审议了兵役法草案。宪法和法律委员会认为,为贯彻落实军事政策制度改革要求,兵役制度进一步调整完善,与相关法律保证衔接统一,建设强大军队和巩固国防,对兵役法进行及时修订是必要的,(修订草案)经过审议修改,已经比较成熟。为了法律更加严谨,又提出以下主要修改意见和建议:

关于保留兵役法重申了宪法 55 条内容问题。有的常委提出，建议保留兵役法重申了宪法的第五十五条中"保卫祖国、抵抗侵略是中华人民共和国每一个公民的神圣职责"的内容，宪法和法律委员会经研究，建议采纳这一建议。

关于保护兵役工作中公民信息安全问题。有的地区提议保护个人信息安全的内容规定的问题，宪法和法律委员会经讨论研究，建议在相关条文中增加规定："兵役工作有关部门及其工作人员应当对其收集的个人信息严格保密，不得泄露或者向他人非法提供"。同时，在相关法律责任条款中增加规定："泄露或者向他人非法提供兵役个人信息的"，依法给予相应的处罚。

关于明确初次兵役登记时限问题。修订草案对初次兵役登记做了规定，有的地区和专家提出，应当明确初次兵役登记时限要求，增强可操作性。宪法和法律委员会经研究，建议将有关条文修改为"每年十二月三十一日以前年满十八周岁的男性公民，都应当按照兵役机关的安排在当年进行初次兵役登记"。

关于兵役登记方法的问题。有的常委、群众和研究机构提出，为了方便公民兵役登记，提高兵役登记工作效率，初次兵役登记可以采用网络方式进行；同时，预备役登记根据需要可由兵役机关直接办理。宪法和法律委员会经讨论研究，建议增加规定："初次兵役登记可以采取网络登记的方式进行，也可以到兵役登记站（点）现场登记。进行兵役登记，应当如实填写个人信息"；将（修订草案）有关条文修改为"经过初次兵役登记、未服现役的公民，符合预备役条件的，县、自治县、不设区的市、市辖区人民政府兵役机关可以根据需要，对其进行预备役登记"。

关于退役官兵兵役变更登记时限。在（修订草案）规定，退役军人自退出现役之日起 40 内，进行兵役登记信息变更到安置地兵役机关。有的专家提出，士兵和军官的安置方式方法不同，确定安置地的时间也有所不同，应当分别根据实际情况作出规定。宪法和法律委员会经研究，建议将有关条文修改为"退出现役的士兵自退出现役之日起四十日内，退出现役的军官自到达安置地后三十日内"，到安置地兵役机关进行兵役登记信息变更。

关于服役起算时间。有的地区提出，士兵服现役的起算时间，决定军人身份及相关权利义务，建议予以规定。宪法和法律委员会经研究，建议增加规定："士兵服现役的时间自征集工作机构批准入伍之日起算"。

关于对女军人的保护。有的常委会建议增加对女军人权益保护的规定。宪法和法律委员会经研究，建议增加规定："女军人的合法权益受法律保护。军队应当根据女军人的特点，合理安排女军人的工作任务和休息休假,在生育、健康等方面为女军人提供特别保护"。

2021年7月26日,法制工作委员会召开会议,邀请全国人大代表和专家学者,就(修订草案)中主要制度规范的可行性、法律出台法律实施的社会效果、时机和可能出现的问题进行评估。与会人员普遍认为,(修订草案)深入贯彻习近平强军思想,对我国兵役制度进行完善调整,进一步厘清了预备役与民兵组织的关系,完善了兵役登记制度,设计了与相关法律的衔接,有利于适应新时代的兵役工作。(修订草案)经过了修改,比较充分吸收了各方面意见建议,政策制度设计更加简洁精准,已经比较成熟,建议尽快审议通过。与会人员还对(修订草案)提出了某些具体修改意见建议,宪法和法律委员会进行了认真讨论研究,对有的意见予以采纳。

(修订草案)二次审议,已按上述意见做了修改,宪法和法律委员会建议提请本次常委会审议通过。

2021年8月19日,全国人民代表大会宪法和法律委员会,《中华人民共和国兵役法(修订草案二次审议稿)》修改意见建议,报告了本次全国人民代表大会常务委员会:常委会会议于2021年8月17日下午对兵役法(修订草案)二次审议稿,分组进行了审议。普遍认为,(草案)已经比较成熟,建议进一步修改后,提请本次常委会会议表决通过。同时,部分常委会组成人员、列席人员还提出了部分修改意见建议。2021年8月17日晚,宪法和法律委员会又召开会议,逐条研究了这次常委会组成人员的审议意见,对(草案)进行了审议。宪法和法律委员会认为,(草案)是可行的,同时,提出以下修改意见:

关于退役军官兵役登记信息时限。(修订草案)二次审议稿第十七条中规定,进行兵役登记信息变更,退出现役的军官自到达安置地后30内进行。有的委员提出,由于安置需要多长时间不确定,为了使退役军官及时办理兵役登记信息的变更,建议修改为"自确定安置地之日起三十日内"进行兵役登记信息变更。宪法和法律委员会经研究,建议采纳这一意见。

关于兵役登记。(修订草案)二次审议稿第二十一条第一款规定:"经兵役登记并初步审查符合征集条件的公民,称应征公民。"有的委员建议明确此处的兵役登记是指初次兵役登记还是预备役登记。宪法和法律委员会经研究,建议将"兵役登记"修改为"初次兵役登记"。

关于实施时间。由于现在正是征兵期间,为了不与现行兵役法产生不相统一等其他情况,经与相关部门研究,建议将修订后的兵役法的施行时间确定为2021年10月1日。

根据常委会组成人员的审议意见,还对(修订草案)二次审议稿一些文字做了修改。修订草案修改稿已按上述意见做了修改,宪法和法律委员会建议本次常委会会议审议通过。

2021 年 8 月 20 日,全国人民代表大会常务委员会第十三届第三十次会议通过了修订《中华人民共和国兵役法》。国家主席习近平签署第 95 号主席令公布,自 2021 年 10 月 1 日起施行。①

6.2.2　修订征兵工作条例

《征兵工作条例》(以下简称《条例》),1985 年 10 月 24 日,国务院、中央军委发布,2001 年 9 月 5 日修订以来,对保证征兵工作顺利实施、提高兵员征集质量发挥了重要作用。随着经济社会快速发展,国防和军队改革深入推进,征兵工作环境发生深刻变化。为适应新形势、新任务、新要求,根据军事政策制度改革部署安排,对《条例》进行修订完善。主要基于三个方面考虑:一是贯彻落实中共中央决策部署。中共中央、中央军委明确提出,要深化兵役制度等重大政策制度改革,征兵工作作为兵役制度改革的重要组成部分,需要通过修订《条例》来贯彻落实;二是适应国防和军队深化改革的要求。征兵工作涉及军地多部门、横跨多领域,与国家和军队各项政策制度改革密切相关,特别是随着国防法、兵役法等法律法规的修订出台以及“一年两次征兵两次退役”改革的深入实施,需要与时俱进同步修订《条例》,以更好地适应改革要求,为新时代征兵工作有序组织实施提供法治保障;三是征集高素质兵员的现实需要。近年来,随着军队机械化信息化智能化“三化融合”的加速推进,如期实现建军一百年奋斗目标,全面建成世界一流军队,迫切需要征集更多优秀青年参军入伍,为军队源源不断输送新鲜血液。通过修订《条例》,进一步健全完善征兵工作机制,为实现军事人员现代化奠定坚实基础,为实现党在新时代的强军目标提供人才支撑。

1. 条例修订的主要过程。根据军事政策制度改革部署安排,2019 年 6 月,中央军委国防动员部会同军地相关部门全面展开《条例》修订工作,按照立法程序,先后完成立项报批、专家评估、条文修改、公开征求意见、立法审查等工作,历时近 4 年。系统梳理近年来征兵工作改革成果和实践经验,赴军地有关单位深入开展座谈调研,组织各省(自治区、直辖市)征兵办公室同步专题研究,并在对表新法新规、广泛征求意见、反复修改完善的基础上,形成《条例》修订草案。2021 年 7 月 2 日—2021 年 8 月 2 日,《征兵工作条例(修订草案)》在全国征兵网发布,开始向社会公众征求意见。2023 年 4 月 1

---

① 全国人民代表大会常务委员会官网。

日,中央军委主席习近平、国务院总理李强签署命令,公布修订后的《条例》,自 2023 年 5 月 1 日起施行。

2. 条例修订工作把握的基本原则。修订《条例》着眼强军需要,结合工作实践,形成一部体现时代特征、便于操作执行的征兵工作法规,主要把握四个方面原则:一是强化政治引领。坚持中共中央对征兵工作的领导,确保征兵工作的正确方向;二是聚焦强军备战。深入贯彻习近平强军思想,贯彻新时代军事战略方针,坚持战斗力标准,以服务部队备战打仗为靶标指向,以提升兵员征集质量为核心,注重平时征集储备与战时动员征召一体设计;三是注重体系设计。紧密融入军事政策制度改革总体进程,搞好关联法律法规的衔接对表,准确把握立法颗粒度,对征兵工作的全流程进行体系设计、整体优化,着力构建程序规范、权责明晰、平战衔接、快捷高效的新时代征兵工作体系;四是推动创新发展。积极适应国家治理体系和治理能力现代化要求,紧跟国家法制化进程,充分依托现代移动互联网和国家电子政务建设成果,改进征兵工作方法手段,推动征兵工作转型升级。

3. 条例修订的主要内容。《草案》将《条例》10 章 55 条,拟修订为 12 章 77 条,主要改点包括以下 7 个方面。

(1)健全常态化征兵组织领导机制。为适应"一年两次征兵两次退役"改革需要,进一步健全完善国家层面统筹协调机制,规范地方层面征兵组织领导机构设置,明确国家建立征兵工作部际联席会议制度,地方各级成立征兵工作领导小组,同时,完善高校征兵工作机制,着力构建从国家到市县纵向贯通、从党委政府到高等院校横向覆盖的征兵组织领导体系;强调地方有关部门在本级人民政府征兵办公室的统一组织下依法履职,并明确各级人民政府征兵办公室可采取购买服务等方式辅助开展征兵工作,为军地协同、政府主导、依法实施征兵奠定了组织领导基础。

(2)聚集高素质兵员征集。修订的《条例》突出高素质兵员征集,坚持以大学生为重点征集对象,明确优先保证大学毕业生和对政治、身体条件或者专业技能有特别要求的兵员征集;规定对高校可以直接分配征兵任务,并建立大学生和有特别要求的兵员征兵任务统筹机制;明确大学在校生、应届毕业生可在入学前户籍所在地或者学校所在地应征。健全完善高素质兵员遴选机制,更加注重与部队需求精准对接,增加对新兵体能、心理、军事职业适应能力等方面的综合考察,实施量化择优定兵。为满足部队主战关键岗位人才需求,明确退役士兵本人自愿应征并且符合条件的,可以批准再次入伍,优先安排到原服现役单位或者同类型岗位服现役;具备任军士条件的,可以直接招收为军士。

（3）优化征兵组织实施办法。综合近年来征兵组织实施各环节现实问题，系统梳理整合各地经验做法，从法规层面予以规范。明确公民因身体残疾、患重大疾病等特殊原因不能自主完成兵役登记的，由户籍所在地乡镇（街道）协助其完成。为适应人口流动特点，明确应征公民身体初检不受户籍和应征地域限制，就近就便进行，初检结果全国共享互认。

（4）改进新兵交接方式。为保证部队集中精力专司备战打仗，减少部队大量抽调干部骨干领（接）兵对战备训练造成影响，《条例》将兵役机关送兵和新兵自行报到作为重要交接方式突出出来，明确依托新兵训练机构成规模集中组织新兵训练的，由兵役机关送兵或者新兵自行报到，并对新兵交接程序、责任区分等内容进行细化和优化。进一步精简规范新兵交接档案材料组成，并明确档案审查发现问题的处理办法和时限要求，确保新兵交接工作稳妥实施。同时，为进一步增强公民参军入伍的自豪感、责任感、荣誉感，在全社会营造参军光荣的浓厚氛围和鲜明导向，明确新兵起运时地方政府应当组织欢送、新兵到达时部队应当组织欢迎。

（5）完善检疫复查和退回机制。聚焦部队战斗力建设，坚持以人为本原则，《条例》从明确新兵法定身份、纳入军地保险保障体系、明晰退回主体责任、建立帮扶救助保障机制等方面入手，明确新兵自批准入伍之日起，按规定享受现役军人有关待遇保障，因身体原因不适宜服现役，或者政治情况不符合条件的，做退回处理；规定在部队受伤或患病的给予免费治疗，退回后由原征集地人民政府按规定纳入社会保障体系，享受相应待遇，解决退回新兵后顾之忧。同时，规定义务兵有入伍前故意隐瞒犯罪行为或者记录、故意隐瞒影响服现役的严重疾病、采取行贿等非法手段取得入伍资格等情形，即使超过退回期限仍做退回处理，并给予相应处罚。

（6）加强征兵综合保障。为适应信息时代发展趋势，《条例》就新时代征兵工作保障作出新的规范。明确将征兵信息化建设纳入国家电子政务以及军队信息化建设，实现军地有关部门间的信息共享和业务协同，为精准高效做好征兵工作奠定坚实基础。建立公民应征保险保障制度，明确县级以上地方人民政府可以采取购买人身意外伤害保险等措施，为应征公民提供相应的权益保障。细化征兵违法行为认定和处罚办法，明确对违反《条例》规定的单位和个人，由兵役机关会同有关部门查明事实，经同级地方人民政府作出处罚决定后，由有关部门按照职责分工具体执行，为解决征兵工作存在的法律责任界定模糊、违法惩处执行困难等问题提供依据。

（7）完善战时征集。为保障部队正常兵员更替和战时兵员补充需要，《条例》参照各国通行做法，承接国防法、兵役法等法律法规，专设一章对战时征集问题进行规范。明确国家发布动员令或者国务院、中央军委依法采取国防动员措施后，各级人民政府和军事机关必须按照要求组织战时征集。战时根据需要，国务院、中央军委可以在法律规定的范围内调整征集公民服现役的条件和办法，可以重点征集熟练掌握军事技能的退役军人，补充到原服现役单位或者同类型岗位，确保快速形成战斗力。同时，为保证战时征集的兵员快速按时补充到位，明确从事交通运输的单位和个人，应当优先运送战时征集对象；其他组织和个人应当为战时征集对象报到提供便利。

6.3 改革军官服役制度

为全面加强新时代军官队伍建设，中央军事委员会制定颁布了《现役军官管理暂行条例》。相配套有：《现役军官考核暂行规定》《现役军官选拔补充暂行规定》《现役军官教育培训暂行规定》《现役军官交流暂行规定》《现役军官晋升任用暂行规定》《现役军官退役暂行规定》《专业技术军官管理暂行规定》《现役军官待遇级别管理暂行规定》《关于推进军官职业发展路径管理的意见》《关于推进军官岗位管理的意见》《关于规范军官制度改革中等级转换办法和过渡政策的通知》等配套法规，均自 2021 年 1 月 1 日起实行。① 这些系列法规政策制度，标志着我国军官制度创新发展，进入一个以军官职业化为主要导向的新阶段。

6.3.1　军官服役制度改革的主要过程和总体考虑

我军军官制度改革，坚持以习近平新时代中国特色社会主义思想为指导，深入贯彻习近平强军思想，深入贯彻新时代军事战略方针，新时代党的组织路线全面贯彻落实，以确保党对人民军队的绝对领导为指引方向，以提高战斗力为唯一的根本的标准方向，看准军官职业化改革这个大方向，按照坚持遵循、立足现实、目标引领，着眼长远、统筹规划、突出重点、体系设计，先急后缓，基于法治的思路分类规范，调整重塑军官等级制度，创新完善军官分类管理、职业发展管理、服役、待遇保障等制度，逐步构建系统完备、运行有效、科学规范、成熟定型的军官职业化制度体系，确保更加契合国防和军队现代化建设，更加适应新的领导指挥体制和作战力量编成的发展。

改革把握的主要原则：一是坚持干部由中国共产党管。坚决贯彻军委

---

① 张科进：《全面加强新时代军官队伍建设》——中央军委政治工作部领导就学习贯彻《现役军官管理暂行条例》及相关配套法规答记者问，解放军报记者张科进。

主席负责制,我军军官管理的最大优势是把党管干部作为最大特色来传承和发展,军队好干部标准细化,在选人用人中强化党组织领导把关作用,对军官管理的权限程序等制度创新规范,确保在忠于党的可靠人手中始终掌握枪杆子;二是突出聚焦打仗。习主席关于能打仗、打胜仗的忧思关切着力回答,把战斗力标准贯穿于具体政策设计始终,在军官管理各方面,建立起一切向备战打仗的鲜明导向,把广大军官心思和精力主导放在练打仗、谋打赢上;三是坚持体系设计。军官和义务兵、军士、文职人员政策制度改革一体推进,与岗位编制、部队管理、军事训练、功勋荣誉表彰、后勤保障、退役安置等相关制度改革结合衔接,军官管理各项制度进行系统设计,确保形成政策制度优势、体系制度优势;四是坚持创新继承。调整改革既注重固化中国共产党的十八大以来军官工作的成功做法经验,又要用新时代现实的思维和办法创新破解实际矛盾问题,军官管理的质量效益切实提高;五是坚持稳妥积极。与部队建设实际紧密结合,充分考虑军官队伍现状,注重稳中求进、循序渐进,关注广大军官的期盼关切,确保改革有序进行。

此次军官制度改革,自党的十八届三中全会部署深化国防和军队改革任务之后,主要从深化论证、基础研究到逐步推进的过程。2019年初,依据军事政策制度改革的总体部署和要求,成立了军官制度改革相关的工作专班、课题组,首先是进行《现役军官法》修订及配套法规制定工作。这期间,多次到部队实地调查研究,当面听取现实意见建议,就军衔主导、职业发展路径、岗位分类、服役年龄年限等重大问题进行反复论证讨论研究、多案比较选择;法规文稿形成后,征求了中央军委机关各部门、各大单位以及中央和国家机关有关部门意见,经过了逐级审议和立法评估,形成了最大公约数。各方面普遍达成共识。

2020年初,考虑到非常复杂和敏感军官制度改革,从推进改革审慎稳妥出发,经过中央军委深化国防和军队改革领导小组批准,推迟了《中华人民共和国现役军官法》修订出台时间节点,改由中央军事委员会,依据全国人民代表大会常务委员会《关于军官制度改革期间暂时调整适用相关法律规定的决定》,先行推出配套的《条例》;同时,也继续深化《现役军官法》修订具体内容,在先行先试、探索经验的基础上,进一步调整完善(修订草案),适时颁布出台实施。

6.3.2 新的军官制度重要意义

《现役军官管理暂行条例》,以及相关配套法规的发布施行,建立中国特色军官职业化制度标志着取得实质进展,对国防建设和军队建设发展,具有长远历史意义和重大战略意义,必将全面提高军官管理专业化、科学化、精细化水平,德才兼备的高素质专业化军官队伍得到了加快锻造,为实现党在新时代的强军目标、把人民军队全面建成世界一流军队,提供坚强有力人才支撑和组织保证。

1994 年修订的《中国人民解放军军官军衔条例》,2000 年修订的《中华人民共和国现役军官法》(以下简称《现役军官法》),以及相关配套法规实行之后,对确保有效履行人民军队使命任务,加强我国军官队伍建设都发挥了较好的实际作用。党的十八大以来,随着国防现代化和军队现代化建设的深入推进,我军军官队伍建设面临的新形势和新任务发生较大的变化,亟需完善军官制度进行调整改革。实行新的军官制度,落地落实军官制度改革,对德才兼备的高素质专业化军官队伍的加快锻造,实现党在新时代的强军目标、把人民军队全面建成世界一流军队,具有长远的历史意义和重大的战略意义。

一是贯彻习近平强军思想。把学习贯彻习近平强军思想贯穿军官制度改革全过程,习主席关于干部工作和人才建设一系列重要论述深刻领悟,新的军官制度制定出台,贯彻落实的具体抓手和方法途径切实找准,习近平强军思想在军官管理中鲜明的立起来、有效贯彻落实;二是我军建设世界一流军队的客观要求。军官制度改革,通过采取一系列前瞻性、务实性、创新性的政策举措,制衡强敌对手的非对称人才优势加快形成,建设水平与打赢现代战争要求相适应、与建设世界一流军队相匹配军官队伍;三是推进了军官职业化建设的实际步骤。此次颁发的《条例》以及相关配套法规,聚焦军官职业化的核心是专业化这个本质属性,注重军官专业能力的累积和生成,注重军官职业素养的塑造培育,通过对军官进、考、训、升、调、出和待遇保障等制度进行了重塑,不断推动日臻完善的军官职业化制度成熟定型;四是提高军官管理效能的迫切需要。实行新的军官制度,完善建立有利于军官能力生成释放、职业发展、动力活力激发的制度机制,调动广大军官强军报国的积极性、主动性、创造性。

6.3.3 新的军官制度体系总体框架

新实行的军官制度体系,包括一项基础法规,若干其他配套法规,八项主干配套法规。其中,《现役军官管理暂行条例》是军官制度基础法规,奠定军官制度的根基;选拔补充、考核、教育培训、晋升任用、交流、退役、待遇级别管理,专业技术军官管理等规定是主干配套法规,共同构成军官制度的四梁八柱;其他配套法规,包括军官职业发展路径管理、军官岗位管理、等级转换办法和过渡政策等,支撑新的军官制度有效运行和平稳落地。

(1) 军衔主导的军官等级制度。此次军官制度改革,按照军衔主导的改革思路,对军官等级制度进行了调整重塑,将原基于职务等级为主架构,调整为基于军衔等级为主,来构建军官培养、服役、选拔、待遇等各项政策制度;同时,把原军官制度附着在职务等级上的晋升发展和待遇保障的两个主要功能进行分解,重新建立一套军官待遇级别的政策制度。新的军官政策制度施行以后,军官主要是依托军衔等级、待遇级别、岗位职务层级 3 种形式进行管理调控。其中,军衔等级主导了军官等级管理基本秩序,岗位职务层级,辅助调节军官领导指挥关系、晋升任用次序,待遇级别确定军官基本生活待遇,三者各安其位、主辅分明、有机统一。这样设计,既理顺了职衔关系、拓展了军衔功能、又强化了待遇激励。

(2) 军官岗位管理制度。此次颁布的《现役军官管理暂行条例》,以及相关配套的政策法规,对军官岗位的类别作了基本规范,明确实行军官岗位管理制度,为细化分类层次提供了依据;同时,对制定岗位履职能力指标、调整完善岗位津贴体系、健全完善岗位任职资格等,提出了指导性意见。实行军官岗位管理制度,是解决军官管理需求侧问题的制度创新和实践探索,旨在通过进一步深化分类建设、分类管理,实现军官管理由粗放式向精细化的转变,军官队伍专业化水平会得到全面提高。

(3) 军官职业发展路径管理制度。《现役军官管理暂行条例》,以及相关配套法规,坚持遵循不同类别军官成长发展特点和规律,提出军官职业化发展路径设计和管理的原则要求、基本思路,从全军层面对专业技术军官、指挥管理军官职业发展路径作出基本的政策规范。建立军官职业发展路径管理政策制度,主要是通过分类明确军官的主要发展领域,规划设计必经的岗位任职、教育培训和拓展历练,加强统筹军官职业发展管理、透明军官职业发展方向,把组织上按路径选拔培养、军官自身按路径成长发展紧密衔接起来,持续鼓励激发军官在不同领域有序发展的动力。

(4) 军官服役制度。立足保证军官不断提高专业能力、长期稳定服役,以指挥军官为基准,按照专业技术、指挥管理两类军官能力生成释放的不同规律,对军官晋升军衔的时间年限,以及退役的年龄时间年限作了优化统筹。指挥管理军官的年龄时间年限,按照前慢后快中间稳的原则进行调整设计,与过去政策制度相比,主要有四个较大变化:一是大校以下军官晋升节奏适当放缓,确保初中级军官墩苗扎实、任职稳定,有足够的时间释放能力、累积能力;二是大校以下军官服役最高年龄适当延长,保证军官特别是校级军官拓展能力、稳定服役;三是增设上校以下军官衔级最高时间年限,达到相应军衔年限没有晋升上一级军衔,或者是调整岗位职务层级的应当退役,适度保持军官队伍竞争择优的压力;四是大校以上军官衔级最高时间年限适当缩短,防止稳定的时间过长,避免形成上校以下军官晋升通道不畅,以免影响军官队伍整体活力。专业技术军官的年龄时间年限,按照平稳晋升、相对长期服役的原则进行设计,尉官的年龄时间年限与指挥管理军官基本一致,有利于两类军官在职业选择期交流改任有序、转换路径发展;少校以上军官的年龄时间年限,比指挥管理军官稍微长一些,以利于更好地保留和使用高层次专业技术人才制度设计。

(5)军官选拔补充制度。建设世界一流军队要有一流人才来源,整合重构军官选拔补充制度。主要调整完善四个方面:一是补充来源渠道优化。改变过去政策制度分散管理、零碎的做法,直接选拔招录、统筹选拔招收生长军官、特招地方专门人才等各种形式,明确选拔程序、各自功能定位,发挥整体效益、实现优势互补。二是调整军官准入门槛。突出职业发展潜质、政治标准,相应明确军事训练成绩、区分补充渠道,"双一流"建设高校、学科等硬性要求,做到宁缺毋滥、优中选优。三是调整毕业分配制度。改进分配志愿填报方式、学员综合评定,计划管理、按需补充、组织主导,引导优秀学员主动到自然环境最艰苦、战斗力建设最需要、斗争形势最复杂的地方锻炼。四是改进授衔定级制度。军官职业起点从少尉军衔开始进行了明确,本科毕业的生长军官授予少尉军衔;招录的军官是直接选拔的,依据取得的学位学历,授予政策规定的军衔;特招地方专门人才担任军官的,综合衡量其学历学位、专业能力、工作经历和任职岗位等因素,授予政策规定的军衔。同时,对分配到艰苦边远地区,或者是特招引进的拔尖人才给予特殊优惠政策,各类补充来源军官待遇级别合理确定,对优秀人才的增强吸引力。

(6)军官教育培训制度。新型军事人才培养,坚持面向部队、面向战场、面向未来,坚持为战育人、立德树人,进行全程培养、接续培养链路。主要有三个方面的设计:一是调整教育培训体系。军官职业发展路径是按照递进式设计,采取基础教育、岗位培训、晋升教育、学历升级既又相互衔接、各有侧重的军官教育培训体系;二是注重指挥能力培养。与主战链军官职业发展路径契合,规范初级、中级、高级指挥教育,明确指挥教育内容设置,指挥管理军官打牢专业能力基础;三是加强教育培训效用。把参加军队院校教育、军事职业教育、部队训练实践,与职务任用、军衔晋升、交流调整等密切挂钩,切实立起训用一致、先训再用的鲜明导向。

(7)军官的考核制度。采用定性与定量相结合、分级与分类相统一的原则,坚持全面、客观、历史的考核评价机制,知事识人体系形成精准科学。

主要有三个方面：一是考核内容标准细化。按照军队好干部标准，将考核内容由过去的德、勤、能、绩、体，调整为政治品质、担当精神、专业能力、工作实绩、廉洁自律五个方面，并区分专业技术军官和指挥管理军官，逐一细化、具体化、量化，形成好把握、可衡量的考核要素和通用政策标准；二是完善考核形式。坚持军官考核的制度化、经常化、全覆盖，形成以年度考核为重点、平时考核为基础、专项考核为重要补充的立体考核体系，并通过对军官日常表现的常态纪实，把军官的真实情况掌握准，切实把考核的功夫下在平时；三是考核结果拓展运用。坚持厚爱和严管结合、约束和激励并重，把考核结果与晋升任用、军官教育培训、交流、奖励惩戒、待遇调整、退役和安置等直接挂钩，使军官考核政策制度更科学、更好用、更管用。

（8）军官晋升任用制度。坚持建立以德为先、人事相宜、任人唯贤的任用选拔体系，对军官任用晋升的全要素各环节进行系统设计，形成发展导向鲜明、官兵认可、机会公平的用人选人风气。主要有四个方面：一是晋升任用权限配置的优化。按照军衔主导的改革要求，适应新的领导指挥体制，对任用军官职务、晋升军官军衔的批准权限作了改革，能更好地把人尽其才、知人善任落实得更好，有利于加强管理、领导、指挥；二是任用晋升资格条件进行完善。突出打仗能力、政治标准，细化明确军官任用晋升的基本资格，以及优先晋升、越级晋升、提前晋升、破格任用条件，切实发挥实绩、能力等客观因素，在用人选人中的主导作用；三是晋升任用程序办法得到完善。以科学配置分解用人权力为主线，优化用人选人必须经过流程，实施分级分类选拔，确保军官任用晋升各环节耦合衔接、规范严密，实现结果公正需要程序公平；四是用人选人纪律监督。军官任用选拔易发多发问题进行了系统梳理分析及原因症结，规定"十个不得"政策纪律，做实党委、有关部门等在军官任用晋升工作中的责任，规范"高压线"用人选人不可触碰，形成全程监督、立体监督的运行政策机制。

（9）军官交流制度。设计军官交流的时机、对象和方式，刚性落实力度加大，利于作风改进、利于才干增长、利于"五湖四海"交流，使军官路径化成长、系统化锻炼、专业化发展。主要有四种形式：一是定向交流。按照军官职业发展路径，推动实绩优、能力强、潜力大的军官在不同类型岗位历练培养，提升打仗能力、丰富任职经历，锻造联合作战人才适应未来战争需要；二是定期交流。更好地防范廉政风险，贯彻作风建设要求，交流在重要或者是敏感岗位任职满规定年限的军官；三是专项交流。依照打仗备战、优化军官队伍结构，根据需要组织的军官交流，旨在理顺编配关系、实现人岗相适、合理配置人才；四是指技交流。根据人才使用、培养和保留需要，推动军官在专业技术岗位与指挥管理岗位之间交流,着力锻造专业技术岗位与指挥管理岗位复合型优秀人才。

(10)军官退役制度。为增强军官队伍活力、维护职业军官安全、提高人才使用培养效益,对军官退役的标准条件、类型、办理程序等作了规范统筹,实现稳定服役、依法退役。此外,明确军官退役采取退休、逐月领取退役金、转业、复员等方式给予安置,将原来的"自主择业"改为"逐月领取退役金",并根据军衔等级、服役贡献、待遇级别,差异化设置退役金发放标准,使服役期间的表现与退役后的安置密切挂钩,保证军官贡献越大、服役时间越长、安置就越好的良性循环。

(11)军官待遇保障制度。为充分体现军事职业特点,建立比较有优势的军官待遇保障制度,主要有三个方面:一是待遇保障内容进行了规范,军官依法享受相应的工作待遇、政治待遇、生活待遇进行了明确;二是实施待遇级别制度,待遇级别区间每个军衔等级设置相应幅度,军衔等级与待遇级别既构成一定的对应关系、又不捆绑过紧,保证军官在军衔不晋升的情况下,干得了、干得好也可以相应的待遇提高,有利于引导军官长期服役及安心服役;三是待遇政策调整,建立动态增长机制,完善军官工资待遇体系,实行安置住房、公寓住房相结合的制度保障,医疗、休假探亲、保险、抚恤优待等制度优化改进。同时,军人地位和权益保障立法落地,为使军官的职业荣誉感和获得感的增强,实行军官勋表制度。

(12)专业技术军官政策制度。为提高人才培养使用效益、激发专业技术军官队伍活力动力,在军官管理遵循一般要求的基础上,适应专业技术军官发展成长的规律特点,制定相关政策制度有差异化;一是实施有针对性考核评价。对科技成果转化效益、科技创新能力、学术道德等方面的考察更加突出,同行评价、业内认可更加注重,破除唯奖项、唯论文的评价方式,增强考核结果的公信度、精准性;二是职称评定制度进行改革。总体执行国家有关规定,规范评定职称基本条件、越级、提前、放宽条件职称评定,取消职称计算机、外语应用能力要求统一考试,对军官专业能力、学术技术水平的衡量和评判进行了强化;三是规范任用晋升秩序。除待遇级别外,不再设置专业技术等级,主要通过职务、职称、军衔牵引技术军官职业发展,形成任职必须先评定相应职称、晋衔必须担任相应职务的清晰链路;四是激励保障措施的完善。与指挥管理军官相比,对应设置更加宽幅的待遇级别区间设置为大校以上军衔,以此可以保留稳定高层次人才。实行"人才+工程"的模式进行针对性培养,规范了军队专业技术人才奖,明确专业技术军官可以按照规定享受绩效津贴、人才特殊津贴、科技成果转化收益,赋予专业技术军官科研创新更多自主权,落实容错减负要求,使专业技术军官专心备战打仗、安心履职尽责环境。

(13)等级转换办法和过渡政策。为确保新旧政策制度顺利过渡、有序对接,中央军委机关有关部门,对转换过渡中可能出现的矛盾问题,作了深入调查研究进一步分析,论证出多种政策制度,广泛征求各个方面意见,达成了普遍共识,设计了相应的过渡政策。总的考虑:一是目标牵引。建立中国特色军官职业化制度,使德才兼备的高素质专业化军官队伍得到锻造,采取体系设计、先转后调、分类规范、有序实施的思路,使新的军官制度有效运行、平稳落地;二是有序衔接。以军官职务等级、专业技术等级、专业技术职务等级为基准,制定军官等级制度转换的基本对应关系政策,制定过渡政策、等级转换办法,确保部队秩序管理不乱、军官等级次序不变、保障待遇水平不降;三是静态转换。对进行等级转换范围对象的军官,先按照明确的对应关系,转换确定相应的军衔等级、待遇级别、岗位职务层级以及相应的起算时间,再按照新的军官政策制度、过渡政策进行管理;四是稳慎推进。抓住晋升发展、更替速度、进出规模、待遇调整等关键的问题,采取公平合理、积极稳妥的政策调节,缩短转换过渡周期、激发队伍活力动力、稳定保留骨干人才。

新的军官政策制度,关系军队建设战略全局,关系每名官兵切身利益。中央军事委员会要求全军各级机关部门提高政治站位,周密组织实施,加强统筹谋划,确保各项政策制度精准高效、有序平稳运行落实,充分认清推进新的军官制度贯彻落实的重大意义。[①]

6.4　制定颁布军人地位和权益保障法

为切实保障军人合法权益和地位,激励部队每名官兵履行职责使命,形成让军人成为全社会职业的尊崇,促进国防和军队现代化建设,能提供坚强有力支撑,我国于 2021 年 8 月 1 日,颁布了《中华人民共和国军人地位和权益保障法》,这是我国首部军人地位和权益保障法。这一法律颁布与实施,对于深入贯彻习近平新时代中国特色社会主义思想,实现党在新时代的强军目标、把人民军队全面建成世界一流军队,具有深远而重大的战略意义。

[①]　张科进,《全面加强新时代军官队伍建设》——中央军委政治工作部领导就学习贯彻《现役军官管理暂行条例》及相关配套法规答记者问,解放军报记者张科进。

6.4.1 制定军人地位和权益保障法的重大意义

（1）贯彻落实中共中央决策部署的重要举措。中国共产党第十九大提出，让军人成为全社会尊崇的职业，维护军人军属合法权益。习近平总书记指出，要通过完善法规制度体系，制定完善军人地位和权益保障方面的法规政策制度，增强军事职业吸引力、军人荣誉感、使命感。制定保障军人地位和权益方面法律，就是将中共中央的决心意志、习近平总书记重要指示精神转化为政策制度安排，成为全党全军全国各族人民一体遵循的政策法律制度。

（2）实现依法治军的必然要求。新中国成立以来，保障军人地位和权益，国家出台了一系列法规政策，在各个时期发挥较好的作用。特别是党的十八大以来，深化国防和军队改革不断推进，取得历史性重大成就。制定军人地位和权益保障法，在法律上规范有关制度政策改革成果，有利于补齐军事法律体系中的短板，有利于统领军人地位和权益保障等相关法规政策制度，丰富完善中国特色社会主义法律体系，这在我国我军军事立法史上具有里程碑意义。

（3）让军人成为全社会尊崇的职业的客观需要。在我国经济社会快速发展同时，需要不断加强全社会的忧患意识、国防意识。制定军人地位和权益保障法律，褒扬军人军属的奉献牺牲精神，规范机关、组织和公民的相关责任和义务，对增强军事职业吸引力，军人荣誉感、使命感，激发军人履行职责使命的积极性、主动性、创造性，进一步引导全社会积极参与支持军队建设和国防建设，汇聚强军兴军的磅礴力量，都具有重要什么作用。

6.4.2 立法的指导原则

制定军人地位和权益保障法，坚决落实军事政策制度改革部署，服务打仗备战，规范军人地位和权益保障的基本制度、基本原则，增强军队吸引力、战斗力、凝聚力，提供坚强法律保障。主要把握了以下原则。

一是贯彻落实习近平总书记关于军人地位和权益保障的重要指示精神，牢牢把握立法方向正确；全程对表对标军事政策制度改革部署，使法律覆盖有关重大改革举措，确保将党的意志转化为国家意志、实现立法战略目标。

二是坚持战斗力标准，既立足平时的需要，又着眼战时的打赢，把进一步提高和发展战斗力作为制定法的出发点、落脚点，用战斗力标准设计、衡量政策制度的含金量，形成对战斗力贡献越大、待遇保障优越的鲜明正确导向,确保制定法律既有暖暖的生活温度、又有浓浓的战味。

三是系统总结固化实践经验、优良传统,用创新举措破解现实问题矛盾,依托社会优质资源优化保障机制,借鉴世界军事强国有益经验,对保障范围、保障方式、保障内容、保障水平作出政策规范,增强制度安排的时代性、科学性。

四是从我国国情军情出发,既最大限度保障水平提升、增强官兵获得感,又充分考虑国民经济、社会发展水平,充分体现了量力而行;既通盘考虑军人、因公牺牲军人、军属和烈士、病故军人的遗属等对象,又兼顾其他关联群体,力求可行稳妥。

五是准确把握军人地位和权益保障管总的法律定位,对能彰显军人地位、提高待遇保障,荣誉维护的加强、优抚措施进行体系设计的完善、作出总体规范,为制定完善下位法规政策预留接口、提供依据,同时又与国防法、退役军人保障法、兵役法等相关法律相衔接。

6.4.3　军人地位和权益保障法的主要内容

军人地位和权益保障法,共 7 章 71 条,对军人地位和权益保障的基本原则、基本制度作出全面系统规范,主要内容有以下五个方面。

(1)军人地位和权益保障原则和体制机制。军人地位和权益保障法律,一是明确了军人地位和权益保障工作,须坚持中国共产党的领导,以服务部队战斗力建设为根本目的,精神激励与物质保障与相结合、贯彻权利与义务相统一、保障水平与国民经济和社会发展水平相适应的原则。这样规定,强调党对军人地位和权益保障工作的统一领导,强调聚焦服务备战打仗,强调物质保障与精神激励、权利与义务、保障水平与国民经济和社会发展的相统一;二是规定中央军委政治工作部门、国务院退役军人工作主管部门以及中央和国家机关有关部门、中央军事委员会有关部门,按照职责分工做好军人权益和地位保障工作,规范地方人民政府、基层群众性自治组织、街道办事处和部队单位的相关职责。此法对这项工作管理体制和运行机制的原则规范,为形成军地协同、责任明确、链路清晰的保障格局提供了遵循。同时,法律还对社会参与机制、经费保障机制、考核激励机制等作出规定,确保国家主导、各方参与、合力推动。

(2)军人地位。军人地位和权益保障法第四条规定了全社会尊崇的职业是军人,国家社会都应优待军人、尊重军人,军人享有与担负职责使命、其职业特点和所做贡献相称的地位和权益的保障,经常开展各种形式的拥军优属活动。新中国成立 70 多年以来第一次具有开创性对军人的地位进行立法。在全国人大常委会征求意见、审议过程中,大家普遍提出,作为新中国第一部规范军人地位、权益保障的法律,在全面规范维护待遇保障、军人荣誉和抚恤优待的基础上,应当突出军人的法律的定位,对军人的职责使命、特殊地位作出专门规定。对军人权益给予特殊的保障,这是由军人肩负崇高使命、神圣职责这种特殊地位所决定的,应当在法律层面充分肯定军人地位。军人地位的内容、结构,有三个方面特点:一是体现强军目标要求。习近平总书记着眼实现中华民族伟大复兴的中国梦,鲜明提出建设一支听党指挥、能打胜仗、作风优良的人民军队,把人民军队建设成为世界一流军队这一党在新时代的强军目标。在法律中明确军人听党指挥、能打胜仗、作风优良的深刻内涵,是对军人职责使命要求,也彰显了我军性质宗旨、优良传统,服务备战打仗的鲜明导向突出。二是体现军人的特殊属性。人民军队为党和人民建立了不朽功勋,是维护民族尊严、保卫红色江山的坚强柱石,也是维护世界和平、维护地区稳定的强大力量。在中国共产党的领导下,通过长期革命斗争、和平建设的实践,锻造出军人特有的本色、性质。例如,军人是中国共产党领导的国家武装力量基本成员,坚决听党指挥,绝对忠诚于党;始终全心全意为人民服务,是人民子弟兵,与各族人民保持鱼水之情;是捍卫国家主权、安全、发展利益的坚强力量,肩负巩固国防、保卫祖国、抵抗侵略的神圣职责;是中国特色社会主义现代化建设的重要力量,在国家建设事业、突发事件应急救援处置中,展现人民军队风采、发挥强大保障支撑作用。法律通过专章对军人的这些性质、定位集中作出规范,并相应明确军人担负的职责使命,构建起适应强军要求、具有中国特色、体现鲜明导向的军人法律地位。三是体现军人地位的丰富内涵。军人地位这一章规定军人的特殊地位作用,以及相应职责使命要求,同时还对军人政治权利、作风纪律要求、军内民主权利、军人履职保障作出明确规定。这些规定意蕴深厚、内涵丰富,总结人民军队长期以来形成的优良传统,体现了党和人民对广大官兵的期望重托、信任肯定。

(3)荣誉维护。全国人大常委会组成人员在审议过程中,以及各方面的意见提出,军人崇尚荣誉、视荣誉为生命,建议丰富完善军人荣誉的内涵,体现维护军人荣誉的实际措施。据此,法律对维护军人荣誉做了三个方面的充实、调整:一是完善、丰富军人荣誉的内涵。明确军人荣誉是国家、社会对军人献身社会主义现代化建设、国防和军队建设的激励和褒扬,是提升军队战斗力、鼓舞军人士气的精神力量。这样规范,展示军人荣誉的崇高性、政治性和引领性,体现军人荣誉鲜明的导向作用、巨大的规约作用、强烈的感召作用;二是培育"四有"新时代革命军人、锻造"四铁"过硬部队。本法规范军队加强爱国主义、革命英雄主义、集体主义教育,强化军人的荣誉意识,培育有灵魂、有血性、有本事、有品德的新时代革命军人,锻造具有铁一般信仰、铁一般纪律、铁一般信念、铁一般担当的过硬部队;三是党史学习教育。增加全社会应当学习中国人民解放军光荣历史的规定,宣传军人功绩、牺牲奉献精神,营造全社会维护军人荣誉的良好社会氛围,在国防教育课程中,各级各类学校设置的内容,应当包括中国人民解放军光荣历史和军人英雄模范事迹等内容。

(4) 待遇保障。军人的待遇保障,是军人权益的重要内容的组成部分,是军人尊崇地位的重要的集中体现。设置符合军人职业特点、规定具有比较优势的待遇保障制度,对于保证军人履行职责使命和保障军人及其家庭生活水平具有十分重要的基础性作用。法律对军人待遇保障重点从两个方面予以明确:一是系统规范待遇保障内容。从工资、医疗、住房保险、教育培训、休假探亲等方面,对军人享有的基本待遇进行了规定,规范基本制度、保障责任。军人家庭稳定,是军人安心服役的重要条件,受军人职业特殊性的影响较大,法律将军人家庭保障权,确定为国家责任,作为权益保障范畴,对军人的婚姻保护、配偶探亲、家属随军落户,以及军人军属户籍管理、相关权益维护等给予以明确,同时,法律也明确对女军人的合法权益提供特别保护。这样的政策制度设计,在保障内容上,实现了对军人基本待遇的全覆盖,在保障对象上,向军人配偶、父母、子女拓展延伸。二是释放保障制度措施红利。法律既注重固化军人待遇保障的政策、传统做法,又聚焦破解难点、重点问题,作出一系列制度创新性政策安排,进一步提升待遇保障政策标准、水平。规定国家建立特色鲜明、相对独立、具有比较优势的军人工资待遇政策制度,设置军人工资待遇正常增长机制,明确由中央军事委员会规定军人工资待遇的标准、结构及其调整方法;将军人公寓住房、购买住房优惠政策、安置住房保障、到地方医疗机构就医等,纳入本法保障范围。这样规定,为保证军人享有比较优厚的待遇,提供了法律政策依据。由于军人职业的流动性多样,本法对军人家属随军落户、父母随子女落户作了明确,明确双军人子女可以选择任何一方随军落户,还对因服役地变动家属户口迁移,提供了 5 种选择性方式;考虑到军人与配偶两地分居比较普遍,法律专门对保障军人配偶探亲权益作出规范,明确探亲假期安排、费用保障、带薪休假,以及劳动关系保护等政策。这些政策制度措施,为增强军人及其家庭的幸福感、获得感提供了有效保障。

(5)关于抚恤优待。优待抚恤军人军属,历来是我党我军的优良光荣传统,体现了党和国家对军人军属做出特殊牺牲奉献的高度认同、给予的特殊关怀。法律强化了国家、社会保障责任,增强优待抚恤对军人的激励特殊功能,推动由生活解困,向抚恤、褒扬、优待相结合转变,对优待抚恤政策做了充实、调整。

一是对烈士遗属的抚恤优待。法律在全面规范各类优抚对象享受有关政策的基础上,对烈士遗属的抚恤、子女教育、就业安置等予以重点倾斜、作出专门明确,切实让烈士遗属生活得更有尊严、更加体面,国家对为国牺牲军人的遗属给予特别褒扬照顾。二是规范解决军人子女教育、家属就业问题。这是广大官兵关切操心的最现实的困难,本法把军人子女教育优待、家属就业优待上升为国家行为、增强刚性约束。在军人家属就业方面,规范国家依法保障军人配偶就业安置权益,接收军人配偶就业安置,机关和各类组织都应当依法履行的义务,原在机关、事业单位工作的家属随军后强调对应安置,在其他单位或者无工作单位的给予优先协助就业、优先招录聘用,对自主就业创业的给予政策上的支持;在军人子女教育方面,规定地方政府及其有关部门应当为其提供当地优质教育资源,创造接受良好教育的条件,并区分学前教育、高中教育、义务教育、高等教育四个阶段,分别明确相应的优待制度,特别是加大了军人义务教育阶段、子女学前教育入学就读地的选择面。三是对军人家庭生活的优待保障。长期以来,军人在家庭生活上经常遇到应对家庭突发变故、照顾高龄老人、处理涉法问题等现实难题,特别是随着部队长时间在外驻训成为常态,战备训练任务日益繁重,人员岗位交流频繁,家庭生活面临的矛盾困难更加凸显。本法将军人家庭帮扶援助纳入军人权益保障范畴,作为一项基本制度在法律层面固定下来,明确军队单位、地方政府、社会的保障责任。对军人家庭因意外事故、自然灾害、重大疾病等原因,基本生活出现严重困难的,由地方政府、军队单位给予救助慰问;对符合规定条件的军人家属和"三属",申请到有关机构集中供养、短期疗养、住院治疗养老的,享受优先、优惠待遇。法律对司法优先、法律援助、司法救助和公益诉讼等作出了明确,为维护军人军属和"三属"合法权益提供了多种的救济渠道。另外,法律还明确了优待抚恤与公民普惠待遇叠加共享的原则,并对军人军属和"三属"在医疗、住房、交通出行等方面的优待作了系统规范。①

6.4.4　军人地位和权益保障法审议和颁布施行

2021年4月26日,全国人民代表大会宪法和法律委员会关于《中华人

---

① 解放军报,军人地位和权益保障法系列解读,2021年08月02日。

民共和国军人地位和权益保障法(草案)》修改情况,向全国人大常务委员会报告;常委会第二十四次会议,对《军人地位和权益保障法(草案)》进行了初次审议。会后,法制工作委员会将(草案)印发各省、自治区、直辖市、部分基层立法联系点、中央有关单位等广泛征求了意见,在中国人大官网公布(草案)全文,征求了社会公众意见;整理了全国人大代表在十三届全国人大四次会议上提出的有关建议;法制工作委员会、宪法和法律委员会,委托四川、青海、福建、吉林、山西、湖南六省人大常委会调研,到北京、福建、江西实地调研,并通过远程视频连线西藏、黑龙江、新疆、艰苦边远地区一线部队官兵开展调研,听取全国人大代表、地方、军队有关部门,军人和军人家属代表等方面的意见,还就(草案)主要问题与有关部门交换意见、共同讨论研究。宪法和法律委员会于 3 月 31 日召开会议,根据常委会组成人员的审议意见和各方面意见建议,对(草案)进行了逐条审议。退役军人事务部、司法部、中央军委法制局、中央军委改革和编制办公室、中央军委政治工作部、立法工作专班的有关负责同志列席了会议。4 月 20 日,宪法和法律委员会召开会议,再次又进行了审议。为使法律更为严谨,又做了如下修改意见和建议。

(1)关于军人的使命地位。有的常委委员、社会公众、单位提出,本法是军人地位和权益保障法,应突出军人的职责使命、特殊地位,建议专章对军人地位作出规范。宪法和法律委员会经研究,建议采纳这一意见,在(草案)总则有关内容基础上,"军人地位"单设一章,规定军人是人民子弟兵、是中国共产党领导的武装力量基本成员,是人民军队捍卫国家主权、领土完整、统一的坚强力量,是中国特色社会主义现代化建设的重要力量,并相应规定军人担负的具体使命职责。同时,对军人政治权利、军人履职保障、军队官兵一致等作出规定。

(2)基层人民政府对军人地位和权益保障。(草案)对军人地位和权益保障工作体制,及相关职责分工作了规定。有些常委会组成人员提出建议,增加规定城乡社区、乡镇、街道的有关职责。宪法和法律委员会经讨论研究,建议增加这一规定:乡镇人民政府、基层群众性自治组织、街道办事处应当按照职责做好军人地位和权益保障工作。

(3)关于进一步经费保障问题。(草案)对军人地位和权益保障,所需经费负担机制作了规定。有的常委委员、社会公众、地方建议,经费负担机制进一步明确,中央财政的主要责任要突出。宪法和法律委员会经研究,建议规定:军人地位、权益保障所需经费实行中央财政负担,与中央财政和地方财政共同负担相结合,按照国家相关规定列入财政预算。

(4)关于鼓励社会力量保障军人地位和权益问题。有些常委委员建议,对国家鼓励社会力量,为军人地位和权益保障工作,提供支持作出总体性规范。宪法和法律委员会经讨论研究,建议在总则中规定:国家鼓励和引导企业事业单位、群团组织、社会组织、个人等社会力量依法通过志愿服务、捐赠等方式为军人地位和权益保障提供支持,符合相关条件的,依法享受税收优惠等制度政策。

(5)关于进一步完善军人荣誉激励相关规定问题。有的常委委员、社会公众、地方提出,军人崇尚、珍惜荣誉,将荣誉视为生命,建议军人荣誉激励相关规定进一步完善。宪法和法律委员会经讨论研究,建议增加以下规定:一是军人荣誉是国家、社会对军人献身社会主义现代化建设、国防和军队建设的褒扬和激励,是提升军队战斗力、鼓舞军人士气的精神力量。国家鼓励军人崇尚荣誉,珍惜荣誉,自觉维护;二是国家采取多种形式的奖励激励保障、宣传教育措施,培育军人的职业使命感、荣誉感、自豪感,激发军人报效国家、建功立业的积极性、主动性、创造性;三是国家鼓励单位、个人学习宣传军人牺牲奉献精神、中国人民解放军光荣历史,军人荣誉的良好氛围在全社会进行营造维护;四是军队强化军人的荣誉意识,加强爱国主义、革命英雄主义、集体主义教育,培育有灵魂、有血性、有本事、有品德的新时代革命军人,锻造具有铁一般信仰、铁一般纪律、铁一般信念、铁一般担当的过硬部队。

(6)明确媒体责任、表彰方式、扩大礼遇对象问题。有些常委委员、社会公众、地方人员建议,根据现有政策做法,在荣誉维护一章中明确强化媒体责任、表彰方式、扩大礼遇对象。宪法和法律委员会经研究,建议增加以下规定:一是国家通过授予荣誉称号、勋章、记功、表彰、嘉奖、颁发纪念章等方式,对做出成绩突出、贡献大的军人给予功勋荣誉表彰;二是广播、报刊、电视、互联网等媒体,应当积极宣传军人的英勇事迹、先进典型;三是各级人民政府应当走访因公牺牲军人、慰问烈士、病故军人的遗属,地方人民政府为其家庭悬挂光荣牌,举行纪念活动、重要庆典时邀请因公牺牲军人、军人家属和烈士、病故军人的遗属代表参加。

(7)关于军人及军人家属探亲休假规定问题。有些常委委员和全国人大代表建议,规定军人家属探亲的有关费用保障。宪法和法律委员会经研究,建议增加规定:未成年子女、军人配偶、不能独立生活的成年子女的探亲路费,由军人所在部队保障。

(8)关于女军人特殊权益保障规定问题。有的常委委员、全国人大代表建议,在本法中对女军人特殊权益保障作出规定。宪法和法律委员会经研究,建议增加规定:女军人的合法权益受法律保护。军队应当根据女军人的特点,合理安排女军人的休息休假、工作任务,在健康、生育等方面为女军人提供特别保护。

(9)关于军人家属享受优待证明问题。有的常委委员、艰苦边远地区的基层官兵、社会公众提出,军人家属享受优待常常需要证明军人家属身份,建议(草案)对此作出规定。宪法和法律委员会经研究,建议增加规定:军人家属凭相关证件享受法律法规规定的优待政策保障。具体办法由国务院、中央军委及相关部门制定。

(10)关于民营医疗机构提供优待服务问题。有的常委委员、部门、地方人员、社会公众建议,对民营医疗机构为军人及其家属提供优待服务作出规定。宪法和法律委员会经研究,建议增加规定:国家鼓励民营医疗机构为军人家属、军人、烈士、病故军人、因公牺牲军人的遗属就医提供优待政策服务。

(草案2次审议稿)对上述意见做了修改,宪法和法律委员会建议提请常委会第二十八次会议继续审议。

2021年6月7日,全国人民代表大会宪法和法律委员会关于《中华人民共和国军人地位和权益保障法(草案)》审议结果向全国人民代表大会常务委员会报告:

常委会第二十八次会议对《军人地位和权益保障法(草案)》进行了2次审议。这次会议之后,法制工作委员会在中国人大网公布(草案2次审议稿)全文,广泛征求社会公众意见建议;宪法和法律委员会,还到江苏实地调研,听取全国人大代表、军队、地方有关部门等方面的意见建议;法制工作委员会、宪法和法律委员会召开中央有关部门座谈会,并进一步听取中央有关部门的意见建议,并就(草案)主要问题与相关部门交换意见、共同研究。5月18日,宪法和法律委员会又召开会议,根据常委会组成人员的审议意见和各方面的意见,对(草案)进行了逐条审议。司法部、中央军委办公厅军委法制局、退役军人事务部、中央军委政治工作部、立法工作专班、中央军委改革和编制办公室有关负责同志列席了会议。5月27日,宪法和法律委员会召开会议,再次进行了审议。宪法和法律委员会认为,为保障军人地位和合法权益,激励军人履行使命职责,让军人成为全社会尊崇的职业,促进国防建设和军队现代化建设,制定本法是必要的,(草案)经过两次审议修改,已经比较成熟。同时,为使此法更加完善,又提出以下主要修改意见:

(1)关于进一步明确军人地位和权益保障工作的主管部门问题。有的常委委员和部门提出,军人地位和权益保障工作的主管部门应当进一步明确。宪法和法律委员会经研究,建议规定:中央军事委员会政治工作部门、国务院退役军人工作主管部门,以及中央和国家有关机关、中央军委有关部门按照职责分工,做好军人地位和权益政策保障工作。

(2)关于进一步完善军人地位和权益保障所需经费问题。有些部门和地方建议,军人地位和权益保障所需经费的规范进一步完善,突出事权、支出责任相适应的原则。宪法和法律委员会经研究,建议规定:军人地位和权益保障所需经费,由中央和地方按照事权、支出责任相适应的原则进行预算。

(3)关于突出执行作战任务军人礼遇待遇问题。有些常委委员、部门和地方建议,充实荣誉维护有关规定,加强人民解放军光荣历史、英勇事迹宣传教育、军人先进典型,突出执行作战任务军人礼遇待遇。宪法和法律委员会经研究,建议增加规定:各级各类学校设置的国防教育课程中,应当包括军人先进典型、中国人民解放军光荣历史、英勇事迹等内容。军人执行作战任务获得功勋荣誉表彰的,按照高于平时的原则享受礼遇、待遇。

(4)关于住房公积金和住房补贴保障内容问题。有的部门、社会公众、地方、军人代表提出,住房公积金和住房补贴是军人住房权益保障的重要内容,建议增加相关规定。宪法和法律委员会经研究,建议增加规定:国家建立健全军人住房补贴制度、住房公积金制度。

(5)关于军人受教育权利保障措施规定问题。有些常委委员、地方、部门、军人代表提出,培训教育是提高军人履行职责等能力的重要途径,建议对军人受教育权利保障措施作出规定。宪法和法律委员会经研究,建议增加规定:保障军人的受教育权利,组织、支持军人参加专业和文化学习培训,国家建立健全军人培训教育体系,提高军人履行职责的能力和退出现役后的就业创业能力。

(6)有些常委委员、社会公众、部门、军人代表建议,随军家属为军队建设作出了重要贡献,建议进一步完善有关就业保障措施。宪法和法律委员会经研究,建议增加规定:国有企业在新招录职工时,应当按照用工需求的适当比例聘用随军家属;国家鼓励有用工需求的用人单位优先安排随军家属就业。有条件的民营企业在新招录职工时,可以按照用工需求的适当比例聘用随军家属。

(7)关于进一步完善军人子女教育优待措施问题。有些常委委员、地方、部门、军人代表提出,建议军人子女教育优待措施进一步完善。军人特别是艰苦边远地区服现役军人、双军人的家庭在子女入学方面存在不少实际困难,宪法和法律委员会经研究讨论,建议规定:地方各级人民政府,及其相关部门应当为军人子女提供当地优质教育资源,创造良好教育的条件。

同时,规定军人子女入读公办义务教育阶段学校、普惠性幼儿园,可以在祖父母、外祖父母户籍所在地入学,享受当地军人子女优待教育政策。

(8)关于军人地位和权益保障的公益诉讼规定问题。有的常委会组成人员、地方人员、部门建议,对军人地位和权益保障领域的公益诉讼作出规定。宪法和法律委员会经研究,建议增加规定:侵害军人名誉、荣誉其他合法权益,严重影响军人有效履行使命职责,致使社会公共利益受到损害的,人民检察院可以根据行政诉讼法、民事诉讼法相关规定提起公益诉讼。

(9)关于随军没有就业的军人配偶参加社会保险问题。有些常委委员、部门提出,对随军没有就业的军人配偶参加社会保险作规范。随军没有就业的军人配偶参加社会保险正在改革,有关制度尚未定型,建议在本法中暂不规定,为有关改革留有余地。宪法和法律委员会经研究,建议采纳这一意见,删去(草案)的上述规定。

2021 年 5 月 21 日,全国人大法制工作委员会召开会议,邀请部分全国人大代表、现役军人家属、现役军人、专家学者、退役军人工作主管部门、基层军队政治工作部门的代表,就(草案)主要制度规范的出台时机、可行性、实施的社会效果和可能出现的问题等进行评估。与会人员普遍认为,制定军人地位和权益保障法是贯彻落实中共中央决策部署的重要措施,是依法维护军人地位和权益的必然要求。(草案)经过修改完善后,聚焦备战打仗,坚持问题导向,内容体系严谨、切实可行、结构合理,建议尽快审议通过。

法律颁布实施之后,必将更好地激励广大官兵建功军营、安心服役。与会人员还对(草案)提出了一些具体修改意见,宪法和法律委员会进行了认真研究,对有的意见予以采纳。

(草案 3 次审议稿)已按上述意见做了修改,宪法和法律委员会建议提请本次常委会会议审议通过。

2021 年 6 月 10 日,全国人民代表大会宪法和法律委员会关于《中华人民共和国军人地位和权益保障法(草案 3 次审议稿)》修改意见向全国人大常务委员会报告:本次常委会会议于 6 月 8 日上午,对军人地位和权益保障法(草案 3 次审议稿)进行了分组审议。普遍认为,(草案)已经比较成熟,在进一步修改后,建议提请本次常委会会议表决通过。同时,有些常委会组成人员、列席人员还提出了一些修改意见建议。6 月 8 日晚,宪法和法律委员会又召开会议,逐条研究了常委会组成人员的审议意见,对(草案)进行了审议。中央军委政治工作部、中央军委办公厅军委法制局、中央军委改革和编制办公室、国家司法部、立法工作专班有关负责同志列席了会议。宪法和法律委员会认为,(草案)是可行的,同时提出以下修改意见。

（1）关于军人家属随军落户保障问题。（草案 3 次审议稿）规定了军人家属随军落户。有些常委委员提出，军人家属随军落户是军人待遇的重要保障，但落户时在手续办理等方面还存在不少实际困难，建议对有关保障措施提出明确规范。宪法和法律委员会经研究，建议增加规定：地方人民政府有关部门、军队有关单位，应当及时高效地为军人家属随军落户办理相关手续。

（2）关于军人子女、烈士子女资助政策问题。（草案 3 次审议稿）规定，符合规定条件的军人子女、烈士子女、按照规定享受费用减免等学生资助政策。有些常委委员、部门提出，根据现有政策做法，对烈士子女、符合规定条件军人子女的资助政策在免除有关费用之外，还包括助学金、奖学金等，建议在法律中予以体现。宪法和法律委员会经研究，建议将上述规定修改为符合规定条件的军人子女、烈士子女按照规定享受助学金、奖学金和有关费用免除等学生资助政策。

（3）关于施行时间问题。经与相关部门研究，建议将本法的施行时间确定为 2021 年 8 月 1 日。

（草案）修改稿已按上述意见做了修改，宪法和法律委员会建议本次常委会会议审议通过。

2021 年 6 月 10 日，全国人大常委会十三届第二十九次会议表决通过《中华人民共和国军人地位和权益保障法》，国家主席习近平签署第 86 号主席令予以公布，自 2021 年 8 月 1 日起施行。[①]

6.5　制定退役军人保障法

退役军人，为国防建设和军队建设作出了不可磨灭重要的贡献，是我国社会主义现代化建设的重点关注的力量，是党和国家的宝贵财富。做好退役军人安置保障工作，对于巩固党的执政地位、厚植强军兴军根基、确保国家政权巩固、维护社会安全稳定，切实维护好退役军人合法权益，让军人成为全社会尊崇的职业落到实处，落实退役军人保障待遇，制定退役军人保障法具有十分现实的意义。

6.5.1　启动制定退役军人保障法

新中国成立以来，中共中央、国务院、中央军事委员会制定了一系列法

---

① 全国人民代表大会常务委员会官网。

规政策,对做好退役军人服务管理保障工作、维护退役军人权益发挥了积极的重要作用。随着经济社会的发展,国防和军队改革的深入发展,退役军人工作面临着新形势新变化新任务:一是党的十八大以来,以习近平同志为核心的党中央,对退役军人工作作出一系列重大部署,对新时代做好退役军人工作作出新部署、提出了新要求;二是 2018 年 3 月机构改革之前对军官和士兵的安置、优待、就业等工作分散在有关部门,相关规定比较分散,需要新的整合;三是对退役军人工作中普遍反映的问题,需要通过法律予以规范。有必要制定一部系统完备的法律,为做好新时代退役军人工作提供法治保障。

2019 年 7 月,中央军委政治工作部、退役军人事务部、组织起草了《中华人民共和国退役军人保障法(草案送审稿)》,提请国务院、中央军委审议。司法部、中央军委法制局分别征求了中央有关单位、省级政府以及军队有关部门的意见,并赴部分地方调研,召开座谈会听取地方政府及其有关部门和作战部队、退役军人代表的意见,在此基础上,会同退役军人事务部、中央军委政治工作部等有关部门,对送审稿做了研究进一步调整修改,形成了《中华人民共和国退役军人保障法(草案)》。

制定退本法在总体思路上主要把握了以下几点:一是贯彻落实中共中央总书记习近平同志关于退役军人工作的重要论述,中共中央、国务院、中央军事委员会关于退役军人工作的决策改革部署,坚持服务国防建设和军队建设,服务经济社会发展,为退役军人提供法治保障,能使军人成为全社会尊崇的职业;二是坚持既尽力而为又要量力而行,围绕退役军人普遍关注的教育培训、移交安置、抚恤优待等问题,进行了政策制度完善调整,规定了一系列创新举措;三是进行了统筹协调,处理好不同类别退役军人权益、不同时期的合理平衡,注重物质待遇与精神激励相结合、服务保障与教育管理相结合;四是与相关法律法规的对接,并为下一步制定修订相关的配套法规政策留出接口。

6.5.2　退役军人保障法主要内容

第一,明确退役军人工作的基本原则:一是确定原则。规定退役军人工作,坚持中国共产党的统一领导,为经济社会发展服务、为国防建设和军队建设服务的方针,遵循以人为本、服务优先、分类保障、依法管理的原则;二是明确退役军人的权利义务。规定了国家尊重和优待退役军人,保护退役军人的合法权益地位,要求退役军人模范遵守宪法、法律法规;三是确立工作体制。明确了退役军人工作主管部门、军队有关部门、其他有关机关各自职责任务。

第二,规范退役军人的移交接收。一是明确主体责任。规定退役军人应当将退役军人移交安置地退役军人工作主管部门接收,由退役军人原所在部队负责;二是完善工作程序。对退役军人的户口登记、档案移交等事项作了规定,要求退役军人在规定时间内,到安置地退役军人工作主管部门报到;三是改进军地衔接机制。退役军人规定在移交接收过程中,发生与安置有关的问题,由安置地政府负责处理。退役军人发生与服现役有关的问题,由其原所在部队负责处理。

第三,提高退役军人的安置质量。一是安置方式调整完善。国家明确退休、复员、转业、逐月领取退役金、安排工作、自主就业、供养等方式,对退役军人予以妥善安置;二是安置保障加强。规定转业军官、安排工作的军士、义务兵,由机关、事业单位、人民团体和国有企业接收安置,并按照规定予以编制保障。对转业军官,明确由政府根据工作需要、在军队的职务等级、德才条件以及等因素安排工作岗位,做好职务职级确定工作;三是树立鲜明的安置导向。退役军人有参战经历等情形的,给予以优先安置政策。

第四,创新退役军人教育培训。一是完役前的教育培训。规定军人退役前,所在部队可以提供职业技能储备培训,组织参加高等学历继续教育、高等教育自学考试、非学历继续教育;二是教育优惠政策。明确高等学校通过单列计划、单独招生等方式招考退役军人。现役军人入伍前已被普通高等学校录取,或者是正在就学的学生,退役后在复学、入学等方面享受有关教育优惠政策制度;三是职业技能培训。规定国家依托有关教育资源为退役军人提供职业技能培训。

第五,优化就业创业扶持。一是加强就业支持。规定机关、事业单位、人民团体、国有企业同等条件下优先招聘招录退役军人;二是拓宽就业渠道。明确各地设置一定数量的基层公务员职位,面向服现役满五年的高校毕业生退役军人招考;三是创业支持。规定相关创业孵化基地、创业园区优先为退役军人提供创业服务,退役军人及其创办的小微企业可以申请创业担保贷款。

第六,完善优待和褒扬。一是规定优待与普惠叠加的原则。规定政府在保障退役军人享受普惠性政策、公共服务基础上,结合各地实际情况、服役贡献予以优待。二是合理确定优待范围。明确在社会保险、医疗、住房、文化、交通等方面,对退役军人给予相应优待。三是荣誉激励。明确国家对做出突出贡献的退役军人予以奖励表彰;退役军人服现役期间获得奖励表彰,退役后按有关规定享受相应待遇;退役军人家庭悬挂光荣牌,由地方政府负责。

第七,加强管理和监督。一是服务体系建设。明确了各级政府应当建立健全退役军人服务体系,完善退役军人服务机构建设。二是教育管理。规定退役军人工作主管部门、接收安置单位等,对退役军人保密教育管理、思想政治教育;军人服现役期间受到纪律处分且影响恶劣的,受到治安管理处罚且影响特别恶劣的,退役军人受到刑事处罚,视情节轻重中止、取消、降低其有关待遇。三是退役军人合法权益维护。规定公共法律服务相关机构应当依法提供必要的帮助,退役军人工作主管部门,应当为退役军人维护合法权益提供支持,此外,还对违规界定退役军人安置待遇等违法行为,规定了相应的法律责任。

6.5.3 退役军人保障法审议和颁布实行

2020年6月,全国人大常委会,对《退役军人保障法(草案)》初次审议后,6月22日—7月21日期间,通过中国人大官网全文公布草案,公开征求社会人民公众意见。社会人民公众特别是广大退役军人对这部法律草案非常关注。共收到132845位网民,提出的820689条意见在中国人大官网。另外,还收到人民群众书面来信20723封。军队有关部门、退役军人事务部也收到了一些关于修改完善(草案)的人民群众来信。本法(草案)在修改过程中,认真考虑并充分吸收了社会人民公众的意见。主要是完善三方面的内容:一是体现本法的特色;二是保障力度进一步加大;三是保障措施更加具体化。

2020年10月13日,全国人大宪法和法律委员会,向全国人大常务委员会汇报,就《中华人民共和国退役军人保障法(草案)》修订相关情况。常委会第十九次会议,对《退役军人保障法(草案)》进行了初次审议。会议之后,法制工作委员会将(草案)印发各省、自治区、直辖市、中央有关部门、基层立法联系点等征求意见,在中国人大官网公布(草案)全文,征求社会广大人民公众意见建议;整理全国人大代表在十三届全国人大三次会议上提出的退役军人保障工作的建议;宪法和法律委员会、法制工作委员会、社会建设委员会共同召开座谈会,听取中央有关部门的意见建议;法制工作委员会、宪法和法律委员会到北京、江苏、上海等地调研,听取全国人大代表、退役军人服务机构、地方有关部门、退役军人、现役军人代表等的意见,就(草案)中的主要问题与相关业务部门交换意见,共同讨论研究。9月15日,宪法和法律委员会召开会议,根据各方面意见、常委会组成人员的审议意见,对(草案)又进行了逐条审议。社会建设委员会、退役军人事务部、司法部、中央军委政治工作部、中央军委法制局的有关负责同志列席了会议。9月29日，宪法和法律委员会召开会议，再次进行了讨论审议。主要问题的修订情况如下。

（1）关于突出保障法的保障法定位问题。有的常委会组成人员、地方人员、部门、社会人民公众提出，应突出保障法的保障法定位，进一步细化明确相关措施保障。宪法和法律委员会经过讨论研究，建议将"退役军人工作"修改为"退役军人保障工作"，删去部分条款中有关"管理"的表述。一是不断加强国家退役军人保障体系的建设；二是退役军人优待证全国统一编号、统一制发；三是以供养方式安置的终身由国家供养；四是退役军人抚恤优待制度地区差异国家逐步缩小；五是退役军人凭退役军人优待证等有效证件，可享受旅游等优待；六是县级以上人民政府，收治或者是集中供养孤老、生活不能自理的退役军人，充分利用好现有医疗和养老服务资源；七是退役军人权益保障机制建立健全，畅通诉求表达各种渠道。

（2）关于细化待遇安置相关原则问题。有些常委委员、社会人民公众、地方人员建议，进一步细化待遇确定、安置工作的相关原则。宪法和法律委员会经讨论研究，建议增加规定：一是退役军人安置工作应当公开、公正、公平；二是退役军人的生活政治等待遇与其服现役期间所做贡献进行挂钩；三是以安排工作方式安置的军士和义务兵，由安置地人民政府根据其服现役期间专长、所做贡献等安排工作岗位；四是国有企业接收安排工作的军士、义务兵的，安置转业军官，应当按照国家规定与其签订劳动合同，保障相应政策待遇。

（3）关于明确中央财政主要保障问题。承担的退役军人保障经费范围进一步明确。有些常委委员、社会人民公众、地方建议，中央财政主要承担的退役军人保障经费范围进一步明确。宪法和法律委员会经过与退役军人事务部研究，建议增加规定：退役安置、抚恤优待、教育培训资金主要由中央财政负责。

（4）关于退役军人的社会保险等问题。有些常委委员、社会人民公众、部门建议，对退役军人的社会保险缴费年限计算、接续转移等作出规定。宪法和法律委员会经过与军委政治工作部研究、退役军人事务部，建议增加规定：一是退役军人原所在军队，应当按照法律规定，及时将退役军人、随军未就业配偶的医疗、养老保险关系、相应的资金，转入安置地社会保险经办机构。安置地人民政府退役军人工作主管部门，应当与社会保险经办机构、军队相关机关密切配合，依法做好相关社会保险关系、相应资金转移接续工作；二是退役军人服现役年限与参军前、退役后参加职工基本养老保险、失业保险、职工基本医疗保险的缴费年限依法合并进行计算。

（5）关于退役军人培训教育措施增强问题。有些常委会组成人员、中央有关部门、地方人员建议，退役军人培训教育措施的针对性进一步增强。宪法和法律委员会经过与退役军人事务部研究，建议增加规定：一是培训教育是退役军人保障工作的一个重要组成部分，应当以提高就业质量为重要导向，紧密围绕社会需求，为退役军人提供有特色、针对性、精细化强的培训服务；二是退役军人没有达到法定退休年龄需要创业就业的，可以享受职业技能培训补贴等相应政策扶持；三是义务兵、军士退出现役，安置地人民政府，应当组织其免费参加技能培训、职业教育，经考试考核合格的，发给相应的职业资格证书、学历证书并推荐就业。

（6）关于没有就业退役军人的相关保障问题。有些部门、社会人民公众、地方人员建议，对没有就业退役军人的相关保障作出明确。宪法和法律委员会根据人力资源和社会保障部提出的方案，建议退役军人没有能及时就业的，在人力资源和社会保障部门办理求职登记后，可以按照政策规定享受失业保险的待遇。

（7）关于军人退役后回参军前原单位问题。有些部门、社会人民公众、地方人员建议，应当允许军人退役后回参军前原单位工作。宪法和法律委员会经与退役军人事务部讨论研究，建议退役的义务兵、军士参军前是机关、事业单位、群团组织或者是国有企业人员的，退役后可以选择复工复职。

（8）关于优先选用退役军人问题。有些部门、社会人民公众提出，国防建设和军队建设相关的岗位，应当优先选用退役军人。宪法和法律委员会经过与中央军委政治工作部讨论研究，建议国防教育机构岗位、军队文职人员岗位等，应当优先选用符合条件的退役军人。

（9）关于退役军人参与学生军训问题。有些部门、地方人员提出，考虑到军队承担的各项任务都比较重，学校开展学生军事训练选派军事教员帮助，存在一定困难，建议增加退役军人参与学生军训的相关规定。宪法和法律委员会经过与教育部讨论研究，建议学校可以聘请退役军人参与学生军训等国防教育活动。

（10）关于军人公墓、烈士纪念问题。有些常委委员提出，为了加强对英雄烈士和退役军人的褒扬，弘扬英雄烈士精神，建议对军人公墓、烈士纪念设施等作出规定。宪法和法律委员会经过讨论研究，建议国家弘扬英雄烈士精神，统筹规划烈士纪念设施建设。退役军人工作主管部门做好烈士纪念设施的修缮、管理、保护，组织开展英雄烈士纪念祭扫活动。国家进一步推进军人公墓设施建设。

（11）关于退役军人服务体系建设问题。有些常委委员、社会人民公众、地方建议,退役军人服务体系建设的具体内容进一步规范,以及退役军人服务机构的相关职责。宪法和法律委员会经过与退役军人事务部讨论研究,建议一是县级以上人民政府设立退役军人服务中心,街道、乡镇、城市社区、农村设立退役军人服务站点;二是设立的退役军人服务中心、服务站点等退役军人服务机构,应当主动与退役军人联系沟通,做好退役军人就业创业扶持、走访慰问、优抚帮扶、权益维护等服务保障。

（12）关于退役军人主管部门接受监督问题。有些部门、社会人民公众建议,增加退役军人主管部门接受监督的相关规定。宪法和法律委员会,经过与退役军人事务部讨论研究,建议退役军人工作主管部门及其工作人员履行职责任务时,应当自觉接受全社会的监督。同时,增加退役军人保障中渎职失职行为的法律责任。

（13）关于服现役期间受到纪律处分后的待遇问题。有些部门、社会人民公众、现役军人、退役军人提出,军人服现役期间受到纪律处分后的待遇处理、职级确定问题,相关规定已经规范得比较明确,无须重复规定;军人退役后因违法犯罪被中止、降低或者是取消其相关待遇的决定部门层级也比较低。宪法和法律委员会经与退役军人事务部研究,建议删去（草案）第二十六条的规定,并将（草案）第七十一条第二款修改为退役军人违法犯罪的,由省级人民政府退役军人工作主管部门,按照国家相关规定中止、降低或者是取消其退役相关待遇,报国务院退役军人工作主管部门进行备案。

（14）关于退役军官的安置问题。有些部门、社会人民公众、地方、退役军人和现役军人建议,对军队离职休养军官、转业干部、自主择业的军队职业军官等,退役军人的安置、待遇保障予以明确。宪法和法律委员会经过与军委政治工作部、退役军人事务部讨论研究,考虑到上述退役军人的安置比较特殊,建议根据中央文件和现役军官法相关规定,增加衔接性规定:军官离职休养、军级以上职务军官退休后,按照国务院、中央军事委员会的相关规定安置管理。本法施行前已经按照自主择业方式安置的退役军人的待遇保障,按照国务院、中央军事委员会的相关规定执行。

（草案 2 次审议稿）已按意见建议做了修改,宪法和法律委员会建议提请本次常委会会议继续审议。

2020 年 11 月 10 日,全国人大宪法和法律委员会关于《中华人民共和国退役军人保障法（草案）》审议结果,向全国人大常务委员会报告。

常委会第二十二次会议,对《退役军人保障法（草案）》进行了 2 次审议。会议之后,法制工作委员会,将（草案 2 次审议稿）印发中央有关部门、一部分省级人大常委会征求意见建议；实地到河北、天津等地进行调查研究，当面听取地方有关部门、全国人大代表、现役军人代表、退役军人服务机构、退役军人等的意见建议。法制工作委员会、宪法和法律委员会就（草案）中的主要问题与相关部门交换意见，共同讨论研究。10 月 27 日，宪法和法律委员会召开会议，根据常委会组成人员的审议意见、各方面意见建议，对（草案）进行了逐条审议。社会建设委员会、退役军人事务部、司法部、中央军委政治工作部、中央军委法制局的相关负责同志列席了会议。11 月 3 日，宪法和法律委员会召开会议，再次进行了讨论审议。宪法和法律委员会认为，为了维护退役军人合法权益，加强退役军人保障工作，制定本法是十分必要的，（草案）经过两次审议修改，已经比较成熟。同时，提出以下主要修改意见。

（1）关于发挥退役军人在国防教育作用问题。有些常委委员建议，贯彻中共中央总书记习近平同志重要讲话精神，在本法中对加强爱国主义教育、革命英雄主义精神、弘扬爱国主义精神作出了规范。宪法和法律委员会经研究，建议规定：国家发挥退役军人在国防教育、爱国主义教育活动中的积极作用。机关、企业事业单位、群团组织、社会组织可以邀请退役军人协助开展国防教育、爱国主义教育。县级以上人民政府退役军人工作主管部门，应当加强对退役军人先进事迹的宣传，创作主题文艺作品、通过制作公益广告等方式，弘扬革命英雄主义精神、爱国主义精神、退役军人敬业奉献精神。

（2）关于退役军人的劳动权益问题。有些常委委员提出，企业事业单位进行裁减人员时，退役军人的劳动权益应当优先保障。宪法和法律委员会经研究认为，这是符合中央有关文件精神、劳动合同法相关规定的。建议增加规定：有关用人单位依法进行裁减人员时，退役军人应当优先留用、接收安置的转业、安排工作。

（3）关于体现优属拥军的优良传统问题。有些常委委员建议，退役军人的保障，应当体现优属拥军的优良传统。宪法和法律委员会经研究，建议规定：各级人民政府加强拥军优属工作，为军人、家属排忧解难。符合条件的军官、军士退出现役时，其子女、配偶可以按照国家相关规定随迁随调。

（4）关于免费参加技能培训等问题。（草案 2 次审议稿）第三十六条第二款对义务兵、军士退役时免费参加技能培训、职业教育作了规定。有些常委委员提出，免费参加技能培训、职业教育的退役军人，不应限于退出现役的军士、义务兵。宪法和法律委员会经过研究讨论，建议规定：军人退出现役，安置地人民政府，应当组织其免费参加技能培训、职业教育。

（5）关于享受相关税收优惠问题。（草案 2 次审议稿）第四十七条，对企业招用退役军人规定了享受相关税收优惠。有些常委委员、部门提出，招用退役军人依法享受税收优惠等政策的主体范围不应仅限于企业，还应包括事业单位、社会组织等用人单位。宪法和法律委员会经过讨论研究，建议将这一条修改为用人单位招用退役军人符合国家规定的，依法享受税收优惠等政策。

（6）关于监督检查职责问题。有些常委委员建议，规范退役军人工作主管部门，对相关法律法规、政策措施落实情况的监督检查职责。宪法和法律委员会经过研究讨论，建议规定：县级以上人民政府由退役军人工作主管部门监督检查，退役军人保障相关法律法规和政策措施落实情况。

10 月 29 日，全国人大法制工作委员会召开会议，邀请部分全国人大代表、退役军人工作主管部门、专家学者，服务机构工作人员、现役军人、退役军人代表，就（草案）主要政策制度规范的可行性、实施的社会效果、出台时机以及可能会出现的问题等进行了评估。与会人员普遍认为，制定退役军人保障法是贯彻落实中共中央决策部署，是依法维护退役军人合法权益的客观要求。适应新时代退役军人保障工作的现实需要，制定一部综合性、基础性、系统性的退役军人保障法是必要的。（草案）经过公开征求意见并且经过多次审议修改，对各方面提出的意见建议作了积极、合理、正面的回应，（草案）已经比较成熟，建议审议尽快通过。法律颁布实施后，必将为退役军人合法权益提供有力法治政策支撑保障。与会人员还对（草案）提出了一些具体修改意见建议，宪法和法律委员会进行了认真讨论研究，对有的意见建议给予以采纳利用。

（草案 3 次审议稿）已按上述意见建议又做了修改，宪法和法律委员会建议提请本次常委会会议审议通过。

2020 年 11 月 11 日，全国人民代表大会宪法和法律委员会关于《中华人民共和国退役军人保障法（草案 3 次审议稿）》修改意见向全国人民代表大会常务委员会的报告：

常委会会议于 11 月 10 日下午对退役军人保障法（草案 3 次审议稿）进行了分组审议。普遍认为，（草案）已经比较成熟，建议进一步修改之后，提请本次常委会会议表决通过。同时，有些常委会组成人员、列席会议的人员，还提出了一部分修改意见建议。宪法和法律委员会于 11 月 10 日晚上召开会议，逐条研究了常委会组成人员的审议意见，对（草案）进行了审议。司法部、社会建设委员会、退役军人事务部、军委政治工作部、军委法制局的相关负责同志列席了会议。宪法和法律委员会认为，（草案）是可行的，同时,提出以下修改意见。

(1) 关于加强退役军人教育培训问题。(草案3次审议稿)第三十一条第二款,对国家采取措施加强退役军人教育培训作了规定。有些常委委员、部门提出,加强教育培训的目的不应限于提高综合职业素养、职业技能水平,还包括提高政治思想水平。宪法和法律委员会经研究,建议将这一款修改为国家采取措施加强对退役军人的培训教育,帮助退役军人完善知识结构,提高思想政治水平、综合职业素养、职业技能水平,提升创业就业能力。

(2) 关于免费参加技能培训职业问题。(草案3次审议稿)第三十六条第二款,对现役军人退出现役免费参加技能培训职业教育作了规定。有些常委委员、部门提出,退役军人考核考试合格后,除了获得职业资格证书、相应的学历证书外,还可以发给职业技能等级证书。宪法和法律委员会经过讨论研究,建议将这一款修改为军人退出现役,安置地人民政府应当根据就业需求组织其免费参加技能培训职业教育,经考核考试合格的,发给相应的职业资格证书、学历证书,或者是职业技能等级证书并积极推荐就业。

(3) 关于烈士祭扫纪念活动问题。有些常委委员提出,为更好弘扬英雄烈士精神,建议草案关于英雄烈士祭扫纪念活动的政策规定,应与英雄烈士保护法做好对接。宪法和法律委员会经过讨论研究,建议将(草案3次审议稿)第六十四条第一款修改为国家统筹规划烈士纪念设施建设,通过组织开展英雄烈士祭扫纪念活动等多种形式,弘扬英雄烈士精神。退役军人工作主管部门负责烈士纪念设施的修缮、保护和管理工作。

建议将本法的施行时间确定为2021年1月1日。(草案)建议表决稿已按上述意见做了修改,宪法和法律委员会建议本次常委会会议审议通过。中华人民共和国全国人民代表大会常务委员会第十三届第二十三次会议,于2020年11月11日审议通过。

2020年11月11日,中华人民共和国主席习近平签署中华人民共和国主席第63号令公布,自2021年1月1日起施行。①

---

① 全国人民代表大会常务委员会官网。

第7章　兵役制度建设与管理的发展趋势

兵役制度,是国家的一项重要的军事制度,必须符合现代社会的发展规律。同时,兵役制度总是伴随着国家安全的形势、战争的发展而发展,伴随着战争形态的发展变化而变化,顺应历史的潮流,满足国家军事战略的需求。研究兵役制度建设与发展趋势,对把握兵役制度建设的发展方向,推进新时代兵役制度的改革,具有重要意义。

7.1　现役制度

新中国颁行的历部兵役法,对于促进我国征兵工作的制度化、现代化,确保国防和军队建设,特别是武装力量壮大发展,起到了积极的重要作用。随着世界战争形态发展变化,军队建设由机械化、信息化、智能化融合发展,兵役制度也必将引起深刻的变革。必须认真总结现役制度的良好经验,充分借鉴外军现役制度好的做法,不断完善现役制度的发展,为打赢未来信息化和智能化战争提供可靠保证。可以预见,我国现役制度,必须适应新时代军事战略方针,深入贯彻我党的强军思想,深化兵役制度改革,适应国防建设和军队建设的需要。

7.1.1　志愿兵比例不断提高

20世纪90年代初海湾战争的爆发,标志着战争步入信息化战争形态。以信息技术为代表的大量高新技术武器装备在军事领域的运用比较广泛,使军队可以用少量的技术武器装备,完成过去需要大规模人力才能完成的任务。进入新时代信息化、智能化战争不断发展,对兵役制度改革提出新的要求。有的西方军事专家观点:建立一支精干的全志愿的职业化军队,比主要依靠征兵的军队更能应对紧急状态情况。因此,许多国家在部队建设上不约而同地选择了"精兵""高质""高效"的武装力量发展道路。志愿兵役制有利于保留骨干、人员精干、职业化程度高的特点,已成为世界现役制度的发展趋势和现实做法。实行志愿兵役制,志愿服役者长期在部队服役职业化程度较高,熟练掌握现代化武器技术装备,更好的适应军队现代化建设和未来信息化和智能化战争的需要。随着信息化水平不断提高,专业技术性岗位逐步增多,义务兵因服役时间短,而发挥作用的空间将逐步递减。而中国综合国力的发展迅速,必将为国防建设和军队建设的发展提供支撑,使志愿兵比例的会逐步提高。最终,在条件成熟时,中国的兵役制度将逐步会全部转到志愿兵役制。

7.1.2　征集高素质兵员逐步增多

信息化和智能化的发展,战争信息化程度的科技含量、越来越多,迫切要求部队人员不断提高科技综合素质,以适应未来高端战争的需求。战争实践表明:部队的建设质量优势,可以抵消对手部队数量优势,而数量优势弥补质量上的差距有难度。要想打赢未来高端战争,既要依靠信息化和智能化的武器装备,更要依靠高素质的兵员。在未来高端战争中,一支军队的战斗力如何,命运在相当程度上取决于部队的兵员素质。因此,在未来高端战争中,提高兵员的综合素质,特别是要把兵员的科学文化素质如何放到战略的高度来对待。士兵征集的对象逐步以各类各级院校应届毕业生为主体。随着中国征兵对象主体的改变、高等教育的日益普及,当前,每年毕业的大学生 1000 多万,平时只具有中学学历的应征青年将逐步不再具有参军服役的资格。随着部队人员的工资和福利待遇的不断提升,军队将真正成为我国社会中青年精英人才的云集之地,会吸引越来越多的大学生投身军营,并最终成为士兵队伍的主体兵员。

7.1.3　参军方式更为灵活方便

2013 年,征兵时间由每年集中于每年冬季调整为夏秋季实施。2021年,又调整实行一年两次征兵,一年两次退役。简称"一年两征两退"。冬季征兵方式虽然便于组织,但也带来诸多问题。是与大学生高考和大学生毕业在时间上有冲突,每年的高考录取工作都是在 9 月前结束,而高考落榜考生不可能在家中坐等,或是选择复读或是选择就业;大学毕业生一般是在 7月毕业离校,一般也不可能在家中等待四五个月不参加求职工作。单一实施冬季征兵,必然会失去这部分的优质兵源;二是不利于部队保持良好战备水平和部队战斗力的持续保持。在每年的冬季,部队一次性安排一批老兵退役,同时一批新兵入役,这样会导致战斗力水平大幅度的波动。据此,征兵时间进行了优化调整,由冬季征兵调整为夏秋季征兵。将每年集中一次征兵改为两次征兵,现有征兵时间所带来的矛盾可以化解。实行以户口制度为基础的征兵政策制度,应征青年按照政策制度的规定,必须回到原籍进行应征。而许多劳动力输出大省,同时也是兵源大省。例如:某县,全县 80 万人中,外出经商、务工的就有 35 万人,在人口流动频繁的情况大背景下,适龄青年返回原户口所在地,参加征兵体检,需要额外负担误工费交通费等,有的回到原籍参加应征体检,还失去了工作,有的以此逃避兵役找理由。为解决这一矛盾,有些地方政府承担报名参军人员的相关额外的费用。因此,新时代征集制度应采取更为灵活的征兵方式,试行允许外出务工的适龄青年直接到工作所在地的人武部参加政治考核、体检,对他们将实行原籍、务工所在地两地进行政治考核;原籍人民武装部定兵后,及时在网上发布定兵名单、发放应征青年入伍通知书,被批准参军的务工青年即可在当地参军,避免来回奔波带来的不必要困扰。

7.1.4　征兵效率逐步提高

为了较好的完成每年的征兵工作,政府、军队和相关部门都要消耗大量物力人力。政府在县这一级设置人民武装部,在乡镇这一级也设置人民武装部。每年征兵期间,中央和地方各级政府都要相应成立征兵领导机构,增加组织人力和财力运转成本。部队在每年征兵期间,也正值是老兵退役、军官转业、年终总结,这时人少事多的矛盾比较突出。随着社会信息化智能化程度的不断发展提高,网络信息技术手段将在征兵工作中得到深度广泛应用,征兵效率不高的问题也将逐步化解。兵役机关的信息系统与公安部门、医院、学校,以及相关单位的信息网络相联互通,可以及时验证役龄青年各方面的信息,并通过专门的分析系统,对兵员的各方面情况进行判断分析,筛选合格新兵,避免因为政治考核、体检等进行重复工作。同时,设立国防部专门的征兵网站,宣传征兵工作的法规政策,由兵役机关提供在线征兵咨询服务,向应征青年介绍征兵政策、部队的相关情况,实现征兵工作的透明化、公开化。网络手段的应用,可以简化招募兵员的程序和办法,提高征兵工作效率,保证兵员的质量。同时适龄青年在国防部征兵网站进行兵役登记、网络报名参加体检、政治考核参军入伍,征兵的效率大大提高。

7.1.5　征兵精确度越来越高

一是由数量征集向岗位征集转变,提高兵员征集的精确度是未来发展趋势。长期以来,兵员征集总体上构成要素比较简单,除少量特殊条件兵员外,仅明确所征兵员的人数和大致去向,不明确对所征兵员的具体去向和岗位,以致兵员征集缺乏针对性和有效性。兵员征集仅有体格检查、政治考核两个全军性通用标准,在其规定内容上也存在共性要求多、与具体岗位要求结合不紧等现象,造成征集标准与岗位需求不匹配的问题。随着部队的现代化智能化水平不断提高,部队需要的人才越来越精细,要求兵员精确化,实现由数量征集向岗位征集转变;二是征集的兵员满足个人想去服役的地区和兵种,充分调动每个兵员的积极性。健全完善以通用标准为基础、以岗位标准为补充的标准体系,着力为兵员征集提供科学规范的标准支撑。以现行的体格检查、政治考核标准为基础,对军人体格、素质的最基本要求,需要形成系统全面、科学合理的通用标准体系。不同军兵种、不同专业岗位对军人体格、素质等一些特殊要求,需要建立不同军兵种、不同专业类别的岗位标准体系,作为参军后不同岗位任职的"补充"条件。对军队特有专业,可在其岗位标准中明确应征对象必须具有的学历、从事相近专业等特殊条件,以便参军后能够缩短岗位适应期和磨合期;三是兵员征集的对口度越来越高。我国高等教育和职业技能教育规模发展迅猛,军地通用专业技术人才资源非常丰富。一方面,部队迫切需要专业对口的高素质人才;另一方面,大批掌握过硬专业知识和技能的高学历人才征集到部队后专业对口度不高。"按需补兵、对口征集",把最适合的人才放到部队最需要的岗位上,缩短技术兵培训周期,节省部队人力物力,是部队战斗力建设的重要途径,同时也有利于参军大学生实现人生价值、更好更快地成长为军队和国家的优秀人才,达到部队建设和大学生成长"双赢"局面。

7.2 预备役制度

预备役制度是兵役制度重要内容。预备役制度的发展趋势,它既是引领预备役制度建设的发展方向,也是预备役制度建设发展的需要找准的基准点。研究新时代预备役制度的发展方向趋势,对于国防后备力量的现实建设和长远发展均具有重要意义。

7.2.1 以基地化训练预备役人员和专业领域编组预备役部队为重点

预备役基地主要负责训练退役军人,依据专业领域、补充方向或所在地域等实行灵活编组。专业领域的预备役部队依托相关行业组建,配属现部队或独立遂行作战、作战保障、支援保障等任务,专业领域预备役部队编组对象是专业技术和技能人才,为有利于调动积极性主动性,充分发挥地方军队行业优势。预备役部队通常平时有一部分现役的骨干人员,战时能快速动员预备役人员补充部队,以不断提高战斗力为标准,是预备役制度建设的重点举措,预备役部队动员快速、战斗力强是建设目标。各军兵种部队在战时、危急时需要组建预备役部队、补充战斗人员和专业技术人员,已成为各国普遍有效的做法。总的建设原则是,主要的、常用的、重要的、急用的,以现役部队为主。战时以及凡平时、危急时和都需要的,平时尽可能编入现役部队;平时不完全需要,而危急时需要的,一部分编在预备役,一部分编入现役;凡战时需要而平时不用的,尽可能编在预备役部队。凡带有基础性的部队、机构,设在现役;不带有基础性的,则编入预备役部队。预备役制度优先保障各军种的急需,在组建预备役部队时,既要考虑保障部队、又要考虑作战部,也要考虑地区防御部队、后方部队,其建设的基本点,在于与现役部队衔接配套,以便与现役部队总体合成。有的以现役部队为基础,对口组建;有的利用整编的形式,把现役编余的部队完整地转为预备役;有的按统一的要求,单独组建。

7.2.2 定向对口按专业储备预备役人员

随着部队的装备发展,部队专业种类不断增多,技术装备的大幅度增加,使部队对后备力量的专业技术人员、作战人员的需求激增。以信息产业为代表的高技术产业迅速发展,国家的国防科技和军事工业开始走向高端化,军用卫星、精确制导武器、电子战装备等高技术武器装备登上战争舞台,许多传统的武器装备也因采用高新技术手段而使技术性能、战术性能、得到极大的提高。由于军事高技术在军事领域的广泛应用,使军队的专业技术种类和武器装备的技术含量达到了更高的水平。从第二次世界大战后军队专业种类的发展看,二战时,军队专业种类仅160余种,20世纪50年代发展到400多种,80年代增至2000多种。世界军事强的部队的专业多达4000余种。随着信息化和智能化在军事领域的广泛应用,新的高端武器将应运而生,部队专业的种类不断上升的趋势。同时,用于军事领域的武器、技术装备、作战物资及军用原材料达数百万种。其中,主要武器装备和军用器材就达数千种。军队专业种类和技术装备的不断增加,使军队专业技术兵的比重不断增大。就中国专业技术兵的情况看,陆军已超过50%,空军约占82%,海军约占85%,火箭军已经超过90%。因此,开展对口率、定向,储备各类专业技术人员、作战员的后备力量,是未来预备役制度建设与发展的主要趋势。将具有相应专业技术对口的高科技人才、专业技术队伍作为储备建设的重点,以便满足作战部队所需的战斗人员、后勤等专业技术人员、保障技术装备,从而提高预备役政策制度适应信息化、智能化战争的能力。

7.2.3　预备役制度平战衔接更加紧密

预备役制度平战衔接更加紧密,是预备役制度重点关注问题。战时,需要将预备役动员潜力在较短时间内动员转化为武装力量。而兵员潜力转换为实力时间的长短、实力提升的幅度大小,不仅取决于雄厚的经济基础程度,也取决于预备役制度平战衔接紧密程度。第二次世界大战以前,预备役制度建设主要目的是应战。第二次世界大战之后,特别 21 世纪之后,一些国家相继成立了应急执行和管理机构,在处理重大灾害、紧急事件中,启动预备役制度动员机制、动用预备役人员直接参与实施应急救援、处置突发事件时经常使用。比如,美国联邦紧急事务管理局成立,俄罗斯成立紧急情况部,日本成立有防灾省,这些机构的职责涉及反恐、防疫、灭火、减灾、防范金融风险国际援助甚至公民救援等,涉及所有事关社会安全、国家利益的各个领域。在中国,预备役制度也由过去单一提高应战能力,逐渐向增强应战应急双重能力发展。500 多万名预备役人员参加 1998 年抗洪抢险;69 万多预备役人员参加 2003 年抗击非典行动;2008 年抗震救灾中,在震后 6 小时就有 3.7 万预备役人员紧急动员集结参加救援行动;2020—2021 年抗击新型冠状病毒感染疫情,有海量预备人员积极响应行动等。实践证明,不管是处置突发事件、抢险救灾,还是维护社会秩序,只要关乎人民安危、国家利益,都离不开预备役人员参与。预备役制度发展会赋予更多的职能任务,正由过去的单一应战形式,向应急应战多重职能任务发展转变。据此,预备役制度建设通过由平战结合,最佳配置社会资源的,等量的投入取得最大的国防和社会双重效益。在预备役制度建设的同时兼顾经济建设的需要,预备役制度的建设必须要维护国家的发展利益。预备役制度融合在民众之中,一旦国家应急和应战需要,人力、物力都可使用。

7.2.4　预备役人员由"显性"参战向"隐性"参战发展

未来信息战争,不仅包括电磁频谱的争夺,而且包括指挥控制战、情报战、精确战、心理战、计算机网络战等。一方面,战争不只限于"钢铁"的直接较量,而是电子战、网络战更趋频繁;另一方面,战争的规模和范围更不易控制,局部战争的时空可能将会扩展,局部战争规模和范围有的也会扩大,陆、海、空、天、电"五维"战场的冲击波可能将波及世界的任何一个角落,战争规模和范围变得更不易于控制,传统的大规模战争和局部战争时空观将发生改变。

显然,在一个战争时空观扩大、战争内容发生重大变化的时代,战争更趋于完整意义上的总体战,真正意义上的全民战、平民化战争将会出现,军队与人民群众在战争中的作用将同等重要。当信息战成为战争的主要作战样式之后,战争将不再是军人的"专利"。在信息化战争条件下,无论军人和人民群众都将拥有获得和使用信息"武器"介入战争的能力,社会组织甚至个人,都有可能利用全球互联网参与一场信息战,"电子珍珠港"事件有可能在不经意间突然发生。预备役人员参战形式由传统的"显性"向"隐性"过渡。根据未来信息化、智能化战争发展变化,调整改革预备役制度是不可改变的发展趋势。[①]

7.3 学生军训制度

普通高等学校、高级中学学生军训工作,是学校国防教育的主要形式,是全面贯彻党的教育方针,推进学生素质教育,培养有理想、有道德、有文化、有纪律的社会主义新人的现实要求,是为国防建设和军队建设,造就大批高素质后备兵员重要战略举措,意义深远而重大。研究和把握学生军训的发展趋势,对于学生军事训练改革有着重要的现实意义。

7.3.1 学生军训向基地化训练发展

学生军训基地化训练具有机构健全、制度完善、设施配套、保障有力等特点,已成为学生军训工作的发展趋势。一是利用部队资源优势办基地。部队精简调整后,有一大批营房设施空置,这些营房具有完备的训练和生活保障设施,同时部队又有一支军事素质过硬、组织能力较强的骨干力量。因此,无论是训练生活,还是教育管理等方面,部队都具有独特的优势。利用部队的资源优势,能够较快地建立起具有较高水平的学生军训基地。二是利用教育资源优势办基地。随着地方教育体制改革和学校布局调整,部分学校相继停办或合办。这些被停办的学校不仅具有较为完善的教学和生活保障基础,而且拥有一支较好的教师队伍。这些学校经过适当改造,就能成为设施配套、功能完善的学生军训基地;一些调整下来的教师具有丰富的教学和管理经验,经过适当的军事业务培训,就能成为军事教学力量。因此,充分利用现有学校改建军训基地,既完善了地方教育系统结构,又提高了军训保障能力,能够起到事半功倍的效果。三是利用民兵训练基地的资源优势办基地。组织学生军训既是人武部系统的职责,又是后备力量建设的重

---

① 张杰. 国防后备力量建设教程[M]. 北京:军事科学出版社,2012:264.

要方面,要充分利用民兵训练基地担负学生军训任务。民兵训练基地基础设施配套,训练功能完善,保障条件齐备,同时各武装部还有一支以现役军官为骨干的教学队伍,因此,充分发挥民兵训练基地的场地设施优势、器材保障优势和教学训练优势,不但能够为学生军训提供有力的保障,同时通过学生军训也促进了民兵训练基地的全面建设。四是利用社会力量办基地。社会上一些相关行业和团体,具有自身的独特优势和办学能力,可以为学生军训工作提供有力的保障,为军训基地提供有益补充。如很多爱国主义教育基地,既有专业人员,又有场地设施,其本身就是爱国主义教育基地和国防教育基地,稍加规范就能承担军训任务,同时还能发挥自身特有的教育资源,为军训提供辅助作用。五是利用网络化、模拟化训练,具有资源利用性强、训练效费比好等特点,是学生军事训练发展的必然趋势。由普遍训向重点训转变。学生军训分高级中学和普通高校两个阶段,因此普通高校学生军训要区分层次、突出重点科目训,避免重复交叉、低层次循环。由集中训向持续训转变。把军事课作为一门重点课目,纳入学校整体教学计划,把军事技能训练与军事理论课分成两个阶段,贯穿学期或学年来完成。针对国际国内发生的军事事件、热点问题等,采取军事讲座、辩论、座谈等方式分析形势、探讨时局,通过每周的升旗仪式、过"国防日"参观战役纪念馆、等集体活动,把学生军训的内容与要求贯穿于各种教育活动中,与学校思想政治工作相结合,不断巩固军训成果,提高学生综合素质。

7.3.2　学生军训走融合式发展的路子

随着学校招生每年上千万的规模,学生的军事训练场地不足、经费紧张、器材不够、帮训官兵供不应求等问题日益显现出来,影响和制约了学生军事训练层次和质量的提高。各级将会重视和加强学生军训保障出现的这些问题,创新保障模式,积极整合军地资源,促进学生军事训练工作落实。一是军地互补培养人才,部队需要的人才培训可以到地方院校培训,军事训练的教官可到部队培训,进行良性循环互补,部队的人员在地方院校培训期间可兼任军事训练考官等。利用军队基地训练设施齐全、生活设施配套、教学设施完备的优势,对单兵战术、军事地形学、轻武器射击等课目,实施分批组训、分期教学方式。二是借助地方资源优势。《普通高等学校军事课教学大纲》设置的军事理论课涵盖理论性强、涉及面广、内容多,仅凭课堂教学很难达到预期效果目标。充分利用院校局域网、地方政务网,实施远程辅导、网上授课,让学生通过网络平台,经常性了解掌握更多更新的军事知识;利用广播等媒体、院校报刊开辟军事学习专栏,拓展学生学习形式渠道;积极开设军事选修课,定期举办国防军事知识讲座,开阔学习视野,提高学习兴趣。三是实施军地一体保障。各级政府、军事机关把学生军事训练保障作为一项重点工作,纳入本系统、本单位、本部门的职责范围,密切配合、加强协调、共同保障。各省要根据学生军事训练任务,在普通高校相对集中的城市,逐步建立若干个学生军事训练基地,为学生军事训练提供规范的、良好的训练保障条件。各级学生军事训练工作部门都发挥自身优势,积极主动地为学生军事训练提供场地、枪弹、器材、教学等保障;各级政府、教育行政部门将把学生军事训练纳入地方经济社会发展规划,加大经费投入,努力为推动学生军事训练工作创新发展,提供坚实可靠的政策制度、经费物资保障。

7.3.3 学生军训内容向实践运用拓展

学生军训基地化训练具有机构健全、制度完善、设施配套、保障有力等特点,已成为学生军训工作的发展趋势。一是利用部队资源优势办基地。部队精简调整后,有一大批营房设施空置,这些营房具有完备的训练和生活保障设施,同时部队又有一支军事素质过硬、组织能力较强的骨干力量。因此,无论是训练生活,还是教育管理等方面,部队都具有独特的优势。利用部队的资源优势,能够较快地建立起具有较高水平的学生军训基地。二是利用教育资源优势办基地。随着地方教育体制改革和学校布局调整,部分学校相继停办或合办。这些被停办的学校不仅具有较为完善的教学和生活保障基础,而且拥有一支较好的教师队伍。这些学校经过适当改造,就能成为设施配套、功能完善的学生军训基地;一些调整下来的教师具有丰富的教学和管理经验,经过适当的军事业务培训,就能成为军事教学力量。因此,充分利用现有学校改建军训基地,既完善了地方教育系统结构,又提高了军训保障能力,能够起到事半功倍的效果。三是利用民兵训练基地的资源优势办基地。组织学生军训既是人武部系统的职责,又是后备力量建设的重要方面,要充分利用民兵训练基地担负学生军训任务。民兵训练基地基础设施配套,训练功能完善,保障条件齐备,同时各武装部还有一支以现役军官为骨干的教学队伍,因此,充分发挥民兵训练基地的场地设施优势、器材保障优势和教学训练优势,不但能够为学生军训提供有力的保障,同时通过学生军训也促进了民兵训练基地的全面建设。四是利用社会力量办基地。社会上一些相关行业和团体,具有自身的独特优势和办学能力,可以为学生军训工作提供有力的保障,为军训基地提供有益补充。如很多爱国主义教育基地,既有专业人员,又有场地设施,其本身就是爱国主义教育基地和国防教育基地,稍加规范就能承担军训任务,同时还能发挥自身特有的教育资源,为军训提供辅助作用。五是利用网络化、模拟化训练,具有资源利用性强、训练效费比好等特点,是学生军事训练发展的必然趋势。由普遍训向重点训转变。学生军训分高级中学和普通高校两个阶段,因此普通高校学生军训要区分层次、突出重点科目训,避免重复交叉、低层次循环。由集中训向持续训转变。把军事课作为一门重点学科,纳入学校整体教学计划,把军事技能训练与军事理论课分成两个阶段,贯穿学期或学年来完成。针对国际国内发生的军事事件、热点问题等,采取军事讲座、辩论、座谈等方式分析形势、探讨时局,通过每周的升旗仪式、过"国防日"参观战役纪念馆、等集体活动,把学生军训的内容与要求贯穿于各种教育活动中,与学校思想政治工作相结合,不断巩固军训成果,提高学生综合素质。

7.3.4　学生军训纳入学校常态教学计划

学生军事训练模式,往往都是短时间内集中,学生军事训练结束后,三四年的学习生活中就很少再安排军事训练,很多学生的行为习惯,往往很快恢复当初,难以实现军事训练的目的。学生军事训练列入学校常态教学计划是发展趋势。一是全程统筹安排。学生军事训练时间按学制全程穿插安排,把军事训练、国防教育列入学校经常教学中,明确学分制度要求,划定达标标准、教学课时,杜绝一次性集中作业方式方法;学生军事训练内容将进入教案校本、进入小班课堂、进入课表计划,实现学生军事训练常态化进行;把学校经常性教育训练与集中组训结合起来,实现军事训练育人的经常化。二是通过活动深化军事训练。结合开展建党、国庆等重大的节日活动,以及学校校庆、组织升旗、开学典礼等各类主题活动,组织军事训练成果汇报表演,开展国防知识竞赛、主题演讲等系列活动,不断巩固军事训练成果。三是注重日常的养成。扎实做好学生军事训练后的"保鲜"工作,需要贯穿于学生在校学习生活的全过程,将经常利用橱窗板报加强国防知识宣传,结合日常班级考核评比,引导学生日常行为养成,通过开展文明宿舍、班级卫生评比活动,促进良好内务秩序,让检查评比贯穿于日常管理的各方面,促进军事训练成果的常态化保持,使社会、学校、学生长期受益。

7.4　退役制度

随着形势的发展和变化,退役安置工作遇到了许多新矛盾和困难,如安排工作没有岗位,自谋职业缺少经费等。是计划经济时期形成的安置办法不适应社会主义市场经济的发展要求。针对这种情况,各级政府和民政部门做了大量工作,国务院、中央军委对安置政策也进行了一系列的调整和完善。从现实国情出发,按照有利于国防建设和军队建设、有利于保障和维护退役军人合法权益、有利于调动适龄青年履行兵役义务积极性,通过制定修改相关安置政策法律法规,完善技能培训、继续教育、社会保险等优惠政策,建立健全完善的工作机构,逐步形成以扶持就业、逐月领取退役金、重点安置、经济补偿城乡为一体主要内容的退役安置制度政策体系,使退役安置更好地适应新时代发展的需求。

7.4.1　退役安置与国防贡献结合

从军队建设和国防建设看,加速推进中国特色军事变革,扎实做好军事斗争准备,随时应对各种突发事件。而完成这一重任,人是关键因素,是战斗力生成的基本要素。在就业形势比较严峻的现实情况下,继续采取政府行政安排工作办法,保障部分需要安置贡献大、服役时间长的退役士兵就业,是吸引优秀青年入伍、提高部队战斗力、稳定军心的有效措施。因此,退役士兵安置必须兼顾国家的有关政策制度的改革与军队的现实需要,在两者的高度结合中寻求新的路径,将较大范围由政府安排工作,改为对贡献大、退役时间长的退役士兵进行重点安置,扶持培训绝大多数退役士兵走向市场就业之路。另外,适应部队军士制度、后勤保障、征兵工作等改革的现实需要,调整完善在校大学生士兵、直接招收的军士、应届大学毕业生士兵、退役士兵等安置制度政策;创新从退役士兵中考录选拔政法干警、专职人武干部等制度政策机制。这样进行调整,既遵循了市场经济发展的基本规律,又适应了国防建设和军队建设现实需要。

7.4.2　退役安置与建立士兵退役金制度相结合

我国每年服兵役的人数占适龄青年的 1% 左右的比例,绝大多数公民因兵员规模所限没有履行兵役义务。计划经济时期对退役士兵的补偿,主要是通过给城镇退役士兵安排工作、给农村退役士兵适当的经济优待、转业士官安排工作来体现。随着调整改革形势的不断发展变化,传统的补偿方式已失去了能正常有效运行的基础,迫切需要创新的安置方法安置退役士兵。从世界主要国家的通行做法和我国近年来各地的探索实践来看,解决退役士兵安置问题的根本途径和有效措施是实行经济补偿。但也由于所需经费由地方政府筹集,经济欠发达地区、兵员大省有较大财政压力,会造成各地的补偿标准差别比较大,致使服现役士兵同为我国公民、同样在一个部队服兵役,而退役后享受待遇有很大的不同,失去了公正公平。因此,国家建立统一的士兵退役安置补助金制度十分必要,由地方政府按不同标准分别对自谋职业退役士兵,给予一次性经济补助,调整为由中央财政预算专项经费,按统一标准不分城乡户籍发给退役士兵一次性退役安置补助金。确定其标准,重点考虑以下三方面因素:一是军人职业具有牺牲精神的特殊性,应该得到较高补偿。二是市场需求与士兵掌握的军事技能差异较大,退役后在竞争中就业处于劣势,适应职业转换、适应社会需要一段时间,国家应当给予一段时期的生活保障。三是经济补偿标准,不应低于由地方政府发给的一次性自谋职业补助金。这样调整,既体现了适当补偿对退役士兵,承受能力又不超越国家财政实际,也不易引起相关人员相互攀比。

7.4.3　退役安置与就业优惠政策相结合

一方面,将保留继承成功经验和一些传统做法。比如退役士兵自谋职业的,在就业服务、个体经营、继续教育、户籍迁移、税收贷款等方面,自谋职业的退役士兵继续享受国家相关优惠政策。参军前是在校学生的全日制普通高等学校,退出现役后复学的,继续享受在校学生国家给予全日制高等学校的优惠政策。继续按照国务院、中央军事委员会,历年来年度退役工作的通知精神,做好回乡退役士兵的培训、选拔和使用工作。另一方面,创新发展一些新的安置思路。比如,针对退役士兵把人生黄金时间献给国防事业,而回地方后在社会就业竞争中短时间内处于劣势的实际,可以明确各类国有、事业单位及国有控股、国有资本占主导地位的企业录用人员时,按一定的比例录用退役士兵;参加财政补助事业单位、公务员招考,同等条件下可以优先录用,服役期年限,为本单位工作年限;退役后享受政府组织的免费的培训教育;享受报考各类院校加分优惠,并可免试公共体育、军事理论、军事技能等课程。鼓励退役士兵积极参与劳动力市场竞争,可以明确从事个体经营的享受国家税收、小额担保贷款优惠。维护农村退役士兵的合法权益,可以明确士兵参军前通过家庭承包方式承包的耕地、林地、草地、水面等农村土地,在承包期内,与其他农村集体经济组织成员享有同等权利,等等。对这样的调整,既保持了与时俱进的精神,又体现了政策的连贯性;既有利于调整的渐进循序、积极稳妥地进行,又有利于维护社会军队稳定。

7.4.4　退役安置与相关社会保险制度相结合

国家对贡献大的、服役时间长的士兵给予重点安置,对大多数退役士兵发给一次性退役金并辅以扶持就业优惠政策。但从长远发展考虑,还应完善退役士兵社会保险政策,与社会上其他群体享受社会保险待遇一样待遇,解除后顾之忧。国家加快以社会保险制度为核心的社会保障政策制度建设发展,国家出台了城镇职工基本医疗保险,先后统一了企业职工基本养老保险,发布了失业保险条例、工伤保险暂行办法、生育保险暂行办法,对退役士兵保险制度建设也需加快步伐与此对接,可以明确参加基本医疗、基本养老、失业等社会保险的,军龄视同社会保险缴费年限,并和实际缴费年限合并一起计算。退役后到机关事业单位工作的,军龄年限与工作年限连续合并计算;到城镇企业就业,或者是在城镇自主就业的,应按国家相关规定,参加城镇企业职工基本养老保险。参加工作的,应当随所在单位参加基本医疗保险;自主就业的,可按照当地灵活就业的相关政策规定参保办法参加基本医疗保险。退役后参加基本医疗保险的,其退役医疗保险金、退役医疗保险个人账户,按照相关政策规定,转入安置地的社会保险经办机构继续参保。退役后参加失业保险失业后,符合《失业保险条例》规定政策条件的,按规定享受失业保险待遇和促进再就业服务。这样调整,既较好地维护了退役士兵的当前利益,又充分兼顾了退役士兵的长远利益。

7.4.5 退役安置与行政和法律法规相结合

退役士兵安置的工作,世界上许多国家都有层级较高、保障完备、运行高效的行政管理体制,建立健全系统的法律体系。例如,美国、澳大利亚、加拿大、韩国等国政府专设退伍军人事务部;德国、日本、法国等国有军人法、军人保障法、兵役法、教育与职业培训工作促进法等,一系列涉及军人的法律法规;各国退役士兵安置通行做法是,给予一定经济补助、扶持帮助市场就业、组织各种教育培训。

从行政管理看,我国历来就有层级很高的议事协调机构负责退役安置工作,对妥善安置退役士兵发挥了十分重要特殊作用。1950 年、1981 年国家先后设立了中央复员委员会、退伍军人和军队退休干部安置领导小组,负责协调退役军人安置工作。1998 年国务院机构改革时,撤销了有关机构。从法律法规看,应该说,计划经济体制下形成了比较完善的安置政策法规体系,如《中华人民共和国兵役法》《退伍义务兵安置条例》《中国人民解放军士官安置暂行办法》等,以及有关的配套法规政策。这些法律法规,有效地保证了各个时期退役士兵安置工作的正常运行。但是,随着形势的发展变化,特别是与退役士兵安置工作,需要加快调整退役士兵安置政策制度,走法制化道路,修改、完善、制定法律法规及其配套政策,逐步形成与市场经济相衔接、与法律规范相协调、与国防建设相适应、与优良传统相承接的政策法规体系,使退役士兵安置工作步入规范化、法制化、制度化轨道。

参考文献

[1]　中国人民解放军军史编写组．中国人民解放军军史(第四卷)[M]．北京:军事科学出版社,2011:29.

[2]　中国人民解放军军史编写组．中国人民解放军军史(第四卷)[M]．北京:军事科学出版社,2011:284.

[3]　中国人民解放军军史编写组．中国人民解放军军史(第四卷)[M]．北京:军事科学出版社,2011:294.

[4]　当代中国研究所．中华人民共和国史稿(第一卷)[M]．北京:人民出版社,当代中国出版社,2012:94.

[5]　军事科学院军事历史研究所．抗美援朝战争史(上卷)．北京:军事科学出版社,2021:527.

[6]　安徽省军区．1962年度夏季征兵工作总结报告[R].1962(07).

[7]　安徽芜湖军分区．1962年民兵组织建设和征兵动员工作总结报告[R].1962(12).

[8]　上饶军分区司令部．战时预征兵员工作总结.1962(10).

[9]　中共福建省委,福建省军区党委,关于预征兵源任务的通知.1962(07).

[10]　南平军分区．紧急战备以来民兵工作基本总结.1962(10).

[11]　安徽省委转发安徽军区党委．关于组织动员基干民兵准备参军问题的意见.1962(08).

[12]　安徽芜湖军分区司令部．预征工作总结.1962(10).

[13]　傅秋涛．在兵役工作会议上的报告[R].1957,10,17.

[14]　总干部部．关于预备役军官登记工作问题的通知.1956—3—24.

[15]　总参动员部．关于几个兵役工作问题的请示.1957.

[16]　郑训．中国民兵史话(续集)[M]．北京:军事科学出版社,2009:265—268.

[17]　内务部王子宜副部长在全国兵役工作会议上的讲话.1957,11.

[18]　中共中央党史研究室．中国共产党历史第二卷(1949—1978)上册[M]．中共党史出版社,2011:498.

[19]　韩怀智．当代中国民兵[M]．北京:中国社会科学出版社出版,1988.

[20]　福建南平军分区．战备以来对预备役干部工作的报告[R].1962,8,2.

[21]　福建南平军分区政治部．紧急战备以来民兵政治工作初步总结,1962,10,16.

[22]　安徽宿县人武部．关于登记预备役干部工作总结,1962—10—26.

[23]　董华中．优抚安置[M]．北京:中国社会出版社,2009.

[24]　邓小平军事文集(第三卷)[M]．北京:军事科学出版社,中央文献出版社,20047:67.

[25]　粟裕在第五届全国人民代表大会常务委员会第一次会议上《关于兵役制问题的决定》草案的说明.1978,3,7.

[26]　军事科学院军事历史研究所．中国人民解放军的八十年[M]．北京:军事科学出

版社,2007:485.

[27] 徐向前.徐向前军事文选[M].北京:解放军出版社,1993:272.

[28] 辽宁省军区.1982年至1983年人民武装动员工作史料汇集(文献资料,第四类:队伍建设3)[M].2007:137.

[29] 北京军区.1980年1月至1985年12月人民武装动员工作史料汇集(文献资料)[M].2007:121—136.

[30] 总政治部干部部,军事科学院军制研究部.中国人民解放军干部制度概要[M].北京:军事科学出版社出版,1988(10).

[31] 张科进.全面加强新时代军官队伍建设——中央军委政治工作部领导就学习贯彻《现役军官管理暂行条例》及相关配套法规答记者问[N].解放军报.

[32] 军人地位和权益保障法系列解读[N].解放军报,2021,08,02.

[33] 张杰.国防后备力量建设教程[M].北京:军事科学出版社,2012:264.

[34] 中华人民共和国兵役法[M].北京:中国法制出版社,2021年.

[35] 何雷.中华人民共和国国防法释义[M].北京:法律出版社,2022.

[36] 中华人民共和国国防动员法[M].北京:法律出版社,2010.

[37] 张汝涛.中华人民共和国国防动员法释义[M].北京:中国法制出版社,2010.

[38] 中华人民共和国宪法[M].北京:中国法制出版社,2022.

附录　新中国历次颁布和修订的兵役法

1955年《中华人民共和国兵役法》

（一九五五年七月三十日第一届全国人民代表大会第二次会议通过）

目　　录

第一章　总　　则

第一条　根据中华人民共和国宪法第一百零三条"保卫祖国是中华人民共和国每一个公民的神圣职责。依照法律服兵役是中华人民共和国公民的光荣义务。"的规定,制定本法。

第二条　中华人民共和国年满十八岁的男性公民,不分民族、种族、职业、社会出身、宗教信仰和教育程度,都有义务依照本法的规定服兵役。

第三条　反革命分子和依照法律在一定时期内被剥夺政治权利的封建地主、官僚资本家和其他被剥夺政治权利的人,都不得服兵役。

第四条　中华人民共和国的武装力量由中国人民解放军的各军种组成。

第五条　兵役分现役和预备役。服现役的称现役军人,服预备役的称预备役军人。

第六条 现役军人和预备役军人分军官、军士和兵。

第七条 军士和兵的现役期限规定如下：

（一）陆军、公安军的军士和兵服现役三年；

（二）空军、海岸守备部队、公安军舰艇中的军士和兵服现役四年；

（三）海军舰艇部队的军士和兵服现役五年。

第八条 自每年三月一日起到下一年二月底止，为征集年度。现役期限从征集年度下一年的三月一日算起。

第九条 根据军队的需要，国务院有权延长军士和兵的现役期限，但不得超过四个月；国防部有权将现役军人从这一军种调往另一军种，并随着改变他们服现役的期限。

第十条 服现役期满的军士，根据军队的需要和本人的自愿，可以超期服现役；超期服现役的期限，至少一年。

第十一条 军士和兵服预备役的期限到年满四十岁为止，期满后退役。

第十二条 国防部有权对受过医务、兽医和其他专门技术训练的女性公民进行预备役登记，必要时可以组织她们参加集训。

在战时可以征集受过上述训练的女性公民到军队中服役，也可以对条件适合的女性公民加以专门技术训练。

第十三条 国务院和省、自治区、直辖市、自治州、县、自治县、市的国家行政机关都设立兵役委员会领导兵役工作。兵役委员会的组织和任务由国务院规定。

第十四条 省、自治区、直辖市、自治州、县、自治县、市都设立兵役局。兵役局是办理兵役工作的军事机构。市辖区、乡、民族乡、镇人民委员会根据直辖市、县、自治县、市兵役委员会和兵役局的规定，办理兵役工作。

第十五条 在一九五四年十一月一日以前自愿参军的军士和兵，应当根据国防部的命令，分期复员，转入预备役或者退役。国家按照他们服现役时间的长短，发给不同数量的生产资助金，并由地方国家行政机关妥善安置，使他们各得其所。

第二章 征 集

第十六条 在每年的六月三十日以前年满十八岁的男性公民，应当被征集服现役。

第十七条 在每年的六月三十日以前年满十八岁的男性公民，都应当在六月三十日以前按照直辖市、县、自治县、市兵役局的通知，进行兵役登记和初步体格检查。经兵役登记和初步体格检查合格的，称应征公民。兵役登记办法,由国务院规定。

第十八条　全国每年需要征集服现役的人数、办法和分配给各省、自治区、直辖市的人数,由国务院根据国家需要和各地情况规定;省、自治区分配给各县、自治县、市的人数,由省、自治区人民委员会规定。

自治州所属各县、自治县、市征集服现役的人数,由自治州人民委员会根据省、自治区分配给自治州的人数自行规定。

第十九条　全国的定期征集,在每年十一月一日到下一年二月底的时间内进行。各地征集的日期,由省、自治区、直辖市兵役委员会规定。

第二十条　为了便于进行征集,全国以直辖市、县、自治县、市为征集区;直辖市、县、自治县、市兵役委员会可以按照需要在征集区内设立若干征集站。

第二十一条　宣布征集后,每一应征公民都须按照兵役局所规定的日期,在登记的征集区报到。应征公民如果需要改变征集区,应当在征集年度的七月三十一日以前办妥转移登记手续;七月三十一日以后,只限于有下列情况之一的,才可以改变征集区:

(一)应征公民因公被调往另一征集区;

(二)应征公民随同全家迁往另一征集区。

第二十二条　在征集时,由兵役委员会组织当地的国家卫生机关,根据国防部规定的体格检查标准,对应征公民进行入伍体格检查。

第二十三条　应征公民因患病经检查证明暂时不能服现役时,可以缓征。

第二十四条　应征公民如果是维持他的家庭生活的唯一劳动力,或者是独子,经直辖市、县、自治县、市兵役委员会审查批准,在平时可以免服现役,但上述免服现役的条件改变时,自应征时起的五年内,仍应当被征集服现役。

第二十五条　正在高级中学和相当于高级中学的学校就学的年满十八岁的学生,按照国务院的命令征集或者缓征。

正在高等学校就学的学生缓征。

第二十六条　应征公民如果在被逮捕、被判处徒刑或者被管制期间,不得征集。

第三章　军士和兵的预备役

第二十七条　军士和兵的预备役,分为第一类预备役和第二类预备役。

第二十八条　军士和兵服现役期满后转入第一类预备役。

第二十九条 在征集年度内未被征集服现役的应征公民、平时免服现役的应征公民和依照本法第十二条规定进行了预备役登记的年满十八岁到四十岁的女性公民,都编入第二类预备役。

在征集年度内未被征集服现役而编入第二类预备役的预备役军人,自编入预备役时起的五年内,仍可以被征集服现役。

第三十条 第一类预备役和第二类预备役,都按年龄分为一、二两等:

(一)三十岁以下为第一等;

(二)四十岁以下为第二等。

第三十一条 预备役军士和兵,在服预备役期间,都应当按照国防部的命令参加集训。

第三十二条 第一类第一等预备役兵,被挑选准备担任军士职务时,应当按照国防部的命令参加集训;集训期满后转入军士预备役。

第三十三条 第一类第一等预备役军士,被挑选准备授予少尉军衔时,应当按照国防部的命令参加集训。集训期满,经考试及格取得少尉军衔的转入军官预备役;考试不及格的继续服军士预备役。

第四章　军官的现役和预备役

第三十四条 服现役期满的退伍军官或者未服满现役即已退伍的军官,依照本法第三十三条或者第五十五条的规定取得预备役尉官军衔的军官,和在非军事部门中服务的适合担任军官职务并授予预备役军官军衔的人员,都编入军官预备役。

军官预备役按年龄分为一、二两等。

第三十五条 军官服现役和预备役的最高年龄规定如下:

(一)陆军、空军和公安军的军官:

少尉:现役三十岁	一等预备役四十岁	二等预备役四十五岁
中尉:现役三十岁	一等预备役四十岁	二等预备役四十五岁
上尉:现役三十五岁	一等预备役四十五岁	二等预备役五十岁
大尉:现役三十五岁	一等预备役四十五岁	二等预备役五十岁
少校:现役四十岁	一等预备役五十岁	二等预备役五十五岁
中校:现役四十五岁	一等预备役五十五岁	二等预备役六十岁
上校:现役五十岁	一等预备役五十五岁	二等预备役六十岁
大校:现役五十岁	一等预备役五十五岁	二等预备役六十岁
少将:现役五十五岁	一等预备役六十岁	二等预备役六十五岁
中将:现役六十岁	一等预备役六十岁	二等预备役六十五岁

上将以上按具体情况决定。

（二）海军和公安军舰艇中的军官：

少尉：现役三十五岁　　一等预备役四十岁　　二等预备役四十五岁

中尉：现役三十五岁　　一等预备役四十岁　　二等预备役四十五岁

上尉：现役四十岁　　　一等预备役四十五岁　二等预备役五十岁

大尉：现役四十岁　　　一等预备役四十五岁　二等预备役五十岁

少校：现役四十五岁　　一等预备役五十岁　　二等预备役五十五岁

中校：现役五十岁　　　一等预备役五十五岁　二等预备役六十岁

上校：现役五十五岁　　一等预备役五十五岁　二等预备役六十岁

大校：现役五十五岁　　一等预备役五十五岁　二等预备役六十岁

少将：现役五十五岁　　一等预备役六十岁　　二等预备役六十五岁

中将：现役六十岁　　　一等预备役六十岁　　二等预备役六十五岁

上将以上按具体情况决定。

第三十六条　预备役军官服预备役期满后退役。

第三十七条　预备役军官在服预备役期间，应当按照国防部的命令参加集训。

第三十八条　军官服役条例另定。

第五章　现役军人和预备役军人的权利和义务

第三十九条　现役军人和预备役军人，有中华人民共和国宪法规定的公民权利和义务。

现役军人和预备役军人根据服兵役而产生的权利和义务，除本法已有的规定外，另由军事条令规定。

第四十条　现役军人和预备役军人建立功勋，应当授予国家的勋章、奖章或荣誉称号。

第四十一条　预备役军人在集训期间的生活费用和往返路费，由国家供给。

第四十二条　工人和职员在进行兵役登记和应征事宜时，原工作单位应当给予一定的假期，并照发工资。

第四十三条　工人和职员中的预备役军人，在参加预备役集训期间，仍保留原工作职位，并由原工作单位发给一定的工资。工资标准由国务院规定。

农民、手工业者和其他劳动者，在参加预备役集训期间的有关问题的处理办法，由国务院规定。

第四十四条 预备役军官在集训期间,按照国防部规定的标准,从集训机关领取补助金。

第四十五条 现役军人因公牺牲或者病故,他们的家属应当受国家的抚恤和优待。现役军人因公残废,应当受国家的抚恤和优待。抚恤和优待条例另定。

第四十六条 现役军人和他们的家属,应当受国家的优待。优待条例另定。

第四十七条 预备役军人在集训期间,必须遵守中国人民解放军的纪律。

第六章 预备役军人的登记和统计

第四十八条 预备役军人应当在居住地区的兵役局指定的地点进行兵役登记。

第四十九条 预备役军人如果迁居,在办理户口转移手续时,应当同时办理兵役登记的转移手续。

第五十条 预备役军人的登记和统计,由直辖市、县、自治县、市兵役局办理。

第五十一条 预备役军人的登记和统计办法,由国防部规定。

第七章 战时的征集

第五十二条 战时的征集,在国家发布动员令以后,由国防部根据国务院的决议下令进行。

第五十三条 在国家发布动员令以后:

(一)所有现役军人应当继续执行职务,直到国防部命令解除服现役时为止;

(二)所有预备役军人应当准备应征,在接到直辖市、县、自治县、市兵役局的命令后,应当准时到指定的地点报到。

第八章 高级中学以上学校学生的军事训练

第五十四条 高级中学和相当于高级中学的学校的学生,应当在学校内受征集前的军事训练;训练的时间和科目由国务院规定。

第五十五条 高等学校的学生,应当在学校内受军事训练,并且准备取得预备役尉官军衔和准备担任尉官职务。高等学校军事训练的时间和科目,由国务院规定。

第五十六条　高级中学以上学校学生的军事训练,由学校编制内的军事教员进行。

第九章　附　　则

第五十七条　未满十八岁的青年,自愿投考军事学校,不受本法现役征集年龄的限制。

第五十八条　在本法施行以后,民兵应当继续执行维持地方治安、保护生产建设的任务。

1978 年《国务院关于兵役制问题的决定》

（1978 年 3 月 7 日第五届全国人民代表大会常务委员会第一次会议批准）

中华人民共和国宪法规定:保卫祖国,抵抗侵略,是每一个公民的崇高职责,依照法律服兵役是公民的光荣义务。我国自 1955 年实行义务兵役制以来,得到了全国各族人民的热烈拥护。广大青年为了保卫社会主义祖国,踊跃报名应征,履行兵役义务。实践证明,实行义务兵役制,对于加强我军建设,加强民兵建设,为我军积蓄后备力量,均发挥了积极的作用。随着我军技术装备的不断发展,对战士的军政素质和技术水平提出了更高的要求。为了贯彻落实毛主席关于"军队要整顿"、"要准备打仗"的教导和华主席、中共中央抓纲治国的战略决策,加速我军革命化、现代化建设,特决定实行义务兵与志愿兵相结合的制度,并对现行义务兵的服役年限作适当延长。

一、从 1978 年起,义务兵的服现役年限分别改为三、四、五年。即:陆军部队的战士服现役三年;空军、海军陆勤部队和陆军特种技术部队的战士服现役四年;海军舰艇部队、陆军船舶分队的战士服现役五年。1977 年以前征集入伍的义务兵,服现役年限仍按原规定执行。

二、为使部队保持一定数量的基层骨干和技术骨干,以增强战斗力,服满现役的义务兵,应根据部队的需要和本人自愿超期服役。超期服役的时间为:陆军部队的战士一至三年;空军、海军陆勤部队和陆军特种技术部队的战士一至二年;海军舰艇部队、陆军船舶分队的战士一年。当国家处于紧急战备或遇有其他特殊情况时,陆、空、海军全体战士超期服役的期限,要按中央军委的命令执行。

三、为了稳定和加强部队的技术骨干力量,部分超期服役的义务兵可以改为志愿兵,留在部队长期服役。

1.改志愿兵的范围,只限于超期服役的技术骨干和各种专业人员。

2.由义务兵改为志愿兵,必须根据部队的需要和本人自愿,经团以上机关批准。其条件是:思想进步,技术熟练,身体健康。

3.义务兵改志愿兵,须在部队服役满六年之后,从第七年开始。

4.志愿兵的服役年限,一般为十五至二十年,年龄一般不超过四十岁。如部队需要,本人自愿,服役年限还可适当延长。

5.志愿兵退出现役后,由国家负责安置工作。年满五十五岁或因公致残、积劳成疾基本丧失劳动能力的,按干部退休办法,办理退休手续。志愿兵在部队服役期间的待遇和退出现役后的安置办法,由国务院、中央军委规定。

1984 年《中华人民共和国兵役法》

(一九八四年五月三十一日第六届全国人民代表大会第二次会议通过)

目　录

第十二章　附则

第一章　总　则

第一条　根据中华人民共和国宪法第五十五条"保卫祖国、抵抗侵略是中华人民共和国每一个公民的神圣职责。依照法律服兵役和参加民兵组织是中华人民共和国公民的光荣义务"和其他有关条款的规定,制定本法。

第二条　中华人民共和国实行义务兵役制为主体的义务兵与志愿兵相结合、民兵与预备役相结合的兵役制度。

第三条　中华人民共和国公民,不分民族、种族、职业、家庭出身、宗教信仰和教育程度,都有义务依照本法的规定服兵役。有严重生理缺陷或者严重残疾不适合服兵役的人,免服兵役。依照法律被剥夺政治权利的人,不得服兵役。

第四条　中华人民共和国的武装力量,由中国人民解放军、中国人民武装警察部队和民兵组成。

第五条　兵役分为现役和预备役。在中国人民解放军服现役的称现役军人;编入民兵组织或者经过登记服预备役的称预备役人员。

第六条　现役军人和预备役人员,必须遵守宪法和法律,履行公民的义务,同时享有公民的权利;由于服兵役而产生的权利和义务,除本法的规定外,另由军事条令规定。

第七条　现役军人必须遵守军队的条令和条例,忠于职守,随时为保卫祖国而战斗。

预备役人员必须按照规定参加军事训练,随时准备参军参战,保卫祖国。

第八条　现役军人和预备役人员建立功勋的,得授予勋章、奖章或者荣誉称号。

第九条　中国人民解放军实行军衔制度。

第十条　全国的兵役工作,在国务院、中央军事委员会领导下,由国防部负责。各军区按照国防部赋予的任务,负责办理本区域的兵役工作。省军区(卫戍区、警备区)、军分区(警备区)和县、自治县、市、市辖区的人民武装部,兼各该级人民政府的兵役机关,在上级军事机关和同级人民政府领导下,负责办理本区域的兵役工作。机关、团体、企业事业单位和乡、民族乡、镇的人民政府,依照本法的规定完成兵役工作任务。兵役工作业务,在设有人民武装部的单位,由人民武装部办理;不设人民武装部的单位,确定一个部门办理。

第二章　平时征集

第十一条　全国每年征集服现役的人数、要求和时间,由国务院和中央军事委员会的命令规定。

第十二条　每年十二月三十一日以前年满十八岁的男性公民,应当被征集服现役。当年未被征集的,在二十二岁以前,仍可以被征集服现役。

根据军队需要,可以按照前款规定征集女性公民服现役。

根据军队需要和自愿的原则,可以征集当年十二月三十一日以前未满十八岁的男女公民服现役。

第十三条　每年十二月三十一日以前年满十八岁的男性公民,都应当在当年九月三十日以前,按照县、自治县、市、市辖区的兵役机关的安排,进行兵役登记。经兵役登记和初步审查合格的,称应征公民。

第十四条　在征集期间,应征公民应当按照县、自治县、市、市辖区的兵役机关的通知,按时到指定的体格检查站进行体格检查。

应征公民符合服现役条件,并经县、自治县、市、市辖区的兵役机关批准的,被征集服现役。

第十五条　应征公民是维持家庭生活的唯一劳动力或者是正在全日制学校就学的学生,可以缓征。

第十六条　应征公民被羁押正在受侦查、起诉、审判的或者被判处徒刑、拘役、管制正在服刑的,不征集。

第三章　士兵的现役和预备役

第十七条　士兵包括义务兵和志愿兵。

第十八条　义务兵服现役的期限:陆军三年;海军、空军四年。义务兵服现役期满,根据军队的需要和本人自愿,可以超期服现役。超期服现役的期限:陆军一年至二年;海军、空军一年。

第十九条　超期服现役的义务兵服现役满五年,已成为专业技术骨干的,由本人申请,经师级以上机关批准,可以改为志愿兵。志愿兵服现役的期限,从改为志愿兵之日算起,至少八年,不超过十二年,年龄不超过三十五岁;军队有特殊需要,本人自愿,经军级以上机关批准,可以适当延长。

第二十条　士兵服现役期满,应当退出现役。因军队编制员额缩减需要退出现役的,经军队医院诊断证明本人健康状况不适合继续服现役的,或者因其他特殊原因需要退出现役的,经师级以上机关批准,可以提前退出现役。

第二十一条　士兵退出现役时,符合预备役条件的,由部队确定服士兵预备役;经过考核,适合担任军官职务的,服军官预备役。

退出现役的士兵,由部队确定服预备役的,在回到本人居住地以后的三十天内,到当地县、自治县、市、市辖区的兵役机关办理预备役登记。

第二十二条　按照本法第十三条规定经过兵役登记的应征公民,未被征集服现役的,服士兵预备役。

第二十三条　士兵预备役的年龄,为十八岁至三十五岁。

第二十四条　士兵预备役分为第一类和第二类。

第一类士兵预备役包括下列人员:

(一)按照本法第三十八条规定编入基干民兵组织的人员;

(二)在不建立民兵组织的单位,经过预备役登记的二十八岁以下的退出现役的士兵;

(三)经过预备役登记的二十八岁以下的专业技术人员。

第二类士兵预备役包括下列人员:

(一)按照本法第三十八条规定编入普通民兵组织的人员;

(二)在不建立民兵组织的单位,经过预备役登记的二十九岁至三十五岁的退出现役的士兵,以及其他符合士兵预备役条件的男性公民。

第一类预备役士兵,二十九岁转入第二类预备役;第二类预备役士兵,三十五岁退出预备役。

第四章　军官的现役和预备役

第二十五条　现役军官由下列人员补充:

(一)军事院校毕业的学员;

(二)在中央军事委员会批准开办的培训军官的机构受训后,经考核适合担任军官职务的士兵;

(三)高等院校、中等专业学校毕业的适合担任军官职务的学生;

(四)军队的文职干部和个别接收的非军事部门的专业技术人员。在战时,现役军官还由下列人员补充:

(一)可以直接任命为军官的士兵;

(二)征召的预备役军官和适合服现役的非军事部门的干部。

第二十六条　预备役军官包括下列人员:

(一)退出现役转入预备役的军官;

(二)确定服军官预备役的退出现役的士兵;

（三）确定服军官预备役的高等院校毕业学生；

（四）确定服军官预备役的专职人民武装干部和民兵干部；

（五）确定服军官预备役的非军事部门的干部和专业技术人员。

第二十七条 军官服现役和服预备役的最高年龄由中国人民解放军军官服役条例规定。

第二十八条 现役军官按照规定服役已满最高年龄的，退出现役；未满最高年龄因特殊情况需要退出现役的，经批准可以退出现役。

军官退出现役时，符合服预备役条件的，转入军官预备役。

第二十九条 退出现役转入预备役的军官，退出现役确定服军官预备役的士兵，以及确定服军官预备役的高等院校毕业学生，在到达工作单位或者居住地以后的三十天内，到当地县、自治县、市、市辖区的兵役机关办理预备役登记。

适合担任军官职务的专职人民武装干部、民兵干部、非军事部门的干部和专业技术人员，由县、自治县、市、市辖区的兵役机关进行登记，报请上级军事机关批准，服军官预备役。预备役军官按照规定服预备役已满最高年龄的，退出预备役。

第五章　军事院校从青年学生中招收的学员

第三十条 根据军队建设的需要，军事院校可以从青年学生中招收学员。招收学员的年龄，不受征集服现役年龄的限制。

第三十一条 学员完成学业考试合格的，由院校发给毕业证书，按照规定任命为现役军官或者文职干部。

第三十二条 学员学完规定的科目，考试不合格的，由院校发给结业证书，回入学前户口所在地，由县、自治县、市、市辖区的人民政府按照国家同等院校结业生的安置办法安置。

第三十三条 学员因患慢性疾病或者其他原因不宜在军事院校继续学习，经批准退学的，由院校发给肄业证书，由入学前户口所在地的县、自治县、市、市辖区的人民政府接收安置。

第三十四条 学员被开除学籍的，由入学前户口所在地的县、自治县、市、市辖区的人民政府接收，按照国家同等院校开除学籍学生的处理办法办理。

第三十五条 本法第三十一条、第三十二条、第三十三条、第三十四条的规定，也适用于从现役士兵中招收的学员。

第六章　民　兵

第三十六条　民兵是不脱离生产的群众武装组织,是中国人民解放军的助手和后备力量。

民兵的任务是:

(一)积极参加社会主义现代化建设,带头完成生产和各项任务;

(二)担负战备勤务,保卫边疆,维护社会治安;

(三)随时准备参军参战,抵抗侵略,保卫祖国。

第三十七条　乡、民族乡、镇和企业事业单位建立民兵组织。凡十八岁至三十五岁符合服兵役条件的男性公民,除应征服现役的以外,编入民兵组织服预备役。民兵干部的年龄可以适当放宽。

不建立民兵组织的单位,按照规定对符合服兵役条件的男性公民,进行预备役登记。

第三十八条　民兵分为基干民兵和普通民兵。二十八岁以下的退出现役的士兵和经过军事训练的人员,以及选定参加军事训练的人员,编为基干民兵;其余十八岁至三十五岁符合服兵役条件的男性公民,编为普通民兵。

根据需要,吸收女性公民参加基干民兵。

陆海边疆、少数民族地区和城市有特殊情况的单位,基干民兵的年龄可以适当放宽。

第七章　预备役人员的军事训练

第三十九条　预备役士兵的军事训练,在民兵组织中进行,或者单独进行。

未服过现役的基干民兵,在十八岁至二十岁期间,应当参加三十天至四十天的军事训练;专业技术民兵的训练时间,按照实际需要适当延长。

服过现役和受过军事训练的基干民兵的复习训练,普通民兵和未编入民兵组织的预备役士兵的军事训练,按照中央军事委员会的规定进行。

第四十条　预备役军官在服预备役期间,应当参加三个月至六个月的军事训练。

第四十一条　国务院和中央军事委员会在必要的时候,可以决定预备役人员参加应急训练。

第四十二条　机关、团体、企业事业单位的预备役人员,在参加军事训练期间,由原单位照发工资和奖金,原有的福利待遇不变。

农村的预备役人员,在参加军事训练期间,由乡、民族乡、镇的人民政府采取平衡负担的办法,按照同等劳力的收入给予误工补贴。

第八章　高等院校和高级中学学生的军事训练

第四十三条　高等院校的学生在就学期间,必须接受基本军事训练。

根据国防建设的需要,对适合担任军官职务的学生,再进行短期集中训练,考核合格的,经军事机关批准,服军官预备役。

第四十四条　高等院校设军事训练机构,配备军事教员,组织实施学生的军事训练。

第四十三条第二款规定的培养预备役军官的短期集中训练,由军事部门派出现役军官与高等院校军事训练机构共同组织实施。

第四十五条　高级中学和相当于高级中学的学校,配备军事教员,对学生实施军事训练。

第四十六条　高等院校和高级中学学生的军事训练,由教育部、国防部负责。教育部门和军事部门设学生军事训练的工作机构或者配备专人,承办学生军事训练工作。

第九章　战时兵员动员

第四十七条　为了对付敌人的突然袭击,抵抗侵略,各级人民政府、各级军事机关,在平时必须做好战时兵员动员的准备工作。

第四十八条　在国家发布动员令以后,各级人民政府、各级军事机关,必须迅速实施动员:

(一)现役军人停止退出现役,休假、探亲的军人必须立即归队;

(二)预备役人员随时准备应召服现役,在接到通知后,必须准时到指定的地点报到;

(三)机关、团体、企业事业单位和乡、民族乡、镇的人民政府负责人,必须组织本单位被征召的预备役人员,按照规定的时间、地点报到;

(四)交通运输部门要优先运送应召的预备役人员和返回部队的现役军人。

第四十九条　战时遇有特殊情况,国务院和中央军事委员会可以决定征召三十六岁至四十五岁的男性公民服现役。

第五十条　战争结束后,需要复员的现役军人,根据国务院和中央军事委员会的复员命令,分期分批地退出现役,由各级人民政府妥善安置。

第十章　现役军人的优待和退出现役的安置

第五十一条　现役军人,革命残废军人,退出现役的军人,革命烈士家属,牺牲、病故军人家属,现役军人家属,应当受到社会的尊重,受到国家和人民群众的优待。

第五十二条　革命残废军人乘坐火车、轮船、飞机、长途汽车,优先购票,并按照规定享受减价优待。

义务兵从部队发出的平信,免费邮递。

第五十三条　现役军人参战或者因公负伤致残的,由部队评定残废等级,发给革命残废军人抚恤证。退出现役的特等、一等革命残废军人,由国家供养终身。二等、三等革命残废军人,家居城镇的,由本人所在地的县、自治县、市、市辖区的人民政府安排力所能及的工作;家居农村的,其所在地区有条件的,可以在企业事业单位安排适当工作,不能安排的,按照规定增发残废抚恤金,保障他们的生活。

第五十四条　家居农村的义务兵家属,由乡、民族乡、镇的人民政府采取平衡负担的办法给予优待。优待的具体办法和标准,由省、自治区、直辖市的人民政府规定。

家居城镇的义务兵家属,生活困难的,由县、自治县、市、市辖区的人民政府给予适当补助。

第五十五条　现役军人牺牲、病故,由国家发给其家属一次抚恤金。其家属无劳动能力或者无固定收入不能维持生活的,再由国家定期发给抚恤金。

第五十六条　义务兵退出现役后,按照从哪里来、回哪里去的原则,由原征集的县、自治县、市、市辖区的人民政府接收安置:

(一)家居农村的义务兵退出现役后,由乡、民族乡、镇的人民政府妥善安排他们的生产和生活。机关、团体、企业事业单位在农村招收职工时,对他们给予适当照顾。

(二)家居城镇的义务兵退出现役后,由县、自治县、市、市辖区的人民政府安排工作。入伍前是机关、团体、企业事业单位正式职工的,允许复工、复职。

(三)义务兵退出现役后,报考高等院校和中等专业学校,在和其他考生同等条件下,优先录取。

第五十七条　在服现役期间患精神病的义务兵退出现役后,视病情轻重,送地方医院收容治疗或者回家休养,所需医疗和生活费用,由县、自治县、市、市辖区的人民政府负责。

在服现役期间患过慢性病的义务兵退出现役后,旧病复发需要治疗的,由当地医疗机构负责给予治疗,所需医疗和生活费用,本人经济困难的,由县、自治县、市、市辖区的人民政府给予补助。

第五十八条 志愿兵退出现役后,由原征集的县、自治县、市、市辖区的人民政府安排工作;遇有特殊情况,也可以由上一级或者省、自治区、直辖市的人民政府统筹安排;自愿回乡参加农业生产的,给予鼓励,增发安家补助费。

志愿兵在服现役期间,参战或者因公致残、积劳成疾基本丧失工作能力的,办理退休手续,由原征集的县、自治县、市、市辖区的人民政府或者其直系亲属所在地的县、自治县、市、市辖区的人民政府接收安置。

第五十九条 军官退出现役后,由国家妥善安置。

第六十条 民兵因参战执勤牺牲、残废的,预备役人员和学生因参加军事训练牺牲、残废的,由当地人民政府按照民兵抚恤优待条例给予抚恤优待。

第十一章 惩 处

第六十一条 按照本法规定,有服兵役义务的公民拒绝、逃避兵役登记的,应征公民拒绝、逃避征集的,预备役人员拒绝、逃避军事训练的,经教育不改,基层人民政府应当强制其履行兵役义务。

在战时,预备役人员拒绝、逃避征召或者拒绝、逃避军事训练,情节严重的,比照《中华人民共和国惩治军人违反职责罪暂行条例》第六条第一款的规定处罚。

第六十二条 国家工作人员办理兵役工作时,收受贿赂、营私舞弊的,或者玩忽职守,致使兵役工作遭受严重损失的,分别依照《中华人民共和国刑法》第一百八十五条、第一百八十七条的规定处罚。情节较轻的,可以给予行政处分。

第十二章 附 则

第六十三条 本法适用于中国人民武装警察部队。

第六十四条 中国人民解放军根据需要配备文职干部。文职干部条例另定。

第六十五条 本法自 1984 年 10 月 1 日起施行。

1998 年《中华人民共和国兵役法》

（一九八四年五月三十一日第六届全国人民代表大会第二次会议通过根据一九九八年十二月二十九日第九届全国人民代表大会常务委员会第六次会议《关于修改〈中华人民共和国兵役法〉的决定》修正）

目　　录

第一章　总　　则

第一条　根据中华人民共和国宪法第五十五条"保卫祖国、抵抗侵略是中华人民共和国每一个公民的神圣职责。依照法律服兵役和参加民兵组织是中华人民共和国公民的光荣义务"和其他有关条款的规定，制定本法。

第二条　中华人民共和国实行义务兵与志愿兵相结合、民兵与预备役相结合的兵役制度。

第三条　中华人民共和国公民，不分民族、种族、职业、家庭出身、宗教信仰和教育程度，都有义务依照本法的规定服兵役。

有严重生理缺陷或者严重残疾不适合服兵役的人，免服兵役。

依照法律被剥夺政治权利的人，不得服兵役。

第四条 中华人民共和国的武装力量,由中国人民解放军、中国人民武装警察部队和民兵组成。

第五条 兵役分为现役和预备役。在中国人民解放军服现役的称现役军人;编入民兵组织或者经过登记服预备役的称预备役人员。

第六条 现役军人和预备役人员,必须遵守宪法和法律,履行公民的义务,同时享有公民的权利;由于服兵役而产生的权利和义务,除本法的规定外,另由军事条令规定。

第七条 现役军人必须遵守军队的条令和条例,忠于职守,随时为保卫祖国而战斗。

预备役人员必须按照规定参加军事训练,随时准备参军参战,保卫祖国。

第八条 现役军人和预备役人员建立功勋的,得授予勋章、奖章或者荣誉称号。

第九条 中国人民解放军实行军衔制度。

第十条 全国的兵役工作,在国务院、中央军事委员会领导下,由国防部负责。

各军区按照国防部赋予的任务,负责办理本区域的兵役工作。

省军区(卫戍区、警备区)、军分区(警备区)和县、自治县、市、市辖区的人民武装部,兼各该级人民政府的兵役机关,在上级军事机关和同级人民政府领导下,负责办理本区域的兵役工作。

机关、团体、企业事业单位和乡、民族乡、镇的人民政府,依照本法的规定完成兵役工作任务。兵役工作业务,在设有人民武装部的单位,由人民武装部办理;不设人民武装部的单位,确定一个部门办理。

第二章　平时征集

第十一条 全国每年征集服现役的人数、要求和时间,由国务院和中央军事委员会的命令规定。

第十二条 每年十二月三十一日以前年满十八岁的男性公民,应当被征集服现役。当年未被征集的,在二十二岁以前,仍可以被征集服现役。

根据军队需要,可以按照前款规定征集女性公民服现役。

根据军队需要和自愿的原则,可以征集当年十二月三十一日以前未满十八岁的男女公民服现役。

第十三条 每年十二月三十一日以前年满十八岁的男性公民,都应当在当年九月三十日以前,按照县、自治县、市、市辖区的兵役机关的安排,进行兵役登记。经兵役登记和初步审查合格的,称应征公民。

第十四条　在征集期间,应征公民应当按照县、自治县、市、市辖区的兵役机关的通知,按时到指定的体格检查站进行体格检查。

应征公民符合服现役条件,并经县、自治县、市、市辖区的兵役机关批准的,被征集服现役。

第十五条　应征公民是维持家庭生活的唯一劳动力或者是正在全日制学校就学的学生,可以缓征。

第十六条　应征公民被羁押正在受侦查、起诉、审判的或者被判处徒刑、拘役、管制正在服刑的,不征集。

第三章　士兵的现役和预备役

第十七条　士兵包括义务兵和志愿兵。

第十八条　义务兵服现役的期限为二年。

第十九条　义务兵服现役期满,根据军队需要和本人自愿,经团级以上单位批准,可以改为志愿兵。

志愿兵实行分期服现役制度。志愿兵服现役的期限,从改为志愿兵之日算起,至少三年,一般不超过三十年,年龄不超过五十五岁。

根据军队需要,志愿兵也可以直接从非军事部门具有专业技能的公民中招收,具体办法由国务院、中央军事委员会制定。

第二十条　士兵服现役期满,应当退出现役。因军队编制员额缩减需要退出现役的,经军队医院诊断证明本人健康状况不适合继续服现役的,或者因其他特殊原因需要退出现役的,经师级以上机关批准,可以提前退出现役。

第二十一条　士兵退出现役时,符合预备役条件的,由部队确定服士兵预备役;经过考核,适合担任军官职务的,服军官预备役。

退出现役的士兵,由部队确定服预备役的,在回到本人居住地以后的三十天内,到当地县、自治县、市、市辖区的兵役机关办理预备役登记。

第二十二条　按照本法第十三条规定经过兵役登记的应征公民,未被征集服现役的,服士兵预备役。

第二十三条　士兵预备役的年龄,为十八岁至三十五岁。

第二十四条　士兵预备役分为第一类和第二类。

第一类士兵预备役包括下列人员:

(一)经过登记服士兵预备役的三十五岁以下的退出现役的士兵;

(二)经过登记服士兵预备役的三十五岁以下的地方与军事专业对口的

技术人员；

（三）其他编入预备役部队和预编到现役部队的二十八岁以下的预备役士兵。

第二类士兵预备役包括下列人员：

（一）除服第一类士兵预备役的人员外，编入民兵组织的人员；

（二）其他经过登记服士兵预备役的三十五岁以下的男性公民。

本条第一类士兵预备役第（三）项所列人员，二十九岁转入第二类士兵预备役；预备役士兵年满三十五岁，退出预备役。

第四章　军官的现役和预备役

第二十五条　现役军官由下列人员补充：

（一）军事院校毕业的学员；

（二）在中央军事委员会批准开办的培训军官的机构受训后，经考核适合担任军官职务的士兵；

（三）高等院校、中等专业学校毕业的适合担任军官职务的学生；

（四）军队的文职干部和个别接收的非军事部门的专业技术人员。

在战时，现役军官还由下列人员补充：

（一）可以直接任命为军官的士兵；

（二）征召的预备役军官和适合服现役的非军事部门的干部。

第二十六条　预备役军官包括下列人员：

（一）退出现役转入预备役的军官；

（二）确定服军官预备役的退出现役的士兵；

（三）确定服军官预备役的高等院校毕业学生；

（四）确定服军官预备役的专职人民武装干部和民兵干部；

（五）确定服军官预备役的非军事部门的干部和专业技术人员。

第二十七条　军官服现役和服预备役的最高年龄由中国人民解放军军官服役条例规定。

第二十八条　现役军官按照规定服役已满最高年龄的，退出现役；未满最高年龄因特殊情况需要退出现役的，经批准可以退出现役。

军官退出现役时，符合服预备役条件的，转入军官预备役。

第二十九条　退出现役转入预备役的军官，退出现役确定服军官预备役的士兵，以及确定服军官预备役的高等院校毕业学生，在到达工作单位或者居住地以后的三十天内，到当地县、自治县、市、市辖区的兵役机关办理预备役登记。

适合担任军官职务的专职人民武装干部、民兵干部、非军事部门的干部和专业技术人员，由县、自治县、市、市辖区的兵役机关进行登记，报请上级军事机关批准，服军官预备役。

预备役军官按照规定服预备役已满最高年龄的，退出预备役。

第五章　军事院校从青年学生中招收的学员

第三十条　根据军队建设的需要，军事院校可以从青年学生中招收学员。招收学员的年龄，不受征集服现役年龄的限制。

第三十一条　学员完成学业考试合格的，由院校发给毕业证书，按照规定任命为现役军官或者文职干部。

第三十二条　学员学完规定的科目，考试不合格的，由院校发给结业证书，回入学前户口所在地，由县、自治县、市、市辖区的人民政府按照国家同等院校结业生的安置办法安置。

第三十三条　学员因患慢性疾病或者其他原因不宜在军事院校继续学习，经批准退学的，由院校发给肆业证书，由入学前户口所在地的县、自治县、市、市辖区的人民政府接收安置。

第三十四条　学员被开除学籍的，由入学前户口所在地的县、自治县、市、市辖区的人民政府接收，按照国家同等院校开除学籍学生的处理办法办理。

第三十五条　本法第三十一条、第三十二条、第三十三条、第三十四条的规定，也适用于从现役士兵中招收的学员。

第六章　民　　兵

第三十六条　民兵是不脱离生产的群众武装组织，是中国人民解放军的助手和后备力量。

民兵的任务是：

（一）积极参加社会主义现代化建设，带头完成生产和各项任务；

（二）担负战备勤务，保卫边疆，维护社会治安；

（三）随时准备参军参战，抵抗侵略，保卫祖国。

第三十七条　乡、民族乡、镇和企业事业单位建立民兵组织。凡十八岁至三十五岁符合服兵役条件的男性公民，除应征服现役的以外，编入民兵组织服预备役。民兵干部的年龄可以适当放宽。

不建立民兵组织的单位，按照规定对符合服兵役条件的男性公民，进行预备役登记。

第三十八条 民兵分为基干民兵和普通民兵。二十八岁以下的退出现役的士兵和经过军事训练的人员,以及选定参加军事训练的人员,编为基干民兵;其余十八岁至三十五岁符合服兵役条件的男性公民,编为普通民兵。

根据需要,吸收女性公民参加基干民兵。

陆海边疆、少数民族地区和城市有特殊情况的单位,基干民兵的年龄可以适当放宽。

第七章 预备役人员的军事训练

第三十九条 预备役士兵的军事训练,在民兵组织、预备役部队中进行,或者采取其他组织形式进行。

未服过现役的编入预备役部队、预编到现役部队的预备役士兵和基干民兵,在十八岁至二十二岁期间,应当参加三十天至四十天的军事训练;其中专业技术兵的训练时间,按照实际需要适当延长。

服过现役和受过军事训练的预备役士兵的复习训练,普通民兵和未编入民兵组织的预备役士兵的军事训练,按照中央军事委员会的规定进行。

第四十条 预备役军官在服预备役期间,应当参加三个月至六个月的军事训练。

第四十一条 国务院和中央军事委员会在必要的时候,可以决定预备役人员参加应急训练。

第四十二条 预备役人员参加军事训练,由当地人民政府给予误工补贴。具体办法和补贴标准由国务院、中央军事委员会规定;在国务院、中央军事委员会作出规定之前,由省、自治区、直辖市规定。

第八章 高等院校和高级中学学生的军事训练

第四十三条 高等院校的学生在就学期间,必须接受基本军事训练。

根据国防建设的需要,对适合担任军官职务的学生,再进行短期集中训练,考核合格的,经军事机关批准,服军官预备役。

第四十四条 高等院校设军事训练机构,配备军事教员,组织实施学生的军事训练。

第四十三条第二款规定的培养预备役军官的短期集中训练,由军事部门派出现役军官与高等院校军事训练机构共同组织实施。

第四十五条 高级中学和相当于高级中学的学校,配备军事教员,对学生实施军事训练。

第四十六条 高等院校和高级中学学生的军事训练,由教育部、国防部负责。教育部门和军事部门设学生军事训练的工作机构或者配备专人,承办学生军事训练工作。

第九章　战时兵员动员

第四十七条　为了对付敌人的突然袭击,抵抗侵略,各级人民政府、各级军事机关,在平时必须做好战时兵员动员的准备工作。

第四十八条　在国家发布动员令以后,各级人民政府、各级军事机关,必须迅速实施动员:

(一)现役军人停止退出现役,休假、探亲的军人必须立即归队;

(二)预备役人员随时准备应召服现役,在接到通知后,必须准时到指定的地点报到;

(三)机关、团体、企业事业单位和乡、民族乡、镇的人民政府负责人,必须组织本单位被征召的预备役人员,按照规定的时间、地点报到;

(四)交通运输部门要优先运送应召的预备役人员和返回部队的现役军人。

第四十九条　战时遇有特殊情况,国务院和中央军事委员会可以决定征召三十六岁至四十五岁的男性公民服现役。

第五十条　战争结束后,需要复员的现役军人,根据国务院和中央军事委员会的复员命令,分期分批地退出现役,由各级人民政府妥善安置。

第十章　现役军人的优待和退出现役的安置

第五十一条　现役军人,革命残废军人,退出现役的军人,革命烈士家属,牺牲、病故军人家属,现役军人家属,应当受到社会的尊重,受到国家和人民群众的优待。

第五十二条　革命残废军人乘坐火车、轮船、飞机、长途汽车,优先购票,并按照规定享受减价优待。

义务兵从部队发出的平信,免费邮递。

第五十三条　现役军人参战或者因公负伤致残的,由部队评定残废等级,发给革命残废军人抚恤证。退出现役的特等、一等革命残废军人,由国家供养终身。二等、三等革命残废军人,家居城镇的,由本人所在地的县、自治县、市、市辖区的人民政府安排力所能及的工作;家居农村的,其所在地区有条件的,可以在企业事业单位安排适当工作,不能安排的,按照规定增发残废抚恤金,保障他们的生活。

第五十四条　义务兵服现役期间,其家属由当地人民政府给予优待,优待的标准不低于当地平均生活水平,具体办法由省、自治区、直辖市规定。

第五十五条 现役军人牺牲、病故,由国家发给其家属一次抚恤金。其家属无劳动能力或者无固定收入不能维持生活的,再由国家定期发给抚恤金。

第五十六条 义务兵退出现役后,按照从哪里来、回哪里去的原则,由原征集的县、自治县、市、市辖区的人民政府接收安置:

(一)家居农村的义务兵退出现役后,由乡、民族乡、镇的人民政府妥善安排他们的生产和生活。机关、团体、企业事业单位在农村招收员工时,在同等条件下,应当优先录用退伍军人。荣获二等功以上奖励的,按照本条第(二)项规定安排工作。

(二)家居城镇的义务兵退出现役后,由县、自治县、市、市辖区的人民政府安排工作,也可以由上一级或者省、自治区、直辖市的人民政府在本地区内统筹安排。机关、团体、企业事业单位,不分所有制性质和组织形式,都有按照国家有关规定安置退伍军人的义务。入伍前是机关、团体、企业事业单位职工的,允许复工、复职。

(三)城镇退伍军人待安置期间,由当地人民政府按照不低于当地最低生活水平的原则发给生活补助费。

(四)城镇退伍军人自谋职业的,由当地人民政府给予一次性经济补助,并给予政策上的优惠。

(五)义务兵退出现役后,报考国家公务员、高等院校和中等专业学校,按照有关规定予以优待。

第五十七条 在服现役期间患精神病的义务兵退出现役后,视病情轻重,送地方医院收容治疗或者回家休养,所需医疗和生活费用,由县、自治县、市、市辖区的人民政府负责。

在服现役期间患过慢性病的义务兵退出现役后,旧病复发需要治疗的,由当地医疗机构负责给予治疗,所需医疗和生活费用,本人经济困难的,由县、自治县、市、市辖区的人民政府给予补助。

第五十八条 志愿兵退出现役后,服现役不满十年的,按照本法第五十六条的规定安置;满十年的,由原征集的县、自治县、市、市辖区的人民政府安排工作,也可以由上一级或者省、自治区、直辖市的人民政府在本地区内统筹安排;自愿回乡参加农业生产或者自谋职业的,给予鼓励,由当地人民政府增发安家补助费;服现役满三十年或者年满五十五岁的作退休安置,根据地方需要和本人自愿也可以作转业安置。

志愿兵在服现役期间,参战或者因公致残、积劳成疾基本丧失工作能力的,办理退休手续,由原征集的县、自治县、市、市辖区的人民政府或者其直系亲属所在地的县、自治县、市、市辖区的人民政府接收安置。

第五十九条　军官退出现役后,由国家妥善安置。

第六十条　民兵因参战执勤牺牲、残废的,预备役人员和学生因参加军事训练牺牲、残废的,由当地人民政府按照民兵抚恤优待条例给予抚恤优待。

第十一章　惩　处

第六十一条　有服兵役义务的公民有下列行为之一的,由县级人民政府责令限期改正;逾期不改的,由县级人民政府强制其履行兵役义务,并可以处以罚款:

(一)拒绝、逃避兵役登记和体格检查的;

(二)应征公民拒绝、逃避征集的;

(三)预备役人员拒绝、逃避参加军事训练和执行军事勤务的。

有前款第(二)项行为,拒不改正的,在两年内不得被录取为国家公务员、国有企业职工,不得出国或者升学。

战时有第一款第(二)、(三)项行为,构成犯罪的,依法追究刑事责任。

第六十二条　现役军人以逃避服兵役为目的,拒绝履行职责或者逃离部队的,按照中央军事委员会的规定给予行政处分;战时逃离部队,构成犯罪的,依法追究刑事责任。

明知是逃离部队的军人而雇用的,由县级人民政府责令改正,并处以罚款;构成犯罪的,依法追究刑事责任。

第六十三条　机关、团体、企业事业单位拒绝完成本法规定的兵役工作任务的,阻挠公民履行兵役义务的,拒绝接收、安置退伍军人的,或者有其他妨害兵役工作行为的,由县级人民政府责令改正,并可以处以罚款;对单位直接负责的主管人员和其他直接责任人员,依法予以处罚。

第六十四条　扰乱兵役工作秩序,或者阻碍兵役工作人员依法执行职务的,依照治安管理处罚条例的规定给予处罚;使用暴力、威胁方法,构成犯罪的,依法追究刑事责任。

第六十五条　国家工作人员和军人在兵役工作中,有下列行为之一,构成犯罪的,依法追究刑事责任;尚不构成犯罪的,给予行政处分:

(一)收受贿赂的;

(二)滥用职权或者玩忽职守的;

(三)徇私舞弊,接送不合格兵员的。

第十二章　附　则

第六十六条　本法适用于中国人民武装警察部队。

第六十七条　中国人民解放军根据需要配备文职干部。文职干部条例另定。

第六十八条　本法自 1984 年 10 月 1 日起施行。

2009 年《全国人民代表大会常务委员会关于修改部分法律的决定》

（2009 年 8 月 27 日第十一届全国人民代表大会常务委员会第十次会议通过）

第十一届全国人民代表大会常务委员会第十次会议决定：

一、对下列法律中明显不适应社会主义市场经济和社会发展要求的规定作出修改

1. 将《中华人民共和国民法通则》第七条修改为："民事活动应当尊重社会公德，不得损害社会公共利益，扰乱社会经济秩序。"删去第五十八条第一款第六项。

2. 删去《中华人民共和国全民所有制工业企业法》第二条第四款、第二十三条、第三十五条第一款、第五十五条。

3. 删去《中华人民共和国体育法》第四十七条。

4. 删去《中华人民共和国教育法》第五十七条第三款、第五十九条。

5. 删去《中华人民共和国防洪法》第五十二条。

二、对下列法律和法律解释中关于"征用"的规定作出修改

（一）将下列法律和法律解释中的"征用"修改为"征收、征用"

6.《中华人民共和国森林法》第十八条

7.《中华人民共和国军事设施保护法》第十二条

8.《中华人民共和国国防法》第四十八条

9.《中华人民共和国归侨侨眷权益保护法》第十三条

10.《中华人民共和国农村土地承包法》第十六条、第五十九条

11.《中华人民共和国草原法》第三十八条、第三十九条、第六十三条

12.《中华人民共和国刑法》第三百八十一条、第四百一十条

13. 全国人民代表大会常务委员会关于《中华人民共和国刑法》第九十三条第二款的解释

14. 全国人民代表大会常务委员会关于《中华人民共和国刑法》第二百二十八条、第三百四十二条、第四百一十条的解释

（二）将下列法律中的"征用"修改为"征收"

15.《中华人民共和国渔业法》第十四条

16.《中华人民共和国铁路法》第三十六条

17.《中华人民共和国城市房地产管理法》第九条

18.《中华人民共和国电力法》第十六条

19.《中华人民共和国煤炭法》第二十条

20.《中华人民共和国行政复议法》第三十条

21.《中华人民共和国农业法》第七十一条

三、对下列法律中关于刑事责任的规定作出修改

（一）将下列法律中的"依照刑法第×条的规定"、"比照刑法第×条的规定"修改为"依照刑法有关规定"

22.《中华人民共和国计量法》第二十九条

23.《中华人民共和国矿产资源法》第三十九条、第四十条、第四十三条、第四十四条、第四十八条

24.《中华人民共和国国境卫生检疫法》第二十二条

25.《中华人民共和国全民所有制工业企业法》第六十二条、第六十三条

26.《中华人民共和国野生动物保护法》第三十二条、第三十七条

27.《中华人民共和国集会游行示威法》第二十九条

28.《中华人民共和国军事设施保护法》第三十三条、第三十四条

29.《中华人民共和国铁路法》第六十条、第六十四条、第六十五条

30.《中华人民共和国进出境动植物检疫法》第四十二条、第四十三条

31.《中华人民共和国全国人民代表大会和地方各级人民代表大会代表法》第三十九条

32.《中华人民共和国矿山安全法》第四十六条、第四十七条

33.《中华人民共和国国家安全法》第二十六条、第二十七条、第三十二条

34.《中华人民共和国教师法》第三十六条

35.《中华人民共和国红十字会法》第十五条

36.《中华人民共和国劳动法》第九十二条

37.《中华人民共和国母婴保健法》第三十六条

38.《中华人民共和国民用航空法》第一百九十四条、第一百九十六条、第一百九十八条、第一百九十九条

39.《中华人民共和国电力法》第七十一条、第七十二条、第七十四条

40.《中华人民共和国行政处罚法》第六十一条

41.《中华人民共和国枪支管理法》第四十条、第四十二条、第四十三条

42.《中华人民共和国煤炭法》第七十八条、第七十九条

（二）将下列法律中引用已纳入刑法并被废止的关于惩治犯罪的决定的规定修改为"依照刑法有关规定"

43.《中华人民共和国野生动物保护法》第三十一条

44.《中华人民共和国军事设施保护法》第三十五条

45.《中华人民共和国铁路法》第六十九条

46.《中华人民共和国烟草专卖法》第四十条、第四十二条

47.《中华人民共和国民用航空法》第一百九十一条

（三）删去下列法律中关于"投机倒把"、"投机倒把罪"的规定，并作出修改

48. 将《中华人民共和国计量法》第二十八条修改为："制造、销售、使用以欺骗消费者为目的的计量器具的，没收计量器具和违法所得，处以罚款；情节严重的，并对个人或者单位直接责任人员依照刑法有关规定追究刑事责任。"

49. 将《中华人民共和国野生动物保护法》第三十五条第二款修改为："违反本法规定，出售、收购国家重点保护野生动物或者其产品，情节严重，构成犯罪的，依照刑法有关规定追究刑事责任。"

50. 将《中华人民共和国铁路法》第七十条修改为："铁路职工利用职务之便走私的，或者与其他人员勾结走私的，依照刑法有关规定追究刑事责任。"

51. 将《中华人民共和国烟草专卖法》第三十八条第一款修改为："倒卖烟草专卖品，构成犯罪的，依法追究刑事责任；情节轻微，不构成犯罪的，由工商行政管理部门没收倒卖的烟草专卖品和违法所得，可以并处罚款。"

（四）对下列法律中关于追究刑事责任的具体规定作出修改

52. 将《中华人民共和国公民出境入境管理法》第十六条修改为："执行本法的国家工作人员，利用职权索取、收受贿赂，或者有其他违法失职行为，情节严重，构成犯罪的，依法追究刑事责任。"

53. 将《中华人民共和国铁路法》第六十一条修改为："故意损毁、移动

铁路行车信号装置或者在铁路线路上放置足以使列车倾覆的障碍物的,依照刑法有关规定追究刑事责任。"

第六十二条修改为:"盗窃铁路线路上行车设施的零件、部件或者铁路线路上的器材,危及行车安全的,依照刑法有关规定追究刑事责任。"

第六十三条修改为:"聚众拦截列车、冲击铁路行车调度机构不听制止的,对首要分子和骨干分子依照刑法有关规定追究刑事责任。"

第六十六条修改为:"倒卖旅客车票,构成犯罪的,依照刑法有关规定追究刑事责任。铁路职工倒卖旅客车票或者与其他人员勾结倒卖旅客车票的,依照刑法有关规定追究刑事责任。"

54. 将《中华人民共和国烟草专卖法》第三十九条修改为:"伪造、变造、买卖本法规定的烟草专卖生产企业许可证、烟草专卖经营许可证等许可证件和准运证的,依照刑法有关规定追究刑事责任。"烟草专卖行政主管部门和烟草公司工作人员利用职务上的便利犯前款罪的,依法从重处罚。"

55. 将《中华人民共和国城市房地产管理法》第七十一条第二款修改为:"房产管理部门、土地管理部门工作人员利用职务上的便利,索取他人财物,或者非法收受他人财物为他人谋取利益,构成犯罪的,依法追究刑事责任;不构成犯罪的,给予行政处分。"

56. 将《中华人民共和国民用航空法》第一百九十二条修改为:"对飞行中的民用航空器上的人员使用暴力,危及飞行安全的,依照刑法有关规定追究刑事责任。"

第一百九十三条第一款修改为:"违反本法规定,隐匿携带炸药、雷管或者其他危险品乘坐民用航空器,或者以非危险品品名托运危险品的,依照刑法有关规定追究刑事责任。"

第三款修改为:"隐匿携带枪支子弹、管制刀具乘坐民用航空器的,依照刑法有关规定追究刑事责任。"

第一百九十五条修改为:"故意在使用中的民用航空器上放置危险品或者唆使他人放置危险品,足以毁坏该民用航空器,危及飞行安全的,依照刑法有关规定追究刑事责任。"

第一百九十七条修改为:"盗窃或者故意损毁、移动使用中的航行设施,危及飞行安全,足以使民用航空器发生坠落、毁坏危险的,依照刑法有关规定追究刑事责任。"

57. 将《中华人民共和国枪支管理法》第三十九条修改为:"违反本法规定,未经许可制造、买卖或者运输枪支的,依照刑法有关规定追究刑事责任。"单位有前款行为的,对单位判处罚金,并对其直接负责的主管人员和其他直接责任人员依照刑法有关规定追究刑事责任。"

第四十一条修改为:"违反本法规定,非法持有、私藏枪支的,非法运输、携带枪支入境、出境的,依照刑法有关规定追究刑事责任。"

58.将《中华人民共和国兵役法》第六十二条第一款修改为:"现役军人以逃避服兵役为目的,拒绝履行职责或者逃离部队的,按照中央军事委员会的规定给予处分;构成犯罪的,依法追究刑事责任。"

四、对下列法律和有关法律问题的决定中关于治安管理处罚的规定作出修改

(一)将下列法律和有关法律问题的决定中引用的"治安管理处罚条例"修改为"治安管理处罚法"

59.《中华人民共和国兵役法》第六十四条

60.《中华人民共和国矿产资源法》第四十一条、第四十八条

61.《中华人民共和国野生动物保护法》第三十九条

62.《中华人民共和国集会游行示威法》第二十八条、第三十二条

63.《中华人民共和国铁路法》第六十七条

64.《中华人民共和国水土保持法》第三十七条

65.《中华人民共和国烟草专卖法》第四十一条

66.《中华人民共和国工会法》第五十一条

67.《中华人民共和国产品质量法》第六十九条

68.《中华人民共和国消费者权益保护法》第五十二条

69.《中华人民共和国体育法》第五十一条至第五十三条

70.《中华人民共和国民用航空法》第二百条

71.《中华人民共和国电力法》第七十条

72.《中华人民共和国行政处罚法》第四十二条

73.《中华人民共和国煤炭法》第七十六条

74.《中华人民共和国老年人权益保障法》第四十六条、第四十八条

75.《中华人民共和国人民防空法》第五十条

76.《中华人民共和国防洪法》第六十一条、第六十二条、第六十四条

77.《中华人民共和国执业医师法》第四十条

78.《中华人民共和国安全生产法》第九十四条

79.《中华人民共和国水法》第七十二条

80.《全国人民代表大会常务委员会关于惩治走私、制作、贩卖、传播淫秽物品的犯罪分子的决定》第二条、第三条

81.《全国人民代表大会常务委员会关于严惩拐卖、绑架妇女、儿童的犯

罪分子的决定》第四条

82.《全国人民代表大会常务委员会关于维护互联网安全的决定》第六条

（二）对下列法律和有关法律问题的决定中关于治安管理处罚的具体规定作出修改

83.删去《中华人民共和国全民所有制工业企业法》第六十四条第一款；第二款修改为："扰乱企业的秩序，致使生产、营业、工作不能正常进行，尚未造成严重损失的，由企业所在地公安机关依照《中华人民共和国治安管理处罚法》的规定处罚。"

84.将《中华人民共和国野生动物保护法》第三十三条第二款修改为："违反本法规定，未取得持枪证持枪猎捕野生动物的，由公安机关依照治安管理处罚法第三十二条的规定处罚。"

85.将《中华人民共和国军事设施保护法》第三十二条、第三十三条、第三十四条中的"比照治安管理处罚条例第十九条的规定处罚"修改为"适用《中华人民共和国治安管理处罚法》第二十三条的处罚规定"。

86.将《中华人民共和国国旗法》第十九条修改为："在公共场合故意以焚烧、毁损、涂划、玷污、践踏等方式侮辱中华人民共和国国旗的，依法追究刑事责任；情节较轻的，由公安机关处以十五日以下拘留。"

87.将《中华人民共和国国徽法》第十三条修改为："在公共场合故意以焚烧、毁损、涂划、玷污、践踏等方式侮辱中华人民共和国国徽的，依法追究刑事责任；情节较轻的，由公安机关处以十五日以下拘留。"

88.将《中华人民共和国全国人民代表大会和地方各级人民代表大会代表法》第三十九条第三款中的"依照治安管理处罚条例第十九条的规定处罚"修改为"适用《中华人民共和国治安管理处罚法》第五十条的处罚规定"。

89.将《中华人民共和国红十字会法》第十五条第二款中的"比照治安管理处罚条例第十九条的规定处罚"修改为"适用《中华人民共和国治安管理处罚法》第五十条的处罚规定"。

90.将《中华人民共和国公路法》第八十三条修改为："阻碍公路建设或者公路抢修，致使公路建设或者抢修不能正常进行，尚未造成严重损失的，依照《中华人民共和国治安管理处罚法》的规定处罚。"损毁公路或者擅自移动公路标志，可能影响交通安全，尚不够刑事处罚的，适用《中华人民共和国道路交通安全法》第九十九条的处罚规定。

"拒绝、阻碍公路监督检查人员依法执行职务未使用暴力、威胁方法的，依照《中华人民共和国治安管理处罚法》的规定处罚。"

91. 将《全国人民代表大会常务委员会关于严禁卖淫嫖娼的决定》第三条、第四条中的"依照治安管理处罚条例第三十条的规定处罚"修改为"依照《中华人民共和国治安管理处罚法》的规定处罚"。

五、对下列法律中引用其他法律名称或者条文不对应的规定作出修改

92. 将《中华人民共和国兵役法》第二十七条中的"中国人民解放军军官服役条例"修改为"《中华人民共和国现役军官法》和《中华人民共和国预备役军官法》"。

93. 将《中华人民共和国气象法》第三十五条第二款中的"《中华人民共和国城市规划法》"修改为"《中华人民共和国城乡规划法》"。

94. 将《中华人民共和国人民警察警衔条例》第二条修改为"人民警察实行警衔制度。"

95. 将《中华人民共和国仲裁法》第六十三条中的"民事诉讼法第二百一十七条第二款"修改为"民事诉讼法第二百一十三条第二款";第七十条、第七十一条中的"民事诉讼法第二百六十条第一款"修改为"民事诉讼法第二百五十八条第一款"。

本决定自公布之日起施行。

2011 年《中华人民共和国兵役法》

(1984 年 5 月 31 日第六届全国人民代表大会第二次会议通，1984 年 5 月 31 日中华人民共和国主席令第十四号公布。根据 1998 年 12 月 29 日第九届全国人民代表大会常务委员会第六次会议《关于修改〈中华人民共和国兵役法〉的决定》第一次修正，根据 2009 年 8 月 27 日第十一届全国人民代表大会常务委员会第十次会议《关于修改部分法律的决定》第二次修正，根据 2011 年 10 月 29 日第十一届全国人民代表大会常务委员会第二十三次会议《关于修改〈中华人民共和国兵役法〉的决定》第三次修正)

目　录

第一章　总　　则

第一条　根据中华人民共和国宪法第五十五条"保卫祖国、抵抗侵略是中华人民共和国每一个公民的神圣职责。依照法律服兵役和参加民兵组织是中华人民共和国公民的光荣义务"和其他有关条款的规定,制定本法。

第二条　中华人民共和国实行义务兵与志愿兵相结合、民兵与预备役相结合的兵役制度。

第三条　中华人民共和国公民,不分民族、种族、职业、家庭出身、宗教信仰和教育程度,都有义务依照本法的规定服兵役。

有严重生理缺陷或者严重残疾不适合服兵役的人,免服兵役。

依照法律被剥夺政治权利的人,不得服兵役。

第四条　中华人民共和国的武装力量,由中国人民解放军、中国人民武装警察部队和民兵组成。

第五条　兵役分为现役和预备役。在中国人民解放军服现役的称现役军人;经过登记,预编到现役部队、编入预备役部队、编入民兵组织服预备役的或者以其他形式服预备役的,称预备役人员。

第六条　现役军人和预备役人员,必须遵守宪法和法律,履行公民的义务,同时享有公民的权利;由于服兵役而产生的权利和义务,由本法和其他相关法律法规规定。

第七条　现役军人必须遵守军队的条令和条例,忠于职守,随时为保卫祖国而战斗。

预备役人员必须按照规定参加军事训练、执行军事勤务,随时准备参军参战,保卫祖国。

第八条　现役军人和预备役人员建立功勋的,得授予勋章、奖章或者荣誉称号。

第九条 中国人民解放军实行军衔制度。

第十条 全国的兵役工作,在国务院、中央军事委员会领导下,由国防部负责。

各军区按照国防部赋予的任务,负责办理本区域的兵役工作。

省军区(卫戍区、警备区)、军分区(警备区)和县、自治县、市、市辖区的人民武装部,兼各该级人民政府的兵役机关,在上级军事机关和同级人民政府领导下,负责办理本区域的兵役工作。

机关、团体、企业事业单位和乡、民族乡、镇的人民政府,依照本法的规定完成兵役工作任务。兵役工作业务,在设有人民武装部的单位,由人民武装部办理;不设人民武装部的单位,确定一个部门办理。

第二章 平时征集

第十一条 全国每年征集服现役的人数、要求和时间,由国务院和中央军事委员会的命令规定。

县级以上地方各级人民政府组织兵役机关和有关部门组成征集工作机构,负责组织实施征集工作。

第十二条 每年十二月三十一日以前年满十八周岁的男性公民,应当被征集服现役。当年未被征集的,在二十二周岁以前仍可以被征集服现役,普通高等学校毕业生的征集年龄可以放宽至二十四周岁。

根据军队需要,可以按照前款规定征集女性公民服现役。

根据军队需要和本人自愿,可以征集当年十二月三十一日以前年满十七周岁未满十八周岁的公民服现役。

第十三条 国家实行兵役登记制度。每年十二月三十一日以前年满十八周岁的男性公民,都应当在当年六月三十日以前,按照县、自治县、市、市辖区的兵役机关的安排,进行兵役登记。经兵役登记并初步审查合格的,称应征公民。

第十四条 在征集期间,应征公民应当按照县、自治县、市、市辖区的兵役机关的通知,按时到指定的体格检查站进行体格检查。

应征公民符合服现役条件,并经县、自治县、市、市辖区的兵役机关批准的,被征集服现役。

第十五条 在征集期间,应征公民被征集服现役,同时被机关、团体、企业事业单位招收录用或者聘用的,应当优先履行服兵役义务;有关机关、团体、企业事业单位应当服从国防和军队建设的需要,支持兵员征集工作。

第十六条 应征公民是维持家庭生活唯一劳动力的,可以缓征。

第十七条　应征公民正在被依法侦查、起诉、审判的或者被判处徒刑、拘役、管制正在服刑的,不征集。

第三章　士兵的现役和预备役

第十八条　现役士兵包括义务兵役制士兵和志愿兵役制士兵,义务兵役制士兵称义务兵,志愿兵役制士兵称士官。

第十九条　义务兵服现役的期限为二年。

第二十条　义务兵服现役期满,根据军队需要和本人自愿,经团级以上单位批准,可以改为士官。根据军队需要,可以直接从非军事部门具有专业技能的公民中招收士官。

士官实行分级服现役制度。士官服现役的期限一般不超过三十年,年龄不超过五十五周岁。

士官分级服现役的办法和直接从非军事部门招收士官的办法,由国务院、中央军事委员会规定。

第二十一条　士兵服现役期满,应当退出现役。因军队编制员额缩减需要退出现役的,经军队医院诊断证明本人健康状况不适合继续服现役的,或者因其他特殊原因需要退出现役的,经师级以上机关批准,可以提前退出现役。

士兵退出现役的时间为部队宣布退出现役命令之日。

第二十二条　士兵退出现役时,符合预备役条件的,由部队确定服士兵预备役;经过考核,适合担任军官职务的,服军官预备役。

退出现役的士兵,由部队确定服预备役的,自退出现役之日起四十日内,到安置地的县、自治县、市、市辖区的兵役机关办理预备役登记。

第二十三条　依照本法第十三条规定经过兵役登记的应征公民,未被征集服现役的,办理士兵预备役登记。

第二十四条　士兵预备役的年龄,为十八周岁至三十五周岁,根据需要可以适当延长。具体办法由国务院、中央军事委员会规定。

第二十五条　士兵预备役分为第一类和第二类。

第一类士兵预备役包括下列人员:

(一)预编到现役部队的预备役士兵;

(二)编入预备役部队的预备役士兵;

(三)经过预备役登记编入基干民兵组织的人员。

第二类士兵预备役包括下列人员:

(一)经过预备役登记编入普通民兵组织的人员;

（二）其他经过预备役登记确定服士兵预备役的人员。

预备役士兵达到服预备役最高年龄的，退出预备役。

第四章 军官的现役和预备役

第二十六条 现役军官由下列人员补充：

（一）选拔优秀士兵和普通高中毕业生入军队院校学习毕业的学员；

（二）选拔普通高等学校毕业的国防生和其他应届优秀毕业生；

（三）直接提升具有普通高等学校本科以上学历表现优秀的士兵；

（四）改任现役军官的文职干部；

（五）招收军队以外的专业技术人员和其他人员。

战时根据需要，可以从士兵、征召的预备役军官和非军事部门的人员中直接任命军官。

第二十七条 预备役军官包括下列人员：

（一）退出现役转入预备役的军官；

（二）确定服军官预备役的退出现役的士兵；

（三）确定服军官预备役的普通高等学校毕业学生；

（四）确定服军官预备役的专职人民武装干部和民兵干部；

（五）确定服军官预备役的非军事部门的干部和专业技术人员。

第二十八条 军官服现役和服预备役的最高年龄由《中华人民共和国现役军官法》和《中华人民共和国预备役军官法》规定。

第二十九条 现役军官按照规定服役已满最高年龄的，退出现役；

未满最高年龄因特殊情况需要退出现役的，经批准可以退出现役。

军官退出现役时，符合服预备役条件的，转入军官预备役。

第三十条 退出现役转入预备役的军官，退出现役确定服军官预备役的士兵，在到达安置地以后的三十日内，到当地县、自治县、市、市辖区的兵役机关办理预备役军官登记。

选拔担任预备役军官职务的专职人民武装干部、民兵干部、普通高等学校毕业生、非军事部门的人员，由工作单位或者户口所在地的县、自治县、市、市辖区的兵役机关报请上级军事机关批准并进行登记，服军官预备役。

预备役军官按照规定服预备役已满最高年龄的，退出预备役。

第五章 军队院校从青年学生中招收的学员

第三十一条 根据军队建设的需要，军队院校可以从青年学生中招收学员。招收学员的年龄，不受征集服现役年龄的限制。

第三十二条 学员完成学业考试合格的,由院校发给毕业证书,按照规定任命为现役军官、文职干部或者士官。

第三十三条 学员学完规定的科目,考试不合格的,由院校发给结业证书,回入学前户口所在地;就读期间其父母已办理户口迁移手续的,可以回父母现户口所在地,由县、自治县、市、市辖区的人民政府按照国家有关规定接收安置。

第三十四条 学员因患慢性病或者其他原因不宜在军队院校继续学习,经批准退学的,由院校发给肄业证书,回入学前户口所在地;就读期间其父母已办理户口迁移手续的,可以回父母现户口所在地,由县、自治县、市、市辖区的人民政府按照国家有关规定接收安置。

第三十五条 学员被开除学籍的,回入学前户口所在地;就读期间其父母已办理户口迁移手续的,可以回父母现户口所在地,由县、自治县、市、市辖区的人民政府按照国家有关规定办理。

第三十六条 军队根据国防建设的需要,可以依托普通高等学校招收、选拔培养国防生。国防生在校学习期间享受国防奖学金待遇,应当参加军事训练、政治教育,履行国防生培养协议规定的其他义务;毕业后应当履行培养协议到军队服现役,按照规定办理入伍手续,任命为现役军官或者文职干部。

国防生在校学习期间,按照有关规定不宜继续作为国防生培养,但符合所在学校普通生培养要求的,经军队有关部门批准,可以转为普通生;被开除学籍或者作退学处理的,由所在学校按照国家有关规定办理。

第三十七条 本法第三十二条、第三十三条、第三十四条、第三十五条的规定,也适用于从现役士兵中招收的学员。

第六章 民 兵

第三十八条 民兵是不脱产的群众武装组织,是中国人民解放军的助手和后备力量。

民兵的任务是:

(一)参加社会主义现代化建设;

(二)执行战备勤务,参加防卫作战,抵抗侵略,保卫祖国;

(三)为现役部队补充兵员;

(四)协助维护社会秩序,参加抢险救灾。

第三十九条 乡、民族乡、镇、街道和企业事业单位建立民兵组织。凡十八周岁至三十五周岁符合服兵役条件的男性公民,经所在地人民政府兵役机关确定编入民兵组织的,应当参加民兵组织。

根据需要,可以吸收十八周岁以上的女性公民、三十五周岁以上的男性公民参加民兵组织。

国家发布动员令后,动员范围内的民兵,不得脱离民兵组织;未经所在地的县、自治县、市、市辖区人民政府兵役机关批准,不得离开民兵组织所在地。

第四十条 民兵组织分为基干民兵组织和普通民兵组织。基干民兵组织是民兵组织的骨干力量,主要由退出现役的士兵以及经过军事训练和选定参加军事训练或者具有专业技术特长的未服过现役的人员组成。基干民兵组织可以在一定区域内从若干单位抽选人员编组。普通民兵组织,由符合服兵役条件未参加基干民兵组织的公民按照地域或者单位编组。

第七章　预备役人员的军事训练

第四十一条 预备役士兵的军事训练,在现役部队、预备役部队、民兵组织中进行,或者采取其他组织形式进行。

未服过现役预编到现役部队、编入预备役部队和编入基干民兵组织的预备役士兵,在十八周岁至二十四周岁期间,应当参加三十日至四十日的军事训练;其中专业技术兵的训练时间,按照实际需要确定。

服过现役和受过军事训练的预备役士兵的复习训练,以及其他预备役士兵的军事训练,按照中央军事委员会的规定进行。

第四十二条 预备役军官在服预备役期间,应当参加三个月至六个月的军事训练;预编到现役部队和在预备役部队任职的,参加军事训练的时间可以适当延长。

第四十三条 国务院和中央军事委员会在必要的时候,可以决定预备役人员参加应急训练。

第四十四条 预备役人员参加军事训练、执行军事勤务的伙食、交通等补助费用按照国家有关规定执行。预备役人员是机关、团体、企业事业单位工作人员或者职工的,参加军事训练、执行军事勤务期间,其所在单位应当保持其原有的工资、奖金和福利待遇;其他预备

役人员参加军事训练、执行军事勤务的误工补贴按照国家有关规定执行。

第八章　普通高等学校和普通高中学生的军事训练

第四十五条 普通高等学校的学生在就学期间,必须接受基本军事训练。

根据国防建设的需要,对适合担任军官职务的学生,再进行短期集中训练,考核合格的,经军事机关批准,服军官预备役。

第四十六条　普通高等学校设军事训练机构,配备军事教员,组织实施学生的军事训练。

第四十五条　第二款规定的培养预备役军官的短期集中训练,由军事部门派出现役军官与普通高等学校军事训练机构共同组织实施。

第四十七条　普通高中和中等职业学校,配备军事教员,对学生实施军事训练。

第四十八条　普通高等学校和普通高中学生的军事训练,由教育部、国防部负责。教育部门和军事部门设学生军事训练的工作机构或者配备专人,承办学生军事训练工作。

第九章　战时兵员动员

第四十九条　为了对付敌人的突然袭击,抵抗侵略,各级人民政府、各级军事机关,在平时必须做好战时兵员动员的准备工作。

第五十条　在国家发布动员令以后,各级人民政府、各级军事机关,必须迅速实施动员:

(一)现役军人停止退出现役,休假、探亲的军人必须立即归队;

(二)预备役人员、国防生随时准备应召服现役,在接到通知后,必须准时到指定的地点报到;

(三)机关、团体、企业事业单位和乡、民族乡、镇的人民政府负责人,必须组织本单位被征召的预备役人员,按照规定的时间、地点报到;

(四)交通运输部门应当优先运送应召的预备役人员、国防生和返回部队的现役军人。

第五十一条　战时根据需要,国务院和中央军事委员会可以决定征召三十六周岁至四十五周岁的男性公民服现役,可以决定延长公民服现役的期限。

第五十二条　战争结束后,需要复员的现役军人,根据国务院和中央军事委员会的复员命令,分期分批地退出现役,由各级人民政府妥善安置。

第十章　现役军人的待遇和退出现役的安置

第五十三条　国家保障现役军人享有与其履行职责相适应的待遇。现役军人的待遇应当与国民经济发展相协调,与社会进步相适应。

军官实行职务军衔等级工资制,士官实行军衔级别工资制,义务兵享受供给制生活待遇。现役军人享受规定的津贴、补贴和奖励工资。

国家建立军人工资的正常增长机制。

现役军人享受规定的休假、疗养、医疗、住房等福利待遇。国家根据经济社会发展水平提高现役军人的福利待遇。

国家实行军人保险制度,与社会保险制度相衔接。军人服现役期间,享受规定的军人保险待遇。军人退出现役后,按照国家有关规定接续养老、医疗、失业等社会保险关系,享受相应的社会保险待遇。

现役军人配偶随军未就业期间,按照国家有关规定享受相应的保障待遇。

第五十四条 国家建立健全以扶持就业为主,自主就业、安排工作、退休、供养以及继续完成学业等多种方式相结合的士兵退出现役安置制度。

第五十五条 现役军人入伍前已被普通高等学校录取或者是正在普通高等学校就学的学生,服役期间保留入学资格或者学籍,退出现役后两年内允许入学或者复学,并按照国家有关规定享受奖学金、助学金和减免学费等优待;入学或者复学后参加国防生选拔、参加国家组织的农村基层服务项目人选选拔,以及毕业后参加军官人选选拔的,优先录取。

义务兵和服现役不满十二年的士官入伍前是机关、团体、企业事业单位工作人员或者职工的,服役期间保留人事关系或者劳动关系;退出现役后可以选择复职复工。

义务兵和士官服现役期间,入伍前依法取得的农村土地承包经营权,应当保留。

第五十六条 现役军人,残疾军人,退出现役军人,烈士、因公牺牲、病故军人遗属,现役军人家属,应当受到社会的尊重,受到国家和社会的优待。军官、士官的家属随军、就业、工作调动以及子女教育,享受国家和社会的优待。

第五十七条 现役军人因战、因公、因病致残的,按照国家规定评定残疾等级,发给残疾军人证,享受国家规定的待遇和残疾抚恤金。

因工作需要继续服现役的残疾军人,由所在部队按照规定发给残疾抚恤金。

现役军人因战、因公、因病致残的,按照国家规定的评定残疾等级采取安排工作、供养、退休等方式妥善安置。有劳动能力的退出现役的残疾军人,优先享受国家规定的残疾人就业优惠政策。

残疾军人、患慢性病的军人退出现役后,由安置地的县级以上地方人民政府按照国务院、中央军事委员会的有关规定负责接收安置;其中,患过慢性病旧病复发需要治疗的,由当地医疗机构负责给予治疗,所需医疗和生活费用,本人经济困难的,按照国家规定给予补助。

现役军人、残疾军人参观游览公园、博物馆、展览馆、名胜古迹享受优待;优先购票乘坐境内运行的火车、轮船、长途汽车以及民航班机;其中,残疾军人按照规定享受减收正常票价的优待,免费乘坐市内公共汽车、电车和轨道交通工具。义务兵从部队发出的平信,免费邮递。

第五十八条　义务兵服现役期间,其家庭由当地人民政府给予优待,优待标准不低于当地平均生活水平,具体办法由省、自治区、直辖市人民政府规定。

第五十九条　现役军人牺牲、病故,由国家发给其遗属一次性抚恤金;其遗属无固定收入,不能维持生活,或者符合国家规定的其他条件的,由国家另行发给定期抚恤金。

第六十条　义务兵退出现役,按照国家规定发给退役金,由安置地的县级以上地方人民政府接收,根据当地的实际情况,可以发给经济补助。

义务兵退出现役,安置地的县级以上地方人民政府应当组织其免费参加职业教育、技能培训,经考试考核合格的,发给相应的学历证书、职业资格证书并推荐就业。退出现役义务兵就业享受国家扶持优惠政策。

义务兵退出现役,可以免试进入中等职业学校学习;报考普通高等学校以及接受成人教育的,享受加分以及其他优惠政策;在国家规定的年限内考入普通高等学校或者进入中等职业学校学习的,享受国家发给的助学金。

义务兵退出现役,报考公务员、应聘事业单位职位的,在军队服现役经历视为基层工作经历,同等条件下应当优先录用或者聘用。

服现役期间平时荣获二等功以上奖励或者战时荣获三等功以上奖励以及属于烈士子女和因战致残被评定为五级至八级残疾等级的义务兵退出现役,由安置地的县级以上地方人民政府安排工作;待安排工作期间由当地人民政府按照国家有关规定发给生活补助费;本人自愿选择自主就业的,依照本条第一款至第四款规定办理。

国家根据经济社会发展水平,适时调整退役金的标准。退出现役士兵安置所需经费,由中央和地方各级人民政府共同负担。

第六十一条　士官退出现役,服现役不满十二年的,依照本法第六十条规定的办法安置。

士官退出现役,服现役满十二年的,由安置地的县级以上地方人民政府安排工作;待安排工作期间由当地人民政府按照国家有关规定发给生活补助费;本人自愿选择自主就业的,依照本法第六十条第一款至第四款的规定办理。

士官服现役满三十年或者年满五十五周岁的,作退休安置。

士官在服现役期间因战、因公、因病致残丧失工作能力的,按照国家有关规定安置。

第六十二条 士兵退出现役安置的具体办法由国务院、中央军事委员会规定。

第六十三条 军官退出现役,国家采取转业、复员、退休等办法予以妥善安置。作转业安置的,按照有关规定实行计划分配和自主择业相结合的方式安置;作复员安置的,按照有关规定由安置地人民政府接收安置,享受有关就业优惠政策;符合退休条件的,退出现役后按照有关规定作退休安置。

军官在服现役期间因战、因公、因病致残丧失工作能力的,按照国家有关规定安置。

第六十四条 机关、团体、企业事业单位有接收安置退出现役军人的义务,在招收录用工作人员或者聘用职工时,同等条件下应当优先招收录用退出现役军人;对依照本法第六十条、第六十一条、第六十三条规定安排工作的退出现役军人,应当按照国家安置任务和要求做好落实工作。

军人服现役年限计算为工龄,退出现役后与所在单位工作年限累计计算。

国家鼓励和支持机关、团体、企业事业单位接收安置退出现役军人。接收安置单位按照国家规定享受税收优惠等政策。

第六十五条 民兵、预备役人员因参战、参加军事训练、执行军事勤务牺牲、致残的,学生因参加军事训练牺牲、致残的,由当地人民政府依照军人抚恤优待条例的有关规定给予抚恤优待。

第十一章 法律责任

第六十六条 有服兵役义务的公民有下列行为之一的,由县级人民政府责令限期改正;逾期不改的,由县级人民政府强制其履行兵役义务,并可以处以罚款:

(一)拒绝、逃避兵役登记和体格检查的;

(二)应征公民拒绝、逃避征集的;

(三)预备役人员拒绝、逃避参加军事训练、执行军事勤务和征召的。

有前款第二项行为,拒不改正的,不得录用为公务员或者参照公务员法管理的工作人员,两年内不得出国(境)或者升学。

国防生违反培养协议规定,不履行相应义务的,依法承担违约责任,根据情节,由所在学校作退学等处理;毕业后拒绝服现役的,依法承担违约责任,并依照本条第二款的规定处理。

战时有本条第一款第二项、第三项或者第三款行为,构成犯罪的,依法追究刑事责任。

第六十七条　现役军人以逃避服兵役为目的,拒绝履行职责或者逃离部队的,按照中央军事委员会的规定给予处分;构成犯罪的,依法追究刑事责任。

现役军人有前款行为被军队除名、开除军籍或者被依法追究刑事责任的,不得录用为公务员或者参照公务员法管理的工作人员,两年内不得出国(境)或者升学。

明知是逃离部队的军人而雇用的,由县级人民政府责令改正,并处以罚款;构成犯罪的,依法追究刑事责任。

第六十八条　机关、团体、企业事业单位拒绝完成本法规定的兵役工作任务的,阻挠公民履行兵役义务的,拒绝接收、安置退出现役军人的,或者有其他妨害兵役工作行为的,由县级以上地方人民政府责令改正,并可以处以罚款;对单位负有责任的领导人员、直接负责的主管人员和其他直接责任人员,依法予以处罚。

第六十九条　扰乱兵役工作秩序,或者阻碍兵役工作人员依法执行职务的,依照治安管理处罚法的规定给予处罚;使用暴力、威胁方法,构成犯罪的,依法追究刑事责任。

第七十条　国家工作人员和军人在兵役工作中,有下列行为之一,构成犯罪的,依法追究刑事责任;尚不构成犯罪的,给予处分:

(一)收受贿赂的;

(二)滥用职权或者玩忽职守的;

(三)徇私舞弊,接送不合格兵员的。

第七十一条　县级以上地方人民政府对违反本法的单位和个人的处罚,由县级以上地方人民政府兵役机关会同行政监察、公安、民政、卫生、教育、人力资源和社会保障等部门具体办理。

第十二章　附　　则

第七十二条　本法适用于中国人民武装警察部队。

第七十三条　中国人民解放军根据需要配备文职干部。本法有关军官的规定适用于文职干部。

第七十四条 本法自 1984 年 10 月 1 日起施行。

2021 年《中华人民共和国兵役法》

（1984 年 5 月 31 日第六届全国人民代表大会第二次会议通过。根据 1998 年 12 月 29 日第九届全国人民代表大会常务委员会第六次会议《关于修改〈中华人民共和国兵役法〉的决定》第一次修正。根据 2009 年 8 月 27 日第十一届全国人民代表大会常务委员会第十次会议《关于修改部分法律的决定》第二次修正。根据 2011 年 10 月 29 日第十一届全国人民代表大会常务委员会第二十三次会议《关于修改〈中华人民共和国兵役法〉的决定》第三次修正。2021 年 8 月 20 日第十三届全国人民代表大会常务委员会第三十次会议修订）

目 录

第一章 总 则

第一条 为了规范和加强国家兵役工作，保证公民依法服兵役，保障军队兵员补充和储备，建设巩固国防和强大军队，根据宪法，制定本法。

第二条 保卫祖国、抵抗侵略是中华人民共和国每一个公民的神圣职责。

第三条 中华人民共和国实行以志愿兵役为主体的志愿兵役与义务兵役相结合的兵役制度。

第四条 兵役工作坚持中国共产党的领导,贯彻习近平强军思想,贯彻新时代军事战略方针,坚持与国家经济社会发展相协调,坚持与国防和军队建设相适应,遵循服从国防需要、聚焦备战打仗、彰显服役光荣、体现权利和义务一致的原则。

第五条 中华人民共和国公民,不分民族、种族、职业、家庭出身、宗教信仰和教育程度,都有义务依照本法的规定服兵役。

有严重生理缺陷或者严重残疾不适合服兵役的公民,免服兵役。

依照法律被剥夺政治权利的公民,不得服兵役。

第六条 兵役分为现役和预备役。在中国人民解放军服现役的称军人;预编到现役部队或者编入预备役部队服预备役的,称预备役人员。

第七条 军人和预备役人员,必须遵守宪法和法律,履行公民的义务,同时享有公民的权利;由于服兵役而产生的权利和义务,由本法和其他相关法律法规规定。

第八条 军人必须遵守军队的条令和条例,忠于职守,随时为保卫祖国而战斗。

预备役人员必须按照规定参加军事训练、担负战备勤务、执行非战争军事行动任务,随时准备应召参战,保卫祖国。

军人和预备役人员入役时应当依法进行服役宣誓。

第九条 全国的兵役工作,在国务院、中央军事委员会领导下,由国防部负责。

省军区(卫戍区、警备区)、军分区(警备区)和县、自治县、不设区的市、市辖区的人民武装部,兼备该级人民政府的兵役机关,在上级军事机关和同级人民政府领导下,负责办理本行政区域的兵役工作。

机关、团体、企业事业组织和乡、民族乡、镇的人民政府,依照本法的规定完成兵役工作任务。兵役工作业务,在设有人民武装部的单位,由人民武装部办理;不设人民武装部的单位,确定一个部门办理。普通高等学校应当有负责兵役工作的机构。

第十条 县级以上地方人民政府兵役机关应当会同相关部门,加强对本行政区域内兵役工作的组织协调和监督检查。

县级以上地方人民政府和同级军事机关应当将兵役工作情况作为拥军优属、拥政爱民评比和有关单位及其负责人考核评价的内容。

第十一条 国家加强兵役工作信息化建设,采取有效措施实现有关部门之间信息共享,推进兵役信息收集、处理、传输、存储等技术的现代化,为提高兵役工作质量效益提供支持。

兵役工作有关部门及其工作人员应当对收集的个人信息严格保密,不得泄露或者向他人非法提供。

第十二条 国家采取措施,加强兵役宣传教育,增强公民依法服兵役意识,营造服役光荣的良好社会氛围。

第十三条 军人和预备役人员建立功勋的,按照国家和军队关于功勋荣誉表彰的规定予以褒奖。

组织和个人在兵役工作中作出突出贡献的,按照国家和军队有关规定予以表彰和奖励。

第二章　兵役登记

第十四条 国家实行兵役登记制度。兵役登记包括初次兵役登记和预备役登记。

第十五条 每年十二月三十一日以前年满十八周岁的男性公民,都应当按照兵役机关的安排在当年进行初次兵役登记。

机关、团体、企业事业组织和乡、民族乡、镇的人民政府,应当根据县、自治县、不设区的市、市辖区人民政府兵役机关的安排,负责组织本单位和本行政区域的适龄男性公民进行初次兵役登记。

初次兵役登记可以采取网络登记的方式进行,也可以到兵役登记站(点)现场登记。进行兵役登记,应当如实填写个人信息。

第十六条 经过初次兵役登记的未服现役的公民,符合预备役条件的,县、自治县、不设区的市、市辖区人民政府兵役机关可以根据需要,对其进行预备役登记。

第十七条 退出现役的士兵自退出现役之日起四十日内,退出现役的军官自确定安置地之日起三十日内,到安置地县、自治县、不设区的市、市辖区人民政府兵役机关进行兵役登记信息变更;其中,符合预备役条件,经部队确定需要办理预备役登记的,还应当办理预备役登记。

第十八条 县级以上地方人民政府兵役机关负责本行政区域兵役登记工作。

县、自治县、不设区的市、市辖区人民政府兵役机关每年组织兵役登记信息核验,会同有关部门对公民兵役登记情况进行查验,确保兵役登记及时,信息准确完整。

第三章　平时征集

第十九条　全国每年征集服现役的士兵的人数、次数、时间和要求,由国务院和中央军事委员会的命令规定。

县级以上地方各级人民政府组织兵役机关和有关部门组成征集工作机构,负责组织实施征集工作。

第二十条　年满十八周岁的男性公民,应当被征集服现役;当年未被征集的,在二十二周岁以前仍可以被征集服现役。普通高等学校毕业生的征集年龄可以放宽至二十四周岁,研究生的征集年龄可以放宽至二十六周岁。

根据军队需要,可以按照前款规定征集女性公民服现役。

根据军队需要和本人自愿,可以征集年满十七周岁未满十八周岁的公民服现役。

第二十一条　经初次兵役登记并初步审查符合征集条件的公民,称应征公民。

在征集期间,应征公民应当按照县、自治县、不设区的市、市辖区征集工作机构的通知,按时参加体格检查等征集活动。

应征公民符合服现役条件,并经县、自治县、不设区的市、市辖区征集工作机构批准的,被征集服现役。

第二十二条　在征集期间,应征公民被征集服现役,同时被机关、团体、企业事业组织招录或者聘用的,应当优先履行服兵役义务;有关机关、团体、企业事业组织应当服从国防和军队建设的需要,支持兵员征集工作。

第二十三条　应征公民是维持家庭生活唯一劳动力的,可以缓征。

第二十四条　应征公民因涉嫌犯罪正在被依法监察调查、侦查、起诉、审判或者被判处徒刑、拘役、管制正在服刑的,不征集。

第四章　士兵的现役和预备役

第二十五条　现役士兵包括义务兵役制士兵和志愿兵役制士兵,义务兵役制士兵称义务兵,志愿兵役制士兵称军士。

第二十六条　义务兵服现役的期限为二年。

第二十七条　义务兵服现役期满,根据军队需要和本人自愿,经批准可以选改为军士;服现役期间表现特别优秀的,经批准可以提前选改为军士。根据军队需要,可以直接从非军事部门具有专业技能的公民中招收军士。

军士实行分级服现役制度。军士服现役的期限一般不超过三十年,年龄不超过五十五周岁。

军士分级服现役的办法和直接从非军事部门招收军士的办法,按照国家和军队有关规定执行。

第二十八条 士兵服现役期满,应当退出现役。

士兵因国家建设或者军队编制调整需要退出现役的,经军队医院诊断证明本人健康状况不适合继续服现役的,或者因其他特殊原因需要退出现役的,经批准可以提前退出现役。

第二十九条 士兵服现役的时间自征集工作机构批准入伍之日起算。

士兵退出现役的时间为部队下达退出现役命令之日。

第三十条 依照本法第十七条规定经过预备役登记的退出现役的士兵,由部队会同兵役机关根据军队需要,遴选确定服士兵预备役;经过考核,适合担任预备役军官职务的,服军官预备役。

第三十一条 依照本法第十六条规定经过预备役登记的公民,符合士兵预备役条件的,由部队会同兵役机关根据军队需要,遴选确定服士兵预备役。

第三十二条 预备役士兵服预备役的最高年龄,依照其他有关法律规定执行。

预备役士兵达到服预备役最高年龄的,退出预备役。

第五章　军官的现役和预备役

第三十三条 现役军官从下列人员中选拔、招收:

(一)军队院校毕业学员;

(二)普通高等学校应届毕业生;

(三)表现优秀的现役士兵;

(四)军队需要的专业技术人员和其他人员。

战时根据需要,可以从现役士兵、军队院校学员、征召的预备役军官和其他人员中直接任命军官。

第三十四条 预备役军官包括下列人员:

(一)确定服军官预备役的退出现役的军官;

(二)确定服军官预备役的退出现役的士兵;

(三)确定服军官预备役的专业技术人员和其他人员。

第三十五条 军官服现役和服预备役的最高年龄,依照其他有关法律规定执行。

第三十六条 现役军官按照规定服现役已满最高年龄或者衔级最高年限的,退出现役;需要延长服现役或者暂缓退出现役的,依照有关法律规定执行。

现役军官按照规定服现役未满最高年龄或者衔级最高年限,因特殊情况需要退出现役的,经批准可以退出现役。

第三十七条　依照本法第十七条规定经过预备役登记的退出现役的军官、依照本法第十六条规定经过预备役登记的公民,符合军官预备役条件的,由部队会同兵役机关根据军队需要,遴选确定服军官预备役。

预备役军官按照规定服预备役已满最高年龄的,退出预备役。

第六章　军队院校从青年学生中招收的学员

第三十八条　根据军队建设的需要,军队院校可以从青年学生中招收学员。招收学员的年龄,不受征集服现役年龄的限制。

第三十九条　学员完成学业达到军队培养目标的,由院校发给毕业证书;按照规定任命为现役军官或者军士。

第四十条　学员未达到军队培养目标或者不符合军队培养要求的,由院校按照国家和军队有关规定发给相应证书,并采取多种方式分流;其中,回入学前户口所在地的学员,就读期间其父母已办理户口迁移手续的,可以回父母现户口所在地,由县、自治县、不设区的市、市辖区的人民政府按照国家有关规定接收安置。

第四十一条　学员被开除学籍的,回入学前户口所在地;就读期间其父母已办理户口迁移手续的,可以回父母现户口所在地,由县、自治县、不设区的市、市辖区的人民政府按照国家有关规定办理。

第四十二条　军队院校从现役士兵中招收的学员,适用本法第三十九条、第四十条、第四十一条的规定。

第七章　战时兵员动员

第四十三条　为了应对国家主权、统一、领土完整、安全和发展利益遭受的威胁,抵抗侵略,各级人民政府、各级军事机关,在平时必须做好战时兵员动员的准备工作。

第四十四条　在国家发布动员令或者国务院、中央军事委员会依照《中华人民共和国国防动员法》采取必要的国防动员措施后,各级人民政府、各级军事机关必须依法迅速实施动员,军人停止退出现役,休假、探亲的军人立即归队,预备役人员随时准备应召服现役,经过预备役登记的公民做好服预备役被征召的准备。

第四十五条　战时根据需要,国务院和中央军事委员会可以决定适当放宽征召男性公民服现役的年龄上限,可以决定延长公民服现役的期限。

第四十六条　战争结束后,需要复员的军人,根据国务院和中央军事委员会的复员命令,分期分批地退出现役,由各级人民政府妥善安置。

第八章　服役待遇和抚恤优待

第四十七条　国家保障军人享有符合军事职业特点、与其履行职责相适应的工资、津贴、住房、医疗、保险、休假、疗养等待遇。军人的待遇应当与国民经济发展相协调,与社会进步相适应。

女军人的合法权益受法律保护。军队应当根据女军人的特点,合理安排女军人的工作任务和休息休假,在生育、健康等方面为女军人提供特别保护。

第四十八条　预备役人员参战、参加军事训练、担负战备勤务、执行非战争军事行动任务,享受国家规定的伙食、交通等补助。预备役人员是机关、团体、企业事业组织工作人员的,参战、参加军事训练、担负战备勤务、执行非战争军事行动任务期间,所在单位应当保持其原有的工资、奖金和福利待遇。预备役人员的其他待遇保障依照有关法律法规和国家有关规定执行。

第四十九条　军人按照国家有关规定,在医疗、金融、交通、参观游览、法律服务、文化体育设施服务、邮政服务等方面享受优待政策。公民入伍时保留户籍。

军人因战、因公、因病致残的,按照国家规定评定残疾等级,发给残疾军人证,享受国家规定的待遇、优待和残疾抚恤金。因工作需要继续服现役的残疾军人,由所在部队按照规定发给残疾抚恤金。

军人牺牲、病故,国家按照规定发给其遗属抚恤金。

第五十条　国家建立义务兵家庭优待金制度。义务兵家庭优待金标准由地方人民政府制定,中央财政给予定额补助。具体补助办法由国务院退役军人工作主管部门、财政部门会同中央军事委员会机关有关部门制定。

义务兵和军士入伍前是机关、团体、事业单位或者国有企业工作人员的,退出现役后可以选择复职复工。

义务兵和军士入伍前依法取得的农村土地承包经营权,服现役期间应当保留。

第五十一条　现役军官和军士的子女教育,家属的随军、就业创业以及工作调动,享受国家和社会的优待。

符合条件的军人家属,其住房、医疗、养老按照有关规定享受优待。

军人配偶随军未就业期间,按照国家有关规定享受相应的保障待遇。

第五十二条　预备役人员因参战、参加军事训练、担负战备勤务、执行非战争军事行动任务致残、牺牲的,由当地人民政府依照有关规定给予抚恤优待。

第九章　退役军人的安置

第五十三条　对退出现役的义务兵,国家采取自主就业、安排工作、供养等方式妥善安置。

义务兵退出现役自主就业的,按照国家规定发给一次性退役金,由安置地的县级以上地方人民政府接收,根据当地的实际情况,可以发给经济补助。国家根据经济社会发展,适时调整退役金的标准。

服现役期间平时获得二等功以上荣誉或者战时获得三等功以上荣誉以及属于烈士子女的义务兵退出现役,由安置地的县级以上地方人民政府安排工作;待安排工作期间由当地人民政府按照国家有关规定发给生活补助费;根据本人自愿,也可以选择自主就业。

因战、因公、因病致残的义务兵退出现役,按照国家规定的评定残疾等级采取安排工作、供养等方式予以妥善安置;符合安排工作条件的,根据本人自愿,也可以选择自主就业。

第五十四条　对退出现役的军士,国家采取逐月领取退役金、自主就业、安排工作、退休、供养等方式妥善安置。

军士退出现役,服现役满规定年限的,采取逐月领取退役金方式予以妥善安置。

军士退出现役,服现役满十二年或者符合国家规定的其他条件的,由安置地的县级以上地方人民政府安排工作;待安排工作期间由当地人民政府按照国家有关规定发给生活补助费;根据本人自愿,也可以选择自主就业。

军士服现役满三十年或者年满五十五周岁或者符合国家规定的其他条件的,作退休安置。

因战、因公、因病致残的军士退出现役,按照国家规定的评定残疾等级采取安排工作、退休、供养等方式予以妥善安置;符合安排工作条件的,根据本人自愿,也可以选择自主就业。

军士退出现役,不符合本条第二款至第五款规定条件的,依照本法第五十三条规定的自主就业方式予以妥善安置。

第五十五条　对退出现役的军官,国家采取退休、转业、逐月领取退役金、复员等方式妥善安置;其安置方式的适用条件,依照有关法律法规的规定执行。

第五十六条 残疾军人、患慢性病的军人退出现役后,由安置地的县级以上地方人民政府按照国务院、中央军事委员会的有关规定负责接收安置;其中,患过慢性病旧病复发需要治疗的,由当地医疗机构负责给予治疗,所需医疗和生活费用,本人经济困难的,按照国家规定给予补助。

第十章　法律责任

第五十七条 有服兵役义务的公民有下列行为之一的,由县级人民政府责令限期改正;逾期不改正的,由县级人民政府强制其履行兵役义务,并处以罚款:

(一)拒绝、逃避兵役登记的;

(二)应征公民拒绝、逃避征集服现役的;

(三)预备役人员拒绝、逃避参加军事训练、担负战备勤务、执行非战争军事行动任务和征召的。

有前款第二项行为,拒不改正的,不得录用为公务员或者参照《中华人民共和国公务员法》管理的工作人员,不得招录、聘用为国有企业和事业单位工作人员,两年内不准出境或者升学复学,纳入履行国防义务严重失信主体名单实施联合惩戒。

第五十八条 军人以逃避服兵役为目的,拒绝履行职责或者逃离部队的,按照中央军事委员会的规定给予处分。

军人有前款行为被军队除名、开除军籍或者被依法追究刑事责任的,依照本法第五十七条第二款的规定处罚;其中,被军队除名的,并处以罚款。

明知是逃离部队的军人而招录、聘用的,由县级人民政府责令改正,并处以罚款。

第五十九条 机关、团体、企业事业组织拒绝完成本法规定的兵役工作任务的,阻挠公民履行兵役义务的,或者有其他妨害兵役工作行为的,由县级以上地方人民政府责令改正,并可以处以罚款;对单位负有责任的领导人员、直接负责的主管人员和其他直接责任人员,依法予以处罚。

第六十条 扰乱兵役工作秩序,或者阻碍兵役工作人员依法执行职务的,依照《中华人民共和国治安管理处罚法》的规定处罚。

第六十一条 国家工作人员和军人在兵役工作中,有下列行为之一的,依法给予处分:

(一)贪污贿赂的;

(二)滥用职权或者玩忽职守的;

（三）徇私舞弊，接送不合格兵员的；

（四）泄露或者向他人非法提供兵役个人信息的。

第六十二条　违反本法规定，构成犯罪的，依法追究刑事责任。

第六十三条　本法第五十七条、第五十八条、第五十九条规定的处罚，由县级以上地方人民政府兵役机关会同有关部门查明事实，经同级地方人民政府作出处罚决定后，由县级以上地方人民政府兵役机关、发展改革、公安、退役军人工作、卫生健康、教育、人力资源和社会保障等部门按照职责分工具体执行。

第十一章　附　则

第六十四条　本法适用于中国人民武装警察部队。

第六十五条　本法自 2021 年 10 月 1 日起施行。

后　记

　　1949 年 10 月 1 日新中国成立后,为了防御外敌入侵、保障国家安全稳定,国家始终重视兵役制度的建设与管理,在实践中积累了辉煌的成就和丰富的经验。兵役制度建设与管理的实践和经验,是中国共产党、国家、军队和全国人民的宝贵财富,亟需系统总结研究,为兵役制度建设与管理提供借鉴。

　　为完成本书撰写,作者先后赴国家有关部委、军队有关机关档案馆(处、室)、中央档案馆、解放军档案馆、北京市档案馆和有关省市档案馆,以及军队科研院校图书馆,查阅大量的书籍和文献资料,掌握了丰富的一手素材。作者于 2017 年初完成初稿,2018 年申请国家社会科学基金后期资助项目并获批。2018—2022 年,结合国防和军队改革对书稿进行完善;2023 年,按照社会科学基金结题评审要求进一步补充完善;2024 年,全国哲学社会科学工作办公室指定国防工业出版社出版。

　　在成书过程中,感谢军事科学院军事法制研究院领导和机关的支持与帮助;感谢军事科学院雷渊深少将、胡光正少将,王法安、王江琦、任志强、杜海强、邹治泰、袁飞林研究员,国防大学姚振玉、徐奎、于云先、郭志普、刘荣宝、孙树安、陈增运、赵利国教授对书稿进行了审阅并提出了宝贵的修改意见;特别感谢军事科学院军事法制研究院助理研究员李双,其为本书的上报、结题和出版做了大量工作,并按照国家社科基金后期资助项目要求补充了文字和相关材料;感谢国防工业出版社高蕊编辑对本书出版的指导协助;感谢博士研究生代守宇对全书进行审阅、校对与修正。

　　作者在撰写过程中查阅大量资料并深入研究,但因水平所限,书中难免存在疏漏和不妥之处,恳请读者批评指正。

作　者

2025 年 6 月